# IMPRESSIONS

TOME II

# CHAMBRE DES DÉPUTÉS

DIXIÈME LÉGISLATURE

# IMPRESSIONS

## PROJETS DE LOIS, PROPOSITIONS, RAPPORTS, ETC.

TOME II

NUMÉROS 31 A 101

PARIS
IMPRIMERIE DE LA CHAMBRE DES DÉPUTÉS
MARTINET
7, RUE SAINT-BENOIT

1914

N° 31

# CHAMBRE DES DÉPUTÉS

DIXIÈME LÉGISLATURE

SESSION DE 1910

Annexe au procès-verbal de la séance du 10 juin 1910.

# RAPPORT

FAIT

*(au cours de la précédente législature)*

AU NOM DE LA COMMISSION DU SUFFRAGE UNIVERSEL CHARGÉE D'EXAMINER LA PROPOSITION DE LOI

TENDANT A ACCORDER

# LE DROIT DE VOTE AUX FEMMES

## dans les Élections aux Conseils municipaux, aux Conseils d'arrondissement et aux Conseils généraux,

PAR

M. Ferdinand BUISSON.

[*Repris le 10 juin* 1910, *par application de l'article* 18 *du Règlement*.]

PARIS

IMPRIMERIE DE LA CHAMBRE DES DÉPUTÉS

MARTINET

7, RUE SAINT-BENOIT

1910

N° 31

# CHAMBRE DES DÉPUTÉS

DIXIÈME LÉGISLATURE

SESSION DE 1910

Annexe au procès-verbal de la séance du 10 juin 1910.

# RAPPORT

FAIT

*(au cours de la précédente législature)*

AU NOM DE LA COMMISSION DU SUFFRAGE UNIVERSEL, SUR LA PROPOSITION DE LOI DE M. DUSSAUSSOY *tendant à accorder aux* **femmes le droit de vote** *dans les élections aux Conseils municipaux, aux Conseils d'arrondissement et aux Conseils généraux*,

PAR M. FERDINAND BUISSON

*Repris le* 10 *juin* 1910

[**Application de l'article 18 du Règlement**] (1)

Messieurs,

Dès le début de cette législature (10 juillet 1906), notre regretté collègue M. Dussaussoy, qui nous a été si prématurément enlevé il y a quelques mois, avait déposé une proposition de loi « tendant à accorder aux femmes le droit de vote dans les élections aux Conseils

(1) Extrait du compte rendu *in extenso* de la séance du 10 juin 1910 :

« M. LE PRÉSIDENT. — Conformément à l'article 18 du règlement, modifié par la résolution du 16 juin 1903, MM. Adigard, Albert-Poulain, Aldy, Amiard, Édouard Andrieu, Andrieux (Basses-Alpes), Aubriot, Auriol, Bachimont, Barthe, Basly, Charles Beauquier, Bedouce, Charles Benoist, Georges Berry, René Besnard, Betoulle, l'amiral Bienaimé, Paul Bignon, Bouhey-Allex, Bouisson, Paul Bourély, Bouttié, Bouveri, Brard, Brenier, J.-L. Breton, Brindeau, Briquet, Brizon, Emmanuel Brousse, Fernand Brun, Brunet (Louis), Ferdinand Buisson, Cabrol, Cadenat, Camelle, Camuzet, Carpot, Chailley, Chamerlat, Chanoz, Chastenet, Chaumet, Félix Chautemps, Chenal, Chiaivo, Chopinet, Maurice Colin, Jean Colly, Compère-Morel, Emile Constant, Cosnier, Jules Coutant, Paul Cuny, Dansette, Fernand David, Defontaine, Dejeante, de la Porte, Delcluze, Delory, Delpierre, Paul Deschanel, Desjardins, Doizy, Drelon, Drivet, Dubled, Ducarouge

municipaux, aux Conseils d'arrondissement et aux Conseils généraux ».

Votre Commission du suffrage universel, à qui vous avez envoyé cette proposition, s'en est occupée sans retard. Après avoir traité la question dans plusieurs séances, elle a conclu à l'adoption du projet.

Les observations dont elle accompagnait son vote, loin d'être des réserves, étaient inspirées, comme nous l'expliquerons plus loin, par la préoccupation de ne pas limiter par des restrictions mal entendues la capacité même qu'il s'agissait de faire reconnaître et consacrer par la loi.

Mais la Commission avait une tâche qu'elle jugeait devoir faire passer avant toute autre.

Elle considérait comme son premier devoir de présenter immé-

---

Duclaux-Monteil, Dufour (Indre), Charles Dumas, Émile Dumas, Fernand Engerand, Escudier, Faure, Émile-Favre, Daniel de Folleville (de Bimorel), Fourment, François Fournier, Charles de France, Gallot, Galpin, Gayraud, Ghesquière, Gheusi, Girod, Justin Godart, Goniaux, Goude, Pierre Goujon, Grandjean, de Grandmaison, Groussier, Jules Guesde, Guislain, Albert Hanet, James Hennessy, Jean Hennessy, Jaurès, Jean Javal, Antony Joly, de Kerguezec, Lagrosillière, Lamendin, Landry, Laroche, Larquier, Lauche, Gilbert Laurent, Lavaud, Leboucq, Lebrun, Lecointe, Lenoir, Leroy-Beaulieu, Lhopiteau, Lhoste, Ferri de Ludre, Mairat, Manus, Mariétton, Louis Marin, Mauger, Joseph Ménard, Meslier, Messimy, Métin, Mille, Millevoye, Mistral, Molle, Jean Morel, Myrens, Nail, Nectoux, Nicolas Léandre, Noël, Nouguès, Pasqual, Paturaud-Mirand, Paul-Boncour, Raoul Péret, Plichon, Plouzané, Poitou-Duplessy, Ponsot, Pradet-Balade, Gabriel Prévot, Fernand Rabier, Raffin-Dugens, Reboul, Joseph Reinach, Théodore Reinach, Réveillaud, Ringuier, Rivière, Roblin, Rognon, Rouanet, Rozier, Roux-Costadau, Sabin, Selle, Sembat, Jules Siegfried, Sixte-Quenin, Soussial, Steeg, Tarbouriech, Thalamas, Thierry, Thierry-Cazes, Thivrier, Albert Thomas, Treignier, Trouin, Turmel, Vaillant, Vandame, Vazeille, Adrien Veber, Octave Vigne, Daniel Vincent, Violette, Walter, Willm, déclarant reprendre le rapport déposé au nom de la Commission du suffrage universel par M. Ferdinand Buisson dans la précédente législature, le 16 juillet 1909, sur la proposition de M. Dussaussoy, tendant à accorder aux femmes le droit de vote dans les élections aux conseils municipaux, aux conseils d'arrondissement et aux conseils généraux.

« Nos honorables collègues demandent également le renvoi à la Commission du suffrage universel.

« La demande déposée entre les mains du président porte les vingt signatures prescrites par le Règlement qui décide que la Chambre statue par assis et levé sans débat.

« Je consulte la Chambre.

« (La Chambre, consultée, prononce la reprise du rapport.) »

L'article 18 du Règlement est ainsi conçu :

« La Chambre peut renvoyer à une Commission déjà formée l'examen des propositions et des projets de loi qui lui sont présentés.

« Après le renouvellement intégral de la Chambre, les rapports sur le fond déposés par les Commissions de la précédente législature peuvent être repris et renvoyés aux Commissions nouvelles, soit sur l'initiative des Commissions elles-mêmes, soit sur l'initiative de 20 membres.

« Les demandes de renvoi sont déposées entre les mains du président, qui les communique à la Chambre. Lorsque la demande émane d'une Commission, le renvoi est de droit; dans le cas contraire, la Chambre statue, par assis et levé, sans débat.

« Toute Commission saisie d'un rapport émanant de la précédente législature peut décider qu'elle en accepte les conclusions sans amendement; elle charge alors un de ses membres d'en soutenir la discussion devant la Chambre, et l'inscription à l'ordre du jour a lieu dans les formes ordinaires sans autre procédure. Si la Commission estime qu'il y a lieu de modifier un ou plusieurs articles, elle soumet à la Chambre un rapport se limitant aux articles amendés. »

diatement à la Chambre un plan de réforme du mode électoral actuellement en usage, et elle espérait l'appliquer à la prochaine consultation du suffrage universel. Désireuse de ne compliquer cette réforme, à ses yeux capitale, d'aucun élément qui pût donner prise à une diversion ou prétexte à des ajournements, elle décida de déposer d'abord exclusivement les rapports relatifs au rétablissement du scrutin de liste avec adjonction de la représentation proportionnelle, à la liberté du vote et à la sincérité des opérations électorales, sans faire intervenir dans cette première série de mesures urgentes la question, encore neuve, du suffrage des femmes.

Il lui semblait que le mélange de deux ordres de propositions de nature si différente ne pourrait que nuire à l'un et à l'autre en prêtant à des confusions peut-être involontaires. Lier ces deux causes l'une à l'autre, ce serait, pensait-elle, les compromettre toutes deux.

En conséquence, après avoir pris une décision de principe en faveur de la proposition Dussaussoy, la Commission, en désignant son rapporteur, lui donna mandat de ne déposer son rapport qu'au moment où les débats sur la réforme du scrutin dans ses conditions actuelles seraient ou terminés ou assez engagés pour qu'aucune connexion ne pût s'établir entre des objets qu'il importe de laisser distincts.

Tel est le motif pour lequel c'est seulement aujourd'hui, Messieurs, que le présent rapport vous est soumis (1).

Votre Commission a pensé, Messieurs, que, le droit électoral des femmes se présentant pour la première fois devant vous dans son ensemble, vous jugeriez à propos d'en commencer l'étude par un coup d'œil historique sur un sujet assez peu connu.

Nous essayerons d'abord de résumer pour la France la marche de la législation en ce qui touche les droits partiels de suffrage demandés et obtenus par la femme.

Nous ferons la même revue pour les pays étrangers, en donnant, pour ceux qui ont pris l'initiative d'un régime nouveau, l'état actuel des institutions et, autant que possible, le tableau des résultats constatés jusqu'à ce jour.

Prévenons tout de suite que, pour la France, nous nous bornerons à une esquisse très rapide et aux indications strictement suffisantes pour guider ceux qui voudront approfondir l'étude de la question.

(1) La distribution en a été en outre, retardée par le temps très long qu'ont exigé plusieurs des communications relatives à l'étranger (voir aux annexes). C'est une sorte d'enquête internationale faite avec les moyens imparfaits dont nous disposions. Si insuffisants que soient les résultats ainsi obtenus, nous avons cru devoir me.tre tout le dossier sous les yeux du lecteur français (mars 1910).

Pour l'étranger, au contraire, nous nous sommes efforcés d'entrer dans plus de détails et d'offrir une documentation, non certes complète, mais aussi étendue qu'il nous a été possible de l'obtenir par de nombreuses et minutieuses correspondances.

Ensuite nous examinerons, en soi, la proposition dont la Commission est saisie. Nous discuterons les arguments échangés pour et contre la solution de M. Dussaussoy.

Et nous conclurons par l'exposé de celle à laquelle la Commission s'est arrêtée, avec l'indication des raisons qui l'ont déterminée.

Eu égard à l'importance des témoignages que nous avons à recueiller, à la dispersion et à la rareté relative des textes, surtout des textes officiels, qu'il est indispensable de consulter pour se faire une opinion sur la valeur des exemples invoqués de part et d'autre, nous seront amenés à joindre à ce rapport, comme pièces justificatives, un assez grand nombre de documents empruntés principalement aux annales parlementaires de plusieurs pays étrangers. On les trouvera aux annexes.

# I

## Le droit de vote des femmes en France depuis 1789.

Nous ne remontons pas dans cette étude au delà de 1789.

Ce n'est pas que les temps antérieurs ne puissent nous fournir de nombreux et curieux exemples du droit de vote accordé aux femmes. Mais il ne semble pas indispensable d'y insister.

Les institutions civiles et politiques de l'ancienne France reposaient sur des principes profondément différents de ceux qui régissent notre démocratie républicaine.

Les comparaisons, les assimilations même les plus spécieuses qu'il serait facile d'établir pécheraient toujours par la base. Elles plaideraient sans doute *a fortiori* en faveur du suffrage féminin, puisque nous le verrions reconnu, dans certains cas, même en pleine féodalité. Mais elles ne doivent pas faire oublier que le vote était attaché alors, non à la personne, mais à la propriété ou à certaines formes de propriété.

On a cité, par exemple, avec une légitime complaisance, la « loy et coutume de Beaumont en Argonne », qui dès 1182 donnait aux veuves, aux filles tenant un ménage et aux femmes mariées en l'absence du mari le droit de participer aux délibérations du bourg ou de la paroisse. D'où cette formule des procès-verbaux : « ... Lesquels, tous et toutes, firent, ordonnèrent et devisèrent entre eux... »

Quelque extension qu'ait pu prendre cette coutume dans une certaine partie des provinces du Nord-Est, il serait téméraire de lui attribuer une portée générale (1).

On ne peut guère arguer davantage du fait que dans certains États provinciaux, parfois même aux États généraux, la titulaire d'un grand fief avait droit de présence et de suffrage. Il s'agit toujours là d'un droit inhérent à la propriété. Priver une grande maison féodale de la représentation, garantie de ses prérogatives, à cause du sexe de l'occupant actuel, eût été une infraction beaucoup plus

(1) « Les femmes ont été considérées par les lois du Moyen Age comme de condition inférieure aux hommes. C'est là un fait incontestable et qui subsiste encore dans nos lois civiles. De cette idée d'infériorité adoptée par les doctrines canoniques sont résultées toutes ces dispositions soi-disant protectrices qui ont fait de la femme un *mineur perpétuel* » (Laboulaye. — *Recherches sur la condition civile et politique des femmes*, p. 440).

grave à l'ordre social d'alors que ne pouvait l'être la singularité de voir une « haulte et puissante dame » délibérer avec les nobles dont elle était l'égale, parfois la suzeraine (1).

Madame de Sévigné siégea aux États de Bretagne. Mais ce n'était pas la femme qui était élue, c'était une terre qui était représentée (2).

On a fait remarquer d'ailleurs que l'aristocratie n'était pas seule à reconnaitre ce droit des femmes chefs de famille. Elles avaient aussi dans l'ancienne Commune leur part dans la direction des affaires locales. « Système de gouvernement direct faisant participer aux droits tous ceux qui avaient des charges, voilà, dit M. Leroy-Beaulieu, le résumé de la vie sociale de la commune. Les formes d'application varient sans doute d'une cité à une autre ; le fond reste le même. Dans les grandes villes, en effet, si les assemblées générales de tous les citoyens disparaissent en raison des difficultés pratiques, elles sont remplacées par des réunions fréquentes, composées d'après les mêmes règles générales. Ici ce sont les assemblées corporatives qui remplacent les assemblées communales et dans le régime des corporations une part considérable était faite aux femmes » (3).

D'ailleurs, les femmes chefs de famille sont inscrites sur le rôle de la taille et des affouages et à ces divers titres elles sont appelées aux réunions d'habitants convoquées par les agents d'élection, des gabelles, des forêts.

Les femmes ont encore, au XVIIIe siècle, leur place dans des assemblées d'assises où tous les justiciables sont convoqués.

« Et c'est ainsi que le droit électoral fut reconnu en 1789, d'une

(1) « La France a eu, dans le régime féodal, des femmes jouant le même rôle que les hommes, à la tête des fiefs, rendant la justice, investies enfin des attributs de la souveraineté tout comme dans les pays voisins. Et quand le régime féodal a cédé devant l'extension du pouvoir royal, cette situation n'a pas été modifiée au fond, puisque le système représentatif qu'a comporté notre ancienne France (en ébauche au centre, mais bien plus complet dans les provinces) était étendu aux deux sexes, ou du moins les deux sexes y trouvaient place. Nous savons tout ce qu'on peut dire sur le rôle prépondérant que l'un d'entre eux y jouait ; mais en somme la base était posée, la reconnaissance du droit était formelle, quoique dans un cercle limité. Et cela est énorme, mis en comparaison de ce qui a suivi. » (Léon Giraud, *De la condition des femmes au point de vue de l'exercice des droits publics et politiques*, p. [illegible]).

(2) « Quand les femmes furent admises à posséder les fiefs, leur condition changea singulièrement ; et, la condition de la terre l'emportant sur la condition de la personne, la femme possesseur de fiefs eut tous les privilèges du noble vassal ou pour mieux dire tous les droits de la souveraineté ; droit de lever des troupes, de battre monnaie, de rendre la justice civile et criminelle. Pour l'Italie, Muratori nous a conservé une foule de diplômes du IXe au XIIe siècle, dans lesquels on voit agir en souveraines des femmes maîtresses de seigneuries importantes, telles que l'impératrice Angilberge, la duchesse Béatrice ou la comtesse Mathilde. Pour la France nous avons l'exemple de Mahaut, comtesse de Flandre, qui, sous le règne de Louis le Hutin, siégea dans le procès fait à Robert d'Artois, et plus tard encore, dans l'arrêt du comté de Clermont-en-Beauvoisis, adressé au roi Saint-Louis par la Cour des pairs, on voit la comtesse de Flandre nommée entre les pairs présents. Dans notre ancienne monarchie, les femmes prenaient part aux États comme Mme de Sévigné aux États de Bretagne » (V. *Revue britannique*, [illegible]).

Paul Leroy-Beaulieu. — *Le travail des femmes au XIXe siècle*.

façon générale, par le règlement du 24 janvier 1789, art. 20, *aux femmes possédant divisément, veuves et filles de la noblesse*, pour la nomination des États généraux, plus tard Assemblée nationale. Seulement, dans cette sphère élevée, ce droit électoral devait être exercé par procureur, ce qui pouvait le diminuer, non le détruire » (1).

Mais il serait excessif de déduire de tous ces faits, quelque notables qu'ils soient, un commencement d'égalité des droits entre la femme et l'homme. La famille, à défaut de son chef naturel, la propriété, à défaut du possesseur normal, pouvaient être confiées à la femme. Cela prouvait seulement que la femme n'était pas dans ces cas extrêmes frappée d'incapacité absolue. De là au droit de la personne humaine considéré comme identique dans les deux sexes, il y avait un abîme que l'ancien régime n'a jamais songé à franchir (2).

***

C'est de la Révolution qu'il faut dater les premières revendications expresses en faveur de la représentation féminine ou, suivant le mot du temps, de « l'égalité de sexes » (3).

Comme on vient de le voir, « l'idée d'admettre toutes les femmes à l'exercice du droit de suffrage politique semblait justifiée par une expérience partielle. Aussi y eût-il dès 1789 un premier et assez vif mouvement féministe, qui se manifesta par des pétitions et des brochures, mais qui semble être émané presque uniquement de femmes et auquel les hommes opposèrent d'abord un silence dédaigneux » (1).

---

(1) Léon Giraud, ouvrage cité, p. 175.

(2) « Il ne faut pas exagérer, comme l'ont fait certains féministes, l'importance des vestiges ainsi découverts. Sans doute lorsqu'on a appris que le règne traditionnel de l'homme n'était pas primordial, lorsque des témoignages irréfragables ont établi l'antériorité du matriarcat, il semble que le monde social ait été retourné... L'étonnement et l'effroi se poursuivirent lorsqu'on apprit que plus tard, dans les périodes tout à fait historiques, même dans des époques féodales, les femmes avaient possédé le droit de vote... Eh bien! sans doute, ces faits ont une grande signification... ; mais il peut être dangereux même pour le féminisme, d'y ajouter celle qu'ils n'ont pas... Il ne faut pas outrepasser les enseignements historiques et géographiques, quoiqu'il faille s'en servir. Ce qui est certain, c'est qu'il existe partout des amorces de la vérité, des étincelles du droit. Celui de la femme, sans jamais jeter de très vives lueurs, a cependant persisté, comme tous les droits primordiaux, quoique méconnus. » (R. de la Grasserie. — *Revue féministe*, 30 avril 1896, p. 292).

(3) « Un décret de la Convention du 10 juin 1793, appela les femmes à délibérer sur le partage des biens communaux, leur vente ou leur jouissance en commun. Mais cela fut transitoire et d'ailleurs le vote agraire se trouva transformé en vote communal, puis en vote politique et les femmes en furent exclues ». (R. de la Grasserie, *Revue féministe*, 14 mai 1896, p. 362.)

(1) Aulard, *Histoire politique de la Révolution française*, p. 93. Voici quelques-uns des titres cités par M. Aulard dans son article sur le *féminisme pendant la Révolution* (dans la *Revue bleue* du 19 mars 1898) : « *Cahier des doléances et réclamations des femmes*, *Requêtes des femmes aux États Généraux*, *Pétition des Femmes du tiers-état au roi*, *Requête des dames à l'Assemblée nationale*, *Motions adressées à l'Assemblée nationale en faveur du sexe*, etc. Ces écrits ont été analysés par M. Chassin (*Génie de la Révolution*) et par M. Amédée Le Faure (*Le socialisme pendant la Révolution*, [illegible]) ».

Un des articles du *Projet de décret* proposé dans *le Cahier des doléances et réclamations des femmes*, 1789, était le suivant :

« ... 7° Toutes les personnes du sexe féminin pourront être admises indistinctement aux assemblées de district et de département, élevées aux charges municipales et même députées à l'Assemblée nationale lorsqu'elles auront les qualités exigées par la loi des elections. Elles y auront voix consultative et délibérative. »

Une autre motion présentée par des femmes à l'Assemblée nationale (1), s'exprime en termes plus généraux encore :

L'Assemblée nationale, voulant réformer le plus grand des abus et réparer les torts d'une injustice de six mille ans, décrète ce qui suit :

1° Tous les privilèges du sexe masculin sont entièrement et irrévocablement abolis dans toute la France ;

2° Le sexe féminin jouira toujours de la même liberté, des mêmes avantages, des mêmes droits et des mêmes honneurs que le sexe masculin.

On a retenu les noms de quelques femmes qui, à divers moments de la période révolutionnaire soutinrent les droits de leur sexe et en particulier le droit au suffrage.

Ne pouvant songer à écrire ici l'histoire ni du féminisme, ni des féministes, nous renvoyons pour cette étude aux ouvrages spéciaux. Et nous nous bornerons à signaler — de la façon d'ailleurs la plus sommaire — les écrits principaux qui se rapportent directement au suffrage féminin et qui en plaident la cause devant l'opinion publique.

A ce titre, on ne peut passer sous silence, l'œuvre révolutionnaire d'Olympe de Gouges.

Le rôle de cette femme étrange chez qui le génie avoisina la folie est suffisamment connu par la belle monographie de M. Léopold Lacour (2). Il s'en faut que cette étude si riche et si consciencieuse prétende donner à cette physionomie l'unité qui lui manqua. Elle ne fait même pas disparaître les extraordinaires contrastes d'une nature où l'héroïsme a sa place à côté des faiblesses, des sottises et des fautes les moins excusables. A peine arrive-t-on à comprendre qu'une courtisane se soit passionnée pour des idées de cet ordre, qu'une femme presque absolument illettrée ait dicté tant d'ouvrages où parfois ni la pensée ni l'expression n'est commune, qu'elle ait mis le sceau à son caractère de « franche et loyale républicaine sans tache et sans reproche » par l'admirable trait de courage qui lui fit solliciter l'honneur de défendre Louis XVI.

(1) Citée par Mme Hubertine Auclert, *Le vote des femmes.*

(2) Léopold Lacour. — *Trois femmes de la Révolution, Olympe de Gouges, Théroigne de Méricourt, Rose Lacombe*, in-8°, 1900.

Ici nous n'avons à retenir que les énergiques interventions de cette femme en faveur des droits de son sexe.

Sans avoir lu, suivant toute apparence, les rares pamphlets qu'avait inspirés cette cause encore si nouvelle, ni même la « *Vindication of the rights of Woman* » de Mary Wollstonecraft, traduite en français seulement en 1792, Olympe de Gouges écrivait déjà, dans son *Bonheur primitif de l'homme ou les rêveries patriotiques*, cette phrase qui annonçait son entreprise pour la libération des femmes : « Ce sexe trop faible et trop longtemps opprimé est prêt à secouer le joug d'un esclavage honteux. Je me mets à sa tête. »

Sans passer en revue la foule des documents de moindre importance, où s'épancha sa pensée en flots troubles et tumultueux, il est impossible de ne pas reproduire sa fameuse *Déclaration des droits de la femme*.

On n'y a vu trop souvent que l'artifice littéraire, assez médiocre, qui consiste à trouver un pendant féministe à chacun des articles des *Droits de l'homme*.

Il ne faut pas que ce parallélisme, un peu factice, empêche de reconnaître ce qu'il y a de légitime, au fond, dans cette contre-partie qui, pour être piquante, n'en est pas moins juste.

***Déclaration des Droits de la femme et de la citoyenne.***

La femme naît libre et demeure égale à l'homme en droit. Les distinctions sexuelles ne peuvent être fondées que sur l'utilité commune.

Le but de toute association politique est la conservation des droits naturels et imprescriptibles de la femme et de l'homme. Ces droits sont la liberté, la prospérité, la sûreté et surtout la résistance à l'oppression.

Le principe de toute souveraineté réside essentiellement dans la nation qui n'est que la réunion de la femme et de l'homme. Nul corps, nul individu, ne peut exercer d'autorité qui n'en émane expressément.

La liberté et la justice consistent à rendre tout ce qui appartient à autrui. Ainsi l'exercice des droits naturels de la femme n'a de bornes que la tyrannie perpétuelle que l'homme lui oppose. Ces bornes doivent être réformées par les lois de la nature et de la raison.

La loi doit être l'expression de la volonté générale. Toutes les citoyennes, comme tous les citoyens, doivent concourir personnellement ou par leurs représentants à sa formation. Elle doit être la même pour tous.

Toutes les citoyennes et tous les citoyens étant égaux à ses yeux, doivent être également admissibles à toutes les dignités, places et emplois publics selon leur capacité et sans autres distinctions que celles de leurs vertus et de leurs talents.

Nul ne peut être inquiété pour ses opinions : la femme a le droit de monter à l'échafaud, elle doit avoir également celui de monter à la tribune, pourvu que ses réclamations ne troublent pas l'ordre établi par les lois.

La garantie des droits de la femme est pour l'utilité de tous et non pour l'avantage particulier de celle à qui elle est accordée.

La femme concourt ainsi que l'homme à l'impôt public ; elle a le droit, ainsi que lui de demander des comptes à tout agent public de son administration.

Pour l'entretien de la force publique et pour les dépenses de l'administration, les contributions de l'homme et celles de la femme sont égales. Elle a part à toutes les corvées, à toutes les tâches pénibles : elle doit donc, de même, avoir part à la distribution des places, des emplois, des charges, des dignités et de l'industrie.

Sans insister sur quelques autres manifestations contemporaines que l'opinion révolutionnaire avait accueillies d'abord avec une velléité de sympathie ou d'admiration, qu'elle traita bientôt avec la rigueur la plus dure et le mépris le plus injuste (1), arrivons au grand nom avec lequel commencent les revendications méthodiques de la femme.

Le premier défenseur autorisé qui ait, à la fois comme penseur et comme homme politique, soutenu le droit électoral des femmes, et plus généralement leur droit intégral de personnes humaines, c'est Condorcet.

Dès 1787, dans ses *Lettres d'un bourgeois de New-Haven à un citoyen de Virginie*, Condorcet avait d'un mot posé le principe de l'égalité entre les deux sexes. « N'est-ce pas en qualité d'êtres sensibles, capables de raison, ayant des idées morales que les hommes ont des droits? Les femmes doivent donc avoir exactement les mêmes. » (Lettre II.)

Examinant en particulier « la question de leur éligibilité pour les fonctions publiques », il écrivait :

Toute exclusion de ce genre expose à deux injustices : l'une à l'égard des électeurs dont on restreint la liberté, l'autre à l'égard de ceux qui sont exclus et que l'on prive d'un avantage accordé aux autres. Il me paraît donc qu'on ne doit prononcer une exclusion par la loi que dans le cas où la raison en prouve évidemment l'utilité.

... D'après ce principe, je croirais que la loi ne devrait exclure les femmes d'aucune place. Mais, dira-t-on, ne serait-il pas ridicule qu'une femme commandât l'armée, présidât le tribunal? Eh bien croyez-vous qu'il faille défendre aux citoyens, par une loi expresse, tout ce qui serait ou un choix ou une action ridicule, comme de choisir un aveugle pour secrétaire d'un tribunal, de faire paver son champ?

Au reste, il fait observer que le changement proposé ici en suppose un premier dans les lois civiles qui en produirait nécessairement

(1) Voir dans le livre de Mme Hubertine Auclert, *Le vote des femmes*, le chapitre « Revendications des femmes en 1789 ». On y voit passer les figures principales de l'époque, depuis la Hollandaise Palm Aelders, auteur d'un écrit sur le droit des femmes, à qui la ville de Creil décerna le titre de « membre honoraire de la garde nationale », et Mme Robert qui, suivant une tradition aujourd'hui contestée, « improvisa sur l'autel de la Patrie, au champ de Mars, le 17 juillet 1791, la pétition républicaine pour ne reconnaître aucun roi », jusqu'à la fameuse délégation des femmes coiffées du bonnet rouge que l'actrice Rose Lacombe conduisit, le 28 brumaire an II, au Conseil général de la Commune et qui provoquèrent le violent discours de Chaumette si souvent cité : « Et depuis quand est-il permis aux femmes d'abjurer leur sexe et de se faire hommes, d'abandonner les soins pieux du ménage et le berceau de leurs enfants pour venir sur la place publique, dans la tribune aux harangues, etc... » On sait qu'à la suite de cet incident et de nouvelles manifestations provoquées par Rose Lacombe, la Convention, sur la proposition d'Amar et malgré la protestation de Charlier, supprima toutes les sociétés et tous les clubs de femmes.

un dans les mœurs, un autre non moins important dans l'éducation des femmes, en sorte que les objections qui paraîtraient plausibles aujourd'hui auraient cessé avant que le nouvel ordre fût établi.

En 1788, dans son *Essai sur la Constitution et les fonctions des Assemblées provinciales*, Condorcet développait des considérations semblables.

Enfin, à la date du 3 juillet 1790, il écrivait dans le *Journal de la société de* 1789 (n° 5) un article intitulé : *Sur l'admission des femmes au droit de cité.*

Il commençait par constater à quel point « l'habitude peut familiariser les hommes avec la violation de leurs droits naturels ». Par exemple, disait-il, à propos des philosophes et des législateurs, « tous n'ont-ils pas violé le principe de l'égalité des droits en privant tranquillement la moitié du genre humain de celui de concourir à la formation des lois, en excluant les femmes du droit de cité ? »

Puis, il discutait les motifs ou les prétextes de cette exclusion.

« Pour qu'elle ne fût pas un acte de tyrannie, il faudrait ou prouver que les droits naturels des femmes ne sont pas absolument les mêmes que ceux des hommes ou montrer qu'elles ne sont pas capables de les exercer. »

La première thèse est insoutenable, puisque dans la nouvelle conception de la législation française, « les droits des hommes résultent uniquement de ce qu'ils sont des êtres sensibles, susceptibles d'acquérir des idées morales et de raisonner sur ces idées. » Il est clair que « les femmes ayant les mêmes qualités, ont nécessairement des droits égaux. Ou aucun individu de l'espèce humaine n'a de véritables droits, ou tous ont les mêmes ». Et celui qui vote contre les droits d'un autre, quels que soient sa religion, sa couleur ou son sexe, a dès lors abjuré les siens. »

Se rejette-t-on sur l'autre argument ? Qu'est-ce qui rendrait les femmes incapables d'exercer leurs droits ?

Est-ce le fait de particularités physiologiques telles que « la grossesse et ses indispositions passagères » ? A-t-on jamais imaginé de priver de leurs droits civiques les hommes « qui ont la goutte tous les hivers » ?

Allègue-t-on la fameuse « supériorité d'esprit » attribuée aux hommes ? En quoi consiste-t-elle ? En deux points seulement suivant Condorcet. Le premier : « aucune femme n'a donné des preuves de génie. » — Soit, mais n'accorde-t-on le droit de cité qu'aux hommes de génie ?

Second point : « elles n'ont pas la même étendue de connaissances et la même force de raison que certains hommes. » Soit, mais ces « certains hommes » supérieurs formeraient une classe singulièrement peu nombreuse. « Et puisqu'il serait absurde de borner à cette classe supérieure le droit de cité, pourquoi en exclurait-on les femmes plutôt que ceux des hommes qui sont inférieurs à un grand nombre de femmes ? »

Suit un spirituel et piquant parallèle entre certains noms de femmes célèbres appartenant à l'histoire et ceux d'hommes publics qui sont loin de les avoir éclipsées.

Puis Condorcet revient aux objections courantes. « Les femmes, dit-on, ne sont jamais ou presque jamais conduites par la raison. »

— « Par la raison des hommes, c'est vrai, répond-il, mais elles le sont par la leur. Il est aussi raisonnable à une femme de s'occuper des agréments de sa figure qu'il l'était à Démosthène de soigner sa voix et ses gestes. »

Autre objection plus vraie, mais qui « ne prouve rien » : les femmes, plus sensibles, « obéissent plutôt à leur sentiment qu'à leur conscience ».

— Et qui donc les aurait accoutumées à l'idée de la justice rigoureuse ? Éloignées des affaires, elles n'ont à s'occuper en général que de choses qui « se règlent par l'honnêteté naturelle et par le sentiment ».

Et, d'ailleurs, si l'on admettait contre les femmes ce genre d'arguments, « il faudrait aussi priver du droit de cité la partie du peuple qui, vouée à des travaux sans relâche, ne peut ni acquérir de lumières, ni exercer sa raison ; et bientôt, de proche en proche, on ne permettrait d'être citoyen qu'aux hommes qui ont fait un cours de droit public ».

Alléguerait-on « la dépendance où les femmes sont de leur mari ? » Il répond : « Jamais une injustice ne peut être un motif d'en commettre une autre. »

Il ne voit donc que deux objections à discuter, quoiqu'elles ne se fondent que sur des raisons d'utilité prétendue, raisons qui ne peuvent jamais faire échec au droit.

L'une serait « l'influence des femmes sur les hommes ». Crainte peu sérieuse, dont il n'a pas de peine à faire justice.

L'autre serait le danger « d'écarter les femmes des soins que la nature semble leur avoir réservés ». — « On n'arracherait pas les femmes à leur ménage plus que l'on n'arrache les laboureurs à leurs charrues, les artisans à leurs ateliers. Il ne faut pas croire que, parce qu'elles pourraient être membres des assemblées nationales, les femmes abandonneraient leurs enfants, leur ménage, leur aiguille.

Elles n'en seront que plus propres à élever leurs enfants, à former des hommes. »

Et il conclut en revenant aux droits naturels de la personne humaine, tels que la République les a proclamés.

« L'égalité des droits entre les hommes dans notre nouvelle Constitution nous a valu d'éloquentes déclarations et d'intarissables plaisanteries.

« Mais jusqu'ici personne n'a pu encore opposer une seule raison, et ce n'est souvent ni faute de talent ni faute de zèle. J'ose croire qu'il en sera de même de l'égalité de droits entre les deux sexes.

« Il est assez singulier que dans un grand nombre de pays on ait cru les femmes incapables de toute fonction et dignes de la royauté; qu'en France une femme ait pu être régente et que jusqu'en 1776 elle ne pût être marchande de modes à Paris; qu'enfin, dans les assemblées électives de nos bailliages on ait accordé au droit du fief ce qu'on refusait au droit de la nature. »

Mais, si claires et si absolues que soient plusieurs de ces formules de revendication du droit des femmes, Condorcet, dans ses conclusions pratiques et dans l'application législative immédiate, ne paraît pas avoir dépassé la conception du suffrage censitaire. De même qu'il avait dit dans son *Essai :* « On doit regarder les propriétaires comme étant seuls les véritables citoyens », de même, il ne réclamait encore la plénitude du droit civique que pour la femme propriétaire.

Il n'en est pas moins vrai que, suivant la très juste remarque de M. Léopold Lacour, « si les constituants avaient admis à ce droit de cité, selon le vœu de Condorcet, les femmes propriétaires, il serait arrivé pour la femme ce qui arriva pour l'homme : le jour où le suffrage universel remplaça pour celui-ci le suffrage censitaire (10 août 1792), il l'aurait également remplacé pour celle-là (1) ».

Il faut bien convenir que les idées de Condorcet eurent peu d'écho. Lui-même avait prévu que celles de Rousseau l'emporteraient même auprès des femmes : « Jean-Jacques, disait-il, a mérité leurs suffrages en disant qu'elles n'étaient faites que pour nous soigner et propres qu'à nous tourmenter ».

Les dernières années de la période révolutionnaire ne firent qu'accentuer l'hostilité déjà marquée par les lois de mai 1793 contre toutes les réunions de femmes. On a souvent cité l'exemple de Babeuf : ce grand fanatique de l'égalité n'y songea pas un instant pour les femmes.

(1) Léopold Lacour : *Trois femmes de la Révolution*, p. 79.

***

Sous l'Empire, sous la Restauration, nulle trace d'une reprise de la propagande en faveur du suffrage féminin.

Le féminisme allait prendre un essor tout nouveau dans le double mouvement du fouriérisme et du saint-simonisme, dont nous n'avons pas à suivre ici les développements.

Notons seulement que le programme de l'école saint-simonienne faisait pressentir un rôle politique et social tout nouveau attribué à la femme. Aussitôt après les formules fameuses :

> « Toutes ces institutions sociales doivent avoir pour but l'amélioration morale, physique et intellectuelle de la classe la plus nombreuse et la plus pauvre.
> « A chacun suivant sa capacité, à chaque capacité selon ses œuvres.
> « Extinction, par l'association, du prolétariat, dernière étape de l'esclavage. »

on lisait des affirmations, précises malgré leur généralité, qui impliquaient bien la réforme politique avec toutes ses conséquences :

> « Plus d'exploitation de l'homme par l'homme.
> « Plus d'exploitation de la femme par l'homme.
> « L'individu social, c'est l'homme et la femme (1). »

Fourier n'avait-il pas écrit dans sa *Théorie des quatre mouvements*, cette phrase qui, avec l'allure d'une loi historique, a quelque apparence d'une hyperbole?

> En thèse générale, les progrès sociaux et les changements de période s'opèrent en raison du progrès des femmes vers la liberté. Et les décadences d'ordre social s'opèrent en raison du décroissement de la liberté des femmes.
> L'extension des privilèges des femmes est le principe générateur de tous les progrès sociaux.

Mais pour rester dans notre sujet, en dépit de ces théories par trop générales, la question du suffrage ne fut pour ainsi dire pas posée. Cabet lui-même ne se prononça en ce sens que plus tard quand il entreprit de réaliser son *Icarie* en Amérique.

Nous ne voyons à relever, avant 1848, que deux propositions

(1) Citons encore, à cause du nom dont elle est signée, la curieuse communication du 9 novembre 1831 (n° 308 de la *Correspondance*). C'est l'annonce de la « nouvelle distribution du pouvoir saint-simonien » (triumvirat Enfantin, Bazard et Olinde Rodrigues). Elle se termine par cette phrase significative : « Réjouissons-nous; l'avènement de l'industrie aux fonctions gouvernementales et la nouvelle organisation du pouvoir — *organisation provisoire, puisque l'homme seul y est à sa place* — sont des signes précurseurs de l'avènement de la femme. Or c'est la femme qui doit définitivement consacrer le règne de la paix et de l'amour... ». MICHEL CHEVALIER.

réclamant l'électorat pour les femmes aux mêmes conditions que pour les hommes.

L'une est de M. Pontret de Mauchamps qui, dans sa *Gazette des Femmes* (1836-1839), priait Louis-Philippe, roi des Français, de se déclarer aussi roi des Françaises.

L'autre est de M. Émile Deschanel (1846), qui proposait d'admettre comme électrices les veuves et les filles majeures inscrites sur les rôles des contribuables comme payant la somme requise des hommes pour être électeurs (200 fr. d'impôts).

***

La République de 1848, en proclamant le suffrage universel, semblait devoir ouvrir une ère nouvelle aux revendications féminines.

Dès le début (22 mars), quatre déléguées du Comité des « Droits de la femme » se présentèrent à l'Hôtel de Ville pour demander au nouveau Gouvernement l'application intégrale du suffrage universel, et d'une manière générale l'égalité des deux sexes devant la loi.

Leur adresse débutait ainsi :

> Au nom de ce principe, démontré par l'expérience de tous les temps, que les hommes qui font les lois les font à leur profit et par conséquent au détriment de ceux qui sont dépouillés de ce droit sacré, vous proclamez : « *l'élection pour tous sans exception* ».
>
> Nous venons vous demander si les femmes sont comprises dans cette grande généralité aussi bien qu'elles le sont dans le droit concernant les travailleurs.
>
> Nous sommes d'autant plus fondées à vous faire cette demande que vous ne les avez pas désignées dans les catégories d'exclusion (allusion au décret du 5 et à l'instruction du 8 mars énumérant les cas de privation ou de suspension des droits civiques ou électoraux).

Armand Marrast, qui reçut la délégation, lui répondit par de vagues encouragements, mais la renvoya, pour le fond, à la future Assemblée constituante.

Sous la Constituante, la cause des femmes perdit du terrain plus qu'elle n'en gagna. Les intempérances d'utopie de quelques-uns de ses défenseurs y contribuèrent. La tapageuse campagne des clubs fournit un prétexte à ceux qui le cherchaient.

On sait quels tumultes firent fermer le club des femmes du boulevard Bonne-Nouvelle.

La présidente de ce club, qui ne fut pas la dernière à déplorer ces désordres, était une femme qui avait joué un certain rôle au début de la Révolution, Mme Eugénie Niboyet, depuis connue par de nombreuses publications dont quelques-unes couronnées par l'Académie.

A cette époque elle gardait encore un vif souvenir d'admiration et de sympathie pour le saint-simonisme, dont elle avait été une des premières et des plus ferventes adeptes. C'est de là que lui étaient venues les aspirations féministes que, sous des formes diverses, elle garda toute sa vie.

Elle avait fondé le journal *La Voix des Femmes*, dont le premier numéro parut le 20 mars 1848. Inutile de dire qu'il est dans le ton de l'époque : c'est, sur le droit des femmes comme sur toutes les réformes sociales, le même mélange d'enthousiasme et d'ignorance, de lyrisme et de naïveté qu'on excuse en se rappelant combien l'illusion fut brève. M^me^ Niboyet rappelle la formule saint-simonienne : « L'homme et la femme, dans une sage loi d'union, forment ensemble l'individu social et tendent au même but par des moyens divers comme est diverse leur nature. »

Elle réclame bien pour la femme le titre et les droits de « citoyenne ». Mais elle pense surtout aux devoirs que la « citoyenneté » confère. « La moralité d'une nation tient surtout à la moralité des femmes. Si elles améliorent la famille, si les mères ont de bons fils, la patrie aura de bons serviteurs. Pas de dévouement public sans vertus privées, pas de vertus privées sans respect pour la famille. »

En somme ses revendications se résument à peu près en cette phrase aussi vraie que vague :

Il n'est plus permis aux hommes seuls de dire : l'humanité, c'est nous ; avec la servitude du travail doit cesser la servitude de la femme...

Et pourtant depuis le 24 février quel homme juste a dit :

« La liberté pour tous, c'est la liberté pour toutes. »

Que les hommes chefs de la famille par la transmission du nom, représentent dans l'État la grande famille nationale, c'est un droit qui ne leur est pas contesté. Mais dans une succession, tous les ayants droit sont représentés. Pourquoi donc, lorsqu'il s'agit du bien commun, chacun n'a-t-il pas son délégué ?

Nous ne pouvons associer l'idée de privilège à celle de démocratie.

Cependant, quand le moins intelligent des citoyens a droit de vote, la plus intelligente citoyenne est encore privée de ce droit.

Dès la semaine suivante, il était fondé une société « La Voix des Femmes », dont le but était ainsi défini par l'article premier de son règlement :

Cette société a pour but la *liberté pour tous et pour toutes*, liberté fondée sur le principe chrétien de la fraternité, d'où résulte l'égalité.

« Chef de famille par la transmission du nom, l'homme jusqu'à ce jour l'a seul représentée dans l'État en vertu d'un droit consacré par le temps.

« A son tour, et pour être apte à comprendre tous ses devoirs, la femme réclame, par de nouvelles lois, la prise de possession de ses droits politiques, l'élection et le vote *en fait*.

« Elle veut pouvoir vendre, acheter, transiger, comme son mari, en vertu de pouvoirs égaux, sauf le cas d'interdiction pour motifs prévus par la loi.

« La société pense bien qu'en posant le principe des droits de la femme elle n'obtiendra pas raison sur tous les points, mais elle aura pris date en face de l'histoire. Et rien de ce qui est reconnu juste aujourd'hui ne doit être remis à demain. »

Mme Niboyet n'en concluait pas moins avec sagesse : « Soyons avant tout des femmes d'ordre. »

Une autre femme, la figure la plus originale peut-être et la plus sympathique de la phalange féministe d'alors, remplit un rôle plus actif et se plaça plus résolument à l'avant-garde du parti. Jeanne Deroin (1) avait, elle aussi, subi l'influence saint-simonienne et fouriériste. Mais elle se dégagea bientôt du mysticisme des premières formules pour s'attacher à la question du suffrage tout en luttant contre les folies et les extravagances de ceux qui, disait-elle, nous nuisent par excès de zèle : elle soutint que l'émancipation de la femme, même au point de vue civil, familial et économique, avait pour condition première la conquête du droit électoral. Elle posa sa candidature à l'Assemblée législative. Proudhon l'attaqua dans le *Peuple* avec sa fougue ordinaire. Elle tint tête à un si redoutable adversaire avec une force et une justesse d'argumentation qu'on ne saurait méconnaître. Elle atteignit ainsi le seul résultat qu'elle pût espérer, celui de répandre et de populariser par une campagne vigoureuse l'idée des droits civiques de la femme.

Ces droits étaient, à ce moment, plus méconnus que jamais.

Un premier acte, dû à la Constituante, le décret du 28 juillet 1848 avait interdit formellement aux femmes — qu'il assimilait aux mineurs — d'être membre d'un club et d'assister à un club. Considérant et une soixantaine de membres de l'extrême gauche s'y étaient opposés.

C'est ce décret que l'on invoqua deux ans plus tard pour faire condamner Jeanne Deroin et Pauline Rolland à six mois de prison comme coupables d'avoir tenu des réunions politiques non autorisées. Et cette sentence fut pour un temps l'arrêt de mort du féminisme.

L'Assemblée législative entreprit d'aller plus loin encore dans la répression des ambitions féminines.

Elle fut sur le point de voter un projet qui interdisait aux femmes — toujours comme aux mineurs — le simple droit de pétition. « C'est ici, disait-on, une question de décence publique et parlementaire ! » Il fallut l'énergique et spirituelle opposition de deux républicains,

(1) Voir *Une féministe de 1848, Jeanne Deroin* par X. [illegible] dans *La Revue féministe* de 1897.

Laurent (de l'Ardèche) et Schœlcher, venant défendre à la tribune une pétition adressée de sa prison par Jeanne Deroin, pour faire honte à l'Assemblée et l'empêcher de voter la proposition Chapot (1).

A côté des femmes qui payèrent si courageusement de leur personne, nous trouvons au Parlement et dans la presse quelques hommes seulement qui soutinrent leur cause.

Un collaborateur alors inconnu était venu demander à la vaillante directrice de *l'Opinion des femmes* « de prendre sa part du ridicule qui revient de droit, paraît-il, à toute tentative d'émancipation de cet esclave tyrannique qui s'appelle la femme ». Et Jean Macé ajoutait :

Qu'on ne s'effraye pas de toutes les objections accumulées pour refuser aux femmes les droits politiques ! Est-ce qu'on n'avait pas trouvé d'aussi bonnes raisons pour défendre le régime censitaire ? Et pourtant du jour au lendemain, sans préparation, sans transition, a fonctionné cette grande impossibilité du suffrage universel. Eh bien ! ce qui est arrivé pour le prolétaire se produira pour les femmes.

C'est ainsi que, dés 1849, avec sa verve où la bonhomie se fait si aisément ironique, cet original, qui était un homme de bon sens, disait la vérité sur la question :

Dénier l'égalité des droits à deux êtres égaux en fait ? En vérité, c'est se faire rire au nez, si l'on voulait se donner la peine d'y réfléchir cinq minutes. Et quand on pense que cette femme, soi-disant inférieure de nature à l'homme, condamnée comme telle à l'infériorité de fonctions et de rôle social, quand on pense qu'elle peut, sans qu'on souffle mot, donner sa cuisine à faire et sa chambre à balayer à tel domestique mâle, si barbu qu'il soit, et que c'est une question de 400 francs par an avec les étrennes, on se prend à douter de la raison humaine, qui se permet une telle ébauche d'inconséquence.

Croyez-moi, ne parlez plus de votre loi de nature, ni du grand principe de l'infériorité de la femme, non plus que de sa destination culinaire : vous mettez le pied sur tout cela à chaque pas, et la femme qui dans cette société est inférieure à l'homme est celle-là qui n'est pas assez riche pour être sa supérieure.

Expliquez-moi comment vous permettez à l'homme qui fait la cuisine que la femme devait faire, de laisser là, un jour donné, sa marmite et ses légumes pour aller voter avec vous ? Si les détails intérieurs sont si absorbants qu'ils ne laissent place pour aucune autre idée, pourquoi celui-là vote-t-il ? S'ils ne le sont pas, pourquoi celle-là ne vote-t-elle pas ?

Le seul parlementaire de l'époque qui ait vraiment pris en main la cause du suffrage des femmes est Victor Considérant.

Un passage des procès-verbaux du comité de constitution (13 juin 1848) en fait foi :

M. Considérant dit que dans une Constitution où l'on admet le droit de vote pour les

(1) Au cours du débat, on avait rappelé avec raison les pétitions présentées, en Angleterre, à la reine Victoria par 400,000 femmes qui poursuivaient l'abolition de l'esclavage. (E. Pierre, *Traité de droit politique*, p. 662.)

mendiants, les domestiques, il est inconséquent et injuste de ne pas l'admettre pour les femmes. Il demande que le droit des femmes soit consacré. Il sait parfaitement que sa demande ne sera pas accueillie, mais il veut qu'il reste un souvenir de la protestation qui a été faite contre une exclusion inique (1).

Cette protestation consignée dans un procès-verbal de Commission, Considérant la jugea sans doute suffisante. Il n'essaya pas de la faire entendre en séance publique. Il se borna plus tard à raconter l'incident non sans une certaine verve satirique (2).

Citons pour mémoire l'amendement de Pierre Leroux (21 novembre 1851) tendant à admettre aux élections communales les « Français *et les Françaises* majeurs » (3).

Sous le second Empire, la « revendication des droits de la femme » commença à se faire plus méthodique et plus habile.

Instruits par l'expérience, les champions de la cause féminine décidèrent de ne plus demander tout ensemble droits civils, droits politiques, droits économiques. Aussi bien par peur d'effrayer que par souci de graduer les réformes, il fut entendu que l'électorat serait considéré comme la dernière conquête à faire, quand toutes les autres y auraient préparé et presque forcé l'opinion publique.

Telle fut la tactique de Maria Deraismes et de Léon Richer, qui fondèrent en 1869 la Société pour « l'amélioration du sort de la femme et la revendication de ses droits ».

Au premier Congrès international des droits de la femme (1878), organisé par les deux dévoués propagandistes, la question de l'extension des droits politiques aux femmes avait été écartée, malgré les efforts d'une minorité de suffragistes irréductibles, dont le porte-parole fut Mme Hubertine Auclert, et qui s'étaient groupées dans la Société *Le Droit des femmes* fondée en 1876, devenue en 1883 *Le Suffrage des femmes* (4).

Depuis lors, deux courants se partagent en France le féminisme.

Le nom de Mme Hubertine Auclert rappelle une longue et ardente campagne, soutenue avec une énergie qui toucha parfois à la violence. C'est cette inlassable polémiste qui publia *la Citoyenne*, journal

(1) Cité par M. Tixerant dans sa thèse *Le Féminisme à l'époque de 1848 dans l'ordre politique et dans l'ordre économique*.

(2) Voir *le Socialisme devant le vieux monde*, 1850, p. 117 et 118.

(3) Voir Tixerant, p. 100 et suiv. Cette motion, qui n'avait été à la Chambre qu'un « égayant intermède », valut à Pierre Leroux une lettre de Stuart Mill (28 novembre) où se trouve cette phrase : « Il est maintenant honteux pour l'intelligence humaine que des hommes qui se disent partisans du suffrage universel en principe et en droit se permettent de retrancher ce droit à la moitié du genre humain. »

(4) « En protestant contre les lois existantes, faites sans les femmes contre les femmes, la Société a toujours rejeté l'idée d'institutions futures élaborées sans le concours des femmes, parce que ces institutions seraient encore faites contre elles. » (Hubertine Auclert.)

hebdomadaire, de 1881 à 1890, qui organisa à plusieurs reprises pendant les périodes électorales une propagande acharnée en faveur du suffrage des femmes (1), qui rédigea et fit circuler de nombreuses pétitions à la Chambre, au Sénat, au Congrès de Versailles, au Conseil général de la Seine, des appels à la presse, des demandes d'inscription sur les listes électorales, des déclarations de refus d'impôt, des demandes de dégrèvement, des pourvois devant le Conseil de préfecture, puis devant le Conseil d'État, bref, les manifestations les plus ingénieusement variées pour revenir sans cesse à la charge en faveur d'une cause qu'elle résumait spirituellement en cette seule requête :

Nous vous demandons, Messieurs les Députés, de décider que ces mots « Les Français » soient interprétés dans la loi électorale comme ils le sont dans la loi civile. Ces mots « Les Français » qui comprennent *les deux sexes comme contribuables* doivent comprendre

---

(1) Voici le « programme électoral des femmes » affiché à Paris à plusieurs élections :

« La nation française est composée d'hommes et de femmes qui subissent les mêmes lois et payent les mêmes impôts. Étant également responsables et contribuables, tous les Français, sans distinction de sexe, sont au même titre des ayants droit à sauvegarder leurs intérêts dans la société en participant au gouvernement du pays.

Article premier. — Tous les Français, hommes et femmes, sont égaux devant la loi, et jouissent de leurs droits civils et politiques.

Art. 2. — Le suffrage réellement universel, c'est-à-dire exercé par les femmes comme par les hommes, remplace le suffrage restreint aux hommes.

Art. 3. — Revision de la Constitution, par une assemblée composée d'hommes et de femmes. — Revision des Codes, sanctionnée par un *referendum* englobant les femmes.

Art. 4. — Question de paix et de guerre, budget national, soumis au vote des Français et Françaises.

Art. 5. — Écoles mixtes, égale facilité de développement intellectuel et professionnel pour tous les enfants et libre accès, sans distinction de sexe, à tous les emplois et à toutes les fonctions publiques. Équitable appréciation du travail; à production égale, rétribution égale pour l'homme et pour la femme.

Art. 6. — L'*État minotaure*, qui ne se manifeste que pour percevoir des dîmes d'argent et de sang, est remplacé par l'État *maternel*, qui assure, par sa prévoyante sollicitude, sécurité et travail aux Français valides, assistance aux enfants, vieillards, malades et infirmes.

L'État, renseigné sur les besoins de production dans chaque industrie, fait d'après ces données l'enrôlement pour le travail et permet aux individus de se classer dans la société, selon leurs aptitudes, comme il les fait se classer dans l'armée, selon leur taille. L'État maternel n'est pas oppresseur, il entrave seulement la liberté de mourir de faim.

Art. 7. — La contribution proportionnée aux moyens de chacun. Suppression des impôts de consommation, augmentation des taxes sur les objets de luxe.

Art. 8. — Allégement du fardeau des femmes qui ont charge et responsabilité de vies humaines; allocation à toute mère, mariée ou non mariée, d'une « indemnité maternelle. »

Art. 9. — Service militaire obligatoire pour les hommes; service humanitaire obligatoire pour les femmes. — La défense du territoire confiée aux hommes. — L'assistance publique confiée aux femmes.

Art. 10. — Liberté individuelle pour tous et toutes. Droit absolu de penser et d'exprimer verbalement ou par écrit ses idées.

Art. 11. — La justice gratuite et impartiale. Les tribunaux et les jurys, composés d'hommes et de femmes.

Art. 12. — Enfin, mêmes avantages sociaux pour la femme que pour l'homme; et affirmation de l'esprit égalitaire de nos institutions, par la préférence donnée à l'utile et au nécessaire qui profite à tous, sur l'agréable et le superflu dont ne bénéficient que quelques-uns.

*les deux sexes comme électeurs*, donc leur conférer, au même titre, le droit au vote municipal et politique, le droit à l'éligibilité.

Les femmes ont autant d'intérêt que les hommes à la confection des bonnes lois, à la répartition équitable des budgets. Or, l'exercice des droits civiques est le seul moyen pour elles de contrôler ce qui se fait, de garantir à la fois leurs intérêts et leur liberté (1).

On sait que ces efforts sans relâche n'ont abouti jusqu'ici qu'à une seule victoire. C'est l'adoption par le Conseil général de la Seine, à la date du 29 novembre 1907 (2) d'un vœu ainsi conçu :

« Que les femmes soient appelées à jouir du droit électoral pour les élections au Conseil général et au Conseil municipal (3). »

En même temps que se faisait cette vive propagande du suffragisme intégral et absolu, l'autre courant, beaucoup plus calme et plus réservé, contribuait cependant à populariser la cause des droits de la femme en général et en particulier de son droit de vote.

Il nous serait impossible de dresser ici, même en l'abrégeant, le tableau des œuvres, des publications et des sociétés qui ont fait prendre au mouvement féministe une extension considérable.

La *Ligue française pour le droit des femmes* fondée en 1882, par Léon Richer, avait été la cellule initiale. Autour d'elle se sont multipliées d'abord les fondations particulières.

Puis de grands Congrès les réunirent à l'occasion des expositions universelles. En 1889, le *Congrès des droits des femmes* et le 1er *Congrès international des œuvres et institutions féminines* (sous la présidence de Jules Simon) ; en 1900, le *Congrès international de la condition et des droits de la femme*, présidé par Mme Maria Pognon et le 2e *Congrès international des œuvres et institutions féminines*, attirèrent puissamment l'attention publique sur les revendications

(1) En avril 1907, cette société adressait à tous les députés et sénateurs la pétition suivante :

Monsieur le Législateur,

La Société « le Suffrage des femmes », qui lutte depuis vingt-neuf ans pour faire admettre les Françaises à exercer leurs droits politiques, vous prie instamment de proposer au Parlement de conférer aux femmes — aux mêmes conditions qu'aux hommes — l'électorat et l'éligibilité dans la commune et dans l'État.

Accorder aux femmes qui subissent les lois et payent les impôts, le droit au droit commun, ce sera immédiatement élever, avec la mentalité, le niveau social de la France ; donc, rendre moins redoutables, pour la propriété individuelle et collective, les conflits économiques entre individus et entre nations.

(2) « J'estime que les femmes qui gèrent des intérêts de propriété, d'industrie ou de commerce », avait conclu le rapporteur M. le comte d'Aulan, « ont droit à donner leur opinion sur la façon dont nous gérons les intérêts de la Ville et du département ».

(3) Pour les détails, voir *Le Vote des femmes*, par Mme Hubertine Auclert (1908).

féminines d'ordre civil et d'ordre social. D'importants recueils nous ont conservé le résumé de ces mémorables travaux (1).

Le résultat de cette grande floraison d'œuvres féminines et féministes a été la constitution du *Conseil national des femmes*, en France comme dans tous les autres pays, et par suite, l'établissement d'un *Conseil international des femmes*, dont nous ferons connaître plus loin l'organisation (2). On trouvera aux annexes la liste, certainement incomplète, des associations créées en ces dernières années et affiliées au Conseil national.

Il ne serait pas sans intérêt d'y joindre le relevé des périodiques qui, depuis la *Citoyenne*, ont soutenu à des points de vue divers et pendant des périodes plus ou moins longues la cause féministe. Mais nous renonçons à dresser la liste où les lacunes seraient par trop nombreuses (3).

***

Ce serait sans doute perdre de vue la complexité des causes déterminantes de tout mouvement social que d'attribuer exclusivement ou même principalement à cette propagande féministe les mesures législatives qui, depuis un tiers de siècle, ont partiellement, mais en somme d'une manière efficace et sous des formes multiples, modifié la condition légale et juridique des femmes.

La vérité est que, comme tous les pays civilisés, le nôtre s'est élevé à une conception nouvelle de la société humaine et de la place qui doit y être faite à la femme. Et ce n'est pas théoriquement que

---

(1) *Deuxième Congrès international des œuvres et institutions féminines tenu en juin 1900 au Palais des Congrès sous la présidence d'honneur de M. Léon Bourgeois et sous la présidence de Mlle Sarah Monod : Compte rendu des travaux par Mme Pégard, secrétaire générale.* 4 vol. gr. in-8°, 1902. — Voir aussi le volume *Congrès international de la condition et des droits des femmes* (septembre 1900), par Mme Marguerite Durand, suivi d'extraits des rapports envoyés au Congrès de Paris, 1901, gr. in-8°.

(2) Voir ci-après, p. 142, à la fin du présent Exposé, XV, *Institutions internationales*.

(3) Voici celle de Mme Hubertine Auclert, qui est loin d'épuiser la matière :
*L'Harmonie sociale*, dirigée par Aline Valette;
*La Femme de l'avenir*, de Mme Astié de Valsayre;
*La Revue féministe*, de Mme Clotilde Dissard;
*Les Droits de la Femme*, de Mme Gabrielle Bony;
*Le Féministe chrétien*, de Mlle M. Maugeret;
*La Fronde*, journal quotidien qui eut pour directrice Mme Marguerite Durand;
*L'Abeille*, par Mme Pauline Savari, organisatrice des arts et métiers féminins en 1902;
*L'Entente*, créée par Mme Jeanne Oddo-Deflou et Hera Mirtel;
*La Française*, fondée par Mme Jane Misme;
*La Suffragiste*, de Mlle Madeleine Pelletier;
*L'Action féminine*, organe du Conseil national des femmes françaises.

ce changement de vues s'est accompli : il a suivi le changement dans les choses elles-mêmes. La loi, comme il arrive le plus souvent, n'a été que la consécration du fait.

D'abord, dans la famille elle-même, le progrès des idées et des mœurs forçait à reviser le statut personnel de la femme, témoins les modifications récentes des lois sur le mariage et sur le divorce. On en trouvera le tableau sommaire dans une note spéciale aux annexes (1).

En même temps et par un phénomène tout à fait indépendant du premier, deux autres graves transformations se produisaient parallèlement : l'une dans l'éducation, l'autre dans le travail des femmes.

Dans l'éducation, la seconde moitié du XIXe siècle a vu disparaître peu à peu la vieille coutume qui, de temps immémorial, faisait considérer la femme ou comme n'ayant pas besoin d'instruction ou comme ne devant la recevoir que dans la mesure et sous la forme correspondant à son rôle dans la vie domestique.

La troisième République, reprenant avec plus d'ampleur la méritoire tentative de Durúy, entreprit d'arracher aux couvents l'éducation de la jeune fille de condition aisée, et elle y réussit avec éclat. En même temps l'école primaire, rendue gratuite et obligatoire, familiarisait le pays avec l'idée de voir les enfants des deux sexes traités à cet égard sur le pied de parfaite égalité. Ces écoles d'ailleurs, puis les écoles normales, les collèges, les lycées improvisèrent rapidement, pour pourvoir à leurs besoins. un personnel féminin remplissant les mêmes conditions, soumis au même mode de recrutement, aux mêmes examens et à la même inspection que le personnel masculin. Enfin et surtout l'enseignement supérieur, les grades universitaires et par suite les professions libérales jusqu'alors réservées aux hommes, devinrent accessibles aux femmes et furent exercées couramment par un certain nombre d'entre elles. Il n'était pas possible qu'une innovation si considérable n'eût pas son contre-coup sur l'opinion publique.

De là, tout naturellement et sans que personne songeât même à y voir une conquête du féminisme, le droit de vote fut dévolu aux femmes là où il était manifestement impossible de le leur refuser.

Qu'elles soient électrices et éligibles à tous les degrés de la hiérarchie, dans tous les conseils universitaires, cette nouveauté n'a même

---

(1) Voir aux annexes, pièce 6, la note de M. Marcel Peyre.

pas donné lieu à un exposé justificatif quand elle fut introduite, tant elle semblait aller de soi (1).

Une évolution semblable se dessinait dans le commerce et dans l'industrie, et devait là aussi faire tôt ou tard grandir chez la femme elle-même la conscience de ses droits. On peut dire que c'est dans le monde du travail que le mouvement a été le plus rapide.

D'après les résultats du recensement de 1896 (2), le nombre des personnes du sexe féminin exerçant une profession quelconque en France était de 6.400.000, représentant 42 0/0 environ de la population féminine de plus de treize ans et 34,5 0/0 du monde total des personnes des deux sexes exerçant une profession.

Suivant le groupe professionnel, la proportion des femmes ou filles pour 100 personnes actives, varie de la manière suivante :

| | |
|---|---|
| Pêche | 7 |
| Agriculture et forêt | 34 |
| Industries et transports | 32 |
| Commerce | 36 |
| Professions libérales et services publics (non compris les troupes casernées) | 24 |
| Service domestique | 80 |

C'est-à-dire que dans l'industrie en général le rapport est à peu près de une femme à deux hommes, un peu plus dans le commerce, un peu moins dans les professions libérales et services publics réunis ; parmi les domestiques, il y a quatre femmes contre un homme.

De diverses enquêtes industrielles, dont les premières sans doute incomplètes, s'appliquent aux périodes de 1840 à 1845, de 1861 à 1865 et de 1891 à 1893, l'impression se dégage « que, depuis soixante

---

(1) *Enseignement. Conseils départementaux.* — Il est institué dans chaque département un conseil de l'enseignement primaire composé ainsi qu'il suit : 5° deux instituteurs et deux institutrices titulaires, élus respectivement par les instituteurs et institutrices publics du département (loi du 30 octobre 1886, modifiée par la loi du 14 juillet 1901, art. 44, § 5).

*Conseil supérieur de l'enseignement public.* — Le Conseil supérieur de l'instruction publique est composé comme il suit : six membres de l'enseignement primaire, élus au scrutin de liste par les inspecteurs généraux de l'instruction primaire, par le directeur de l'enseignement primaire de la Seine, les inspecteurs d'académie des départements, les inspecteurs primaires, les directeurs et directrices des écoles normales primaires, la directrice de l'école Pape-Carpantier, les inspectrices générales et les déléguées spéciales chargées de l'inspection des salles d'asile (loi du 27 février 1880, art. 1er, § 25). Rapport de Mlle Maria Vérone, du Conseil national des femmes.

(2) Tous les renseignements qui suivent ont été empruntés au rapport de M. Lucien March sur les *Causes professionnelles de la dépopulation*, publié par la Commission de la dépopulation. (Melun, Imprimerie administrative, 1905.)

ans, la proportion des femmes employées à des travaux industriels n'a très probablement pas augmenté, si même elle n'a pas diminué. Des augmentations ont pu se produire dans certaines industries particulières ; elles ont été compensées par des diminutions dans d'autres industries... Même dans les professions libérales et les services publics, l'augmentation certaine du nombre de femmes paraît avoir été compensée par un accroissement au moins égal au nombre des hommes » (1)

Notons d'ailleurs que la proportion des femmes occupées dans l'industrie était, d'après le recensement de 1896, plus considérable en France que chez nos voisins belges et allemands : elle était en effet de une femme contre deux hommes en France, contre trois en Belgique, contre quatre en Allemagne (2).

Voici d'ailleurs des chiffres singulièrement éloquents au point de vue qui nous occupe, les deux premiers surtout :

Sur 100 personnes actives à Paris, nombre de femmes, 55 ;

Sur 100 personnes actives dans le reste de la France, nombre de femmes, 33.

Sur 100 femmes ou filles recensées à Paris, femmes actives, 26 ;

Sur 100 femmes ou filles recensées dans le reste de la France, femmes actives, 12,7.

A Paris, il y a donc plus de femmes actives que d'hommes, et dans le reste de la France une femme pour deux hommes.

La représentation de ces importantes fractions de la classe laborieuse dans les conseils du travail et du commerce, quelque naturelle qu'elle pût paraître à tant de citoyens, souleva quand même de sérieuses oppositions au Parlement.

« C'est le 1er décembre 1880 seulement que la participation des femmes aux élections consulaires fut proposée en France à la Chambre ; cette proposition fut accueillie par une hilarité générale que l'*Officiel* nota. Un peu plus tard, lors de la discussion de la loi du 8 décembre 1888 sur l'élection des membres des tribunaux de commerce, nouvelle motion dans ce sens ; le rapporteur demanda l'ajournement et chargea celui qui avait proposé l'admission des femmes par voie d'amendement, d'en faire un projet distinct, ce qui n'eut pas lieu. Mais la proposition fut renouvelée en 1889 par M. Lefèvre, fut prise en considération et fit l'objet d'un rapport favorable de M. Hubbard déposé le 11 mars 1889.

« Celui-ci faisait valoir que, la commerçante étant astreinte à toutes les obligations fort lourdes du commerçant, il était juste qu'elle en eût les avantages. Encore proposait-on de lui en accorder seulement une partie, car elle ne devenait pas éligible, cependant elle est justiciable de ce tribunal qui est électif et dont elle ne pourra jamais faire partie... Le rapporteur rendait hommage aux aptitudes commerciales de la femme, et, en effet, un des plus grands arguments pratiques qu'on puisse faire valoir en faveur de l'admission des femmes à tous

(1) Lucien March, rapport cité, p. 6 et 7.

(2) Ce chiffre s'est considérablement modifié depuis 1896.

les emplois, c'est le stage commercial qu'elles ont fait, la prudence dont elles y ont donné les preuves, leur activité, leur sûreté, sans que les qualités féminines y aient été sacrifiées. La statistique vient à l'appui de cette théorie, puisque les faillites des commerçantes sont proportionnellement moins fréquentes que celles des commerçants. La Chambre des Députés vota la loi dans sa séance du 5 juillet 1889 ; le Sénat consulta toutes les Chambres de commerce en décembre suivant : treize Chambres se montrèrent favorables et soixante contraires, sans donner de motifs sérieux. Cependant le Sénat a voté deux fois la loi : le 19 janvier 1894 par 128 voix contre 82 et en deuxième délibération en 1895 par 132 contre 84 voix (1). »

Voici l'état actuel de la législation dans ce domaine :

*Travail. Conseils du travail.* — Dans chaque section sont éligibles les Français de l'un ou l'autre sexe, âgés de vingt-cinq ans au moins, domiciliés ou résidant dans la circonscription de cette section, non déchus de leurs droits civils et civiques, appartenant ou ayant appartenu pendant dix années comme patrons, employés ou ouvriers, à l'une des professions inscrites dans la section.

Dans chaque section sont électeurs ouvriers les associations professionnelles légalement constituées en conformité de la loi du 21 mars 1884. (Décret du 17 septembre 1900 modifié par le décret du 2 janvier 1901, art. 50.)

*Conseil supérieur du travail.* — Le Conseil supérieur du travail est composé de 65 membres, dont : 26 membres nommés par les patrons, 26 membres nommés par les ouvriers.

Pour être éligible, il faut être Français, âgé de vingt-cinq ans au moins, et non déchu de ses droits civils et civiques.

La candidature des femmes est admise suivant les mêmes conditions d'âge et de nationalité. (Décret du 14 mars 1903, art. 2, 8 et 9.)

*Conseils de prud'hommes.* — Sont inscrites également sur les listes électorales, suivant la distinction ci-dessus, les femmes possédant la qualité de Françaises, réunissant les conditions d'âge, d'exercice de la profession et de la résidence, et n'ayant encouru aucune des condamnations prévues aux articles 15 et 16 de la loi du 27 mars 1907. (Art. 75 *in fine*.)

Sont éligibles, à condition de résider depuis trois ans dans le ressort du Conseil : 1° les électeurs âgés de trente ans sachant lire et écrire, inscrits sur les listes électorales spéciales ou justifiant des conditions requises pour y être inscrits ; 2° les anciens électeurs n'ayant pas quitté la profession depuis plus de cinq ans et l'ayant exercée cinq ans dans le ressort. (Loi du 27 mars 1907, art. 6 modifié par la loi du 15 novembre 1908.)

(1) Raoul de la Grasserie : *De l'admission des femmes au suffrage politique* (*Revue Féministe* du 30 avril 1896, p. 296.)

*Commerce. Tribunaux de commerce.* — Les femmes qui remplissent les conditions énoncées dans les paragraphes précédents seront inscrites sur la liste électorale; néanmoins, elles ne pourront être appelées à faire partie d'un tribunal de commerce. (Loi du 23 janvier 1898, modifiant l'article 1er de la loi du 8 décembre 1883.)

*Chambres de commerce et Chambres consultatives des arts et manufactures.* — Les membres des Chambres de commerce et des Chambres consultatives sont nommés par les mêmes électeurs que les présidents et les juges titulaires ou suppléants des tribunaux de commerce et dans des conditions identiques. (Loi du 19 février 1908, art. 2, § 1er.)

Les femmes électrices pour les tribunaux de commerce peuvent donc également prendre part à ces élections.

*Prévoyance. Conseil supérieur de la mutualité.* — Ce Conseil est composé de 36 membres, savoir : 18 représentants des sociétés de secours mutuels, élus par les délégués des sociétés... (Loi du 1er avril 1898, art. 34.)

Bien qu'il n'y aït pas de mention particulière concernant les femmes, il est bien certain que celles-ci ne font l'objet d'aucune exclusion, puisque les sociétés de secours mutuels exclusivement féminines sont autorisées.

***

Tels sont les précédents nombreux, dus à des initiatives spontanées, indépendantes et inconnues les unes des autres, sur lesquels s'est appuyée l'opinion féministe pour conclure au droit électoral de la femme.

Comme on le remarquera sans nul doute, il n'y a pas seulement analogie, il y a vraiment identité d'arguments entre les diverses parties de la thèse. Il s'agit de tirer des mêmes principes les mêmes conséquences.

Si l'électorat universitaire est dû aux femmes enseignantes, l'électorat commercial aux femmes commerçantes, l'électorat ouvrier aux femmes ouvrières, comment refuser à la femme qui paye les contributions municipales et nationales les droits électoraux y correspondant ?

C'est à cette revendication très simple, très claire et très forte que se réduit l'argumentation des sociétés qui, sous des titres divers, soutiennent la cause des droits électoraux de la femme.

## II

### Le droit de vote des femmes en Angleterre.

L'exemple de l'Angleterre est pour nous le plus proche, le plus facile à étudier et par suite jusqu'à présent le plus significatif.

Par la date déjà ancienne des premiers progrès accomplis, par la grande autorité des hommes qui en ont pris l'initiative, par l'incessant et méthodique accroissement des avantages graduellement conquis et des résultats décidément constatés, enfin par l'ardeur et la vivacité si originale du mouvement par lequel *suffragistes* et *suffragettes* essaient d'enlever la victoire finale en recourant à tous les moyens sans en exclure des semblants d'émeute, l'histoire du suffrage des femmes en Angleterre et en Écosse nous offre un intérêt capital.

Nous n'essayerons pas de la retracer complètement ici. C'est une étude qui dépasserait le cadre de ce rapport. Elle demanderait, pour être comprise du lecteur français, l'explication de nombreux détails techniques se rapportant à des particularités de l'histoire politique, législative et juridique de la Grande-Bretagne.

Bornons-nous à l'examen sommaire des principaux résultats de la législation anglaise en ce qui concerne l'évolution des droits électoraux de la femme depuis quatre-vingts ans.

Et avant d'entrer dans le détail des mesures législatives successivement adoptées, rappelons que pour l'Angleterre, comme pour la France, la question du suffrage n'est qu'une application et en quelque sorte une dépendance de la question générale du droit de la femme.

Comme le dit très justement l'auteur d'une très solide réponse à un article du professeur Dicey contre le suffrage des femmes (1) : « Pour tout homme qui envisage l'histoire du siècle dernier, sans permettre au parti pris d'obscurcir sa vue, il n'y a pas de doute possible : l'agitation pour le suffrage des femmes fait partie du même mouvement, rencontre les mêmes obstacles, résulte du même changement de l'opinion et doit aboutir au même succès que l'agitation pour toutes les autres formes de liberté que les femmes ont réussi à conquérir ».

(1) L'article du professeur Dicey a paru dans le n° de janvier 1909 de la *Quarterly Review* ; la réponse de M. W. Lyon Blease dans le n° de mai suivant de la revue *The English Woman*.

***

*Premières luttes.* — C'est au *Reform Act* de 1832 qu'il faut remonter pour trouver le premier texte législatif qui ait expressément exclu le sexe féminin du droit commun (1). Le terme jusqu'alors usité dans la législation anglaise désignait les « personnes ». Le statut de 1832 fut rédigé pour couper court, non pas à l'équivoque, puisqu'il n'y en avait pas dans la lettre du texte, mais à l'interprétation légitime et traditionnelle qui eût englobé les femmes dans cette désignation (2). Il fit ajouter au mot « personnes » l'adjectif « mâles ».

En 1835, la même modification fut introduite dans la loi sur l'organisation municipale, enlevant ainsi aux femmes les droits dont elles avaient joui jusqu'alors dans certaines communes.

Une autre loi de la même époque priva la veuve de son droit légal sur le tiers de la propriété de son mari, et donna ainsi à ce dernier le droit de disposer par testament de la totalité de son héritage.

Vers 1840, et dans les années qui suivirent, le mouvement féministe cependant prit une certaine importance. Des brochures et des feuilles de propagande furent lancées dans le public. On lisait déjà dans l'une d'elles : « Jamais les nations ne seront bien gouvernées tant que les deux sexes, aussi bien que tous les partis, ne seront pas justement représentés et n'auront pas une influence dans l'élaboration et la mise en pratique des lois. »

(1) Divers auteurs, entre autres Miss Blackburn, dans son *Record of women's suffrage*, et M. de la Jaline dans son *Suffrage féminin en Angleterre* (G. Roustan, éditeur, 1909), s'accordent à reconnaître que, avant 1832, il existait en Angleterre des catégories de femmes qui, en raison de leur situation de naissance ou de fortune, avaient le droit de vote, à peu près au même titre que les hommes. Mais ces femmes, d'ailleurs peu nombreuses, n'ont guère attaché d'importance à ce droit et ne l'ont que bien rarement mis en pratique. Cette indifférence explique que, quand la constitution fut modifiée en 1832, aucun mouvement sérieux ne se dessina pour défendre les droits des femmes.

Dans une brochure d'une soixantaine de pages, intitulée *The Sphere of « man » in relation to that of « Woman » in the Constitution*, Mme C. C. Stopes exposa dans le détail quels furent les droits dont jouirent les femmes à Londres, dans les provinces d'Angleterre, d'Écosse et d'Irlande au moyen âge et dans les temps modernes.

Voir également *The Status of Women*, par Mlle Chapman, qui contient les dates principales de toute l'histoire du féminisme en Angleterre de 1066 à 1909. (George Routledge, éditeur, Londres.)

(2) « On n'a pas suffisamment compris, écrit Mme Stopes dans la brochure mentionnée ci-dessus, que la cause profonde des incapacités actuelles de la femme vient d'une imperfection de la langue anglaise. Il lui manque un mot, en effet, pour distinguer entre *man* (homme), désignant les humains en général, et *man* (homme) désignant spécialement le sexe fort. Les hommes de loi du XIXe siècle ont décidé que le mot « homme » comprend toujours le sexe féminin quand il s'agit de pénalités encourues, et qu'il ne comprend jamais le sexe féminin quand il s'agit d'un privilège à exercer. Mais il n'en a pas toujours été ainsi. »

S'inspirant de ces idées, Lord Brougham fit voter par le Parlement, en 1850, une loi ayant pour objet d'abréger les expressions ordinairement employées dans la législation : cette loi a formellement déclaré que le mot « man » (homme) serait pris dans le sens général d'être humain et s'appliquerait aux deux sexes, à moins que le contraire ne fût expressément spécifié.

Des échos des revendications américaines se firent aussi entendre en Angleterre, et, en 1851, un article publié dans la *Westminster Review* par Mme Taylor exposait les débats du congrès tenu l'année précédente à Worcester.

Dans cette même année 1851, la première pétition des femmes anglaises réclamant le droit de vote fut envoyée à la Chambre des Lords par l'Association politique des femmes de Sheffield.

L'agitation en faveur de l' « *Anti-corn law* », c'est-à-dire de l'établissement du libre échange en Angleterre, favorisa le mouvement féministe ; les discussions qui soulevèrent tout le pays firent comprendre à bien des femmes combien la politique avait de profondes répercussions dans leur propre vie. Le chef du mouvement libre-échangiste d'ailleurs, Richard Cobden, était un ardent partisan du vote des femmes, et sa fille combat encore dans les rangs de l'armée suffragiste.

***

*Stuart Mill et le vote des femmes.* — Ce fut pour le suffragisme anglais un grand honneur et une fortune singulièrement heureuse d'avoir pour premier défenseur John Stuart Mill.

Dès sa jeunesse, Stuart Mill, encore sous l'influence directe de Bentham, avait aperçu l'iniquité du régime auquel la femme est soumise par la loi civile et par la loi politique. L'étude et la réflexion transformèrent cette première vue en une conviction raisonnée. L'influence de Mme Taylor, devenue sa femme, lui fit mieux comprendre, dit-il lui-même, l'immense portée du mal que se fait la société par l'incapacité légale dont elle frappe la femme.

Cette longue méditation aboutit à des actes. Porté par les électeurs de Westminster à la Chambre des Communes en 1865, Stuart Mill déclara dans sa profession de foi, au risque de passer pour un esprit bizarre, qu'il réclamerait pour les femmes le droit d'être représentées dans le Parlement au même titre que les hommes. Et il tint parole.

C'est en 1866, que fut présentée par lui la première pétition de femmes, à la Chambre des Communes.

« Un projet de réforme électorale était présenté au pays et le droit du suffrage des femmes avait un champion à la Chambre des Communes. Sûrement le moment d'agir était venu ! Des suffragistes demandèrent à Stuart Mill s'il voulait présenter une pétition signée rien que par des femmes. Il répondit qu'il le ferait si elle réunissait au moins cent noms : mais qu'il ne jugeait pas désirable d'en présenter une de moins de cent personnes. On hésitait un peu, pensant que l'idée n'était pas encore mûre ; mais, le 28 avril 1866, on lut dans les journaux du matin ce que M. Disraeli avait déclaré la veille à la tribune de la Chambre des Communes : « Je dis que dans un pays gouverné par une femme, dans lequel vous permettez aux femmes de posséder en propre, par exemple, les prérogatives de la pairie, dans lequel vous permettez à une femme non seulement de posséder la terre, mais d'être un véritable seigneur, dans lequel une femme peut légalement être membre du conseil de l'Eglise, ou tutrice des pauvres, je ne vois pas, là où elle a tant à faire avec l'État et l'Église, pour quelles raisons, si vous en venez aux questions de droits, elle n'a pas le droit de vote. » Cette déclaration dissipa toutes les hésitations. « Ces mots furent l'étincelle qui mit feu aux poudres ». Mues par une commune impulsion, Mrs Bodichon, Miss Boucherett, et Miss Davies se réunirent ce matin-là : elles rédigèrent une pétition, la soumirent à l'approbation de Stuart Mill, puis se mirent à l'ouvrage (1) ».

En un peu plus de quinze jours, elles réunirent 1.499 signatures. Stuart Mill présenta la pétition à la Chambre le 7 juin 1866.

Dès l'année suivante, Stuart Mill proposa un amendement au projet Disraeli (*Second Reform Act*, 1867) tendant à « effacer dans les lois électorales les mots qui peuvent être interprétés comme restreignant le droit de vote aux mâles ». Cette motion aurait eu pour effet d'admettre à voter les femmes possédant, à titre de chef de famille par exemple, les conditions requises des électeurs de l'autre sexe.

L'amendement obtint 81 voix, et fut rejeté par 194 voix.

Après la dissolution du Parlement, en 1868, Stuart Mill ne fut pas réélu. Depuis il refusa toute candidature, mais il rendit à la cause des femmes un service plus important encore que sa motion en publiant son admirable petit traité : *L'assujettissement des femmes*, en 1869.

---

(1) Helen Blackburn. — *Women's suffrage*, p. 53.

Le mouvement féminin anglais avait déjà à ce moment manifesté sa vitalité naissante par la constitution d'associations de femmes, et par un commencement d'action et d'organisation. C'est depuis cette époque que s'exerça l'influence d'une femme profondément passionnée pour les intérêts méconnus de ses sœurs et dont l'histoire ne fait qu'un avec celle du mouvement féministe, jusqu'en 1890 : Miss Becker. Ce n'est pas ici la place d'entrer dans le détail de cette vie, preque exclusivement consacrée à la défense des droits de la femme et à l'élargissement de sa situation dans tous les domaines.

Aujourd'hui encore on ne trouverait nulle part plus loyalement, plus fortement, plus simplement exposées, les raisons qui commandent la restitution aux femmes de leur part de droits dans la famille et dans la cité.

Dans la première phrase, l'auteur donne avec précision la formule entière de sa pensée :

> Je crois que les relations sociales des deux sexes qui subordonnent un sexe à l'autre au nom de la loi sont mauvaises en elles-mêmes et forment aujourd'hui un des principaux obstacles au progrès de l'humanité.
>
> Je crois qu'elles doivent faire place à une égalité parfaite, sans privilège pour un sexe, sans incapacité pour l'autre.
>
> Voilà ce que je me propose de démontrer, quelque difficile que cela paraisse.

Sans le suivre dans cette démonstration, constatons avec quel sang-froid il la conduit.

Il n'hésite pas à le dire et il le prouve : l'infériorité légale de la femme est le dernier vestige d'une série d'"institutions sur lesquelles la société a reposé pendant des siècles et qui avaient pour base le droit du plus fort.

L'esclavage en fut l'expression primitive : peu à peu il s'est adouci ; le servage lui-même a dû disparaître ; les barrières qui s'opposaient au passage d'une classe dans l'autre ont été abaissées, puis supprimées. Il n'y a plus dans nos lois et nos institutions qu'un seul exemple d'une fatalité de naissance, d'une exclusion frappant par avance un être humain pour toute sa vie : c'est l'incapacité qui interdit a la femme, uniquement parce qu'elle est femme, de faire valoir ses droits de personne humaine.

La législation moderne a balayé tous les obstacles arbitrairement opposés au libre essor de chacun, elle n'en a respecté qu'un seul, celui qui met une moitié du genre humain sous la dépendance et à la discrétion de l'autre.

« C'est comme si dans Londres, disait Stuart Mill, au milieu de nos églises chrétiennes, se dressait tout seul, à la place qu'occupe la cathédrale de Saint-Paul, un dolmen gigantesque ou un temple de Jupiter Olympien ! »

Et pourtant, elle s'explique, cette bizarre survivance, cette oppression qui se perpétue à travers les âges. De bonne foi, on la trouve naturelle.

Quel est donc le pouvoir absolu qui n'a pas proclamé et peut-être même cru que son existence était naturelle, légitime, nécessaire au bien public? Depuis les propriétaires d'esclaves jusqu'aux souverains absolus du droit divin, a-t-on jamais vu le détenteur d'un privilège s'en dessaisir? Ici, par surcroît, il est presque impossible que la personne lésée songe à se plaindre et à réclamer. Des siècles et des siècles d'éducation l'ont façonnée à ce rôle. Quel prodigieux effort ne lui faudrait-il pas pour se représenter un monde où d'autres mœurs feraient de la femme l'égale de l'homme! Et où trouverait-elle le courage d'affronter la réprobation générale en se révoltant, seule, contre une situation subalterne qui fait, d'après l'opinion publique, son bonheur et son honneur!

Sur la condition de la femme dans la famille, Stuart Mill devançait les temps en demandant les réformes, dont quelques-unes se sont accomplies depuis, en vue de faire du mariage « un contrat équitable » et d'établir, au lieu du pur despotisme marital, une sorte de régime constitutionnel.

Sur la question des droits civiques et politiques de la femme, il est plus formel encore. Et d'abord, il ne dissimule pas qu'elle est étroitement unie à celle des droits civils. Il conjecture que si l'on tient tant à maintenir au détriment de la femme le principe de l'inégalité dans la vie publique, c'est de peur de le voir ébranlé dans la vie familiale.

Bien entendu on allègue les plus honnêtes prétextes. « Quand le pouvoir opprime quelqu'un, c'est toujours pour lui faire du bien. » Aussi le grand philosophe anglais prend-il la peine de réfuter l'un après l'autre les sophismes courants contre « l'aptitude des femmes à participer aux élections, ou à exercer des charges publiques, ou à remplir des professions entraînant une responsabilité publique », car il ne sépare pas l'une de l'autre ces diverses prétentions.

Que les femmes aient le droit de voter, c'est-à-dire de choisir le parti qui gouvernera, n'est-ce pas l'évidence même?

Qu'elles en soient capables, peut-on le nier quand on les juge capables de choisir l'homme qui les gouvernera toute leur vie?

Il faudrait des raisons capitales pour leur interdire le droit commun, le droit naturel. Où sont ces raisons?

— La femme qui vote ne serait pas toujours en état d'être elle-même membre du Parlement. — C'est possible, mais de combien d'hommes ne serait-ce pas aussi vrai?

Et les « différences mentales » entre l'homme et la femme? Et la légèreté, l'impatience, la mobilité du caractère féminin? Et le cerveau de la femme inférieur, dit-on, à celui de l'homme? Et l'absence d'originalité géniale chez les artistes femmes? Et autres arguments de même ordre. Stuart Mill y répond avec un calme imperturbable. Et si quelques traits piquants semblent au lecteur d'une mordante ironie, c'est malgré lui qu'il les a semés.

hautes conceptions de l'homme. Qui sait si ce défaut ne sera pas une qualité dans tout un ordre de choses où la prudence, l'économie, une bonne comptabilité de ménage ont des chances d'être fort appréciées des contribuables par exemple? « Il y a même des questions d'administration pour lesquelles peu d'hommes ont autant de capacité que certaines femmes : ainsi, la direction du courant des dépenses. »

Et la délicatesse, la susceptibilité nerveuse des femmes, que n'en a-t-on pas dit? Stuart Mill fait remarquer qu'au XVIIIe siècle, on parlait sans cesse dans le monde élégant d'attaques de nerfs et d'évanouissements. Ils ont passé de mode. A mesure que l'éducation des jeunes filles devient plus sérieuse, à mesure qu'il y a un plus grand nombre de femmes élevées à gagner leur vie, le type légendaire de la femmelette ultra-impressionnable disparaît. Il reste à la femme une sensibilité peut-être plus vive. Ne serait-ce pas parfois une force à utiliser, ne fût-ce que comme contrepoids à certaines rudesses de la raison masculine?

Si bien que Stuart Mill achève son petit plaidoyer en faveur du sexe faible par le tableau non idyllique, mais très réaliste de l'influence qu'aura, bien moins pour elles que pour le monde, l'extension de droits qu'il réclame.

*Cui bono?* lui crie-t-on. A quoi bon ce changement? Et quand bien même on abolirait cette inégalité, peu onéreuse en somme et rendue facile par une tradition tant de fois séculaire, quel avantage en recueillerait la société?

L'avantage d'abord, répond-il, de faire cesser une injustice : tant pis pour ceux qui ne comprennent pas que l'humanité y gagne toujours. Quand on aura modifié la mentalité générale du garçon, du jeune homme, du mari à l'égard de la femme, on aura simplement fait la même révolution qu'on aurait produite en amenant le seigneur à ne plus se considérer comme au-dessus de ses vassaux parce qu'il s'est donné la peine de naître, ou le monarque absolu à ne plus se croire irresponsable vis-à-vis de ses sujets parce qu'ils sont nés sujets et lui roi. « Le culte que le monarque et le seigneur féodal se rendaient à eux-mêmes ont leur pendant dans le culte que se rend l'homme à lui-même en sa qualité de mâle. » Et quand ce préjugé de suprématie aura cessé, cesseront dans tous les domaines une foule de défauts et de travers qui ne peuvent pas disparaître tant qu'est installée au cœur de notre vie privée et publique cette injustice fondamentale, négation de tout l'ordre social : le droit du plus fort, même exercé avec les plus hypocrites ménagements.

Second avantage de la réforme : on doublera la somme du capital intellectuel de l'humanité. On le doublera, car l'égalité de droits

hautes conceptions de l'homme. Qui sait si ce défaut ne sera pas une qualité dans tout un ordre de choses où la prudence, l'économie, une bonne comptabilité de ménage ont des chances d'être fort appréciées des contribuables par exemple? « Il y a même des questions d'administration pour lesquelles peu d'hommes ont autant de capacité que certaines femmes : ainsi, la direction du courant des dépenses. »

Et la délicatesse, la susceptibilité nerveuse des femmes, que n'en a-t-on pas dit? Stuart Mill fait remarquer qu'au XVIII^e siècle, on parlait sans cesse dans le monde élégant d'attaques de nerfs et d'évanouissements. Ils ont passé de mode. A mesure que l'éducation des jeunes filles devient plus sérieuse, à mesure qu'il y a un plus grand nombre de femmes élevées à gagner leur vie, le type légendaire de la femmelette ultra-impressionnable disparaît. Il reste à la femme une sensibilité peut-être plus vive. Ne serait-ce pas parfois une force à utiliser, ne fût-ce que comme contrepoids à certaines rudesses de la raison masculine?

Si bien que Stuart Mill achève son petit plaidoyer en faveur du sexe faible par le tableau non idyllique, mais très réaliste de l'influence qu'aura, bien moins pour elles que pour le monde, l'extension de droits qu'il réclame.

*Cui bono?* lui crie-t-on. A quoi bon ce changement? Et quand bien même on abolirait cette inégalité, peu onéreuse en somme et rendue facile par une tradition tant de fois séculaire, quel avantage en recueillerait la société?

L'avantage d'abord, répond-il, de faire cesser une injustice : tant pis pour ceux qui ne comprennent pas que l'humanité y gagne toujours. Quand on aura modifié la mentalité générale du garçon, du jeune homme, du mari à l'égard de la femme, on aura simplement fait la même révolution qu'on aurait produite en amenant le seigneur à ne plus se considérer comme au-dessus de ses vassaux parce qu'il s'est donné la peine de naître, ou le monarque absolu à ne plus se croire irresponsable vis-à-vis de ses sujets parce qu'ils sont nés sujets et lui roi. « Le culte que le monarque et le seigneur féodal se rendaient à eux-mêmes ont leur pendant dans le culte que se rend l'homme à lui-même en sa qualité de mâle. » Et quand ce préjugé de suprématie aura cessé, cesseront dans tous les domaines une foule de défauts et de travers qui ne peuvent pas disparaître tant qu'est installée au cœur de notre vie privée et publique cette injustice fondamentale, négation de tout l'ordre social : le droit du plus fort, même exercé avec les plus hypocrites ménagements.

Second avantage de la réforme : on doublera la somme du capital intellectuel de l'humanité. On le doublera, car l'égalité de droits accordée aux femmes, c'est à bref délai l'égalité d'éducation, c'est une énorme expansion sinon des facultés de la femme, du moins de l'usage qu'elle en fait actuellement. C'est à la fois l'accroissement de l'influence de l'homme sur la femme et de celle de la femme sur l'homme. C'est forcément, au total, une élévation du niveau moral pour tous deux, c'est-à-dire pour la société.

De même qu'aujourd'hui dans nombre de familles on se plaît à reconnaître que la femme, la mère, exerce la plus heureuse action et est pour beaucoup dans la dignité même de l'homme qu'elle aime, qu'elle soutient, qu'elle inspire, de même, dans la société tout entière, l'action morale de la femme peut être souverainement bienfaisante, mais à la condition que la femme sorte de l'état d'infériorité ou plutôt de nullité sociale où elle a été maintenue.

Devenue citoyenne, membre actif de la société, elle ne sera plus enfermée, comme elle l'est trop souvent aujourd'hui, dans le cercle étroit des intérêts ou des préjugés de famille. Combien de femmes par exemple, en philanthropie, sont encore incapables de comprendre que l'aumône n'est pas un remède et que « la seule véritable charité, c'est celle qui aide les gens à s'aider eux-mêmes ! » Quelques-unes ont fait cette découverte en s'occupant d'œuvres de bienfaisance. Et il conclut, comme devait le faire l'auteur de l'immortel traité *On Liberty* : « On réalise un gain inexprimable toutes les fois qu'on passe d'une vie d'assujettissement à une vie de liberté fondée sur la raison. Après la nourriture et le vêtement, le premier besoin de l'homme, c'est la liberté. » Aussi prétend-il appliquer au gouvernement du couple humain tout ce qu'on a dit depuis Hérodote sur la vertu des gouvernements libres. Et il ne se lasse pas de répéter le magnifique éloge de la liberté, créatrice et stimulatrice de toutes les forces humaines.

On retrouve dans ces pages « l'homme qui a déterminé la débâcle des vieilles conceptions de la société anglaise ». Il applique sa thèse à la famille aussi bien qu'à la cité, à la cité aussi bien qu'à l'État. Et une dernière fois il proteste au nom de la femme qui souffre : elle souffrira de plus en plus, à mesure que son instruction, plus développée, lui fera mieux saisir la disproportion entre ce qu'elle pourrait être et ce que la société fait d'elle.

« Quand nous considérons, dit-il, — et c'est son dernier mot — le mal positif causé à une moitié de l'humanité par l'incapacité qui la frappe, nous sentons que, de tous les efforts que les hommes ont à faire ici bas, aucun n'est plus urgent que d'apprendre à ne pas ajouter aux maux que leur inflige la nature en restreignant mutuellement leur liberté. Restreindre la liberté d'un de nos semblables pour d'autres motifs que pour punir l'abus qu'il en aura fait au détriment d'autrui, c'est tarir la source principale du bonheur, c'est appauvrir l'humanité, c'est lui ravir le plus inestimable des biens qui peuvent faire aimer la vie. »

Tel est cet ouvrage, digne à la fois du penseur et de l'homme politique. On peut attribuer à la haute inspiration du livre la rare puissance du mouvement qui en naquit et le caractère d'élévation morale qu'il a gardé en somme, même à travers les incidents de la politique et les violences de la propagande.

***

*Nouvelles luttes et premiers succès.* — Dès le point de départ, on peut remarquer dans les votes de la Chambre des Communes, non certes une hésitation sur le parti à prendre, mais quelque embarras à le justifier.

La Chambre, nous l'avons dit, avait bien repoussé l'amendement de Stuart Mill.

Mais, d'autre part, elle rejeta un autre amendement qui tendait à maintenir l'expression « personnes mâles » de l'*Act* de 1832. On se borna au terme générique « *man* », homme, pris dans le sens d' « individu ».

D'où cette conséquence qu'en prenant les textes à la lettre, les femmes auraient eu le droit de vote.

C'est ce que soutinrent les 5.347 femmes qui s'étaient fait inscrire sur les listes électorales de Manchester et dont la cause fut soutenue devant la Cour des *Common Pleas* par Coleridge et le Dr Pankhurst. Les juges leur donnèrent tort, en décidant qu'une si grave innovation constitutionnelle ne pouvait se faire que par un vote formel du Parlement. « Le mot « homme », disent-ils, sauf dans les traités de physiologie n'a jamais désigné les deux sexes, surtout dans notre constitution... L'Histoire a réfuté cette affirmation (1) ». Ce jugement fit comprendre une fois de plus aux femmes la nécessité qu'il y avait pour elles de faire modifier nettement la loi.

Ce fut sur le suffrage municipal que se concentra alors l'activité des féministes.

Le *Municipal corporation amendment Act* de 1835 indiquait que les *male persons* (personnes mâles) devraient seules être considérées comme électeurs, et excluait ainsi les femmes. Jacob Bright, qui avait succédé à Stuart Mill comme champion de la cause féministe

(1) Mrs Stopes (brochure citée).

au Parlement, proposa de supprimer le mot *male* de l'*act* de 1835, proposition semblable à celle de Stuart Mill pour le suffrage parlementaire.

Jacob Bright soutint dans la séance du 7 juin 1869 que « ce qu'il proposait n'était pas une innovation et qu'on était en présence d'une des plus remarquables usurpations que l'histoire fournisse sur des droits séculaires. Car, selon lui, avant l'*act* de 1835, on ne parlait que de contribuables (*every ratepayer*) et c'est ainsi que s'exprimait encore l'*act* sur l'hygiène publique de 1848 avec lequel il fallait mettre le reste à l'unisson.

« Et la preuve en était, ajoutait-il, qu'il y a encore 78 agglomérations non érigées en municipe avec des populations de 20.000 à 6.000 habitants où chaque contribuable vote... Pourquoi donc les femmes voteraient-elles à un endroit et non à l'autre? »

« Puis il entra dans les détails, nommant les dames qui occupaient des postes importants, et c'était bien autre chose encore avant les lois se servant d'expressions masculines comme celles de 1835. En 1866, avant que Southport fût incorporé, 2.085 personnes dont 588 femmes votaient pour nommer les *commissionners* (conseillers municipaux). Par là, on pouvait préjuger de ce qui arriverait de la métropole avec une population de trois millions d'habitants.

« Enfin Jacob Bright, dans ce discours bien digne d'être rappelé, comme on le voit, établit que là où les femmes avaient le droit de vote, elles l'exerçaient à un égal degré que les hommes, et il invoque en ce sens le témoignage du contrôleur de Manchester » (1).

Le représentant du Gouvernement déclara partager les vues de Jacob Bright, et la Chambre des Communes adopta la proposition au milieu des applaudissements et sans la moindre opposition.

A la Chambre des Lords, un seul membre se leva pour la combattre.

Le projet Jacob Bright devint loi en août 1869. *Les femmes se trouvèrent ainsi placées sur le pied d'égalité avec les hommes pour le suffrage municipal.* Cette date est une des plus importantes du mouvement en faveur du vote des femmes en Angleterre. Aux élections municipales de novembre 1869, un nombre considérable de femmes exprimèrent leur vote.

Le 4 mai 1870, M. Jacob Bright présenta son bill pour l'affranchissement politique des femmes (*Women's disabilities removal bill*) qui était libellé en ces termes :

(1) Léon Giraud. — *De la condition des femmes au point de vue de l'exercice des droits publics et politiques*, p. 29.

« Que dans toutes les lois relatives aux conditions de capacité et à l'inscription des électeurs, des personnes ayant ou réclamant le droit d'être inscrites, et des personnes ayant ou réclamant le droit de voter aux élections parlementaires, partout où ont été employées des expressions qui impliquent le sexe masculin, ces expressions soient considérées comme comprenant également le sexe féminin, dans tous les cas se rattachant étroitement ou ayant rapport au droit d'être inscrit sur les listes électorales et de prendre part au vote, sans plus tenir compte des lois ou usages contraires (1). »

Le premier scrutin émis par la Chambre des communes sur ce projet le 4 mai donna les résultats suivants :

Pour : 93 libéraux, 31 conservateurs, total 124;
Contre : 52 libéraux, 39 conservateurs, total 91.

Soit une majorité de 33 voix favorable à la seconde lecture du bill.

Huit jours plus tard, le deuxième scrutin sur la proposition Jacob Bright donnait les résultats suivants :

Pour : 79 libéraux, 15 conservateurs, total 119;
Contre : 150 libéraux, 94 conservateurs, total 244.

C'est l'intervention personnelle de M. Gladstone, premier ministre, qui détermina cette volte-face, comme l'histoire parlementaire de tous les pays en contient de trop nombreux exemples.

C'est en cette même année 1870 que fut voté le nouvel *Elementary Education Act* qui reconnaissait le droit électoral de la femme ainsi que son éligibilité aux *school boards*.

Sa dernière défaite ne découragea pas l'ardent défenseur des droits parlementaires de la femme que fut Jacob Bright. Dès l'année suivante, le 13 mai 1871, puis en 1872, le 1er mai, et encore le 30 avril 1873, il représenta à la Chambre des communes son bill, qui fut, ces trois années, rejeté par des majorités variant de 67 à 79 voix.

Le vote municipal pour l'Irlande fut repoussé en 1873 et années suivantes.

De 1874 à 1876, M. Forsyth, porteur d'une pétition revêtue de 445.000 signatures, reprit à son tour la défense du droit des femmes, et trois années de suite déposa à la Chambre des communes des

(1) Cette formule est encore textuellement celle adoptée par les suffragistes contemporains. Voir aux annexes le *leaflet* de la *Social and Political Union* (pièce 25).

propositions en faveur de leur droit de vote, sans plus de succès d'ailleurs que Jacob Bright (1).

Au milieu de ces insuccès répétés, un certain encouragement vint cependant aux féministes du succès remporté par les femmes de l'Ile de Man. Cette petite terre autonome accorda en 1880 le vote parlementaire aux femmes.

Vers 1880, M. Gladstone, redevenu premier ministre, soutint un projet de réforme électorale étendant aux comtés et aux bourgs la *household franchise* et la *lodger franchise* : cette proposition avait pour conséquence de donner le droit de vote aux paysans, qui étaient encore en grand nombre tout à fait illettrés (2). C'est avec indignation que les féministes accueillirent ce projet de réforme; et ils organisèrent une très profonde agitation dans certaines grandes villes. Des meetings particulièrement retentissants eurent lieu en 1880 à Manchester (3 février), Londres (6 mai), Bristol (4 novembre), Nottingham (30 novembre), en 1881 à Birmingham (22 février) et à Bradford (28 novembre), en 1882, à Sheffield (27 février) et Glasgow (3 novembre).

L'année suivante, cent dix membres du Parlement signèrent un mémoire adressé au premier ministre, où l'on affirmait que seul satisferait l'opinion le projet de réforme qui accorderait le vote aux femmes. L'agitation dans le pays fut poussée avec ardeur par les féministes. En 1884, le 25 janvier, une importante conférence de l'*Union nationale pour la réforme électorale* décida à une quasi-unanimité (20 voix opposantes seulement) « que selon l'opinion de la Conférence, les femmes qui possèdent les qualités exigées des hommes pour voter ne doivent pas être disqualifiées par leur sexe ».

C'est au Parlement, le 10 juin de la même année, que se livra la bataille décisive autour de l'amendement en faveur du suffrage des femmes, présenté par M. Woodall au projet du Gouvernement. 39 libéraux et 98 conservateurs votèrent pour cet amendement; 245 libéraux et 27 conservateurs votèrent contre. M. Gladstone, pour obtenir ce résultat avait usé de toute son influence pour tourner ses amis politiques contre les revendications des femmes, auxquelles ils étaient un grand nombre favorables.

C'est au début de cette lutte ardente que les femmes d'Écosse reçurent le droit de vote municipal (1881).

---

(1) On trouvera aux annexes un tableau résumant toutes les tentatives faites annuellement par des partisans du droit de vote parlementaire des femmes et dont nous ne pouvons dans le présent exposé général signaler le détail. Le tableau des annexes montrera au lecteur l'ardeur infatigable avec laquelle fut défendue au Parlement anglais la cause des femmes [illegible].

(2) La loi sur l'instruction élémentaire n'avait été votée qu'en 1870.

D'ailleurs, en 1882, Gladstone fit voter le *Municipal Corporation Act*. Les femmes obtinrent droit de bourgeoisie pour diverses élections de Conseils locaux et de Conseils de famille à la double condition qu'elles eussent la direction d'une famille ou d'un établissement commercial ou industriel, et qu'elles payassent les taxes comme les hommes (1).

La résistance à l'extension du droit électoral de la femme prit une forme plus aiguë par l'intervention de l'autorité judiciaire.

L'*Act* de 1882 avait compris dans la même formule les conditions requises « pour voter » ou « pour être élu ». Mais une clause interprétative, destinée précisément à reconnaître le droit de la femme, donna le prétexte à une interprétation restrictive. Cette clause en effet disait que les mots employés au masculin s'entendraient au sens large comme n'excluant pas les femmes. Mais elle mentionnait qu'il en serait ainsi pour tous les cas relatifs au « droit de voter et objets connexes (*connected purposes*) ».

« Le droit de voter? » Soit, interpréteront les juristes, mais la loi n'ajoute pas : « Le droit d'être élu ».

Donc, il y a lieu à distinction. Le législateur a voulu que la loi s'appliquât aux femmes en matière de *devoirs* et non en matière de *droits*. L'accomplissement de l'acte civique du vote n'entraîne pas l'admission aux fonctions publiques, qui n'a jamais été prononcée.

Grâce à cette jurisprudence, la femme anglaise fut pendant quelques années *électrice* pour divers corps municipaux auxquels elle n'était pas *éligible*.

Quelques années plus tard, en 1888, les *county councils* d'Angleterre et du pays de Galles furent ouverts à certaines catégories de

---

(1) « Le droit de voter pour envoyer des députés à la Chambre des Communes s'appelle *franchise*.

« Il existe aujourd'hui trois fondements à la *franchise* : la propriété, l'*occupation*, la résidence, c'est-à-dire que, suivant diverses conditions..., l'électeur a un droit de vote en considération d'un tènement qu'il possède — dont il se sert — ou qui est sa demeure. » (W.-R. Anson, *Loi et pratique constitutionnelle de l'Angleterre; le Parlement*, p. 149, traduction Gandilhon.)

« Le Reform Act de 1832 (section 27) accorde la *franchise* à quiconque occupe comme propriétaire ou comme tenancier (*tenant*) toute maison, magasin, comptoir, banque ou autre bâtiment qui conjointement avec un autre terrain occupé par lui dans la même cité ou bourg, produit un revenu annuel de dix livres sterling. L'occupant doit avoir été taxé pour l'immeuble occupé, avoir payé ses taxes, avoir résidé six mois avant son inscription au registre électoral dans le même lieu ou dans un rayon de sept milles. » *Ibid.*, p. 129.

Le *Representation of the people Act* 1867, avait établi la franchise de maison (*Household franchise*) et la franchise de locataire (*Lodger franchise*).

Le *Representation of the people Act* 1884, a « simplifié la franchise, mais n'a pas simplifié les lois relatives à la franchise. »

Depuis 1884, la *Household franchise* et la *Lodger franchise* sont uniformes dans tout le Royaume-Uni.

femmes (1). « Cet acte de 1888 (pour l'Angleterre et le pays de Galles) marque une époque dans le gouvernement local de ce pays. Il déplace d'importantes fonctions administratives, jusqu'ici entre les mains des magistrats de *quarter sessions* et d'autres autorités, pour les soumettre au contrôle populaire en les attribuant à des Conseils de comté analogues à nos Conseils généraux. Un acte additionnel sur les élections de comté qui pourvoit à la nomination de ces Conseils, a du même coup réalisé un très grand changement dans la position des femmes, en ce qui concerne leur capacité civique, par l'agrandissement de leur sphère et de leur influence, comme électrices à ces Conseils (2). »

Cette même année un mémoire signé de 169 membres du Parlement fut présenté au premier lord de la Trésorerie, W.-H. Smith, demandant que le Gouvernement fixât un jour pour la discussion du bill Woodall. Ce bill, reconnaissant aux femmes les mêmes droits électoraux parlementaires qu'aux hommes, attendait depuis 1885, malgré les fréquents efforts de ses auteurs qu'on voulût bien le discuter. Cette démarche fut d'ailleurs sans succès.

L'année suivante, certaines catégories de femmes d'Écosse bénéficièrent du droit de vote aux conseils de comtés.

En 1894, les conseils de paroisse (3) et de district sont ouverts aux femmes qui y sont à la fois électrices et éligibles. D'ailleurs, le

---

(1) Les catégories de citoyens, hommes et femmes, auxquelles appartient le *droit de vote pour les Conseils de Comtés* sont indiquées aux Annexes, pièce 9.

(2) Léon Giraud, ouvrage cité, p. 54.

(3) « A la base de toutes les unités administratives, comtés, bourgs municipaux et villes se trouve la *paroisse* qui a son régime propre. La paroisse est comme une cellule embryonnaire, l'élément constitutif de toutes les autres divisions de l'Angleterre... C'est une circonscription territoriale à la fois civile et ecclésiastique, elle a pour centre l'église consacrée au culte anglican. « Le principe constitutif de la paroisse anglaise, dit M. G. de Beaumont, est que le pouvoir « souverain réside dans l'Assemblée de tous ceux de ses habitants qui payent la taxe des pauvres, « *all rate payers*, cette assemblée se nomme *vestry*... Dans cette assemblée, tout *vestryman* « (membre du *vestry*) peut exposer ses vues, ses griefs, ses plaintes; la discussion y est com- « plètement libre : tous les intérêts de la paroisse y sont livrés à la controverse et c'est la déci- « sion de la majorité qui fait loi. »

« ... Toutefois, bien que la constitution paroissiale ait à première vue une apparence démocratique,... en réalité l'esprit de la paroisse est un esprit aristocratique et l'administration de cette unité locale est dans les mains, non du plus grand nombre mais des plus riches propriétaires. Il importe en effet de remarquer que tous les membres qui composent l'assemblée générale du *vestry* n'ont pas un vote égal... Ceux qui sont imposés à raison d'un revenu de 50 livres et au-dessous ont une voix; ceux qui le sont à raison d'un revenu supérieur ont une voix de plus par vingt livres, au delà de cinquante, sans que le nombre de voix puisse dépasser six par électeur... Cette pluralité de votes attribuée à la grande et moyenne propriété constitue une administration complètement aristocratique. » (Paul Leroy-Beaulieu. — *L'Administration locale en France et en Angleterre*. Guillaumin, Paris, p. 119 à 124.)

*Local government Bill* de la même année les rendit éligibles aux fonctions de *poor law guardians* (tutrices des pauvres) (1).

C'est encore en 1897 qu'une pétition, portant 257.000 signatures de femmes, de toutes classes et de tous partis, fut remise à la Chambre des communes, réclamant en termes élevés le droit de vote pour les femmes et soutenus par M. Faithful Begg.

Lors de l'application de la loi sur l'instruction votée en 1902, il fut prévu pour les Conseils de l'enseignement des divers comtés qu'un certain nombre de femmes devraient en faire partie de droit.

En 1904, sir Charles Mac Laren, en 1905, M. Bamford Slack, présentèrent de nouveau l'amendement en faveur du vote parlementaire des femmes, chaque fois sans succès.

En 1906, M. Keir Hardie, marquant l'intervention du Parti du Travail en faveur des revendications féminines, soutint sans succès l'extension du suffrage. Une tentative de M. Dickinson en 1907 eut le même résultat.

Cette année-là apporta un sensible progrès dans les droits électoraux des femmes. En effet, le *Qualification of Women Act* reconnut l'éligibilité des femmes aux *county councils* et *borough councils* d'Angleterre et du Pays de Galles, soit comme conseillers, *aldermen*, présidents ou maires. Un acte distinct de la même date accorda le même droit aux Écossaises (2).

On sait que, si appréciables qu'elles soient, ces conquêtes ne paraissent pas suffisantes aux féministes d'outre-Manche. Cette année même, plusieurs propositions présentées à la Chambre des Communes ont prouvé que la question du suffrage politique des femmes n'a rien perdu de son acuité (3).

***

*La période récente.* — Tous ces efforts de propagande dans le pays comme au Parlement n'ont pas été perdus. Ils ont largement contribué à la formation des nouvelles générations de féministes an-

---

(1) La *poor law Union* (Union des paroisses) constituée d'abord pour l'application de la loi des pauvres est devenue depuis une sorte de division administrative et c'est ainsi que le *board of guardians* (conseil des tuteurs des pauvres) non seulement gère l'assistance publique de l'Union, mais aussi dirige les services réunis à l'Union, dont il est le conseil électif. L'étendue et la population d'une Union sont à peu près celles de deux ou trois cantons français moyens. Chaque Union peut comprendre un *district rural* et un ou plusieurs *districts* urbains, suivant les régions.

(2) Voir aux annexes, le texte de ces lois (pièces 12 et 12 *bis*), ainsi que les extraits du rapport annuel du Comité exécutif de la *Women's Local Government Society* pour 1907 où sont résumés les débats parlementaires auxquels ces lois ont donné lieu (pièce 13).

(3) Voir les textes aux annexes (pièces 14 à 18).

glaises qui, venues de tous les coins de l'horizon politique, ont réussi à placer définitivement la question du vote parlementaire des femmes au tout premier plan des préoccupations nationales.

Parmi les jeunes éléments, un groupe frappe particulièrement l'attention du public anglais et international, c'est celui qui recommande surtout l'action antigouvernementale, le mépris absolu des conventions sociales, qui considère que les méthodes pacifiques ont fait une retentissante faillite et qu'il faut avoir recours à l'action directe, comme nous dirions de ce côté de la Manche, pour atteindre la victoire.

La *Women Social and Political Union*, « abandonnant la tactique constitutionnelle de la Société que préside Mrs Fawcett et qui compte de nombreux représentants dans l'aristocratie anglaise, s'est jetée en avant dans une lutte sans merci contre le Parlement et les ministres, s'appuyant sur les masses populaires féminines, plus facilement excitables et qui lui assurent la collaboration du Labour Party. Elles ne reculent ni devant le ridicule de certaines manifestations publiques, ni devant le désordre et l'excitation de la révolte contre la loi. Elles sont devenues, suivant leur expression, des « politiciens pratiques ». Ce sont elles qui, sous le nom de *suffragettes*, ont fait entrer le conflit dans une période aiguë. Elles ont fait preuve de talent d'organisation et d'une indéniable énergie (1).

« Pour toutes les conquêtes humaines dans le domaine de la liberté, des hommes et des femmes ont eu à souffrir. La même règle doit s'appliquer à notre cas ; avant que la liberté des femmes soit une réalité, des femmes auront à souffrir. » Ainsi s'exprimait dans une brochure Mrs Billington-Greig, une des premières « suffragettes », que Zangwill appelle « un Parnell en jupons ».

« Il est vrai, écrit lui-même ce célèbre écrivain anglais, que ces méthodes si peu féminines ne sont pas les seules méthodes nouvelles qui peuvent être mises en jeu. Le défaut des vieilles méthodes ne consistait pas en ce qu'elles étaient conformes aux habitudes des femmes, mais bien en ce qu'elles étaient impolitiques. Elles n'exerçaient aucune pression sur le Gouvernement. En politique, la force seule compte. »

Ces dispositions nouvelles se comprennent d'autant mieux si l'on jette un coup d'œil rétrospectif sur les quarante dernières années de l'activité féministe anglaise. Qu'on lise le récit vivant et documenté de Miss Helen Blackburn (2), ou qu'on parcoure le memento chro-

(1) Voir pour de nombreux détails intéressants l'article de Mme Louise Lévi : *Suffragistes anglaises*, dans *Pages Libres* du 15 mai 1909.

(2) Helen Blackburn. — *Women's Suffrage.*

nologique établi par Mlles Chapman (1), on verra que le mouvement suffragiste en Angleterre ne date pas d'hier et l'on comprendra l'importance de certains groupes de femmes. Depuis 1865, depuis Stuart Mill, en effet, il s'est trouvé chaque année un ou plusieurs députés pour déposer à la Chambre des Communes des résolutions en faveur du suffrage parlementaire des femmes. Vingt-trois de ces résolutions ont été prises en considération et discutées, mais aucune d'elles n'a pu parcourir les dernières étapes de la carrière parlementaire. Faut-il en conséquence s'étonner qu'une partie de l'armée féministe, lasse de recourir, toujours en vain, aux moyens constitutionnels, ait voulu chercher, par l'application d'autres tactiques, à réaliser une réforme si longtemps réclamée, si longtemps attendue?

John Bright avait prévu ce mouvement des esprits. Le 16 février 1867, il disait (cité par le journal *Votes for women*, le 14 janvier 1910) :

« Si les meetings sont sans effet, si l'expression très nette et presque universelle de l'opinion n'a pas d'influence sur l'administration et le Parlement, alors inévitablement le peuple cherchera d'autres moyens en vue d'obtenir et de s'assurer les droits qui lui sont si hautainement refusés. »

Quelle que soit d'ailleurs l'opinion que l'on ait sur le mouvement des suffragettes, il faut reconnaître qu'il a eu cet indiscutable résultat de mettre en pleine lumière la question du suffrage des femmes, qui est maintenant connue de tous les Anglais et dont on a parlé jusque dans les campagnes les plus reculées.

L'éloge qu'adressa à tous les féministes d'Angleterre la présidente internationale au Congrès d'Amsterdam, ne nous paraît pas exagéré :

« Il y a eu en Angleterre, dit-elle, plusieurs organisations qui ont différé profondément dans leurs méthodes, et pourtant elles n'ont pas perdu de temps en disputes à leur sujet, et elles n'ont jamais oublié leur objet principal. Les suffragettes ont déployé une somme étonnante d'énergie, de persévérance et de force d'exécution. Et pourtant, le gros de l'armée féministe, plus vieux et plus conservateur, n'a pas été moins digne d'éloges. Toutes les classes de la société, des femmes de la noblesse aux petites ouvrières, aux femmes de chambre et aux travailleuses de l'usine, se sont enrôlées pour cette campagne, et il n'y a plus en Angleterre un homme, une femme, un enfant même qui puisse paraître ignorer le sens des mots : le suffrage des femmes. »

(1) A. B. et M. Wallis Chapman. — *The status of Women*, Londres 1909.

***

*Les associations féministes.* — De nombreuses organisations ont plus ou moins directement soutenu les revendications parlementaires des femmes. Elles sont d'une portée assez capitale en effet, pour que bien des associations qui poursuivent les réformes sociales ou économiques estiment à juste titre que, le jour où les femmes voteront, le triomphe de leurs revendications particulières sera près d'être assuré.

Il existe en Angleterre un certain nombre d'associations ayant pour objet exclusif la réforme électorale en faveur des femmes. La plus ancienne est *The National Union of Suffrage societies* qui compte plus de 70 comités locaux et augmente chaque jour d'importance : elle entend n'avoir aucune couleur politique particulière et n'a recours qu'aux moyens purement constitutionnels.

*The National Women's Social and Political Union* a porté sa propagande dans le monde entier (1), et, de même que *The Women's Freedom League*, soutenu une politique d'action militante. Deux associations dépendantes des grands partis politiques ont été récemment créées pour développer le mouvement suffragiste parmi certaines classes de la société : *The Liberal Women's forward Suffrage Union* consacre son activité à rappeler aux gouvernants et aux députés libéraux leurs engagements au sujet du vote des femmes; *The Conservative and Unionist Women's Franchise Association* (2) dirige la propagande suffragiste parmi les milieux conservateurs du pays; elle a pour vice-présidentes une sœur et une belle-sœur de

(1) A l'occasion du rapport pour l'année 1907 (second rapport annuel), le bureau de la *National Women's social and political Union* écrivait :

« Ce sera au Gouvernement de décider s'il veut ou non forcer les femmes de ce pays à adopter une méthode d'action militante plus vive que celle suivie jusqu'ici. Pour notre part, nous ne manquerons pas à notre devoir. Nous sommes les dépositaires de l'honneur des femmes d'Angleterre et nous ne faillirons pas à la garde de ce dépôt. Les membres du Gouvernement, s'ils persistent dans la voie de la résistance aux justes revendications féminines pour les droits constitutionnels, se rendront compte à leurs risques et périls qu'ils sont en lutte avec la force la plus puissante qui se rencontre ici-bas : celle du droit, de la vérité et de la justice. Quelque forts qu'ils soient, ce sont eux qui subiront la défaite et c'est le droit, la vérité et la justice qui triompheront. »

Ces vibrantes déclarations ont été suivies, on le sait, d'une action particulièrement énergique.

(2) On lit, au sujet de cette association, dans le *Jus Suffragii*, organe de l'Alliance internationale pour le suffrage des femmes : « Une réunion qui eut beaucoup de succès du groupe d'Edimbourg de l'Association Unioniste et Conservatrice pour le Suffrages des Femmes eut lieu le 19 novembre. Lady Betty Balfour fut le principal orateur et après vint Mme H. Percy Boulnois, et on adopta le vœu suivant : — « L'assemblée est d'avis que l'affranchissement des femmes « améliorerait leur position légale et sociale et tendrait à fortifier l'Empire, et qu'il est à « souhaiter qu'un gouvernement unioniste et conservateur ait l'honneur de conférer le droit de « cité à celles qui en sont privées uniquement à cause de leur sexe. »

M. Balfour, l'ancien président du Conseil. En Irlande, une association spéciale, *The Irish Society*, poursuit le même objet, tandis que *The Irish Women's Franchise League* cherche à gagner les Irlandaises aux idées et aux tactiques des suffragettes.

Une association particulièrement active s'est fixé pour objet spécial d'étendre le rôle des femmes dans la vie administrative locale anglaise : c'est *The Women's Local Government Society*; elle publie des journaux, des brochures, d'innomblables *tracts*, des *leaflets*, feuilles volantes destinées à faire l'éducation des électrices. On lira avec intérêt, aux annexes, quelques spécimens pris au hasard de ces publications, véritables modèles de propagande et d'instruction civique (1) (2).

Un association d'hommes, *The Men's League*, a été formée spécialement pour soutenir le mouvement féministe.

L'un des groupes socialistes anglais, le *Independent Labour Party*, est délibérément suffragiste (3).

Les organisations ouvrières, les puissantes *Trades-Unions* anglaises, ont aussi inscrit à leur programme de revendications politiques le vote des femmes. Le mouvement favorable au suffrage féminin se confond ici avec le mouvement en faveur de l'extension du suffrage des hommes.

Au congrès des *Trades-Unions* de 1909, une résolution fut votée relativement à la réforme électorale, qui contenait entre autres les revendications suivantes :

Réduction à trois mois au moins du délai de résidence nécessaire pour être inscrit sur les listes électorales.

Nomination d'un employé spécialement chargé de vérifier que tous les citoyens ayant les qualités requises pour être électeurs soient inscrits sur les listes électorales.

---

(1) Voir annexes, 2ᵉ partie, pièces 22 à 24.

(2) Dans un article sur le bilan féministe de 1909, nous lisons :

« Il est à considérer quels effets ont été obtenus par les efforts délibérés des suffragistes organisées elles-mêmes, — efforts qui, assurément, ont pris des allures bien différentes dans les diverses sociétés. Que la tactique des suffragettes militantes ait aliéné un nombre considérable de partisans possibles du mouvement, voilà qui est indiscutable; mais il est aussi certain qu'un grand nombre de personnes ont été par elles attirées dans les rangs de notre grande armée. Personne ne peut avec certitude estimer la proportion de ceux qui ont été attirés et de ceux qui ont été repoussés par cette tactique. Ma conviction est qu'il y a eu un plus grand nombre de personnes qui sont venues au mouvement qu'il n'y en a eu qui s'en sont éloignées ; mais ces dernière, d'une manière générale, appartenaient à une classe plus influente.

« Les suffragistes constitutionnelles ont certainement gagné du terrain dans l'ensemble du pays l'année dernière... Enfin — et disons-le franchement, c'est la première fois — notre propagande a eu une prise réelle sur la population ouvrière de Londres et d'autres grandes villes. » Clementina Black, article de l'*Englishwoman*, numéro de janvier 1910.

(3) Voir la citation de Keir Hardie, page 50, en note.

Payement par l'État des membres du Parlement. (Indemnité parlementaire.)

Fixation d'un seul et même jour pour les élections générales.

Augmentation de rigueur de la loi sur les tentatives de corruption électorale.

*Extension du droit de vote à tous les adultes, hommes et femmes.*

Répartition plus équitable des circonscriptions.

Abolition du vote plural.

Mentionnons enfin « L'association nationale contre le suffrage des femmes » (*Women's National Anti-Suffrage League*) qui, tout en se déclarant favorable au vote municipal, répudie le suffrage parlementaire (1).

M^me^ Humphry Ward, la célèbre femme de lettres, a pris la tête de la *Women's National Anti-Suffrage League*, dont le comité est composé de personnalités d'un caractère nettement conservateur. Dans un discours publié à la suite du manifeste de cette ligue, l'auteur de *Robert Elsmere* faisait valoir contre le mouvement suffragiste international des arguments qui peuvent se résumer ainsi :

D'abord, dans le *domaine de la nature* : les deux sexes, qui ont des caractéristiques physiques différentes, ont aussi à remplir dans l'État des missions différentes. M^me^ Ward revient souvent et sous diverses formes à cette idée qui est le principal fondement de son argumentation : la nature interdit aux femmes la connaissance et l'exercice de la vie politique, car la force physique possédée par l'homme y demeure en dernière analyse l'*ultima ratio*.

Ensuite, dans l'*ordre politique* : *a*) La puissance des nations modernes repose sur des domaines dans lesquels la femme n'a pour ainsi dire aucune influence, ne peut jouer aucun rôle utile : c'est l'armée, la marine, la finance, l'industrie, tous domaines où la lutte internationale ou nationale est nécessairement réservée au sexe masculin. *b*) Au point de vue de l'application du vote lui-même, il peut avoir pour conséquence de jeter la division dans les ménages,

(1) Israël Zangwill, le célèbre écrivain anglais, répond dans une brochure publiée par *The National Women's Social and Political Union* :

« Mais l'ennemi le plus ardent de la femme, ce n'est pas l'homme, c'est la femme elle-même, hélas ! Un certain nombre de dames déclarent qu'elles ne veulent pas du vote. [illegible] Il y a en Chine des femmes qui sont heureuses d'avoir les doigts de pieds mutilés. Il y a en Turquie des femmes qui sont satisfaites de posséder un quart de mari ou même la [illegible] partie d'un mari. Mais voilà qui ne justifierait pas les dames chinoises ou turques qui voudraient faire rétrograder leurs sœurs qui ont atteint un degré supérieur d'évolution et qui ont voulu avoir des pieds naturels et un mari tout entier pour elles seules. D'ailleurs, le vote n'est pas obligatoire. Ces dames qui ne veulent pas exercer leur droit auront toute liberté pour rester chez elles, à raccommoder ou à lire *The Lady*. »

si mari et femme ne sont pas de même opinion (1) ; et surtout, les femmes étant en majorité en Angleterre, de leur donner effectivement la direction des affaires publiques (2).

Enfin, dans le *Domaine social :* les femmes exercent déjà par leur participation aux assemblées locales une part considérable dans la vie sociale du pays ; là elles peuvent rendre de précieux services, et tout le temps et l'activité dont elles peuvent disposer en dehors de leurs fonctions ménagères seront certainement absorbés, et au delà, par cette mission. Augmenter la sphère de leur action ne pourrait que nuire aux résultats. C'est par les moyens dont elles disposent actuellement, d'ailleurs, qu'elles pourront le plus efficacement s'acquitter de leur rôle social en s'attachant aux réformes de la pédagogie, de l'hygiène, de l'assistance publique, etc.

Cette association, disent les suffragistes, a souvent fait plus de bien que de mal aux idées nouvelles, en les discutant avec ardeur (3).

---

(1) Israël Zangwill dit à ce sujet, dans la brochure citée :

« Mais on dit que le vote des femmes sera l'origine de querelles domestiques. Comme si des époux qui veulent se quereller avaient besoin pour cela de la politique ! Pensez donc aux siècles au cours desquels la discorde a régné sur tant de ménages sans qu'il y eût le suffrage des femmes.

« En fait, mari et femme sont généralement du même parti politique. Quand ils ne le sont pas, la possession du droit de vote par la femme aura pour conséquence plutôt l'harmonie que la discorde. »

(2) Voir la réponse de M. Stanger, page 53.

(3) « Au crédit du bilan de l'année 1909, nous devons aussi inscrire l'activité de la Ligue antisuffragiste. Personnellement, je me demande parfois si aucune propagande faite par les défenseurs convaincus du suffrage féminin nous vaut autant d'adhérents que la propagande contraire de nos ennemis déclarés. Elle nous a puissamment aidés en entamant la grande masse des indifférents. Certains de ceux-là déjà légèrement inclinés vers le suffrage ont été transformés par l'indignation en soutiens passionnés, tandis que d'autres, légèrement opposés, qui n'auraient pas pu être attirés à un meeting suffragiste, sont volontairement allés à des meetings antisuffragistes et ont attentivement écouté les arguments qu'on y faisait valoir, ont vu leur singulier vide, ont repensé à tout ce qu'on leur avait dit et ont peut-être bien adhéré à une société suffragiste. L'extrême violence et la brutalité du langage que quelques chefs du mouvement antisuffragiste se sont permis d'employer en public leur aliènent à chaque occasion une certaine proportion de leurs auditeurs qui, en manière de protestation, viennent, au moins partiellement, dans notre camp.

« Jusqu'à ce que les antisuffragistes aient formulé leurs critiques, nous sentions que nos auditoires avaient toujours cette pensée : Ah ! mais il doit y avoir de bonnes raisons que nous ignorons contre le suffrage ; autrement les femmes auraient déjà le droit de vote. Et naturellement il nous était impossible de dissiper cette idée par des mots. Ce que nous ne pouvions pas faire, les antisuffragistes l'ont fait pour nous. Les personnes que ce doute a touchées vont entendre nos adversaires et ne trouvent pas qu'on leur présente des raisons solides. Leurs réflexions intérieures changent de ton : « Est-ce tout ? » disent-elles, et elles deviennent suffragistes. » (Clémentina Black, article de la revue *The Englishwoman*, numéro de janvier 1910.)

Des brochures sont fréquemment publiées par les associations suffragistes pour réfuter les arguments des antisuffragistes et inversement. Il y a là certainement une polémique féconde. Signalons en particulier la brochure de Mme Philip Snowden, *Woman Suffrage in America*, qui discute les affirmations de Mme Ward au sujet du mouvement féministe américain qu'elle représente comme diminuant beaucoup et « combattu par le bon sens des femmes elles-mêmes ». Mme Snowden soutient que cette information est inexacte, et ce que nous savons du mouvement américain nous paraît lui donner raison.

***

*La question actuelle.* — Toutes les revendications présentes des suffragistes anglaises, à l'exception toutefois de certains groupes d'extrême gauche, se résument en ceci : obtenir pour les femmes les droits dont jouissent les hommes. Cette extension aurait-elle un caractère proprement démocratique ? Les avis sont partagés. Les uns affirment que non, puisqu'elle ne donnerait le vote qu'aux femmes remplissant les conditions censitaires requises pour les hommes, et sont dans ce cas celles qui n'en ont pas besoin pour l'amélioration de leur situation économique déjà satisfaisante. Il n'y aurait, disent-ils, rien de changé pour les ouvrières, entre les mains desquelles le suffrage pourrait avoir une si grande puissance de transformation sociale. Les autres (et en particulier l'*Independent Labour Party* et la *W. S. P. U.*) soutiennent que les ouvrières profiteraient de l'application du suffrage dans ses conditions actuelles (1).

(1) Les socialistes anglais sont divisés sur la question du suffrage des femmes, comme sur tant d'autres. Si le *Independent Labour Party*, dont Keir Hardie est le leader, est suffragiste, le *Social Democratic Party* est antisuffragiste. Les *Sozialistische Monatshefte* (Berlin) du 6 août 1908 ont publié un article de Keir Hardie sur cette question ; nous en extrayons ce qui suit :

« Ils (les membres du *Social Democratic Party*) parlent et écrivent comme si ceux d'entre nous, qui sont d'avis de donner aux femmes le droit de vote, étaient adversaires du suffrage universel pour tous les adultes ou du moins voulaient retarder l'introduction du suffrage universel. Ces deux affirmations sont fausses. Je veux expliquer ici pourquoi la grande majorité du parti ouvrier et moi sommes partisans de l'octroi immédiat du suffrage aux femmes, dans les conditions qui sont requises pour les hommes.

« Aujourd'hui, aucune femme ne peut émettre son vote pour le Parlement. Elle a beau remplir toutes les conditions qui donnent à un homme le droit de suffrage, rien qu'à cause de son sexe, elle est exclue de l'exercice de ce droit.

« C'est cette barrière sexuelle que nous nous efforçons de rompre. Lorsque ce sera fait, toute extension du droit de vote, à l'avenir, s'appliquera également aux hommes et aux femmes...

« Les adversaires du mouvement suffragiste, pour tourner l'opinion contre lui, prétendent qu'une extension du suffrage aux femmes, dans les conditions de la loi actuelle, ne profiterait qu'aux femmes qui possèdent, aux propriétaires. C'est là une déformation volontaire, intentionnelle des faits comme le montre un simple examen. Le droit de vote peut être actuellement exercé par tous les hommes qui possèdent une maison, ou qui ont loué un appartement pour lequel ils payent au moins 4 shillings par semaine de loyer, ou qui, étant employés ou domestiques, habitent une maison ou un appartement, dont le loyer n'est pas directement payé par eux, mais représente une partie de leurs appointements...

« Si l'on étendait ces conditions aux femmes, une femme mariée, qui n'a aucune espèce de qualification de propriété, n'obtiendrait pas le droit de vote ; mais une femme mariée, qui aurait une de ces qualifications, voterait. C'est là-dessus que se basent les adversaires du suffragisme pour affirmer que seules les femmes possédantes pourraient exercer le droit de vote. Ils négligent délibérément ce fait que pour une femme possédante, qui voterait dans ces conditions, il n'y aurait pas moins de 20 femmes travailleuses qui obtiendraient le même droit. Chaque veuve, qui possède une maisonnette et ne reçoit pas de secours de l'assistance publique, chaque célibataire qui habite une chambre séparée, auraient le même droit de vote, ainsi que toute locataire payant 4 shillings par semaine. » C'est sur une enquête détaillée faite en 1906 par l'*Independent Labour Party* que Keir Hardie base ces affirmations. Il ajoute :

C'est pourtant à obtenir cette égalité des deux sexes dans les privilèges électoraux que s'est bornée jusqu'ici l'action des féministes anglais à la Chambre des Communes, ainsi qu'en font foi les textes cités aux annexes (pièces 14 à 18, 20, 25).

Qu'il nous soit permis de brièvement résumer une des plus récentes discussions parlementaires au sujet du vote des femmes, celle à laquelle donna lieu la proposition de loi de M. Stanger (1) (28 février 1908).

Il s'agit ici du droit de vote pour l'Assemblée législative, et l'on nous dira peut-être que nous n'avons pas à en faire mention dans ce rapport, puisque notre Commission a borné son projet de loi au suffrage municipal des femmes. Mais la discussion nous paraît s'appliquer aussi bien dans ses grandes lignes à l'une qu'à l'autre réforme et contient des arguments valables en faveur des deux votes.

L'auteur du projet, dans un discours assez condensé, réfuta par des arguments topiques les objections formulées par les adversaires de la réforme, objections qui ont cours depuis plus de quarante ans dans les controverses sur le vote des femmes, que Stuart Mill avait déjà discutées en 1869, et qui ont été invoquées par les antiféministes de tous les pays. Deux arguments d'abord sont présentés couramment: l'un consiste à dire que la capacité intellectuelle de la femme est inférieure à celle de l'homme moyen; l'autre que par une loi de nature, qu'il serait coupable de transgresser, la sphère de l'action féminine est étroitement délimitée et qu'elle ne doit comprendre que des affaires domestiques.

« Je pense, Messieurs, dit M. Stanger en réponse au premier argument, que la marche des événements a balayé au loin ces deux objections.. Nous n'avons qu'à regarder autour de nous pour voir le nombre de situations, dont certaines ont un caractère public ou presque public, que des femmes remplissent de nos jours très honorablement, et même avec distinction. On n'a qu'à se rappeler que dans toutes les autres assemblées excepté celle-ci, — dans tout notre système de gouvernement local, — les femmes peuvent non seulement exercer le droit de vote aussi librement que les hommes, mais ont même le droit de siéger dans les conseils d'administration. »

---

« Le mouvement suffragiste a frappé l'imagination du peuple en Grande-Bretagne plus qu'aucune autre agitation depuis plus de cinquante ans. Son influence se fait déjà sentir dans les élections. Là où les oratrices féministes doivent venir, le public est plus nombreux que dans les réunions de n'importe quel parti pour n'importe quelle cause...

« Les directrices de l'action suffragiste *militante* sont toutes socialistes, pour la plupart de longue date. Ce seul fait aurait dû déterminer le *Social Democratic Party* à montrer plus de sympathie à l'égard des combattantes pour le droit de vote des femmes. »

(Voir sa brochure *The Citizenship of women*, publiée par son parti.)

(1) Voir le texte aux annexes, pièce 14.

« Je sais, dit plus loin l'orateur, au sujet de la seconde objection, que l'on dit que le *home* est le domaine de la femme, et il est certain qu'en un certain sens et pour un certain nombre de femmes cela est vrai ; mais je sais qu'il y a des milliers d'ouvrières pour qui le *home* est simplement le nom d'un gîte, souvent bien peu confortable, où elles passent le court intervalle qui sépare pour elles une journée de fatigue d'une autre journée de fatigue... Aussi bien, à la vérité, si on le comprend bien et l'apprécie à sa juste valeur, le fait que « le *home* est le domaine de la femme » est précisément une raison déterminante pour lui concéder le droit de vote... Je n'ai pas besoin en effet de vous énumérer toutes les mesures législatives relatives à l'éducation, à l'entretien des enfants, à l'alimentation des bébés, au mariage, qui sont à la base même de la vie familiale... »

... « Au sujet de la capacité intellectuelle des femmes on a fait une étrange distinction entre les facultés qui leur permettent de s'occuper des affaires municipales et celles qui leur seraient nécessaires si elles avaient à voter aux élections parlementaires. Je ne puis accepter cette distinction. En quoi consistent, en effet, les affaires municipales... Dans certaines cités, des sommes d'argent considérables sont dépensées ; beaucoup d'entre elles sont de grandes entreprises industrielles ; de grandes questions viennent souvent en discussion et quoique la femme ait un droit absolu de s'occuper de ces intérêts importants, on nous dit, quand il s'agit, par exemple, de défendre aux jeunes gens de fumer trop tôt la cigarette, ou de réduire le nombre des débits de boissons, que la cervelle purement municipale de la femme n'est pas capable de saisir des questions de ce caractère et qu'il nous faut avoir alors recours à l'intelligence supérieure des hommes... »

L'orateur examine ensuite un autre genre d'objections.

On a dit encore que les femmes perdraient leur charme si on leur accordait le droit de vote parlementaire. « Objection de pur sentiment » répond M. Stanger, car enfin les femmes sont déjà mêlées à toute notre vie publique, et il n'y a plus que le fait matériel de déposer leur bulletin dans l'urne qui leur soit interdit. « Vous ne pouvez pas en effet vous occuper d'une élection sans trouver que les femmes prennent part à la politique : c'est vous-mêmes qui les invitez ; vous les formez et elles se forment elles-mêmes en associations et en ligues ; elles sont capables de la plus vigoureuse propagande. Beaucoup d'entre vous arrivent dans cette Chambre grâce à leur aide et cependant, quand on propose de rendre leurs pouvoirs effectifs, vous répondez « Oh ! cela les dégradera ; elles perdront tout leur charme ! » Les femmes ont un sûr instinct de ce qu'elles peuvent toucher sans se souiller, et beaucoup des plus nobles femmes rejetteront avec mépris cette objection. »

L'orateur arrive à un argument assez répandu parmi les anti-suffragistes : on dit qu'il est bien difficile de donner le droit de vote aux femmes parce qu'elles sont si nombreuses.

« Curieuse notion de la justice ! Il nous faudrait refuser aux femmes un droit non parce que ce droit serait injustifié, mais parce que les personnes qui en profiteraient seraient vraiment trop nombreuses. J'avais pensé que plus grand était le nombre et plus grande aussi l'injustice... Si d'ailleurs il y avait (comme dit le *Spectator*) des chances qu'hommes et femmes en viennent aux mains, à propos des questions parlementaires, de telles scènes se séraient aussi bien produites au sujet des affaires municipales. »

Répondant à M. Stanger, M. Acland, dans un long discours antiféministe, crut pouvoir invoquer les circonstances politiques présentes de la France pour montrer les inconvénients que pourrait avoir le suffrage parlementaire des femmes : « Quelqu'un d'entre vous suppose-t-il, s'était écrié le député du Yorkshire, que si les femmes de France avaient le droit de vote, la France serait en paix à l'heure actuelle ? Je crois, au contraire, que la France serait en pleine révolution presque aussi terrible que la grande Révolution. (Un membre : « Pourquoi ? ») Je pense que tous ceux qui ont étudié l'histoire de France, et qui savent quels troubles l'agitent maintenant trouveront avec moi qu'il serait excessivement peu désirable de donner le droit de vote parlementaire aux femmes de France ».

Cette appréciation risquée est une preuve nouvelle de la difficulté où l'on est dans tous les pays d'apprécier exactement ce qui se passe chez le voisin.

C'est Herbert John Gladstone, secrétaire d'État pour le département de l'Intérieur, qui répondit au nom du Gouvernement. Il rappela que l'année précédente, à l'occasion d'une discussion sur le même projet, le premier ministre avait indiqué que, sur cette question « il n'y avait aucun signe d'unanimité dans aucune partie de la Chambre et qu'on pouvait trouver des différences d'opinion sur presque tous les bancs ». En conséquence, le Gouvernement n'avait pas cru devoir prendre parti dans le débat...

« En ce qui me concerne, poursuit le Ministre, je suis entièrement favorable au principe du projet. Quelque imparfait qu'il puisse être, il propose en tout cas de faire disparaître une inégalité qui a été trop longtemps une importante source de plaintes pour une grande partie de la population de ce pays ». Le Ministre déclare sympathiser avec le mouvement passionné auquel tant de femmes se sont mêlées et aussi avec leur désappointement « passé, présent, et probablement à venir »,

L'histoire nous montre qu'il ne suffit pas qu'une idée soit profondément juste pour qu'elle triomphe rapidement, il faut encore et surtout qu'elle soit soutenue par un puissant mouvement d'opinion publique. « Or, je crois, ajoute le Ministre, que, sans aucun doute, il existe un mouvement important et toujours grandissant pour accorder aux femmes le plus tôt possible le vote parlementaire; mais ce mouvement n'englobe pas encore un nombre suffisant de citoyens. Comparez l'agitation actuelle avec ce qui s'est produit lors de toutes les grandes crises politiques, alors que les hommes étaient déterminés à obtenir ce qu'ils voulaient. Rappelez-vous ce qui s'est passé dans les troisième, sixième et huitième décades du siècle dernier. Ce n'est pas par petits groupes de deux ou trois qu'agissaient les citoyens; ils ne se contentaient pas d'organiser des réunions enthousiastes dans de grands centres. C'est par dizaines de milliers qu'ils assistaient aux meetings dans tout le pays, non seulement dans les grandes villes, mais aussi dans les campagnes. »

Le Ministre conteste cependant qu'il soit nécessaire d'avoir recours à la violence pour atteindre la victoire : mais il faut que les femmes, en grande majorité, fassent nettement comprendre au pays qu'elles tiennent à la réforme demandée; il faut qu'en grand nombre ceux qui ont le droit de vote comme ceux qui ne l'ont pas soient gagnés à l'idée nouvelle.

Cet appel vibrant d'un partisan du suffrage des femmes, les féministes de tous les pays en peuvent faire leur profit. Une réforme de ce genre, qui va contre des habitudes et des traditions séculaires, ne peut triompher que si elle est soutenue par la plus grande partie de l'opinion publique.

Sans vouloir pousser plus loin les détails de cette vingt-troisième discussion sur le suffrage féminin à la Chambre des Communes depuis l'amendement de Stuart Mill au *Reform Bill* de 1867, disons simplement que le projet de loi de M. Stanger fut cette fois soutenu par 271 membres contre 92. Ce n'était pas la première fois que des discussions « académiques » sur la question se terminaient à la Chambre des Communes par des votes de sympathie, mais les divers projets défendus jusqu'ici n'ont pas encore pu dépasser avec succès cette première étape législative (1).

(1) Le *Times*, dans son numéro du 12 novembre 1909, indique les termes de la réponse de Lord Crewe, secrétaire d'État du Colonial Office, à une députation des membres de la *Forward*

***

Remarquons en terminant que le problème féministe a été depuis quelques mois mis au second plan des préoccupations du peuple anglais par deux questions d'actualité immédiate : celle du budget et celle de la politique douanière.

Les suffragettes militantes n'en ont pas moins continué leur agitation extra-constitutionnelle et sont entrées en lutte ouverte avec le cabinet Asquith (1).

La préparation des élections de janvier 1910 a d'ailleurs été l'occasion pour toutes les suffragistes d'organiser une ardente propagande. On trouvera aux annexes des leaflets et des déclarations rédigés à cette occasion par des sociétés féministes.

La gravité des problèmes politiques soumis au peuple anglais ne semble pas cependant avoir permis à la question féministe de prendre cette fois aux yeux des électeurs une place prépondérante. « Hier j'étais à Battersea, nous écrit une propagandiste, montée sur une caisse d'oranges dans la rue, expliquant à ces hommes ce que nous voulons et pourquoi... Ils écoutent, ils applaudissent... ils disent : « Je suis d'accord ». Et c'est tout : ils ne font rien. »

*Difficultés d'application.* — Si importante, si capitale que soit la

---

*Suffrage Union* (laquelle est affiliée à la *Women's Liberal Federation*); cette délégation lui demandait une indication précise relativement à l'attitude que le Gouvernement compte prendre au sujet du vote des femmes lors des prochaines élections. Lord Crewe a répondu « qu'il lui était impossible de faire une déclaration de principes au nom du Gouvernement. Personnellement, il n'a jamais considéré que l'extension du droit de vote aux femmes constituerait un danger public. La principale objection qu'on puisse opposer à cette innovation est qu'elle augmenterait le nombre des électeurs qui sont indifférents. Il n'estime pas que la question puisse être définitivement résolue par les prochaines élections, même si tous les membres du Gouvernement, sans exception, le désiraient. Il existe des divergences marquées, touchant le droit de suffrage des femmes, aussi bien parmi les membres du Gouvernement que parmi ceux du Parlement. Si la question était posée devant la Chambre des Communes qui siège actuellement, le droit de vote serait refusé aux femmes par une majorité importante. »

(1) A l'action directe des suffragettes, le Gouvernement a répondu par la force. Les emprisonnements et les condamnations à plusieurs mois de travaux forcés n'ont pas été rares ces derniers temps.

Les féministes ont été particulièrement indignées de se voir traiter comme des criminelles de droit commun, au lieu d'être considérées comme des prisonnières politiques.

En juin 1909, Miss Wallace Dunlop, une des suffragettes prisonnières, eut recours à la grève de la faim en vue d'attirer l'attention sur sa situation. Le Ministre de l'Intérieur (M. Herbert Gladstone) refusa d'ordonner qu'elle fût traitée comme une prisonnière politique, mais, voyant qu'elle était décidée à se laisser mourir de faim, il la fit mettre en liberté.

D'autres suffragettes prisonnières ayant eu recours à la grève de la faim, M. Gladstone les fit nourrir de force en leur faisant introduire un tube de caoutchouc par une narine et en le glissant jusqu'à l'estomac. L'indignation fut grande parmi les féministes au sujet de cette mesure « inhumaine, barbare ».

victoire obtenue par la femme anglaise en ce qui concerne l'objet précis qui nous occupe, le vote municipal, nous ne voudrions pas laisser le lecteur sous l'impression que tout est terminé. D'abord, il reste à régler la question du suffrage politique. Et puis, même pour le suffrage municipal, il y a une partie au moins, et une partie considérable des résultats de l'*Act* de 1907 qui sont loin d'être pleinement acquis et incontestés. Il ne semble pas que la question soit tout à fait élucidée, du moins en ce qui concerne la femme mariée.

De récents articles, notamment ceux de Mrs Agnes M. Dixon (*The Queen* 11 et 18 décembre 1909) mettent en lumière les difficultés que la jurisprudence oppose à l'application du principe posé, semblait-il, par la loi.

Sans doute l'*Act* [illegible] 1907 dispose qu'une femme ne sera pas disqualifiée par son sexe ou par le mariage pour être élue et pour exercer comme membre du Conseil, alderman ou maire.

Mais l'*Act* de 1907 ne supprime pas la disposition capitale de celle de 1882 : Ne sont aptes à être membres du Conseil que des personnes prises par les bourgeois (*burgesses*), nul ne peut être conseiller s'il n'est inscrit ou en droit d'être inscrit comme bourgeois. La question se pose donc de savoir ce qu'a voulu faire le législateur de 1907. Peut-on supposer qu'il a fait un geste vain et que l'*Act* est d'avance lettre morte? Dira-t-on qu'il a voulu conférer aux femmes mariées l'éligibilité, tout en leur refusant l'électorat, c'est-à-dire leur accorder le plus en leur refusant le moins? Ou bien faut-il sous-entendre que le plus emporte le moins et qu'implicitement la disposition conférant l'éligibilité présuppose l'électorat?

Jusqu'ici la question reste en suspens. Elle n'est tranchée en faveur des femmes que pour l'Écosse (depuis 1894) et pour le Comté de Londres (ne pas confondre avec la Cité). Partout ailleurs, la jurisprudence vit toujours sur le cas célèbre Regina contre Harrald de 1872.

Charles Harrald était élu conseiller pour Sunderland à une voix de majorité. Dans les suffrages qu'il avait réunis, figuraient deux femmes, l'une qui était mariée lors de son inscription au registre électoral, mais s'était depuis séparée de son mari, l'autre qui, célibataire lors de l'inscription, s'était mariée depuis. Les deux juges déclarèrent le concurrent de Harrald élu, et firent rayer du registre le nom des deux électrices.

Que feraient-ils aujourd'hui en pareil cas? M^me^ Dixon raconte les péripéties du procès qu'elle eut à soutenir pour faire valoir en 1908 son droit électoral de femme mariée. On consentit à l'inscrire, puis l'inscription fut contestée. Son avocat soutint qu'il n'était pas permis de supposer que l'*act* de 1907 se réduisait à un non-sens, en feignant d'accorder un droit et le subordonnant à une condition *sine qua nor* qui en rendait l'exercice impossible.

Le « revising barrister » (1) rendit sa sentence dans le même sens et confirma l'inscription de Mme Dixon. Après bien des recherches, Mme Dixon a découvert trois autres cas de femmes mariées qui ont obtenu leur inscription comme électeur de bourg ou de comté. Elle craint que ce ne soient les seuls jusqu'ici. Et elle engage les femmes anglaises à faire campagne pour obtenir l'application de la loi, tant que la question n'aura pas été tranchée par la suprême autorité judiciaire, les décisions d'espèce dépendant de l'appréciation du « revising barrister ».

Un point important à noter pour nous Français, c'est que même dans le cas de la décision la plus favorable, la femme mariée anglaise ne peut prétendre à l'électorat qu'à la condition de payer une taxe pour une maison ou une portion de maison différente de celle qu'habite son mari, par exemple un bureau, un magasin, un atelier qu'elle dirige elle-même. On voit combien plus simple, plus général et plus démocratique est notre système de suffrage universel (2).

---

(1) Avocat nommé dans chaque district par les juges de la Haute-Cour de justice pour la revision annuelle des listes électorales. Appel de sa décision peut être fait devant la Haute-Cour, mais les appels en fait sont très rares.

(2) On trouvera, pour toute la période antérieure à 1892, non seulement pour l'Angleterre et ses colonies, mais pour tous les pays, un exposé méthodique très sûr, très clair, d'ailleurs impartial et solidement documenté, dans l'étude d'histoire et de législation comparée publiée par M. Ostrogorski sous ce titre *La femme au point de vue du droit public* (ouvrage couronné par la Faculté de droit de Paris) 1892. La traduction allemande *Die Frau im öffentlichen Recht* de 1897 contient quelques additions intéressantes.

## III

### Le droit de vote des femmes aux États-Unis.

Ce chapitre de notre enquête devrait s'ouvrir par une large citation. Les pages que, dans son grand ouvrage classique, Bryce a consacrées au suffrage des femmes et au vote de la femme dans la société américaine (1) donnent à la fois la synthèse impartiale des faits et une vue profonde des causes morales qui les expliquent.

C'est aux États-Unis que le droit de vote complet et intégral a été pour la première fois reconnu aux femmes. Et il était naturel qu'il en fût ainsi.

D'abord ce droit avait été réclamé dès le début de l'Union américaine. Les femmes faisaient la preuve qu'elles l'avaient déjà exercé dans plusieurs États (2). Elles demandaient simplement qu'il fût accordé à toutes les Américaines. Cette requête fut repoussée. Le Congrès, qui n'était pas du tout opposé en principe au suffrage des femmes, décida que les États auraient toute liberté à ce sujet dans la rédaction de leur propre constitution. C'est donc dès l'origine de la constitution américaine que les femmes des États-Unis ont protesté contre la situation d'infériorité politique où les hommes les ont placées. « C'est probablement, écrit Miss Zimmern, le premier exemple de ce qui arriva si souvent depuis : en 1789, lors de la Révolution française, les « Droits de l'homme » ont complètement négligé les droits de la femme ; en 1832, la réforme électorale anglaise retira le vote à un grand nombre de femmes... Il faut se souvenir de ces exemples, car ils prouvent que ce sont les hommes et non les femmes qui ont commencé le conflit des sexes. »

Et puis une circonstance particulière devait donner au mouvement féministe américain un caractère de grandeur unique : c'est par la campagne contre l'esclavage qu'il s'est affirmé avec éclat. C'est en réclamant l'émancipation des noirs que les femmes américaines ont appris, sans y penser d'abord, à plaider la cause de leur propre affranchissement.

---

(1) James Bryce, *la République américaine*, tome IV de la traduction française, p. 249 et 500.

(2) Signalons en particulier que, dans le New Jersey, les constitutions de 1776 et de 1797 spécifiaient très nettement que tous les habitants, sans distinction de sexe, étaient aptes à voter ; ce n'est qu'en 1808 que le suffrage fût réservé aux hommes.

Ce fut vers 1830 que les deux sœurs Grimke, de Charleston (Caroline du Sud), émancipèrent leurs esclaves et vinrent dans le Nord des États-Unis pour y propager les idées nouvelles. Des femmes se joignirent à elles, qui les aidèrent dans leur active campagne. Aux revendications des noirs, elles crurent devoir joindre celles des femmes blanches, ce qui revenait à demander l'égalité absolue de tous sans distinction de sexe ou de couleur.

Au Congrès anti-esclavagiste de Londres, en 1840, les déléguées américaines furent exclues après une longue discussion et ne purent écouter les débats que dissimulées derrière un rideau. « C'est en se voyant repousser du Congrès pour le seul motif de leur sexe qu'il se fait en elles comme une révélation de leur état assujetti et amoindri... et que l'une des *pionnières*, Mme Elisabeth Cady Stanton, militante pendant quarante ans, rentre dans son pays avec le ferme dessein d'une révolution où tout ce qui a suivi était en germe » (1).

En 1848, se réunit, à Seneca Falls, le premier Congrès des femmes de l'État de New-York. On y adopta un manifeste qui s'inspirait de la célèbre déclaration de l'indépendance. Ce manifeste contient déjà tout le programme féministe actuel : droits égaux dans les Universités, dans le commerce et les professions diverses; droit de voter, d'être admises à toutes les fonctions politiques, de recevoir toutes distinctions honorifiques et tous traitements; droits égaux dans le mariage; droit à la liberté personnelle, à la propriété, à la direction des enfants; droit de contracter; droit de poursuivre et d'être poursuivies; droit de témoigner en justice. Il a fallu soixante ans pour obtenir certaines de ces réformes; certaines autres sont encore à réaliser.

Le mouvement se répandit de l'État de New-York dans les autres États. En 1850, se réunit le premier *Congrès national des femmes d'Amérique*, à Worcester (Massachusetts). Neuf États y furent représentés. L'appel fut signé par 90 personnes, parmi lesquelles Emerson, Channing, Wendell Philipps et W. L. Garrison. Lincoln, « le premier Américain », avait déjà dit, douze ans avant le premier Congrès féministe : « Je suis pour que tous ceux qui supportent le poids du gouvernement en partagent aussi les privilèges ; en conséquence, je suis pour qu'on admette au droit de vote tous les blancs qui payent l'impôt ou portent les armes, sans en exclure en aucune manière les femmes. »

Aussi, quand, à l'issue de la guerre de Sécession, les nègres émancipés furent seuls admis au vote (XIVe amendement à la Consti-

(1) Léon Giraud, ouvrage cité, pages 82 et 83.

tution, 1865), on comprend l'indignation des femmes américaines. Elles voyaient des hommes sans instruction, absolument ignorants, d'une race différente, tout à fait incapables d'assumer sérieusement aucune responsabilité, appelés à prendre part au gouvernement du pays. Et celles qui les premières avaient travaillé de tout cœur à l'émancipation des nègres, qui avaient pris une si large part aux risques de la guerre, devaient continuer à rester en marge de la vie politique, laissant la place à des électeurs noirs ! Leurs protestations ne furent pas entendues. Ce fut en vain qu'elles réclamèrent leur inscription parmi les électeurs (1).

« C'est à partir de cette époque que va se généraliser l'appel aux législatures des différents États » : on ne s'adressera plus au Congrès en vue d'une revision de la Constitution fédérale ; on s'efforcera de gagner à la réforme les assemblées des États.

C'est dans cette voie qu'on s'engagea. On fit campagne successivement, vers 1872 et 1873, dans l'Illinois, le Maine, l'Iowa, le Michigan ; vers 1877, dans le Colorado et l'Indiana ; vers 1879 et 1880 dans le Massachussetts et le Wisconsin, le Nebraska et le New-York. Dans la majorité de ces États ou territoires la proposition échoua, malgré l'immense effort de propagande déployé dans la plupart des cas : les votes mirent en relief les importantes minorités qui s'étaient prononcées en faveur du vote des femmes.

Il y eut cependant un premier point sur lequel les femmes remportèrent la victoire assez rapidement. Ce fut le droit de vote en matière scolaire. Elles l'ont obtenu depuis une trentaine d'années dans la moitié environ des États-Unis. La première application de ce suffrage scolaire remonte bien à 1838, dans le Kentucky, mais elle était restreinte aux veuves avec enfants. Son plein effet fut reconnu en 1881, dans le Massachussetts, où la réforme s'expliquait d'autant mieux que l'enseignement y était presque exclusivement entre les mains des femmes (7 femmes pour 1 homme). La base électorale de ce suffrage est très large. Un grand nombre d'États ont, à la suite du Massachussetts, adopté le vote scolaire des femmes avec des modalités particulières dont il est impossible de reproduire l'infinie variété (2).

---

(1) Sur toute la période antérieure du mouvement féministe et en particulier du suffragisme américains, on trouvera l'exposé le plus complet dans un article d'une richesse et d'une précision remarquables de Mme Harriet Hanson Robinson dans la *Revue parlementaire* d'août 1898. Voir aussi les trois études antérieures auxquelles celle-ci se réfère.

(2) Dates auxquelles le *Suffrage scolaire* fut accordé aux femmes dans les États-Unis. (D'après *The Woman's Journal* de Boston, 23 janvier 1909).

1838. — Kentucky. — Aux veuves ayant des enfants d'âge scolaire.

1850. — Ontario. — Aux femmes mariées et célibataires.

1861 — Kansas. — A toutes les femmes

Une seconde conquête, aussi ancienne, du suffragisme féminin, est le droit spécial de vote en certaines matières fiscales, disposition analogue à celle en vigueur en Grande-Bretagne. C'est ainsi que la Louisiane, le Montana, l'Iowa, l'État de New-York (1) et le Michigan (1908) (2) ont donné le droit de vote sur les questions budgétaires aux femmes payant des impôts (3).

---

1875. — Minnesota.
1876. — Colorado.
1878. — New-Hampshire.
1879. — Massachussetts.
1880. — New-York et Vermont.
1883. — Nebraska.
1887. — North-Dakota, South-Dakota, Montana, Arizona.
1891 (juin). — Illinois. — Les femmes peuvent voter aux élections scolaires (*State Library Bulletin*, 1892, janvier).
1893 (janvier). — New-York. — Toute personne, sans distinction de sexe, qui est éligible à la fonction de *school commissioner* et qui remplit les autres conditions, aura le droit de voter pour les *school commissioners* (S. L. B., 1893).
1893. — Michigan. — Les femmes peuvent voter aux élections scolaires (*school elections*) (S. L. B., 1894). — Connecticut. — *Idem.*
1894. — Ohio.
1895 (janvier). — Oregon. — Les femmes votent aux élections scolaires (S. L. B., 1895).
1897 (octobre). — New-Jersey. — Un amendement à la Constitution donnant aux femmes le droit de voter pour les élections scolaires est repoussé par le peuple (S. L. B., 1898).
1898 (novembre). — Minnesota. — Un amendement à la Constitution donnant aux femmes le droit de voter pour les *schools officers* et pour les membres des comités de bibliothèques (*library boards*) ainsi que le droit d'être élues à ces fonctions a été ratifié par un vote populaire en novembre 1898 (S. L. B., janvier 1899).
1898. — Delaware (tax paying women).
1899. — Oregon. — Organisation scolaire. Élections : les femmes peuvent voter ; les conditions de propriété nécessaires sont de 500 francs (100 dollars). Mais dans les districts de moins de 1.000 habitants, les veuves et les hommes qui ont des enfants peuvent voter (S. L. B., janvier 1900).
1901 (mai). — Wisconsin. — Des cabines de vote spéciales sont installées pour les femmes électrices aux élections scolaires (New-York State Library, déc. 1901, bulletin 69).
1902. — Kentucky. — Les femmes sont disqualifiées pour les élections aux conseils scolaires dans les cités de deuxième classe (N. Y. S. L. Bulletin 79, page 624).
1907. — Oklahoma.

Nous n'avons pu retrouver les dates auxquelles la réforme a été adoptée dans les États suivants : Floride, Iowa, Indiana, Idaho, Mississipi, Utah, Washington et Wyoming.

(1) Voir aux annexes (pièce 30) le texte de la loi de cet État.

(2) Une des premières propositions sur lesquelles les femmes du Michigan ont eu à voter sous le régime de cette nouvelle loi constitutionnelle est relative à un pont municipal, qui devait traverser un bras de lac séparant Trenton de « Grosse Ile ».

(3) Voici quelques indications à ce sujet ;

1898 (juillet). — *Louisiane.*

Les autorités des circonscriptions civiles peuvent sur la demande d'un tiers des contribuables (*tax payers*) faire procéder à des élections spéciales pour voter la levée d'impôts nouveaux en vue de travaux destinés à une amélioration permanente. Les femmes contribuables peuvent voter *sans être inscrites*, en personne ou par mandataire.

Sur les questions soumises aux contribuables, comme tels, les femmes contribuables peuvent voter sans être inscrites (*without registration*) (State Library Bulletin 1899, janvier).

1901 (avril). — *New-York.* (Loi modifiant la loi de 1897.) Les femmes contribuables, dans

***

Un troisième droit, plus important, le *droit de vote parlementaire* a été l'objet d'une ardente et laborieuse campagne.

« On pourrait dire que le caractère très démocratique du gouvernement aux États-Unis est plutôt une raison de difficultés nouvelles en fait. Et la preuve que nous en donnerons, c'est que, dans les appels nombreux adressés aux pouvoirs publics pour résoudre la question, ce sont les Parlements qui ont cédé, et c'est la voie plébiscitaire qui a tout fait échouer. On a vu, dans plusieurs États, les législatures accueillir, et par de fortes majorités, les revendications féminines, et quand il s'est agi d'avoir la ratification par un vote populaire, dans de nombreuses circonstances la chose a été à recommencer : la masse électorale n'a plus été de l'avis de ses représentants. Est-ce le poids de préjugés séculaires qui agit davantage sur des esprits peu éclairés et n'ayant pas la discussion pour les convertir? Est-ce le sentiment égoïste qui reprend le dessus chez chaque citoyen consulté dans son milieu et aux portes de sa maison? Toujours est-il que l'hostilité du vote direct a été telle qu'elle a modifié le plan de campagne des initiateurs de la réforme (1). »

Encore aujourd'hui, il n'y a que quatre États qui ont poussé la reconnaissance du droit de vote de la femme jusqu'à l'électorat et l'éligibilité à tous les ordres de fonctions électives municipales et politiques. Nous donnerons quelques détails sommaires sur ces quatres législations : celle du Wyoming, du Colorado, de l'Utah et de l'Idaho.

*État de Wyoming.* — C'est en 1869 que le Wyoming, qui n'était

les *villages* seulement, remplissant les conditions requises, peuvent voter sur les propositions d'impôt nouveaux (New-York State library, déc. 1901, Bulletin 69).

1906. — *New-York.* — Loi modifiant la loi de 1897 sur la constitution des villages (amending village law 1897). Toute femme propriétaire peut voter à l'élection du village sur les propositions financières ou fiscales et sur l'incorporation ou la dissolution du village.

Cette loi *retire aussi le droit de voter sur les questions ci-dessus aux hommes dont le droit de vote était basé sur la propriété de leurs épouses* (N.-Y. S. L., 1906, Bulletin 118).

(Il y a en Amérique diverses sortes de circonscriptions municipales : la city, le *village*, le *borough* (bourg), le *town* (ville), qui présentent entre elles des différences parfois profondes dans le régime administratif. Le *village* correspond d'ordinaire à des conditions sociales particulières : il se présente là où un nombre relativement considérable de personnes vivent dans un espace restreint : l'organisation de la municipalité sous forme de village peut être adoptée quand 300 habitants résident dans un district d'une étendue de moins d'un mille carré (loi de New-York). Le *village* est toujours gouverné par un corps choisi, à savoir *Board of trustees*, ou des bourgeois (*burgesses*) élus par les électeurs résidant dans le village. Le *town* au contraire est parfois gouverné par le *town meeting*, c'est-à-dire par la réunion du peuple politique du *town*).

(1) L. Giraud, page 78. Voir plus loin (page 72) la liste des États dans lesquels le vote populaire a repoussé la réforme suffragiste.

alors qu'un « territoire », accorda la plénitude du droit de vote aux femmes (mariées ou célibataires).

En 1899, lorsqu'il fut admis dans l'Union comme « État », le droit de vote fut inscrit dans la Constitution. Les femmes ont donc dans cet État tous les privilèges des hommes; elles prennent part à la désignation des électeurs présidentiels (1) et sont souvent désignées elles-mêmes pour cette fonction. Elles peuvent avoir une fonction dans l'État. Elles siègent comme jurés et ont été élues juges de paix. Voici au sujet de l'admission des femmes au pouvoir judiciaire, après le pouvoir législatif et exécutif, un témoignagne intéressant.

« Le concours des femmes, écrivait le juge Kingman, membre de la Cour suprême des États-Unis dès 1873, a permis aux tribunaux de poursuivre et de frapper des délits qui, auparavant, restaient impunis.

« Quand les hommes seuls composaient le jury, les tribunaux furent toujours impuissants à faire exécuter les lois sur l'ivresse, sur le jeu, sur la débauche et le désordre sous toutes ses formes. On ne pouvait compter pour cela ni sur le petit, ni sur le grand jury; mais quelques dames à chaque session ont bientôt mis fin à cet état de choses.

« Il n'y en a pas eu beaucoup comparativement. Elles sont en général trop occupées dans leur maison pour que les tribunaux aient pu en obtenir un nombre suffisant. »

Des femmes ont souvent été nommées au poste de directeur de l'instruction publique (*superintendent*) et plus souvent encore à celui de trésorier de la cité.

Tous les gouverneurs de Wyoming ont témoigné des bons résultats du vote des femmes depuis 40 ans.

L'Assemblée des représentants (*Wyoming house of representatives*), en 1893, a voté la motion suivante à l'unanimité: « L'exercice du suffrage par les femmes dans ces dernières 25 années n'a eu aucun inconvénient et a fait au contraire beaucoup de bien; il a beaucoup aidé à bannir le crime et le paupérisme de l'État, et a atteint ce résultat sans législation oppressive ni violente; il a donné des élections paisibles, un bon gouvernement, un remarquable degré de civilisation et d'ordre public. Nous faisons remarquer avec fierté les faits suivants: Après 25 ans de suffrage des femmes, pas un « *county* » du Wyoming n'a d'asile d'indigents (*Poor House*), nos prisons sont presque vides et le crime, sauf celui commis par des étrangers, est presque inconnu. Puisque tel est le résultat de l'expérience nous

(1) On sait que chaque État élit tous les quatre ans des représentants exclusivement chargés d'élire le Président de la République.

engageons vivement toutes les collectivités civilisées à donner le droit de vote aux femmes. »

Le Secrétaire d'État du Wyoming déclare que 90 0/0 des femmes votent.

Il est à remarquer qu'à plusieurs reprises depuis vingt ans le Parlement du Wyoming a répété presque littéralement et toujours avec la même chaleur d'expression cette adresse à l'éloge du suffrage féminin. Il la publia de nouveau à l'unanimité en 1899. En la renouvelant en 1901, il ajoutait de nouveaux détails sur les bienfaits du régime : « Le caractère de la législation a gagné en dignité; les femmes ont pris conscience de ce qu'est la responsabilité politique. » Et la motion exprimait le vœu que le vote fût accordé aux femmes dans toute l'Union américaine « comme mesure tendant à l'amélioration de l'état social ».

Voici un aperçu des lois votées dans le Wyoming, depuis l'admission des femmes au suffrage :

Lois établissant que les professeurs, hommes et femmes ayant les mêmes titres, recevront le même traitement;

Loi portant à 18 ans l'âge de protection pour les jeunes filles;

Loi condamnant l'abandon des enfants et les mauvais traitements envers eux;

Loi interdisant l'emploi des garçons au-dessous de 14 ans et des filles de tout âge dans les mines, ainsi que l'exhibition sur les scènes publiques des enfants au-dessous de 14 ans;

Loi interdisant de donner ou de vendre des cigarettes, liqueurs ou tabac à des personnes au-dessous de 16 ans (1895);

Lois établissant des jardins publics pour enfants;

Loi condamnant sévèrement la falsification du sucre;

Loi établissant la garde et la protection des enfants abandonnés ou des enfants orphelins, ainsi que des enfants d'infirmes, d'indigents ou de personnes légalement incapables (1).

*État du Colorado.* — Le Colorado a accordé le vote aux femmes en 1893; elles ont le droit de suffrage complet dans les mêmes conditions que les hommes : des femmes ont été élues aux deux assemblées.

Le secrétaire d'État a dit que 80 0/0 des femmes se faisaient inscrire et que 72 0/0 votaient.

Il y a quelques années fut publiée une déclaration relative au

(1) D'après un *leaflet* de la *National american woman suffrage association* intitulé *Fruits of equal suffrage*, 1.

suffrage des femmes signée par : le gouverneur du Colorado, deux anciens gouverneurs, le *Chief Justice*, tous les juges de la Cour suprême de l'État, le président de l'Université, l'avocat général, tous les sénateurs du Colorado, et les représentants au Congrès national, et une longue liste de personnages importants comprenant de distingués pasteurs et les présidentes des principales associations de femmes de Denver (la capitale).

On lisait dans cette déclaration : « Que les résultats du suffrage des femmes avaient été bons, qu'aucun des inconvénients prédits par les adversaires de cette réforme ne s'était réalisé et que le vote des femmes était notablement plus consciencieux que celui des hommes. »

En 1899, le Parlement du Colorado, par un vote de 45 contre 3 dans la Chambre Basse, et 30 contre 1 dans la Chambre Haute (Sénat) a voté une motion dans laquelle on lisait : « Depuis que le vote a été accordé aux femmes, elles ont exercé ce privilège en aussi grand nombre que les hommes, avec ce résultat que de meilleurs candidats ont été élus aux divers emplois ; les méthodes d'élection ont été améliorées ; le caractère général de la législation a progressé ; l'intelligence des questions civiques s'est développée ; le sexe féminin a été conduit à un degré supérieur d'activité par le sentiment de ses responsabilités civiques. »

La motion engageait les autres États à donner le suffrage aux femmes, « car cette mesure contribue à la réalisation d'un ordre social supérieur ».

Voici un aperçu des lois votées dans le Colorado depuis que les femmes y possèdent le suffrage :

Loi interdisant d'assurer les enfants sur la vie avant l'âge de dix ans (1893) ;

Loi exigeant que trois au moins sur les six membres du Conseil d'administration des « County visitors » soient des femmes (1893) ;

Loi donnant aux mères la même autorité qu'au père sur les enfants (1895) ;

Loi portant à dix-huit ans l'âge de la protection pour les jeunes filles (1895) ;

Loi établissant une école professionnelle d'État pour les jeunes filles, trois ou cinq membres du Conseil d'administration devant être des femmes (1897) ;

Loi exigeant une femme médecin dans l'administration des asiles d'aliénés ;

Loi établissant des écoles pour vagabonds (Truant schools) (1901) ;

Loi relative à la garde des faibles d'esprit ;

Loi pour la préservation des arbres ;

Loi pour l'inspection des institutions de charité privée par le Comité de l'Assistance publique ;

Loi transformant la Société Humanitaire du Colorado en un service d'État pour la protection des enfants et des animaux ;

Loi établissant des tribunaux d'enfants (1903) ;

Loi instituant l'instruction obligatoire pour tous les enfants entre huit et seize ans, à l'exception de ceux qui sont malades, ou instruits chez eux, ou ceux qui, âgés de plus de quatorze ans, ont passé le huitième examen, ou ceux dont les parents ont besoin d'être aidés et ceux qui doivent gagner eux-mêmes leur vie :

Loi établissant une Commission des bibliothèques circulantes de l'État, qui sera composée de cinq membres de la Fédération des clubs féminins nommées par le Gouverneur ;

Loi décidant que toute personne employant un enfant au-dessous de quatorze ans dans une mine, une fonderie, un moulin, une fabrique, ou des travaux souterrains, sera punie d'emprisonnement ;

Loi réclamant les signatures du mari et de la femme tout ensemble pour toute hypothèque sur les meubles, pour toute vente des biens du ménage qui servent à la famille ou la cession ou l'hypothèque du *homestead* ;

Loi défendant aux enfants de seize ans ou au-dessous de travailler plus de huit heures par jour dans un moulin, usine, magasin, ou toute autre occupation qui pourrait être nuisible à la santé ;

Loi établissant qu'aucune femme ne travaillera plus de huit heures par jour à un travail qui l'obligerait à se tenir debout ;

Loi déclarant criminel le fait de complicité dans le délit d'un enfant ;

Loi déclarant coupable d'un délit celui qui ne vient pas en aide à ses parents âgés ou malades.

A Denver, les femmes qui votent ont aussi fait établir des fontaines d'eau potable dans les rues et des paniers pour les papiers et rebuts aux coins des rues (1).

*Etat d'Utah*. — Alors que l'Utah n'était encore qu'un « territoire », les femmes avaient déjà le droit de vote.

(1) Même source que pour le Wyoming.

L'Utah offre la singularité d'avoir été le siège central du mormonisme, adepte, comme on sait, de la polygamie. Pour lutter contre cette coutume, le Congrès « vota en 1884 un bill privant de leurs droits politiques l'homme ou la femme qui contracterait ce qu'on appelait un *plural marriage*. Mais, en 1887, un bill, d'un esprit de justice beaucoup moins évident, déclara illégal tout vote de femme dans les élections. Les femmes des *Gentils* (nommés ainsi par oppositions aux Mormons, ou *Saints du dernier jour*) furent donc comprises dans l'interdiction; et c'était un moyen assez mal trouvé pour relever l'influence de cette partie de la population restée en dehors de la secte, que de commencer par diminuer ses voix de moitié (1) ».

Le droit de vote pour les femmes fut rétabli dans la Constitution de 1896, dans laquelle on lit :

« Section 1, article 4 (droits politiques égaux) :

« Les droits de citoyen de l'État d'Utah pour le vote, et pour tous offices sont égaux et ne peuvent être refusés ou restreints à cause du sexe (denied or abridged on account of sex).

« Les citoyens des deux sexes sont égaux en tous droits civils, politiques et religieux, et jouissent des mêmes privilèges. »

M. Heber M. Wells, gouverneur de l'Utah, écrivait en 1902 :

« Les législateurs semblent effrayés du suffrage des femmes à cause de l'influence destructrice que la politique peut avoir sur la féminité. Voyons si cela est confirmé dans l'expérience de l'Utah. Voilà six ans que les femmes de cet État ont le droit de voter et d'occuper des situations officielles. Est-ce que les roues du progrès se sont arrêtées? Au contraire, nous avons progressé avec des bottes de sept lieues. Est-ce que les craintes et les prédictions des adversaires locaux du suffrage des femmes se sont vérifiées? Est-ce que les femmes ont dégénéré en de bas politiciens, négligeant leur intérieur et étouffant en elles-mêmes toutes nobles émotions féminines? Au contraire, les femmes sont respectées tout autant qu'elles l'étaient avant leur entrée dans la vie politique. La pure vérité est que, dans cet État, l'influence des femmes dans la politique a été nettement moralisatrice. »

Depuis, une femme a été élue membre du Sénat et plusieurs membres de l'Assemblée des représentants. La haute direction des écoles a souvent été confiée à une femme.

(1) Giraud, p. 122.

Voici quelques lois votées par le peuple de l'Utah depuis qu'y existe l'égalité de suffrage :

Loi établissant que les professeurs hommes et femmes dans les écoles publiques recevront un même traitement pour un même travail et à égalité de titres (1897);

Loi portant à 18 ans l'âge de protection pour la jeune fille (1896);

Loi établissant des bibliothèques publiques dans les villes (1899);

Loi exigeant dans les écoles ou institutions d'éducation soutenues par les fonds publics, un cours complet de physiologie et d'hygiène, en particulier sur les effets des excitants et des narcotiques (1897);

Loi créant une école des beaux-arts de l'État (1899);

Loi instituant une série de conférences chaque année, dans la capitale, sur l'hygiène et la puériculture (1903);

Loi déclarant délit pour un mineur de 18 ans d'acheter, accepter ou avoir en sa possession des cigarettes, du tabac, de l'opium ou tout autre narcotique;

Loi pour la protection des garçons au-dessous de 14 ans, abandonnés ou maltraités et pour la protection des filles au-dessous de 16 ans et condamnant les personnes qui en sont responsables;

Loi créant des jardins d'enfants dans tous les districts scolaires de 2.000 habitants au moins (1).

*État d'Idaho.* — L'Idaho a accordé le vote aux femmes en 1896. Elles ont le droit de nommer les électeurs présidentiels et de remplir n'importe quelle fonction dans l'État (2).

Il y a plusieurs années déjà, le *Chief Justice* a signé un rapport disant : « Le suffrage des femmes est un succès. Aucun des inconvénients prédits ne s'est réalisé. Le vote féminin est devenu beaucoup plus populaire depuis son adoption. L'amendement à la Constitution qui l'a établi a été voté par plus des deux tiers des votants. Si la question était de nouveau posée maintenant, nous croyons qu'elle serait votée à l'unanimité » (3).

Le 14 janvier 1909, le gouverneur James H. Brady, de l'Idaho, écrivait dans le *New-York World :*

« Politiquement, l'effet du suffrage des femmes a été considérablement relevant et profitable. Par la mise en pratique de ce principe de justice à l'égard des femmes, des hommes meilleurs ont été

(1) D'après un *leaflet* de la N. A. W. S. A. intitulé *Fruits of equal suffrage, II.*
(2) Communication de Miss Belva Lockwood, avocat.
(3) Communication de Miss Alice Stone Blackwell.

engagés à se présenter comme candidats aux postes officiels, l'administration des affaires gouvernementales a été constamment confiée à des mains plus honnêtes, et les affaires de la République en ont bénéficié. L'activité législative a suivi une voie plus sage et plus digne... Il n'y a plus aucun scandale soit dans la confection des lois, soit dans les affaires provinciales ou municipales de cet État. Les femmes qui sont élues aux postes officiels se montrent parmi les serviteurs les plus dévoués du peuple (1) ».

Citons enfin quelques lois en vigueur dans l'*Idaho* depuis 1896, dont le vote est dû au moins en partie à l'influence du suffrage des femmes :

Loi interdisant le jeu (1899) ;

Loi portant à dix-huit ans l'âge de protection pour les jeunes filles ;

Loi établissant les bibliothèques et salles de lecture et autorisant un impôt spécial pour les soutenir (1901) ;

Loi exigeant qu'au moins 3 0/0 des fonds scolaires soient employés chaque année à l'entretien des bibliothèques scolaires, les livres devant être choisis sur une liste établie par le State Board of Education (Ministère de l'Instruction de l'État d'Idaho) ;

Loi décidant la création d'un service de science domestique (enseignement ménager) à l'Université de l'État et d'une chaire d'enseignement ménager à l'Académie de l'Idaho (1903) ;

Loi établissant une école industrielle ;

Loi donnant à la femme mariée le même droit qu'à l'homme marié pour l'administration ou la vente de ses propriétés (2).

Outre ces quatre États, nous pouvons, au point de vue qui nous occupe, ajouter une mention particulière au sujet du *Kansas*, pour son organisation très développée du suffrage municipal des femmes.

---

(1) Citation extraite de la brochure de Mrs B. Borrmann Wells, intitulée : *America and Woman Suffrage* (Londres, 1909). Cette brochure contient un grand nombre de témoignages de personnages officiels des quatre États féministes, qui sont tous très favorables au suffrage des deux sexes.

Il est nécessaire de faire remarquer que les expériences des quatre États féministes n'ont été faites, somme toute, que sur une échelle assez réduite. Ces quatre États, en effet, comptent parmi les moins peuplés de l'Union. Le dernier recensement, qui remonte, il est vrai, à dix ans — période au cours de laquelle des changements sensibles de population peuvent se produire dans des pays neufs — avait donné les chiffres suivants :

Wyoming, 29.531 habitants ;
Colorado, 589.700 habitants ;
Utah, 275.749 habitants ;
Idaho, 161.721 habitants.

Soit guère plus d'un million en tout.

La seule ville de New-York comptait à la même date trois fois et demie autant d'habitants.

(2) Même source que pour l'Utah.

Dès 1867 un amendement en faveur de l'égalité absolue des deux sexes au point de vue du vote fut adopté par la Chambre du Kansas, mais repoussé par le vote populaire, en raison, a-t-on dit, de l'importance de la proportion d'étrangers immigrés dans la population.

Ce n'est que vingt ans plus tard, en 1887, qu'après une agitation presque incessante de l'opinion publique, soit dans la presse, soit de la part même des hauts fonctionnaires (dès 1871 le gouverneur Harven parlait dans un message du vote féminin comme d'une réforme prochaine) fut réalisé le suffrage des femmes *en matière municipale*.

Entre temps d'ailleurs elles avaient été admises à se prononcer, avec les hommes, par ville ou par quartier, sur la réglementation des débits de boissons alcoolisées, l'ouverture des débits, etc. (1).

Elles n'eurent pas le droit d'élire les électeurs présidentiels, mais au degré municipal, c'est un véritable suffrage universel qui a été établi. Le droit de vote n'a été subordonné à aucune condition de propriété. Aussi la participation des femmes aux élections fut-elle de bonne heure très considérable. On cite des villes où toutes les électrices ont voté. Dans certaines cités, elles ont obtenu la plupart des fonctions publiques, y compris celle de maire (2).

Certaines cités, désireuses de mettre un terme aux abus de tout ordre auxquels se livraient les conseillers municipaux, ont même nommé des conseils exclusivement composés de femmes.

A l'occasion d'une enquête faite en 1889, au sujet du résultat du vote municipal des femmes dans le Kansas, le *Chief Justice* et tous les magistrats de la Cour suprême se déclarèrent d'accord avec le juge W. A. Johnston, qui a écrit : « Le suffrage des femmes a pour conséquence que nos élections sont plus ordonnées et équitables ; on choisit des fonctionnaires de valeur supérieure ; nous avons un Gouvernement municipal plus moral et plus fort. »

Le Parlement du Kansas, qui est élu par des hommes seulement, aurait pu supprimer le suffrage municipal des femmes à n'importe quelle époque, s'il l'avait jugé désirable. Une proposition en vue d'abroger ce droit fut faite il y a quelques années. Elle fut repoussée par la quasi-unanimité.

Pendant ces dernières années, une vingtaine de femmes environ ont été élues maires de quelques-unes des plus petites cités du Kansas et ont généralement rendu de très sérieux services (3).

(1) Ce même droit existe en Nouvelle-Zélande.

(2) Il y en avait eu 25 avant 1902. (*History of woman suffrage*, tome IV.)

(3) Signalons que le *Michigan* a voté en 1893 une loi donnant aux femmes le suffrage municipal, mais que cette loi a été reconnue inconstitutionnelle et a été cassée.

Le *Vermont* a discuté à huit reprises différentes (avant 1902) la question du *suffrage municipal*. Six fois le rejet fut prononcé à une majorité considérable. Deux fois, au contraire, la

***

A la suite de ces heureux résultats, enregistrons quelques échecs. Le voisin immédiat des quatre États féministes, celui de Washington, avait comme eux donné aux femmes le droit de vote en 1883 et maintenu cette réforme, tant qu'il ne formait encore qu'un « territoire », jusqu'en 1889. Au moment de son incorporation à l'Union, le vote fut retiré aux femmes (1).

---

majorité ne fut que de deux voix. En 1896, la Chambre des représentants vota *non* par 108 contre 106 et en 1900 le Sénat vota *non* par 15 contre 13.

(1) Ce sont, d'après M. Giraud, des difficultés élevées par l'ordre judiciaire qui ont amené cette réaction. « Malgré la persistance de la législature qui avait corrigé et refait son premier bill d'affranchissement de 1883, attaqué comme irrégulier dans la forme, de nouvelles objections furent soulevées par la Haute Cour au point de vue constitutionnel, et la bonne volonté des autorités législatives fut tenue en échec. Ces divergences sur l'étendue des pouvoirs des législatures, pour l'attribution du droit de vote notamment, ne doivent pas trop nous étonner. De même qu'il y a beaucoup de parties constitutives dans la Confédération, il y a dans chacune plusieurs autorités rivales se contrebalançant. Et une des questions les plus ardues de l'histoire des États-Unis... est celle des rapports de la partie au tout, ou de l'autonomie exacte de chaque État (pages 121-122).

« Seul de tous les États et nations qui ont donné le vote aux femmes, le Washington leur a retiré ce droit : ceci fut fait sans un vote populaire, sans même une loi parlementaire ou une résolution du Congrès. Une décision contestable de la Cour retira le suffrage aux femmes, décision prise non par des juges élus, mais par des juges simplement nommés ». (*Votes for women*, journal féministe de Seattle (Washington), n° 2.)

L'agitation en faveur du rétablissement du suffrage féminin y est redevenue des plus actives.

Des documents récents dont nous devons la communication à la bienveillance de M. Jusserand, ambassadeur de France aux États-Unis, prouvent l'ardeur avec laquelle les femmes de l'État de Washington mènent la propagande suffragiste. Une circulaire (datée du 17 août 1909) adressée aux personnes de confiance par l'Association pour l'égalité du suffrage au Washington (*Washington Equal Suffrage Association*) contient en particulier le passage suivant :

« Nous irons solliciter les votes dans chaque circonscription de l'État en suivant les plus récentes listes électorales. A première vue, ceci peut paraître un travail d'Hercule : il n'en est pourtant pas ainsi, car nous avons beaucoup de collaborateurs volontaires dans chaque région et circonscription. Voici notre plan : dans chaque comté, nous aurons une commissaire centrale qui, d'après la carte de son comté, y relèvera toutes les circonscriptions électorales. Elle choisira alors dans chaque circonscription une collaboratrice intelligente, dont la mission consistera à se procurer une copie de la liste électorale. Cette représentante, avec le concours d'autres personnes, se renseignera sur les opinions de chaque électeur individuellement au sujet du vote des femmes et les notera sur des listes qui lui seront adressées à cet effet. Ce relevé une fois terminé sera renvoyé au siège central de l'Association. Par cette méthode, nous saurons exactement sur quels points diriger nos efforts et nous ne perdrons pas notre temps à prêcher des convaincus. »

« Dans le Washington, — écrivait deux mois plus tard M^me Emma Smith De Voe, présidente de l'association, la cause des femmes a progressé, au cours de l'année dernière, au delà de nos espérances, mais rappelez-vous que ce succès n'est dû qu'aux efforts infatigables de quelques collaboratrices qui ont librement consacré à cette œuvre leur travail et leur intelligence. »

C'est cette association qui publie l'organe officiel « *Votes for Women* », cité plus haut.

Un nouvel amendement accordant le suffrage aux femmes sera cette année soumis au referendum populaire. C'est en vue de ce vote que les féministes du Washington mènent la campagne dont nous venons de parler.

D'ailleurs dans le Vermont, l'Oregon, la Californie, le Dakota Sud, le New Hampshire la proposition de donner le suffrage aux femmes a été repoussée par le referendum (1).

Il serait pour nous d'un vif intérêt de constater, par des renseignements précis, les effets qu'a pu déjà exercer le suffrage féminin sur les mœurs américaines en matière politique, économique et sociale.

Enquête délicate, presque impossible à faire de loin. Il y faudrait du moins des études que nous n'avons pu entreprendre. Quelques fines et délicates observations, que nous devons à une communication des plus gracieuses, nous inviteraient seulement à la réserve. La sagesse commande de se défier des généralisations hâtives et de se tenir en garde contre les deux partis pris, l'un qui ne laisse voir que le bien, l'autre que le mal.

Bornons-nous à relever deux traits qui ne sont pas contestés.

C'est dans la partie des États-Unis, où les femmes votent, que règne maintenant le régime de l'égalité des salaires pour les employés de l'État, hommes ou femmes : salaire égal à travail égal. (Miss Stone Blackwell.)

C'est aussi là qu'a pris naissance et que s'est rapidement développée l'institution si humaine et si équitable des tribunaux d'enfants,

---

(1) Voici quelques explications à ce sujet :

1896. *Californie*. Un amendement à la Constitution accordant le droit de suffrage aux femmes est repoussé par le peuple.

1898 (novembre). *Washington* et *Dakota Sud*. Des amendements à la constitution accordant le suffage aux femmes ont été repoussés. (*State Library*, bulletin, 1899, janvier.)

1900 (juin). *Oregon*. Un amendement à la Constitution accordant aux femmes le droit de suffrage est repoussé. (*New-York State Library*, décembre 1900, bulletin 54.)

1904. *Oregon*. Une mesure accordant le suffrage aux femmes a été votée par le Parlement et a été soumise à la ratification du peuple. (*N. Y. S. L.*, 1904, bulletin 97.)

*New-Hampshire*. Un amendement à la Constitution accordant le droit de suffrage aux femmes a été repoussé par le vote populaire (21.788 voix contre; 13.089 voix pour).

1908. *Oregon*. Nouveau vote sur le suffrage des femmes qui est encore repoussé par le peuple.

L'Oregon est le seul État où un amendement à la constitution en faveur du vote féminin ait été proposé plus de deux fois. Ici il y a eu quatre votes à ce sujet : le premier en 1884 qui s'est chiffré par 28.176 opposants et 11.223 partisans, presque trois contre un. En 1908 il y eut 58.670 contre et 36.858 pour, soit moins de deux contre un. (Miss Alice Stone Blackwell, dans sa brochure intitulée *Objections Answered* (réponses à des objections) publiée dans les *Political equality series* de la *National american woman suffrage association*.)

D'ailleurs des gouverneurs d'États (*Présidents élus* par chaque État) ont souvent exprimé leur désir de voir le suffrage des femmes adopté, sans être suivis par leurs électeurs. Voici deux déclarations typiques à ce sujet :

1903. *Montana*. Le gouverneur *Toole* recommande en ces termes le suffrage des femmes :

« En tant que membre de la Convention constitutionnelle de cet État, j'ai voté en faveur d'un projet soumettant la question du suffrage féminin au peuple. Je suis d'avis de poser cette

qui nous a été si chaleureusement recommandée par une importante proposition de loi de M. Paul Deschanel (1).

Si la conquête du suffrage politique n'est pas encore généralisée aux États-Unis, elle est en tout cas l'objet d'incessants et méthodiques efforts de la part des intéressés. Les États de l'Ouest, Washington, Californie, Oregon sont le théâtre d'une propagande spéciale. On a tenté, l'an dernier, de former une fédération des groupes suffragistes des États du Pacifique, les conditions économiques et politiques de ces régions présentant des affinités sur des points caractéristiques qu'on ne retrouve pas dans celles de l'Est. Les vieux États, ceux du versant de l'Atlantique, s'ils sont en général hostiles au suffrage féminin, comprennent cependant d'ardentes suffragistes. Le New-York, le Massachusetts et l'Illinois comptent parmi les plus importants souscripteurs en faveur du mouvement.

L'*Association nationale américaine pour le suffrage des femmes* augmente en nombre chaque année. Ses recettes totales pour 1908 ont été de $ 15.420,83 et les dépenses de $ 14.480, d'après le rapport du trésorier lu au 41e congrès annuel de l'association, tenu à Seattle (Washington) du 1er au 6 juillet 1909.

---

question dès maintenant. Une force nouvelle est nécessaire dans cet État pour nettoyer les écuries d'Augias dont les effluves empoisonnées surchargent l'atmosphère politique et corrompent la moralité publique. » (*New-York State Library*, 1903, bulletin 85, p. 54 (Governors messages).

1904 (décembre). *Massachusetts*.

Le Gouverneur *Bates*, dans un message, s'exprime ainsi :

« Un grand nombre de mes prédécesseurs, y compris dans ces dernières années les gouverneurs Claflin, Washburn, Long, Butler, Ames et Grunholge ont vivement recommandé que le suffrage fût accordé aux femmes... Elles ont un égal intérêt dans la direction économique et effective des affaires de la cité. Elles devraient avoir le même droit que les hommes, si elles le désirent, d'élire ceux qui doivent les représenter dans l'administration de la commune et cela sans s'occuper de savoir si d'autres femmes, occupant une situation semblable, désirent ou non exercer ce droit. Je respecte ces sentiments conservateurs entretenus par beaucoup, qui, bien que n'étant pas fixés sur l'avantage ou le mal qui résulterait d'une extension complète du suffrage aux femmes, craignent les conséquences que pourrait avoir cette réforme. Je vous recommande donc de donner aux femmes le droit de prendre part aux élections des membres de la municipalité. » (*New-York State Library*, bulletin 90.)

Le Parlement du *Dakota Sud* vient de soumettre de nouveau aux électeurs la question : « Modifiera-t-on la constitution de notre État de manière à donner le vote aux femmes? » En novembre prochain, les hommes auront à voter sur cette question, et pendant toute une année il faudra que les femmes mettent en œuvre leur temps, leur argent et leur énergie pour persuader une majorité de ces hommes à voter pour l'affirmative. C'est parce que ce procès compliqué est exigé dans chaque État que nos femmes tardent tellement à conquérir le suffrage.

Les femmes des États de l'extrême occident, du *South Dakota* et du *Washington*, se préparent à une active campagne d'été. Leurs législatures ont soumis la question du suffrage féminin au referendum des électeurs pour l'automne prochain, et les femmes auront la grande tâche de persuader la majorité de se prononcer pour le vote des femmes. (*Jus suffragii*, janvier 1910).

La même question a été posée dans l'État de Oklahoma.

(1) Proposition de loi portant création de tribunaux spéciaux pour enfants et instituant le régime de la mise en liberté surveillée des mineurs délinquants. (22 mars 1909.)

Le président Théodore Roosevelt est partisan du suffrage des femmes. Il l'a recommandé dans un message au Parlement et s'est plusieurs fois prononcé en sa faveur. Il disait dans un de ses grands discours de 1899 : « J'attire votre attention sur l'avantage qu'il y a à étendre graduellement la sphère dans laquelle le suffrage peut être exercé par les femmes (1). »

Ce conseil ne pourrait-il pas être motivé par le mot qui sert de conclusion à Bryce : « Aucun pays ne semble devoir plus à ses femmes que l'Amérique. »

***

A titre de résumé, nous reproduisons ci-contre une carte suffragiste des États-Unis, qui a été publiée par le *Woman's Journal* de Boston, et répandue à un grand nombre d'exemplaires.

Voici la traduction de la légende :

Les femmes ont obtenu :

Dans *quatre* États, l'égalité absolue du suffrage pour les deux sexes (Wyoming, Utah, Colorado, Idaho).

Dans *un* État, le suffrage municipal universel (Kansas).

Dans *dix-huit* États le suffrage en matière scolaire suivant diverses modalités (Connecticut, Vermont, New-Hampshire, Massachusetts, New-Jersey, Rhode-Island, Ohio, Kentucky, Illinois, Wisconsin, Minnesota, South et North Dakota, Arizona, Nebraska, Oregon, Washington, Oklahoma).

Dans *trois* États, le suffrage en matière scolaire et en matière fiscale (Montana, New-York, Delaware. — En outre, depuis 1908, Michigan).

Dans *deux* États, le suffrage en matière fiscale (Louisiane, Iowa).

Un simple coup d'œil sur cette carte nous indique que ce sont surtout les États de l'Ouest, les plus récemment admis dans la Confédération, qui sont à la tête du mouvement féministe; que les vieux États de l'Est ne se laissent que partiellement pénétrer et que ceux du Sud sont encore tout à fait réfractaires à la réforme.

(1) *New-York State Library*, mai 1906, bulletin 100.

MONTANA
NEW YORK
PENN.
OHIO
INDIANA
VIRGINIA
MISSOURI
TENNESSEE
NORTH CAROLINA
SOUTH CAROLINA
GEORGIA
MISSISSIPPI
ARKANSAS
ARIZONA
NEW MEXICO
TEXAS
ATLANTIC OCEAN
GULF OF MEXICO
PACIFIC OCEAN
FOUR STATES, EQUAL SUFFRAGE WITH MEN
ONE STATE, MUNICIPAL SUFFRAGE FOR ALL WOMEN
EIGHTEEN STATES, SOME FORM OF SCHOOL SUFFRAGE.
THREE STATES, SCHOOL AND TAX-PAYING SUFFRAGE.
TWO STATES, TAX-PAYING SUFFRAGE

# IV

## Le droit de vote des femmes dans les colonies anglaises (Australie, Nouvelle-Zélande, Canada, Afrique du Sud).

### I. — Le suffrage des femmes en Australie.

Le mouvement en faveur du vote des femmes commença en Australie par le *suffrage municipal* qui, dès 1867, fut octroyé aux citoyennes de la Nouvelle Galles du Sud. Cet exemple fut suivi en 1869 par le Victoria, en 1871 par le West Australia, en 1880 par l'Australie du Sud, en 1884 par la Tasmanie (1).

Le suffrage en matière scolaire fut accordé aux femmes à peu près vers les mêmes époques, comme ne comportant pas de difficultés.

Les femmes n'ont pourtant pas fait preuve d'une grande activité dans les affaires purement locales, car les *school boards* d'Australie n'ont que peu de droits administratifs et les Conseils municipaux n'ont dans leurs attributions que peu de questions qui intéressent particulièrement les femmes. Les questions sociales et de politique intérieure sont surtout traitées dans les Parlements des États (2), c'est pourquoi les femmes australiennes ont considéré le suffrage pour les assemblées des États comme particulièrement important.

En 1873, une première tentative en vue d'introduire le suffrage parlementaire pour les femmes dans la législation de l'État de Victoria fut faite par M. George Higinbotham.

La première ligue pour le suffrage des femmes fut constituée à Melbourne (Victoria) en 1885. Peu après, des organisations semblables furent créées dans les autres États et le principe qu'elles avaient pour mission de défendre fit de rapides progrès dans l'opinion publique (3).

---

(1) Alice Stone Blackwell. *Political equality series : Progress of equal suffrage.*

(2) La *Commonwealth of Australia* (Fédération australienne), dont l'acte constitutionnel date du 9 juillet 1900, comprend six États fédérés ; Nouvelle Galles du Sud, Victoria, Australie du Sud, Queensland, Australie de l'Ouest, Tasmanie.

(3) L'action de ces associations dans le mouvement suffragiste a été, en Australie comme dans tous les pays féministes, des plus importantes, aussi bien pour obtenir le droit de vote que pour en diriger l'application dans la suite. « La plus importante de ces associations de femmes appartenant aux classes possédantes est la *Ligue nationale des femmes australiennes*. Elle est imbue d'un esprit strictement conservateur et exerce une puissante influence sur le vote des femmes de la bourgeoisie. Cette ligue a des sections dans toutes les villes, dans tous les villages

Les femmes de l'État de l'Australie du Sud furent les premières à obtenir gain de cause, en 1895. Ce fut ensuite le tour de celles de l'Australie de l'Ouest, en 1899.

Puis, en 1902, toutes les femmes australiennes recueillirent le plus beau résultat de leur ardente propagande éducative : le Parlement fédéral accorda à toutes les femmes adultes le droit de suffrage et l'éligibilité pour les deux Chambres fédérales (1).

Cette victoire engagea les États qui n'avaient pas encore accordé le vote aux femmes pour les assemblées d'État à le leur octroyer : dès 1902, la Nouvelle Galles du Sud, en 1903 la Tasmanie, en 1905 le Queensland adoptèrent la réforme. L'État de Victoria ne s'est décidé qu'en 1907 à suivre l'exemple de ses voisins. L'opinion publique n'y était pourtant pas hostile à la réforme, mais la Chambre Haute, réactionnaire, s'arrogeait le droit de mettre son *veto* à toute transformation constitutionnelle et d'ailleurs certains partis crurent devoir sacrifier les revendications féminimes à des intérêts de politique intérieure (2).

Il y a en Australie un *Parlement fédéral* composé de deux assemblées : le Sénat et la Chambre des représentants. Les femmes majeures (21 ans) peuvent voter pour ces deux assemblées. Si elles ont résidé plus de trois années dans les limites de la Fédération, elles sont éligibles aux deux assemblées et peuvent devenir Représentant ou Sénateur. Aucune candidature féminine au Parlement fédéral n'a encore été couronnée de succès (3).

D'ailleurs, chaque État possède également deux assemblées, dont le mode d'élection est variable.

---

de la Confédération australienne et elle dispose de capitaux importants. A chaque élection, elle envoie partout des conférencières chargées de défendre les candidats patronnés par la ligue : ces derniers sont choisis parmi les partis conservateurs ou modérés et chaque membre de la ligue est tenue de les soutenir, et même, en cas de besoin, de faire de la propagande pour eux de maison en maison. La ligue réunit les femmes de la haute société ainsi que de la moyenne bourgeoisie ; les ouvrières ne sont pas exclues en principe ; mais, en fait, elles font complètement défaut...

« Mais il existe aussi, en face de la Ligue nationale, de grandes associations de femmes socialistes, dirigées par miss Vida Goldstein, et qui, bien qu'elles ne disposent pas encore de capitaux et de moyens d'organisation aussi considérables, sont cependant en plein essor et finiront certainement par jouer un rôle aussi important. » Katharine Pritchard (de Melbourne), *Documents du Progrès*, juillet 1909.

(1) La Fédération australienne a un Parlement composé d'un Sénat et d'une Chambre des représentants qui s'occupent des affaires fédérales. D'ailleurs chacun des six États fédérés a aussi deux assemblées qui sont chargées de la direction des affaires particulières à chacun d'eux.

(2) Les renseignements qui précèdent sont tirés de la brochure de miss Vida Goldstein, présidente de l'Association politique des femmes d'Australie, intitulée *Woman suffrage in Australia*, publiée par l'Alliance internationale pour le suffrage de la femme.

(3) Communication de miss Rose Scott, secrétaire international du Conseil national des femmes de la Nouvelle Galles du Sud.

Par exemple, en Nouvelle Galles du Sud, les femmes majeures, mariées ou célibataires, ont le droit de vote pour les élections à la Chambre Basse. La Chambre Haute n'est pas élue par le peuple. Les femmes ne sont pas éligibles au Parlement d'État (1). Dans la municipalité de Sydney les femmes propriétaires, ou locataires dans certaines conditions, peuvent prendre part aux élections municipales. En dehors de la ville proprement dite, dans la banlieue, seules les propriétaires peuvent voter. Les femmes ne sont éligibles comme *aldermen*, ni dans la ville même ni dans la banlieue.

Toute femme possédant une propriété d'une valeur de 10 liv. sterl. par an, a le droit de voter aux élections des *conseils municipaux*, mais n'est pas éligible.

Aux dernières élections pour le Parlement fédéral, 431.033 femmes ont pris part au vote, représentant 44,81 0/0 des femmes ayant le droit de voter (2).

La plupart des personnes compétentes s'accordent à reconnaître qu'il n'y a plus comme autrefois d'opposition sérieuse au droit de vote pour les femmes et que ce droit est maintenant définitivement acquis (3).

Les hommes mêmes qui naguère encore raillaient les prétentions féminines s'adressent maintenant aux organisations de femmes, leur proposent des alliances et recherchent leur appui. Hommes et femmes marcheront sous peu d'un commun accord pour la défense des intérêts des divers partis.

L'entrée des femmes dans les luttes politiques n'a pas sensiblement modifié les forces respectives des partis. Les suffrages féminins se sont répartis sur les divers candidats dans la même proportion que ceux des hommes.

Le vote des femmes a eu par contre une influence considérable sur la moralité des élus. Les partis ont dû mettre de côté des candidats de moralité insuffisante que les électrices ne voulaient pas admettre sur les listes.

Les statistiques fédérales montrent qu'il y a 10 à 15 0/0 plus d'hommes que de femmes qui ont pris part aux deux élections qui ont eu lieu depuis que les femmes sont électeurs (4).

---

(1) Elles ne sont éligibles aux assemblées d'aucun des États fédérés (miss G. Madden).

(2) Communication de Miss G. Madden, du State Government House de Melbourne. A noter que, parmi les femmes remplissant les conditions légales pour être électrices, ne peuvent prendre part au vote que celles qui se sont fait inscrire sur les listes électorales.

(3) Cette opinion recueillie dans la communication citée déjà de miss Scott se retrouve dans plusieurs lettres-témoignages que contient en appendice la brochure de miss Goldstein, et qui sont signées de hauts fonctionnaires australiens.

(4) Ce qui s'explique en partie par ce fait qu'en Australie, comme dans tous les pays neufs, y a plus d'hommes que de femmes.

L'influence du vote des femmes est pleinement évidente dans les lois de la Fédération et des États. Dans les services de la Fédération, le principe du salaire égal pour un travail égal des deux sexes est maintenant reconnu. Les lois sur la naturalisation considéraient les femmes mariées comme suivant juridiquement la nationalité de leurs maris ; l'égalité et l'indépendance des deux sexes est maintenant la règle en cette matière. En réponse à une requête de l'association politique des femmes, le gouvernement a promis de présenter au parlement actuel une loi fédérale sur le mariage et le divorce qui fera disparaître les inégalités criantes qui existent dans les lois des États.

Dans la législation des États, l'influence du suffrage féminin est évidente.

Parmi les réformes réalisées, il faut citer :

1° Augmentation de la protection des femmes mariées dont les maris sont coupables de cruautés envers leurs femmes et leurs enfants, d'infidélité, de désertion du logis conjugal, d'avoir négligé de subvenir aux besoins de leur famille ;

2° Améliorations dans les lois qui ont trait à l'alcoolisme ;

3° Améliorations dans les lois qui ont trait au jeu ; interdiction de parier pour les mineurs de vingt et un ans ;

4° Suppression des réclames indécentes ;

5° Légitimation des enfants naturels par le mariage des parents ;

6° Élévation de l'âge du consentement au mariage ;

7° Protection des enfants contre la littérature immorale ;

8° Améliorations dans le traitement des enfants abandonnés ;

9° Réglementation des heures de travail pour les enfants salariés ;

10° Interdiction de fumer au-dessous de seize ans ;

11° Amélioration des taux de salaire des ouvriers par l'établissement de conseils des salaires ;

12° Amélioration des lois sur l'instruction ;

13° Interdiction de la vente de l'opium ;

14° Améliorations de la loi relative à la propriété des femmes mariées ;

15° Mesures contre les hommes qui exploitent la prostitution ;

16° Nomination des femmes comme inspectrices des établissements publics ;

17° Loi sur la paternité étendant les mesures contre les pères d'enfants illégitimes en les forçant à payer 10 livres sterling (250 fr.) en vue de l'accouchement et des dépenses qu'il occasionne à la mère ;

18° Protection des jeunes filles sans travail et nouvellement débarquées sur le continent australien.

19° Institution de tribunaux d'enfant (1) (2).

### II. — Le suffrage des femmes en Nouvelle-Zélande (3).

Les femmes zélandaises reçurent le *school suffrage* dès 1877 et le suffrage municipal en 1866.

Le droit de vote parlementaire fut d'abord en Nouvelle-Zélande le privilège de ceux qui détenaient la propriété, puis il fut étendu à tous les mâles adultes ; enfin aux femmes en 1893.

« Ce fut, d'après M. André Siegfried (4), à la suite d'une combinaison de couloirs, plutôt que d'une poussée populaire, que la Chambre, en septembre 1893, vota la réforme qui nous occupe ; cette décision était due à un vote de circonstance, nullement à un vote de principe. Comme le dit M. Reeves, les arguments de Stuart Mill préoccupaient assez peu les gens. Mais, à la veille des élections générales de 1893, divers partis pensèrent que les femmes pourraient devenir

---

(1) Tous ces derniers renseignements sont tirés de la brochure de miss Goldstein.

(2) « Dans une réunion spéciale de l'Association politique des Femmes du Victoria, qui eut lieu le 12 novembre, la présidente, M^lle^ Vida Goldstein, fut proclamée candidate pour le Sénat aux prochaines élections du Parlement fédéral. Sa candidature sera posée en dehors des partis et elle sollicitera l'appui des électeurs pour une législation nationale concernant le mariage et le divorce et contre l'infusion d'un esprit militariste dans la jeunesse australienne, que le projet de loi sur la défense nationale menace de produire parmi les garçons depuis leur douzième année. Ce projet de loi a surpris les femmes comme un coup de foudre ; mais on voit l'effet de leur sage sollicitude par l'adoption d'un amendement qui abolit les cantines.

« Il se passe à peine un mois que le suffrage des femmes ne se fasse voir et entendre dans le Parlement, sur la tribune et dans la presse. Le dernier triomphe est l'adoption d'une résolution par les deux Chambres du Parlement fédéral qui est un témoignage des résultats salutaires du vote des femmes en Australie. L'ordre du jour fut proposé par le député Dr. W. Maloney, qui fut le premier à introduire un projet de loi pour le suffrage des femmes dans un parlement australien (en Victoria en 1889) et en voici le texte :

« La Chambre déclare que le vote des femmes, après seize ans d'opération dans différentes parties de l'Australie et neuf ans dans la Fédération australienne, a pleinement justifié l'attente de ses partisans et trompé les craintes et les noires prophéties émises par ses adversaires. Ses effets, anticipés par ses amis, ont été : *a)* l'éducation graduelle des femmes à comprendre leur responsabilité du bien-être de la communauté ; *b)* l'urgence de la législation sociale et domestique. L'expérience a convaincu la Chambre que l'introduction du suffrage féminin n'est que l'application à la politique du principe qui montre les meilleurs résultats dans la sphère domestique, c'est-à-dire la coopération de l'homme et de la femme pour le bien individuel et public. »

« Dans les deux Chambres cet ordre du jour fut reçu avec des applaudissements. A présent il n'y a parmi les députés aucun anti-suffragiste ; la plupart de ceux qui autrefois étaient nos adversaires se sentent aujourd'hui blessés quand nous le leur rappelons, et le reste croient sincèrement eux-mêmes qu'ils ont commencé leur carrière politique comme partisans de l'affranchissement des femmes. » (*Jus Suffragii*, 15 janvier 1910.)

(3) La plupart des renseignements ci-après sont extraits de la brochure *Woman suffrage in New Zealand*, de Mrs K.-A. Sheppard, présidente du Conseil des femmes de la Nouvelle-Zélande, publiée par l'Alliance internationale pour le suffrage de la femme.

(4) *La Démocratie en Nouvelle-Zélande*, page 254.

pour eux d'excellentes auxiliaires. Les ouvriers espéraient faire voter leurs femmes avec plus de régularité que celles des riches et augmenter ainsi proportionnellement la force du parti avancé. Les prohibitionnistes voyaient dans l'électorat féminin un précieux allié contre l'alcoolisme. Quant au Gouvernement, il manquait de conviction et c'est pour céder à la pression de ses partisans qu'il appuya le projet de loi, escomptant son refus par la Chambre Haute. A la stupéfaction de tous, le *bill* passa et, du jour au lendemain, plus de 100.000 femmes se trouvèrent en possession du bulletin de vote. »

La loi du 19 septembre 1893 étendit aux adultes des deux sexes les droits de vote jusqu'alors réservés aux seuls hommes. Les conditions requises pour être électeur sont les suivantes : il faut avoir vingt et un ans et être propriétaire d'un bien en franche tenure situé dans un district électoral, ayant une valeur de 25 livres (625 fr.). La propriété doit remonter à au moins six mois avant l'inscription sur les listes électorales. Il faut d'ailleurs avoir résidé pendant au moins une année dans la colonie et au moins trois mois dans la circonscription électorale où l'on désire être électeur. Personne n'est admis à être inscrit sur plus d'une liste électorale. D'après l'article 9 de la loi, les femmes ne sont pas éligibles à la Chambre des Représentants ou au Conseil législatif.

Trois mois après avoir obtenu le droit de vote, les femmes eurent l'occasion de l'exercer aux élections générales. 78 0/0 des femmes adultes de ce pays tinrent à se faire inscrire sur les listes électorales, et 85 0/0 des femmes inscrites prirent effectivement part au vote.

Il n'est pas sans intérêt de reproduire le tableau comparatif suivant fourni par l'*Almanach de la Nouvelle-Zélande* de 1906, qui donne les nombres d'hommes et de femmes ayant exprimé leur vote aux cinq dernières élections générales.

| DATES. | HOMMES. | | FEMMES | |
|---|---|---|---|---|
| | Nombre des inscrits. | Votants. | Nombre des inscrits. | Votants. |
| 1893 | 193.536 | 129.792 | 109.461 | 90.290 |
| 1896 | 196.975 | 149.471 | 142.305 | 108.783 |
| 1899 | 210.529 | 159.780 | 163.215 | 119.550 |
| 1902 | 229.845 | 180.294 | 185.944 | 138.565 |
| 1905 | 263.598 | 221.611 | 212.876 | 175.046 |

Ce tableau prouve que, malgré les difficultés considérables que leur rôle domestique et la nature même du pays montagneux pouvaient opposer aux volontés des électrices, ces dernières ont eu à cœur cependant d'affirmer qu'elles appréciaient hautement le droit de vote.

Ainsi que le remarque miss Stone Blackwell (Boston) dans son *Woman's Journal* (22 août 1908) à propos de tous les pays suffragistes, et de la Nouvelle-Zélande en particulier : « Dans aucun de ces pays ce n'était la majorité des femmes qui avait demandé le droit de vote. Dans tous, les adversaires du suffrage égal pour les deux sexes avaient véhémentement affirmé que les femmes ne voulaient pas du suffrage et ne s'en serviraient pas si elles l'obtenaient. »

Les quelques chiffres cités à propos du Wyoming, du Colorado, de l'Australie, de la Nouvelle-Zélande montrent que cette affirmation était erronée.

Aussi bien, les femmes ont-elles pressé leurs époux, frères et fils de prendre part au vote, si bien que la proportion des votants s'est considérablement élevée. C'est ce que reconnaissait un grand journal de la Nouvelle-Zélande, le *Lyttleton Times* du 17 juillet 1903, lorsqu'il écrivait :

« Le vote des femmes a eu pour effet d'augmenter l'activité électorale des hommes. Quand les hommes étaient seuls à voter, il était rare que 60 0/0 des inscrits exprimassent leur suffrage. Mais en 1893, la proportion s'est élevée à 69,6 0/0 et en 1899 à 79 0/0. L'année dernière, la proportion descendit à 78,44 0/0, mais cette diminution est due probablement à ce fait qu'il y avait un nombre inaccoutumé de sièges pour lesquels le résultat était considéré comme acquis d'avance. »

Les élections générales ont lieu d'ordinaire en décembre, le premier mois de l'été en même temps que le plus chaud et le plus ensoleillé dont jouisse la Nouvelle-Zélande. Le jour de l'élection est un jour légalement férié ; les débits de boissons sont fermés, et l'aspect général est celui d'un jour de fête.

Un argument courant contre le vote des femmes avait été que, celles-ci étant sous l'influence des ministres de la religion, elles voteraient suivant les directions de leurs pasteurs et qu'en conséquence tout le pays serait livré à l'influence des clergés.

En Nouvelle-Zélande il n'y a pas de religion d'État. Toutes les religions sont égales aux yeux de la loi. La seule question religieuse soulevée depuis trente ou quarante ans avait trait à l'éducation. Depuis longtemps l'Église catholique romaine et l'Église d'Angleterre étaient désireuses d'obtenir de l'État un soutien pour leurs écoles confessionnelles.

Or, voilà quinze ans que les femmes ont le droit de vote; elles ont voté cinq fois aux élections générales. Et pourtant l'instruction publique de Nouvelle-Zélande est toujours libre et laïque.

Serait-ce le cas si les femmes votaient sous l'aspiration des ministres du culte?

La vie plus libre déterminée par le vote des femmes a donné un stimulant extraordinaire aux énergies féminines. On put vite apprécier les avantages d'une action systématiquement organisée. Un grand nombre de sociétés de femmes furent créées, dont les membres se mirent au travail avec des programmes bien déterminés. Des meetings, principalement pour les questions d'instruction, furent fréquemment organisés, et l'on discuta dans la presse, comme dans les réunions, les lois touchant au bien-être social de la communauté : nous mentionnons plus loin les principales.

Pour unir les efforts des diverses sociétés féminines, jusqu'alors isolées, un congrès de leurs délégués eut lieu à Christchurch, d'où naquit le Conseil national des femmes de la Nouvelle-Zélande.

L'influence des femmes dans la lutte contre l'alcoolisme a été considérable. Si elles n'ont pas su se grouper toutes pour une action commune qui aurait pu déterminer, avec l'aide des hommes acquis à la réforme, la disparition totale du commerce des spiritueux en Nouvelle-Zélande, elles ont cependant obtenu en cette matière des résultats très importants, dont le nombre augmente chaque jour. En effet, un vote par localité a lieu tous les trois ans, auquel peut prendre part tout électeur parlementaire, sur les trois questions suivantes :

1° Faut-il continuer à autoriser le commerce des boissons?

2° Faut-il réduire le nombre des débits autorisés dans le district?

3° Faut-il accorder de nouvelles autorisations de débits?

Une majorité des trois cinquièmes de la population majeure (hommes et femmes) peut imposer la fermeture de tous les débits.

En fait, l'alcoolisme recule dans toute la Nouvelle-Zélande; et depuis la réduction du nombre des débits, les jeunes gens fréquentent en plus grand nombre les théâtres, les concerts, les bibliothèques et les conférences. La culture générale et la vie de famille y ont gagné considérablement (1).

(1) « L'expérience a montré que les femmes votent partout en très grande majorité pour l'interdiction absolue de la vente de l'alcool. C'est qu'en effet leur vie de famille, leurs intérêts personnels et ceux de leurs enfants étaient directement menacés si l'époux, ou le père, s'adonnait à l'ivrognerie, ou si seulement il gaspillait à l'auberge une notable partie de son salaire

Parmi les réformes obtenues par l'influence des femmes, on peut citer les suivantes :

Les conditions de divorce ont été établies les mêmes pour les deux sexes.

Les femmes peuvent obtenir une indemnité pour toute calomnie dont elles ont été l'objet, sans avoir à prouver qu'elles en ont souffert un dommage spécial.

La profession d'avocat a été ouverte aux femmes.

La séparation légale d'avec des maris indignes peut être obtenue sommairement et sans frais.

Une loi relative à l'entretien de la famille du testateur empêche un homme de disposer de sa propriété sans faire une réserve convenable pour sa femme et sa famille.

L'entretien des vieillards pauvres a été dans une certaine mesure assuré par l'organisation de pensions pour vieilles personnes des deux sexes. Un couple de vieillards possédant une petite maison peut recevoir une pension globale d'environ 14 shillings par semaine.

L'organisation d'asiles publics pour les ivrognes a été décidée par une loi : il en fonctionne déjà un ; d'autres sont en cours d'installation.

La santé des ouvrières adultes et celle des jeunes gens des deux sexes au-dessous de dix-huit ans est l'objet d'une sollicitude particulière de la part de l'État; on a fixé légalement leurs heures de travail quotidien et les jours fériés (pour lesquels ils sont payés).

Le payement des salaires des apprentis a été assuré et la responsabilité des patrons en matière d'accidents du travail a été établie dans un esprit très largement favorable aux ouvriers.

La reconnaissance légale des principes de l'association économique constituée par les époux a été dégagée dans deux lois.

Un code plus moral a été établi par des modifications apportées au régime pénal.

L'adoption des enfants a été réglementée par une loi ; et, par la

---

hebdomadaire. Partout où une fraction des électeurs mâles se prononça pour cette réforme, l'alliance des hommes avec la majorité compacte des femmes remporta la victoire. En fait, l'interdiction absolue de la vente de l'alcool a été votée dans la plupart des districts ruraux de la Nouvelle-Zélande. Les villes suivirent peu à peu, mais un peu plus lentement. La plus grande ville du sud, Invercagill, se prononça en 1906 pour l'interdiction absolue, et l'expérience de cette cité, ainsi que de quelques autres villes du même district, a montré que, du moment que les paysans ne dépensaient plus leur argent au cabaret, tout le reste du commerce en profitait et réalisait des recettes supérieures. Cet argument financier ne pouvait manquer d'agir sur les électeurs mâles : aussi ces derniers se rangent-ils de plus en plus du côté des adversaires déclarés de l'alcool. L'époque est proche où la Nouvelle-Zélande aura complètement banni de ses frontières le terrible fléau de l'alcoolisme, et c'est aux femmes surtout qu'elle le devra. » — Rodolphe Broda, *Documents du Progrès*, juillet 1909.

loi sur la protection des nouveau-nés, on a interdit leur mise en nourrice.

Les bureaux de placement ont été mis sous le contrôle de l'État; le bien-être et la santé des demoiselles de magasins ont été légalement protégés; des améliorations ont été introduites dans la loi sur les écoles industrielles où de meilleures méthodes ont été adoptées.

En 1902, une loi sur l'enseignement technique a décidé de fonder dans toute la colonie des écoles industrielles.

Une loi interdisant la vente de l'opium a été votée ainsi qu'une loi interdisant aux jeunes gens de fumer.

Dans l'ordre social, on peut mentionner : une loi sur l'arbitrage et la conciliation pour le règlement des conflits industriels;

L'abolition de l'emprisonnement pour dette.

Sans doute, il existait parmi les électeurs masculins des courants d'opinion favorables à la plupart de ces réformes; mais l'accession des femmes au vote a donné à la législation humanitaire un splendide développement; leurs efforts persistants ont maintenu les questions sociales à l'ordre du jour; leurs votes ont contraint les membres du Parlement à s'occuper de cette partie de la législation, pour laquelle beaucoup d'entre eux n'avaient que peu de sympathie.

A l'appui de ces appréciations nécessairement sommaires, qu'il nous soit permis de reproduire textuellement un document officiel qui les confirme, les développe et les motive avec une incontestable autorité. C'est une déclaration récente du premier ministre de la Nouvelle-Zélande, sir Joseph Ward. On ne lira pas sans intérêt le document d'accent si personnel et si réfléchi où cet homme d'État donne librement, avec son opinion propre, les résultats d'une expérience parlementaire et gouvernementale qui lui paraît décisive en faveur du suffrage féminin (1).

### III. — Le suffrage des femmes au Canada.

Les idées des suffragistes anglaises ont eu diverses fortunes dans les colonies britanniques, en raison des différences de développement politique et social de chacune d'elles. Si au Canada elles n'ont pas obtenu le même succès qu'en Australie ou en Nouvelle-Zélande, cela est dû en grande partie, d'une part au mélange des races française et anglaise et aux traditions intellectuelles qui les divisaient, d'autre part, aux distances parfois considérables entre les principaux

(1) Voir aux annexes, pièce 37.

centres de population, enfin aux différences de législation électorale dans les diverses provinces du Dominion. Ces diverses circonstances ont rendu particulièrement difficile le travail de propagande féministe.

Il y a plus de vingt-cinq ans cependant, un homme d'État canadien comprit l'importance de la collaboration des femmes aux affaires publiques et présenta au Parlement canadien un projet de réforme électorale, qui comprenait l'extension du droit de vote aux femmes non mariées qui remplissaient les conditions censitaires requises pour les hommes. Le projet de sir John Macdonald ne fut voté qu'en 1885, mais ne comprenait pas l'article relatif aux droits des femmes, qui fut repoussé après un débat de trente-six heures.

Depuis lors, les femmes ont reçu le droit de vote pour les *schools boards* sur toute l'étendue du territoire canadien.

Les femmes canadiennes sont, d'ailleurs, très avancées sous le rapport de l'activité philanthropique et sociale. *Le Conseil national des femmes* (*The national Council of Women*), fondé par lady Aberdeen et affilié depuis 1897 au *Conseil international des femmes*, est un organisme particulièrement vivant : il s'est occupé surtout de questions d'instruction, d'hygiène, d'aide aux immigrants. Le Conseil, cependant, ne semble pas avoir encore compris de quelle utilité lui serait pour toutes ces entreprises le droit de suffrage pour les femmes et il n'a pas encore inscrit cette réforme à son programme.

Il existe, d'ailleurs, une *association pour le suffrage des femmes canadiennes* (*The Canadian Women's Suffrage Association*), affiliée en 1906 à l'*Alliance internationale*, qui gagne progressivement du terrain dans l'opinion publique de ce pays. Au retour du Congrès international de Copenhague, les déléguées canadiennes furent acclamées dans une grande réunion publique : l'assistance très enthousiaste adopta à l'unanimité une résolution en faveur du suffrage des femmes. Depuis lors, à toutes les réunions de l'association, des motions dans ce sens ont toujours été votées.

La question progresse donc sans aucun doute, mais le Canada n'en reste pas moins, au point de vue du mouvement féministe, bien en arrière des autres colonies anglaises.

Voici, d'ailleurs, un relevé récemment établi par Mme Laura Mac Laren (1) des droits de vote des femmes dans les diverses provinces du Dominion :

*Canada*. — Les femmes n'ont aucun droit de vote ni fédéral, ni provincial. Elles ne sont pas éligibles aux Conseils municipaux, mais elles peuvent être employées comme *Trustees* au service des *School Boards*.

---

(1) Note rédigée par Mme Laura Mac Laren, de Londres, sur la demande de Mme Avril de Sainte-Croix, à qui nous en devons la communication.

Voici le détail, par province :

*Ontario.* — Par suite du vote de l'acte sur la propriété des femmes mariées le Gouvernement a d'abord accordé aux femmes célibataires et aux veuves (pourvu qu'elles payent l'impôt) le droit de voter pour les lois fiscales locales (money-bye-laws). Plus tard, et par voie de conséquence logique, en 1874, on leur a accordé le suffrage municipal pour les mêmes classes de femmes. Ainsi les femmes célibataires, les veuves inscrites comme propriétaires ou occupantes de propriétés taxées au moins 400 dollars, ou pour un revenu d'au moins 400 dollars, ont le droit de voter aux élections municipales. Toutes les femmes mariées ou non qui sont taxées comme propriétaires ont le droit de vote pour les lois fiscales locales.

*Québec.* — Les femmes non mariées et les veuves qui sont tenancières d'une propriété ont le droit d'élection aux *School Boards* pour les mêmes classes, mais les femmes ne sont pas éligibles aux offices municipaux (loi votée en 1889).

*Ile du Prince-Édouard.* — Les veuves et célibataires ont le suffrage municipal si elles sont tenancières de propriété. Elles ont le suffrage pour les *School Boards* dans les mêmes conditions, mais ne sont pas éligibles à ces fonctions.

*New-Brunswick.* — *Idem* (loi votée en 1886).

*Nouvelle-Écosse.* — La loi est un peu différente. Elle admet au vote toute femme ayant vingt et un ans, qui est sujet britannique par sa naissance ou par naturalisation, et qui au dernier *assessment* (répartition de l'impôt) a été taxée pour une propriété au taux de 150 dollars ou comme propriété personnelle ou pour la propriété tant réelle que personnelle ensemble au taux de 300 dollars. N'est pas admise à voter la femme mariée dont le mari vote. Suffrage scolaire aux veuves et célibataires avec éligibilité aux fonctions, pour celles qui payent l'impôt (loi votée en 1887).

*Manitoba.* — Droit de vote municipal à toute femme payant l'impôt ; *idem* pour le suffrage scolaire. Les femmes sont éligibles à toutes les fonctions (loi votée en 1887).

*Alberta* et *Saskatchewan.* — Droit au vote municipal pour les femmes célibataires et veuves. Droit de vote scolaire à toute femme payant l'impôt. Éligibilité des femmes aux fonctions correspondantes.

En 1908, le Gouvernement de la *British Colombia* a restreint le droit de suffrage aux femmes non mariées et aux veuves, qui sont tenancières de propriétés. La première loi relative au suffrage municipal des femmes y remonte à 1888.

### IV. — Le suffrage des femmes en Afrique du Sud.

Il existe dans cette colonie un actif mouvement suffragiste, importé d'Angleterre, mais la question y est particulièrement complexe en raison de la diversité des races qui y vivent concurremment : Anglo-Saxons, Boers et noirs.

L'agitation pour le suffrage date du lendemain de la conquête du Transvaal par l'Angleterre. La ligue pour le suffrage des femmes du *Natal* fut créée en 1902 et organisa une propagande en règle dès 1904 par des conférences, des réunions publiques, des pétitions dont la première fut présentée au Parlement du Natal, en juin de la même année, par M. Henry Ancketill, membre de ce Parlement. Le Natal n'est pas un pays de grande industrie, il n'y existe donc pas de ces masses ouvrières qui, dans d'autres nations, sont les soutiens les plus ardents des revendications féminines qui se confondent pour elles avec leur désir de mieux être.

Il n'y existe pas davantage de ces féministes intellectuelles qui en si grand nombre collaborent en certains pays au mouvement pour l'émancipation de la femme. Les institutrices, d'ailleurs, étant fonctionnaires du Gouvernement, doivent s'abstenir de prendre part à une agitation politique.

Nous lisons au sujet du Natal dans le journal *Jus Suffragii* de Janvier 1910 : « Mme Oona Ancketill envoie un extrait du *Natal Advertiser* qui raconte l'histoire d'un projet de loi de l'année passée accordant le vote aux femmes. Elle dit : « Au Natal, le mouvement « suffragiste fait un progrès tranquille et rarement assez remarquable « pour qu'on envoie des nouvelles à *Jus Suffragii* ». Le député C. H. Haggar soumit un projet de loi à l'Assemblée législative du Natal le 1er novembre, qui fut rejeté en seconde lecture par 19 voix contre 12, ce qui montre que l'Assemblée est bien plus bienveillante aujourd'hui qu'en 1904, quand M. Henry Ancketill y introduisit la question pour la première fois.

« Le *Natal Advertiser* dit : « Nous pouvons féliciter M. Haggar « du succès de son projet de loi qui proposait d'affranchir les femmes « de la colonie par la suppression du mot « électeurs mâles ». Le « baron W. Robson, le procureur royal de la Grande-Bretagne, avait « dit dans la discussion sur la constitution de la Fédération Sud-« africaine que les parlements coloniaux avaient pleine liberté d'in-« troduire le suffrage féminin. Puis M. Haggard allégua qu'on n'avait « jamais fait d'objections sérieuses contre le vote des femmes. On ne « faisait que des assertions. Si l'on voulait approuver la situation « actuelle, il n'y avait qu'à décréter la sujétion des femmes. Mais « il vaudrait mieux donner à tous les citoyens une chance égale « de servir l'État selon leurs aptitudes, et donner à l'État une chance « égale de s'assurer les services de chacun. Une telle mesure serait « une véritable réforme, mais, même si les hommes la compre-« naient, ils manquaient d'initiative, de dévouement et de désinté-« ressement pour l'accomplir. Quoique M. Haggar trouvât l'appui de « plusieurs députés, sa proposition fut rejetée par 19 voix contre 12. « Parmi les 14 absents, il y en avait deux qui auraient certainement

« voté en faveur. On peut dire avec raison qu'au moins la moitié
« des membres de l'Assemblée sont aujourd'hui en faveur du principe, ce qui constitue un progrès remarquable depuis cinq ans. On
« peut croire que le Parlement fédéral introduira la réforme bien plus
« tôt qu'on ne s'y attendait.

***

C'est en 1907 que fut fondée la ligue pour le vote de la *Colonie du Cap* (*The Women's Enfranchisement League*), comprenant une quinzaine de villes en outre de Capetown, la capitale. Cette même année eut lieu le premier débat parlementaire sur la question. 24 membres, moitié du parti gouvernemental, moitié de l'opposition, votèrent pour le suffrage des femmes.

Au cours des élections de 1908, cette ligue interrogea tous les candidats sur leurs sentiments à l'égard des revendications féminines : un grand nombre de réponses leur furent favorables.

En août 1908, nouveau débat parlementaire. M. Cronwright Schreiner y défendit, dans un discours très audacieux, une motion ayant pour objet que « le vote parlementaire ne fût pas plus longtemps refusé aux femmes en considération de leur sexe ».

***

Le même jour, à une réunion organisée par un comité d'union des associations féminines du *Transvaal*, des décisions furent votées qui, afin d'établir une unité plus complète entre les divers pays, recommandaient de tenter de réaliser le vote des femmes sur la même base que celui des hommes.

Les femmes, d'ailleurs, comprenant que la première grosse question à résoudre était celle de l'Unité sud-africaine, du groupement des quatre colonies en un commonwealth du genre de l'Australie, ont momentanément mis de côté leurs revendications particulières pour se consacrer tout entières à la formation de l'Union.

Cette union a été décidée par les intéressés et ratifiée par le Parlement britannique. Mais la constitution fédérale « fonde la représentation parlementaire uniquement sur la base de la population européenne adulte mâle », malgré les efforts de suffragistes sud-africains au Parlement du Cap. Dans les questions provinciales ou municipales mêmes, des modifications défavorables sont apportées aux droits des femmes. « Jusqu'ici les femmes qui payaient l'impôt et étaient propriétaires de terrain avaient une voix pour les affaires locales, surtout dans la Colonie du Cap. Mais on vient de décider que des Conseils provinciaux règleront à l'avenir toutes ces espèces d'affaires. Ainsi la liste des électeurs sera la même que pour les élections parlementaires. En ces circonstances, les femmes doivent bien perdre tout espoir de garder le vote municipal » (1).

La cause des femmes, au lieu de progresser, paraît donc momentanément reculer ici.

### V. — Le suffrage des femmes aux Indes anglaises.

C'est sous l'influence des féministes anglaises que les femmes indoues ont commencé à s'élever de la situation d'infériorité absolue où une tradition séculaire les avait placées. Les missionnaires en particulier entreprirent, vers 1866, de former des femmes médecins et des avocats indigènes.

« Des femmes indigènes ont appris le droit pour pouvoir représenter leurs sœurs devant la justice; ce qui n'est pas permis à un avocat. La première avocate indoue fut autorisée à exercer devant le tribunal de Poona. En Angleterre les femmes n'en sont pas encore là. Cela s'explique simplement par le fait de la concurrence. La femme indoue n'est pas une cliente de l'homme; il laisse généreusement à l'avocate les causes qu'il ne peut personnellement pas défendre (2). »

« Si la population coloniale est ici plus parsemée qu'ailleurs, cela n'a pas empêché les essais tentés dans la Grande-Bretagne d'y être importés et déjà le suffrage municipal est acquis aux femmes à Madras et à Bombay. » (Giraud, p. 71.)

(1) *Jus suffragii* de novembre 1909.

(2) Kaethe Schirmacher. *Die moderne Frauenbewegung*, p. 139.

# V

## Le droit de vote des femmes dans les pays scandinaves (1) (Suède, Norvège, Danemark, Islande).

### I. — Le suffrage des femmes en Suède.

Il n'y a pas eu en Suède, comme en France, en Lombardie, en Angleterre, dans le New-Jersey, de transformation brusque, pacifique ou révolutionnaire, qui pour établir, à des degrés d'ailleurs divers, la démocratie masculine, privait du même coup la femme des droits, sans doute limités, mais consacrés par une longue pratique, qu'elle possédait auparavant.

La Suède a conservé, en effet, ses anciens usages qu'elle pratique encore, tout en adoptant de nouvelles mesures qui les complètent. En matières d'instruction et d'assistance publiques, les femmes suédoises ont depuis très longtemps le droit d'exercer une influence par leur vote et par leur éligibilité dans les conseils locaux. Ceci n'empêcha pas qu'une action purement féministe destinée à réaliser une égalité complète entre les capacités de vote et d'éligibilité des deux sexes fut jugée nécessaire par des femmes qui, dès le milieu du XIX^e siècle et sous l'influence des idées américaines, se mirent en campagne.

C'est à 1845 que remonte la première propagande. Un écrivain distingué, Frederika Bremer, se fit, au retour d'un voyage en Amérique, l'ardent avocat du mouvement, et appliqua surtout ses efforts à l'instruction des filles.

Dès 1862, les femmes de plus de 21 ans qui payaient un impôt d'au moins 500 couronnes (700 francs) reçurent *le droit de vote municipal*, qui n'a été accordé aux femmes du Danemark que 40 ans après. Ce vote a en Suède une portée politique générale, car la Chambre Haute est élue au troisième degré par les électeurs choisis par les Conseils provinciaux et municipaux. Remarquons d'ailleurs qu'au début les femmes ayant le droit de vote ne s'y montrèrent que peu attachées. En 1887, il n'y avait encore que 4.000 sur 62.000 ins-

(1) Les renseignements relatifs à ces pays sont extraits en partie de la brochure de Miss Alice Zimmern, *Women's suffrage in many Lands*, Londres 1909.

crites qui prenaient la peine d'aller voter. Cette indifférence était due sans doute à l'insuffisance d'instruction.

Aussi chercha-t-on, dès les premières années du nouveau régime électoral, à donner aux jeunes filles une instruction plus complète; en 1870, on obtint leur admission à l'Université. Des associations de femmes furent créées pour compléter l'instruction des électrices. En même temps, les femmes obtinrent le droit d'être élues aux *School Boards* et aux conseils de l'Assistance publique. Une loi fixa que les femmes mariées qui exploitaient leur propre propriété seraient imposées à part, ce qui les plaça parmi les femmes ayant le droit de vote municipal. Les femmes ont récemment été reconnues éligibles à la direction du Bureau municipal du Travail à Stockholm et nommées inspectrices des maisons de location municipales et des orphelinats.

En 1907, une loi a admis les femmes aux postes officiels de docteurs en médecine et professeurs aux Universités et Écoles d'art et science.

Et tout récemment (février 1909), les femmes qui avaient le droit de vote municipal ont obtenu le droit à *l'éligibilité municipale*, sauf pour les Conseils généraux des provinces. Cette loi entrera en vigueur en 1910. A cette date, toute citoyenne suédoise majeure, de bonne réputation, qui paye un impôt communal, aura le droit de voter et d'être élue. La femme mariée n'a le droit de suffrage que lorsqu'elle possède un revenu à elle, revenu provenant de biens immeubles ou meubles qui se trouvent sous sa propre administration, ou revenu de son travail personnel dont elle doit justifier l'existence et le chiffre.

En 1910, s'appliquera également la Représentation proportionnelle (1).

Comment, dans ces conditions, le *suffrage parlementaire* n'a-t-il pas été plus tôt accordé aux femmes de Suède? C'est parce que, ainsi que nous l'avons déjà signalé pour l'Angleterrre, par exemple, la question du vote des femmes s'est trouvée jointe à l'extension du vote des hommes (2). C'est en 1884 que le premier projet du suffrage des femmes fut présenté au Parlement suédois; il y fut accueilli par des rires, comme ce fut le cas dans presque tous les pays en pareille circonstance.

Ce n'est d'ailleurs qu'en 1902 que la campagne pour le suffrage parlementaire fut sérieusement entreprise. Un membre de la Chambre

(1) Les Suédoises viennent aussi de faire deux autres conquêtes: l'internat dans les hôpitaux pour les femmes-médecins et le droit à des appointements dans les lycées pour les femmes-professeurs graduées des Universités.

(2) Le suffrage en Suède est à base censitaire.

Basse, M. C. Lindhagen, déposa un projet engageant le Parlement à prier le Gouvernement d'entreprendre une enquête au sujet du suffrage des femmes. Malgré une vive agitation de l'opinion publique, ce projet fut repoussé par 111 voix contre 64.

En 1904, M. Lindhagen revint à la charge et réunit pour sa proposition 93 voix contre 115. L'année suivante, nouvelle proposition signée par 57 membres du Parlement. La première Chambre la repoussa par 89 voix contre 3, la seconde par 109 voix contre 88. L'activité déployée par les associations pour le suffrage dans une campagne ardente de propagande portait ainsi ses fruits en modifiant progressivement l'opinion des corps élus.

En 1905, un cabinet libéral prit le pouvoir et la question de l'extension du vote des hommes fut posée au pays: une agitation puissante fut organisée; mais les revendications féminines s'en trouvèrent momentanément mises de côté.

En 1906, cependant, quatre projets sur le vote des femmes furent déposés au Parlement. La Commission de la Constitution, qui doit se prononcer sur les changements proposés à la Constitution, rejeta les quatre projets, mais proposa au Parlement d'attirer l'attention du Gouvernement sur l'utilité d'une enquête au sujet du vote des femmes.

Cette proposition fut votée à la première Chambre par 69 voix contre 60 et à la seconde par 127 contre 100. « Ainsi, en quatre années, les femmes obtinrent une première victoire parlementaire. »

Le projet du Cabinet libéral sur l'extension du vote des hommes fut d'ailleurs repoussé. Le Cabinet donna sa démission en mai 1906 et fut remplacé par les conservateurs.

A l'automne de la même année, le premier Ministre promit à une délégation de femmes de s'occuper de leurs demandes: quelques jours après la même délégation fut reçue par le feu roi Oscar qui exprima sa sympathie pour la réforme demandée, mais déclara ne rien pouvoir promettre.

Les femmes recommencèrent alors une propagande des plus actives. Une pétition monstre recueillit 142.128 signatures, chiffre important dans un pays dont la population totale dépasse à peine 5 millions d'habitants.

Les membres du Parti du travail décidèrent de joindre le vote des femmes au projet de réforme électorale présenté par eux. D'autres projets favorables furent déposés au Parlement, mais tous repoussés par la Commission spéciale du suffrage parlementaire. Un seul parvint jusqu'à la seconde Chambre et fut repoussé par 133 contre 91 voix.

Cet échec fut suivi d'une recrudescence d'agitation dans l'opinion publique; en 1907, les libéraux inscrivirent aussi le suffrage des femmes sur leur programme.

Pour la première fois dans l'histoire de Suède, en 1908, l'adresse du Roi faisait mention du suffrage des femmes pour dire, il est vrai, qu'on ne pourrait s'en occuper pendant la session; cette mention n'en était pas moins une reconnaissance officielle de l'importance de la question.

Aux élections de l'automne, des femmes prirent souvent la parole dans les réunions, avec une énergie et un enthousiasme remarquables.

Enfin, le projet d'extension du suffrage des hommes fut voté; ce n'est pas un suffrage universel : les électeurs doivent avoir 24 ans, avoir payé leurs impôts et fait leur année de service militaire. On fit, d'ailleurs sans succès, une tentative pour faire figurer les femmes dans ce projet.

Une délégation de 35 membres du *Comité central de l'association nationale pour le suffrage des femmes* fit, il y a un an environ, une démarche auprès du roi qui affirma sa sympathie personnelle pour la réforme quoique ne pouvant pour le moment rien promettre.

La cause des femmes a fait un grand pas le 24 avril 1909.

La seconde Chambre du Parlement Suédois a adopté une proposition accordant aux femmes le suffrage et l'éligibilité parlementaires, sans aucune opposition, sans même qu'il ait fallu recourir à un scrutin en règle. Il y a un an, la même Chambre avait rejeté une proposition similaire par 110 voix contre 93. Le triomphe des partis de gauche (libéraux et socialistes) aux élections de 1908 a été la cause de ce changement dans l'opinion de la Chambre Basse. Sans doute cette unanimité n'est qu'apparente et il y a certainement encore des adversaires du suffrage des femmes dans cette Assemblée : mais leur silence en avril dernier prouve simplement qu'ils ont jugé inutile toute tentative d'opposition sachant que la majorité était résolument favorable à la réforme.

La Chambre Haute, ainsi qu'on s'y attendait, rejeta d'ailleurs la motion féministe : et une proposition en vue de donner aux femmes le droit de vote, sans l'éligibilité, recueillit 25 voix contre 104.

Tout fait cependant supposer que les femmes suédoises gagneront le droit de vote parlementaire avant qu'il soit bien longtemps.

### II. — Le suffrage des femmes en Norvège.

Les Norvégiennes ont obtenu tout récemment *le droit de vote et l'éligibilité parlementaires.* En cette année 1909, elles ont pour la première fois exercé leur nouveau privilège.

Ce résultat fut facilité, d'une part, par le faible chiffre de la population totale du pays qui n'est que peu supérieure à celle de Paris, d'autre part, aux conditions sociales générales (absence d'aristocratie, faible concurrence de main-d'œuvre, pas de grande opposition entre les diverses classes de la société). « Les Norvégiennes ne sont pas seulement admises dans les Universités de leur pays, mais aussi à toutes les professions, y compris le barreau. Elles prennent place dans les jurys et sont admises dans beaucoup de situations officielles. Les femmes mariées ont la libre disposition de leurs biens propres et la Norvège est peut-être le seul pays d'Europe où elles n'ont plus à promettre obéissance à leur mari le jour de leur mariage. » (Miss Zimmern).

C'est peu après 1830 que commença le mouvement féministe.

D'une part les grands littérateurs scandinaves commencèrent à soumettre au public dans leurs pièces et leurs romans les problèmes moraux et sociaux auxquels la femme était intimement liée.

D'autre part, un mouvement proprement féministe, conduit par des militantes particulièrement distinguées, dirigea ses efforts infatigables vers la réforme de la condition juridique de la femme.

« Tant d'efforts ont abouti à des succès éclatants. Dans le domaine du droit civil, une loi de 1854 accorda aux enfants des deux sexes des droits égaux dans l'héritage. En 1863, un même âge fut fixé pour la majorité des filles et des garçons. En 1888, la femme mariée obtint le plein effet de la majorité légale; à la même date, il fut prescrit que la communauté de biens ne serait plus le régime obligatoire du mariage, des conventions contraires pourraient être arrêtées par un contrat que les époux auraient le droit de passer aussi bien après qu'avant l'union. En même temps l'on rendit plus sévère encore la législation qui protégeait les filles séduites et les enfants naturels; des dispositions votées en 1892 imposèrent au père d'un enfant illégitime l'obligation de subvenir aux besoins matériels et moraux de celui-ci jusqu'à la quinzième année; bien plus, si cet homme a négligé de s'assurer des ressources régulières par l'exercice d'une profession, la loi permet qu'il soit enfermé d'office dans une « maison de travail ».

« Ajoutons que la prostitution légale a été abolie en 1867, au nom de la dignité féminine (1). »

En 1889, les femmes ayant des enfants reçurent le droit de vote et d'éligibilité pour les comités scolaires.

C'est en 1890 que le vote des femmes fut pour la première fois proposé au Storthing.

En 1892, un projet de suffrage des femmes réunit une majorité au Parlement (58 contre 56 voix), mais n'atteignit pas les deux tiers requis pour tout changement apporté à la Constitution.

En 1896, le suffrage universel fut accordé aux hommes.

En 1899, une pétition signée de 12.000 femmes fut imprimée et un exemplaire déposé à la place de chaque membre du Storthing.

En 1901, une extension du droit de vote pour les hommes en matière municipale fut proposée. L'Association pour le suffrage des femmes protesta contre toute extension du nombre des électeurs si l'on n'accordait pas aussi quelque chose aux femmes. Cette demande fut prise en considération et *le suffrage municipal, ainsi que l'éligibilité, furent accordés aux femmes payant l'impôt* (2).

C'était là un sérieux pas en avant.

Aux premières élections, les femmes votèrent en grand nombre; 90 conseillères furent élues, ainsi que 160 suppléantes (titre donné au candidat qui réunit le plus grand nombre de voix après le dernier des élus et qui prend place au Conseil en cas de maladie ou de mort d'un des titulaires).

A la veille de la séparation de la Suède et de la Norwège en 1905, les hommes furent invités à faire connaître leur opinion par une consultation nationale dont les femmes furent exclues, malgré leur énergique protestation. Elles décidèrent alors de faire directement connaître leur opinion. L'Association pour le suffrage des femmes réunit 300.000 signatures de femmes qui exprimèrent leur adhésion à la proposition de séparation. La pétition fut présentée au Storthing, le président la reçut avec remerciements, et quand, à la séance de l'après-midi, il parla officiellement de cette démarche, tous les membres écoutèrent debout sa communication. Cette marque de respect constitua une sorte de reconnaissance officielle des femmes comme citoyennes et patriotes.

A l'automne 1906, les élections parlementaires eurent lieu, auxquelles les femmes prirent une part active; les partis socialiste et libéral soutinrent les revendications des femmes. Les agrariens et conservateurs les repoussèrent.

(1) Le *Correspondant*, 10 janvier 1900.
(2) Voir le texte aux annexes, pièce 34.

Sur ces entrefaites eut lieu le Congrès international des femmes de Copenhague, qui fut suivi en Norvège avec grand intérêt et détermina un changement de ton dans la presse, jusque-là très opposée à la cause des femmes.

Un dernier effort était cependant nécessaire. La propagande d'agitation fut poussée avec une ardeur nouvelle. Le 14 juin 1907, le projet relatif au suffrage des femmes fut rapporté par M. Brygessen qui, en dépit d'une sérieuse indisposition, tint à venir lui-même à la Chambre pour parler au nom des femmes de son pays. Après un débat de deux heures seulement, le suffrage des femmes fut adopté par 96 contre 25 voix. Le droit de vote est accordé à toute femme, mariée ou célibataire, qui paye un impôt de 400 couronnes au moins (550 fr.) dans les villes et de 300 couronnes (400 francs) dans la campagne; 300,000 femmes environ sont ainsi devenues électrices.

*Les résultats.* — Aux dernières élections *municipales*, en 1907, il y avait en Norvège 429.467 hommes et 268.745 femmes ayant droit au suffrage.

Ont pris part au vote :

234.011 hommes.
90.606 femmes.
soit respectivement : 54,5 0/0 des hommes; 33,7 0/0 des femmes.

Dans toutes les grandes villes de Norvège, excepté Hangesund et Kristiansund, une ou plusieurs femmes ont été élues.

A Kristiania, 5 femmes ont été élues et, dans les villes de province, 122 femmes au total.

A Drammen, il y a 7 femmes élues, ainsi qu'à Larvik et Stavanger.

Les femmes élues appartiennent à tous les partis politiques.

En prenant part à la vie publique, l'intérêt des femmes pour tout ce qui concerne la société et sa prospérité a augmenté. Elles ont introduit quelques améliorations en ce qui concerne les questions scolaires, le travail des femmes et l'assistance aux indigents.

Les premières élections *législatives* auxquelles les femmes ont pris part ont eu lieu en 1909. Le Storthing qui en est sorti a une majorité hostile au précédent ministère « formé entièrement de membres de la gauche, surtout de la gauche extrême, et qui, dans l'état instable de la majorité, devait compter, pour subsister, sur la complaisance des socialistes ».

« On s'accorde à admettre que, sauf les ouvrières socialistes, la plupart des femmes qui ont voté, soit à la campagne, soit à la ville, ont jeté dans l'urne des bulletins hostiles au Ministère. L'échec de ce dernier, s'il est en partie l'effet d'un revirement de l'opinion qui s'est manifesté aussi parmi les électeurs masculins, est donc dû également pour une bonne part au poids que le suffrage des femmes a mis dans la balance. » Pour expliquer le résultat inattendu de cette première expérience, ceux des chefs féministes qui ont des sympathies pour la gauche invoquent le cens électoral, la timidité inséparable des premiers débuts d'électrices, la violente et habile campagne de presse des modérés et libéraux, etc. D'autres raisons plus graves ont été invoquées.

« Un projet de loi tendant à placer sur le même niveau les enfants naturels et les enfants légitimes a impressionné fâcheusement un grand nombre de femmes.

« Une loi sur les forces hydrauliques et les cours d'eau donnant à l'État un droit supérieur de concession et de surveillance fut considérée par beaucoup de citoyens et de citoyennes comme une atteinte portée à la propriété individuelle et un redoutable début dans la voie menaçante de l'étatisme.

« Les mesures prises en vue de limiter le travail des femmes ont elles-mêmes soulevé la réprobation de certains groupes féministes qui ne veulent pas être protégés et demandent la libre concurrence avec l'homme et en acceptant avec bravoure les dangers éventuels. »

Le résultat des élections de 1909 serait donc dû, si nous en croyons l'anonyme auteur de l'article publié par le *Correspondant*, à l'attachement irréductible de la nation norvégienne pour la liberté individuelle, et à son horreur de toutes les manifestations du socialisme d'État.

Remarquons enfin que plusieurs partis politiques ont mis dans leur programme pour les premières élections au Storthing : « Droit de suffrage *universel* pour les femmes aux mêmes conditions que pour les hommes ». En effet, la loi, en ne donnant le droit de vote qu'à celles qui possèdent une certaine fortune, favorise l'élément conservateur. Ce fait explique dans une certaine mesure pourquoi les femmes norvégiennes ont jusqu'ici soutenu principalement le parti réactionnaire. La faible proportion des votantes pourrait bien d'ailleurs avoir la même cause. Lorsque les ouvrières auront le droit de vote, il est vraisemblable que cette proportion se relèvera sensiblement.

### III. — Le suffrage des femmes en Danemark.

« Pour bien comprendre les grands progrès de la situation des femmes danoises dans ces dernières années, il faut connaître l'histoire du développement intellectuel du peuple dû en première ligne à l'influence de Grundtvig.

« Grundtvig, dans son amour pour le peuple danois, a prêché la nécessité d'arracher les paysans à l'ignorance. Il était entouré de jeunes disciples enthousiastes qui mirent ses idées en pratique. Ainsi, M. Cold a fondé en 1851, à Ryslingue, la première « Kojskole » (haute école) (1) devant compléter pour les paysans l'enseignement rudimentaire de l'enfance.

« Cet exemple fut suivi partout. Douze ans après, à l'école de Dalum, M. Cold a réalisé le désir qu'il nourrissait depuis longtemps de faire partager cette instruction aux femmes.

« Les jeunes hommes fréquentant les « kojskole » étaient désespérés en rentrant dans leurs familles de ne pouvoir plus causer avec leurs mères, leurs sœurs et surtout avec leurs fiancées, ils demandèrent à leurs maîtres de donner aux femmes l'entrée de leurs écoles, et M. Cold eut alors l'idée d'ouvrir ces écoles aux femmes en été, tandis que les hommes sont occupés aux champs. Ceux-ci continuèrent à les fréquenter l'hiver seulement. Toutes les « hojskole » adoptèrent ce système. Cette unité d'instruction a beaucoup fait pour établir dans le peuple l'idée de l'égalité des sexes, difficile toujours à répandre.

« D'autre part, les paysans ont acquis par la culture intellectuelle un sens politique très rare dans cette classe.

« Bientôt les conseils de paroisse et les conseils municipaux se trouvèrent formés d'élèves des « Hautes Écoles ». On les vit ensuite au Parlement et en 1901 au Ministère.

« Ce furent eux qui introduisirent dans l'opinion publique l'opinion que les deux sexes étaient également intéressés à la confection des lois, puisqu'elles s'appliquent aux femmes aussi bien qu'aux hommes.

« Nous avions, depuis 1867, je crois, des lois électorales pour les municipalités, bien injustes, donnant aux classes possédantes des prérogatives énormes : seuls, les hommes payant un certain chiffre d'impôt avaient le droit de vote (2). »

En 1870, une véritable campagne parlementaire fut organisée

(1) Ce sont des écoles complémentaires d'adultes.

(2) Article de Mme Johanna Munter, secrétaire internationale de l'Association pour le suffrage des femmes au Danemark.

pour donner le suffrage municipal aux femmes, d'ailleurs sans succès. « Mais des associations se formèrent; des journaux se fondèrent sous l'esprit qui l'avait inspirée. » (Giraud, p. 159.)

En 1871, une association internationale féministe s'étant formée à Genève, un Danois résidant dans cette ville proposa à des compatriotes d'organiser une section danoise. Ce Danois n'était autre que M. Fréderick Bajer, le grand apôtre de la paix, qui reçut le prix Nobel en 1908. Son initiative fut couronnée de succès, et la *Société des femmes danoises* fut fondée fin 1871. Cette société poussa la question du suffrage et en 1888 demanda au gouvernement le droit de vote municipal pour les femmes indépendantes célibataires. Un projet de loi à cet effet fut présenté à la Chambre Basse et voté par elle. La Chambre Haute refusa même de l'admettre en discussion.

En cette même année 1888, un congrès des femmes scandinaves eut lieu à Copenhague; l'*Association pour le suffrage des femmes* fut fondée en vue de soutenir leur droit de vote municipal et parlementaire.

A cette époque peu de femmes comprenaient l'importance de la question. Les efforts de l'association ne furent soutenus que par un petit nombre d'entre elles. Les adversaires du mouvement, et ils étaient nombreux, ne ménagèrent pas leurs ironies aux initiatrices du mouvement, qu'ils appelèrent les « femmes folles ».

Pendant les élections, des femmes prirent part aux réunions et posèrent des questions aux candidats. L'une d'entre elles fut expulsée par la police. Elle porta plainte, et la décision du juge lui fut favorable, les lois danoises n'empêchant aucunement qu'une femme questionne un candidat au Parlement.

L'agitation continua avec ardeur. En 1898, une association spéciale pour le suffrage des femmes fut fondée qui s'affilia (1904), à l'Alliance internationale. Plusieurs autres associations ayant le même objet furent créées.

Pendant ce temps, la position des femmes avait été améliorée de diverses manières.

« Une première loi (1er mars 1895) accordait aux femmes l'inspection des enfants assistés ou placés dans les orphelinats. Une autre loi (le 24 mars 1899) admettait comme membres des commissions scolaires, les veuves ayant des enfants à l'école.

« Le vote et l'éligibilité aux conseils de paroisse fut acquis (15 mai 1903) à toutes les femmes mariées ou ayant accompli leur vingt-cinquième année. Enfin, aux conseils d'assistance des églises destinés à secourir les pauvres honteux, sans leur faire perdre leurs droits politiques, comme il est d'usage pour les indigents à la charge de l'assistance publique, les femmes reçurent le 4 mai 1904 le droit de vote et d'éligibilité. Elles y entrèrent cette même année en grand nombre et y ont fait un très bon ouvrage.

« Elles ont fait à propos de ces diverses institutions l'apprentissage du système de vote proportionnel, nouveau en Danemark. Disons encore qu'elles ont pu aussi se préparer à l'administration publique par l'administration de leurs biens propres. Depuis 1880, les Danoises mariées ont la propriété de leurs gains. Elles peuvent, soit les dépenser, soit les placer, comme il leur convient. »

L'Université leur avait été ouverte ; elles purent pratiquer la médecine et furent nommées inspectrices du travail et employées des postes et télégraphes.

« Notre société s'étant démocratisée et, en 1901, le Gouvernement se composant, au moins pour la moitié, d'élèves des « Hautes Écoles », c'est-à-dire de paysans, les lois anciennes ne pouvaient plus être acceptées sans discussion, et la question du suffrage des femmes se trouva compliquée de l'extension du suffrage masculin. Tous les partis, dès la dernière décade du XIXe siècle, avaient admis le vote des femmes dans les élections municipales, celui, du moins, des célibataires, veuves et divorcées, payant l'impôt exigé pour les hommes. Mais ils ne purent se mettre d'accord pour établir le suffrage universel. Différents projets de loi furent renvoyés de la Chambre des Députés au Sénat et du Sénat à la Chambre des Députés pendant des années. Cependant, peu à peu, touchant le suffrage des femmes, les projets l'étendirent aux femmes mariées. »

Un projet d'extension du droit de vote municipal des hommes et l'accordant aux femmes était déposé depuis 1903. Le Congrès international des femmes tenu à Copenhague en 1906 contribua à faire tomber l'opposition des partis au suffrage municipal des femmes.

« Enfin le jour vint où l'on trouva des amendements qui permirent à la loi d'aboutir. Au Sénat, où les conservateurs ne voulaient rien céder de leurs prérogatives et les socialistes rien de leurs prétentions absolues, l'assemblée faillit se dissoudre et la loi ne passa qu'à une très faible majorité. A la Chambre, où le parti du Gouvernement était en majorité, elle fut votée sans encombre (10 janvier 1908). Le roi la signa le 20 avril. C'était le projet du Gouvernement, certainement très libéral. »

Hommes et femmes sont placés sur le pied de l'égalité la plus absolue. Sont électeurs tous hommes et femmes de 25 ans qui payent un impôt d'au moins 800 couronnes (1.250 fr.) à Copenhague et un peu moins dans les campagnes, qui ont résidé au moins un an dans la commune, et dont la réputation est intacte. Même les domestiques peuvent être électeurs, car la nourriture et le logement qu'ils reçoivent leur sont comptés comme une partie de leur revenu (1).

Les premières élections municipales auxquelles fut appliquée la nouvelle loi, en même temps que la R. P., eurent lieu en mars 1909. Le nombre total d'électeurs fut de 879.280, dont 456.281 hommes et 422.999 femmes.

*A Copenhague*, il y eut 127.083 électeurs dont 66.461 hommes et 60.622 femmes.

35 hommes et 7 femmes furent élus (2).

*A Frederigsborg*, le Conseil se compose de 15 hommes et 3 femmes.

Dans l'ensemble des autres villes de province, on compte 747 hommes élus et 52 femmes.

Dans les campagnes, il y a un total de 8.076 conseillers contre 65 conseillères.

Sur 127 femmes élues, 84 sont mariées, 4 veuves, 38 célibataires.

Parmi les sept femmes qui sont conseillères municipales de Copenhague, on compte :

Deux socialistes, l'une couturière, l'autre typographe ;

Deux radicales, dont l'une est doctoresse et l'autre ingénieur ;

Deux conservatrices, dont l'une est directrice d'asile de femmes et l'autre ancienne infirmière ;

Une appartenant au parti chrétien, sans profession.

Les conseillères municipales s'acquittent de leur mission à la satisfaction de tous.

Le vote des femmes d'une manière générale n'a aucunement modifié les forces proportionnelles des divers partis (la même constatation a été faite pour plusieurs pays).

Les efforts des suffragistes ont abouti à faire venir en discussion, en novembre 1909, la première lecture du projet d'amendement de la Constitution qui accorde le vote parlementaire aux femmes (3).

---

(1) Voir aux annexes, les extraits de la loi du 2 avril 1908 sur les élections municipales (pièce 33).

(2) Voir aux annexes, pièce 32, les résultats statistiques des élections communales de Copenhague.

(3) Voici d'après le *Jus Suffragii* de décembre 1909, quelques remarques faites à cette occasion par les députés.

*M. Rode* (radical, qui a présenté le projet de loi) dit que la participation des femmes au gouvernement serait pour la communauté une mesure aussi avantageuse que juste. *M. Borgbjerg* (socialiste) cita le programme de son parti qui exige le suffrage universel, direct et secret pour tous les hommes et femmes adultes. *M. Hamwerin* (conservateur) dit que dans son parti les opinions étaient différentes à ce sujet ; la majorité, bien que regrettant que le vote municipal des femmes eût eu encore si peu d'occasion de démontrer l'aptitude des femmes, selon lui ne serait pas hostile. *M. N. Neergaard* (libéral modéré) et *M. Jensen Sönderup* (libéral) se déclarèrent partisans du projet de loi. *M. Johan Kundsen* (conservateur), quoiqu'il ne fût pas un adversaire lui-même, craignait qu'une quantité de ses amis politiques pourraient bien l'être, et

### IV. — Le suffrage des femmes en Islande.

Les femmes de ce petit pays occupent une des premières places dans le mouvement féministe par les avantages qu'elles ont obtenus.

Sans remonter à 1850, époque à laquelle fut votée l'égalité des droits à l'héritage des filles et des fils, mesure de justice pour laquelle combattent encore les femmes du Royaume-Uni, c'est de 1870 que date la première agitation des Islandaises : elles se mêlèrent activement et avec enthousiasme aux événements politiques qui se terminèrent par l'octoi de l'indépendance à la petite population de cette île (1874). Avant de pouvoir réclamer les droits du citoyen, les femmes comprirent la nécessité d'organiser l'instruction de leur sexe. Les écoles supérieures publiques étaient fermées aux filles : un groupe de dames de Rejkjavik réunit les fonds nécessaires pour organiser une école supérieure de filles et prit d'autres mesures pour améliorer leur instruction. Peu après, les écoles moyennes de grammaire furent ouvertes aux filles qui furent aussi autorisée à étudier et à pratiquer la médecine.

Le Althing, l'assemblée élue, manifesta sa sympathie pour les revendications féminines. En 1882, il donna aux femmes leurs premiers droits électoraux. Le droit de vote pour les conseils de paroisse, de cité et de district fut accordé aux célibataires et veuves ayant plus de 25 ans qui étaient soit propriétaires, soit soutiens de famille, ou qui vivaient entièrement des fruits de leur propre travail. Le nombre de femmes remplissant ces conditions était peu considérable sans doute mais la mesure n'en constituait pas moins une première reconnaissance des droits de la femme (1).

*L'Alliance des femmes d'Islande* fut fondée en 1895, ayant pour programme l'amélioration de la condition générale de leur sexe. Dès son origine elle s'attacha à élargir les droits de vote dont jouissaient

---

il estimait prudent d'attendre jusqu'à ce que le suffrage municipal des femmes eût pu montrer ses résultats. *M. Wulf* (conservateur) n'était pas hostile au vote des femmes, mais il fallait le remettre à des temps futurs et le mouvement antisuffragiste en Angleterre et en Amérique était là pour prouver que les femmes elles-mêmes ne désiraient point être affranchies.

« Il ne nous est pas possible de prédire le sort de la loi sur le suffrage des femmes, en tout cas, nous ouvrirons bien les yeux et les oreilles. »

(1) Voici le texte de l'article unique de cette loi islandaise :

« Les veuves et les autres femmes non mariées, qui sont à la tête d'un ménage, ou qui, d'une manière ou d'une autre, ont une situation indépendante, ont le droit de voter pour les élections pour le conseil de commune, le conseil de canton, le conseil de ville et aux assemblées, quand elles ont l'âge de 25 ans accomplis et qu'elles remplissent, d'ailleurs, toutes les conditions prescrites par la loi pour l'exercice des droits ci-dessus énumérés. » *Annales de législation comparée* 1882, p. 120 (cité par Giraud, p. 160).

déjà les femmes et à obtenir finalement le suffrage parlementaire, seule base réelle d'une organisation vraiment démocratique.

Les efforts de l'Alliance furent largement secondés par deux journaux féministes et par un journal politique dont le directeur, membre du Parlement, M. Thorvoddsen, soutint la cause dans la presse comme à la Chambre. Grâce à son action, deux lois importantes furent votées : l'une, en 1899, donnant à la femme mariée des droits absolus sur ses propriétés; l'autre de 1902, donnant aux femmes indépendantes l'éligibilité à tous les conseils pour lesquels elles étaient déjà électrices.

Le congrès international de Copenhague de 1906 eut un grand retentissement dans les milieux islandais. L'année suivante fut marquée par la formation d'une *Association pour le suffrage des femmes* à Rejkjavik. Une pétition de 42.000 signatures fut, par son influence, bien reçue par le Parlement. Malheureusement, une campagne en faveur de l'extension du suffrage masculin, qui fut d'ailleurs sans succès, vint momentanément neutraliser le mouvement féminin. Mais une loi accordant aux hommes et aux femmes mariées ou célibataires, payant des contributions, quelque minime qu'en fût le montant, *le droit de vote et l'éligibilité à quelques conseils municipaux* fut votée (1908), qui souleva un bien naturel enthousiasme parmi les Islandaises. Les élections au conseil municipal de Rejkjavik devaient avoir lieu peu après. Nul effort ne fut épargné pour y préparer les nouveaux électeurs. En une campagne à la fois éducative et électorale de vingt-deux jours seulement, les féministes firent tant et si bien que quatre femmes furent élues, l'une d'elles arrivant en tête des élus.

Le nombre total des votants fut de 2.850, parmi lesquels 1.220 femmes.

Cette victoire ne ralentit pas la campagne pour le vote parlementaire. M^me^ Asmundsson, présidente de l'Association pour le suffrage des femmes, entreprit, à cheval, une tournée de propagande pendant les mois d'été.

Le Parlement, d'ailleurs, ne se montra pas opposé à la réforme; il a promis que le suffrage des femmes serait sérieusement examiné, en 1909, à l'occasion de la révision de la constitution. Tout semble donc indiquer que les Islandaises ne sont plus bien loin du but (1).

---

(1) On lit dans *Jus Suffragii* de novembre : « D'après la nouvelle loi du 15 avril, qui entrera en vigueur le 1^er^ janvier 1910, les femmes seront éligibles, aux mêmes conditions que les hommes, à toutes es corporations représentatives, excepté au parlement. Les femmes étaient déjà éligibles au conseil municipal de Rejkjavik, où la cinquième partie des membres sont des femmes, et de la petite ville de Hofnarfjördur. Elles sont déjà en quelques endroits membres de consistoires. Maintenant elles sont aussi éligibles aux autres conseils municipaux, aux

# VI

## Le droit de vote des femmes en Finlande.

On sait que les femmes de Finlande doivent être considérées aujourd'hui comme tout à fait à la tête du mouvement féministe du monde, puisqu'elles ont exactement les mêmes droits politiques que les hommes. Mais on sait aussi que la Finlande est dans une situation toute particulière qui y diminue beaucoup l'importance du régime parlementaire : le pouvoir autocratique du tsar s'exerce toujours sur ce pays. C'est précisément à la résistance contre les abus de ce pouvoir que les femmes ont dû de conquérir le rôle politique qu'elles exercent.

Il y a juste cent ans que le Grand-Duché de Finlande fut cédé par la Suède à la Russie, sous la condition que l'Empereur respecterait ses lois et sa Constitution. Les fonctions administratives étaient confiées à un Sénat présidé par le Gouverneur général, représentant du tsar. Les aspirations slavophiles d'Alexandre III le poussèrent cependant à russifier la Finlande : des décrets successifs, à cet effet, aboutirent en 1899 à la disparition de toute autonomie de la province. « Notre langue, notre religion, nos coutumes, tout ce qu'il y avait de plus sacré pour nous fut menacé par l'ennemi. Comme un cri de guerre, le mot d'ordre se répandit dans toute la contrée de résister calmement à toute mesure illégale. La majorité de la nation adopta cette tactique : résister, non par les armes, mais passivement en refusant de se prêter à aucune mesure illégale. Des centaines, des milliers de femmes de toutes les classes de la société, qui peut-être jusqu'alors n'avaient jamais songé à leurs droits, ou plutôt à leur besoin de droits, s'enrôlèrent dans les rangs de l'opposition, lui offrant leur concours. Et les hommes accueillirent l'offre des femmes avec enthousiasme (1). »

---

conseils d'administration, de charité publique, aux conseils cantonaux, aux conseils qui fixent les taxes et aux conseils des 22 districts, qui forment la partie habitable de l'Islande. La loi ne permet pas à un homme élu à l'un de ces postes de refuser sans motif sérieux, à moins qu'il ait rempli la fonction pendant six années, mais une femme élue est libre d'accepter ou non. Les femmes partisans des droits égaux sont peu reconnaissantes de ce privilège accordé à leur sexe qui rendra plus difficile l'action préparatoire des élections dans les districts ruraux.

« Pendant cet automne les femmes islandaises s'appliquent à réussir aux élections aussi bien que les femmes de la capitale en 1908 ».

(1) Extrait du discours de Mme Anna Furuhjelm au Congrès de Copenhague.

Une société secrète s'étendit sur tout le territoire. Une association de femmes entreprit de réunir les fonds pour l'action politique et s'employa à faire pénétrer en fraude un journal intitulé *Libres Paroles*, imprimé en Suède par des Finlandais exilés. Ainsi s'établit une collaboration directe des hommes et des femmes dans le Grand-Duché.

Ce mouvement, il faut le dire, avait été préparé et rendu possible par un certain nombre de succès partiels déjà obtenus par le féminisme finlandais.

Quelques femmes s'étaient déjà signalées par l'ardeur d'une propagande doublement émancipatrice, pour leur pays et pour leur sexe, notamment M^lle^ Adelaïde Ehrnrooth et M^me^ Minna Canth, auteurs d'articles et de brochures féministes.

La première société féministe, le *Finsk Kvinnoforening*, avait été fondée en 1884; elle publia de nombreux articles en faveur de l'éducation des femmes, et aussi de l'extension des droits électoraux. Ceux que la femme possédait jusqu'alors étaient assez limités, mais pouvaient cependant servir de point d'appui aux revendications ultérieures.

Depuis 1883, la coéducation des sexes avait été la règle, et le corps enseignant était mi-partie masculin, mi-partie féminin. Dès 1870, l'université d'Helsingfors avait admis les étudiantes, et la première doctoresse finlandaise fut reçue en 1879. Les femmes pouvaient être avocates et, dans le services des Postes et Télégraphes, elles recevaient un salaire égal à celui des hommes pour un travail égal. En 1865, le *vote communal* avait été accordé aux femmes non mariées qui possédaient des terres ou payaient l'impôt, et elles etaient éligibles aux conseils de districts. En 1891 et 1893, elles avaient acquis le droit de vote de l'égibilité aux conseils de l'assistance publique et aux *school boards*. Les hommes ne pouvaient donc plus se considérer comme seuls capables de s'occuper des affaires publiques.

Une brochure publiée, en 1897, par M^me^ Ida Molander, sur le vote des femmes, ne trouva pas d'écho dans le public. Ce que l'idée pure n'avait pu réaliser, les faits le réalisèrent : la suppression de la Constitution de 1809 donna aux femmes l'occasion de montrer toute l'activité politique et pratique dont elles étaient capables et de convaincre peu à peu leurs concitoyens de l'utilité de leur collaboration dans les affaires publiques.

En 1904, après le congrès international de Berlin, l'*Alliance des femmes* (Société fondée en 1892), organisa un grand meeting où deux motions furent votées. L'une demandait que « le suffrage politique fût étendu à tout citoyen de l'un ou l'autre sexe, sans tenir aucun compte de la position de fortune » ; l'autre, « qu'une pétition fût remise à la Diète finlandaise réclamant le droit complet de suffrage politique pour les femmes ».

Depuis cette époque, l'Alliance consacra tous ses efforts à la question du suffrage des femmes. La crise politique que traversa en 1905 la Russie facilita grandement le succès.

« La grandiose grève générale d'octobre 1905 triompha des résistances du Gouvernement. La police russe recula; la Constitution fut rétablie et l'on promit solennellement le suffrage universel. Il est vrai que la Constitution de 1772, qui rentrait alors en vigueur, n'accordait rien aux ouvriers. Mais ceux-ci étaient résolus à continuer la lutte. La pression qu'ils exercèrent sur la Diète, leurs réunions de protestation, leurs manifestations continuelles sur toute l'étendue du pays, amenèrent l'Assemblée à voter la loi établissant *le suffrage universel pour tous les citoyens des deux sexes.* Ne furent exclus que les individus secourus par les bureaux de bienfaisance ou qui n'ont pas acquitté l'impôt personnel d'État : 2 marks pour les hommes, 1 mark pour les femmes. Parmi les nombreuses questions autour desquelles se livra la bataille électorale, une des plus importantes fut celle de la situation inférieure, assignée à la femme dans la vie sociale et dans la législation en vigueur, situation qui jusqu'alors était la même en Finlande que dans le reste de l'Europe (1). »

Une propagande intense fut organisée par le parti social-démocrate à laquelle prirent part de nombreuses femmes. « La femme finlandaise est plus « mobile » que ses sœurs des autres pays; le foyer n'est pas tout pour elle ou du moins il n'a pas une importance telle qu'il l'empêche de s'intéresser aux affaires publiques. La femme finlandaise prend une part très active aux réunions populaires, et il arrive très souvent que l'homme et la femme font en même temps, ensemble ou séparément, des tournées de propagande. Dans les classes possédantes, il est même très fréquent de voir le père et la mère ainsi que leurs fils ou filles étudiants, entreprendre des tournées de ce genre dans l'intérêt de leur parti (1). »

Les efforts des femmes finlandaises aboutirent en mai 1906. Un projet de loi sur la réforme électorale, préparé par le Sénat et approuvé par le tsar fut adopté sans une seule opposition. En réponse aux doutes que le tsar avait précédemment exprimés sur la sagesse de cette réforme, le sénateur Mechelin, chef du gouvernement, répondit : « L'opinion de la nation la demande et il n'y a pas de raison de craindre que les femmes ne feront pas usage de leur droit de vote avec le même sentiment de responsabilité que les hommes. »

(1) Mme Hilja Paersinen, membre de la Diète finlandaise. — *Documents du Progrès*, juillet 1909.

Pour les premières élections auxquelles les femmes purent prendre part, « on jugea opportun d'adopter une tactique propre à donner le moins de prise possible aux préjugés contre le suffrage des femmes et leur rôle politique. C'est ce qui explique en grande partie que la Diète finlandaise de 1907 ne compta que 19 représentantes du sexe féminin et celle de 1908 seulement 25. En 1907, la social-démocratie confia 9 mandats à des femmes et 13 en 1908. Le nombre des femmes envoyées à la Diète par les partis bourgeois fut :

| | En 1907. | En 1908. |
| --- | --- | --- |
| Par les Finnois conservateurs...... | 6 | 6 |
| — — libéraux.......... | 2 | 2 |
| — Suédois.................. | 1 | 3 |
| Par la Ligue des paysans .......... | 1 | 1 |

« Pour ce qui est du travail parlementaire proprement dit accompli par les femmes, notons que leurs partis les nommèrent aussi membres des commissions spéciales, ce qui prouve combien ils étaient convaincus de leurs capacités. La Commission du travail, où furent élaborées les lois de protection et d'assurance ouvrières et la loi nouvelle sur l'industrie, comprenait douze hommes et quatre femmes, et trois femmes avaient été choisies comme suppléantes. La Commission des lois et celle de la constitution comprenaient chacune deux femmes comme membres réguliers et une comme suppléante. Et, dans ces comités, les femmes ont loyalement travaillé pour leur parti. Dans la Commission du travail, par exemple, dont faisait partie l'auteur de cet article, les deux députées social-démocrates votèrent toujours avec leurs cinq camarades masculins et contre les deux députées bourgeoises, lesquelles de leur côté votaient avec leurs sept collègues bourgeois contre les social-démocrates (1). »

Les députées déposèrent des projets de loi relatifs à la situation des femmes et à la protection des enfants (2), mais la courte durée de la première chambre, tôt dissoute, empêcha bien des propositions d'arriver à maturité. Trois projets déposés par des femmes furent

(1) Hilja Paersinen, article cité.

(2) Elles ont présenté à la Diète 26 propositions de loi : 4 concernant l'amélioration des lois sur le mariage, 3 pour élever l'âge du mariage, 4 pour élever l'âge de protection de la jeune fille contre le viol, 4 sur la condition judiciaire des enfants naturels, 2 pour l'admissibilité aux charges publiques, 2 pour l'amélioration de l'éducation, 1 pour subvention de l'État et obligation des communes en vue de l'établissement du service régulier des sages-femmes, 2 pour la suppression de l'alcool, 1 pour modification de la loi sur le louage, 2 pour des questions de chemins de fer, 1 pour modification du Code rural.

D'après une note de Mlle Anna Lundstrom, secrétaire de « l'Unionen », communiquée par Mlle le docteur Madeleine Pelletier.)

cependant adoptés : l'un relatif aux sages-femmes, l'autre à l'enseignement ménager des jeunes filles, le troisième élevant l'âge légal du mariage de quinze à dix-sept ans. Une quatrième réforme aboutit en 1908 (élévation de l'âge de protection contre le viol de douze à quinze ans).

La dissolution de cette première Diète fut accompagnée de nouveaux décrets impériaux modifiant les libertés accordées en 1905 et donnant au Conseil des Ministres de Russie le pouvoir de s'occuper des questions finlandaises dont la solution serait regardée comme touchant aux intérêts de l'Empire.

La seconde Diète, de 1908 (1), n'eut qu'une existence très intermittente, fut prorogée de novembre à février 1909 et finalement dissoute parce que son Président, dans un discours, avait rappelé les revendications finlandaises sur un ton qui déplut en haut lieu.

Les nouvelles élections ont eu lieu en mai 1909.

Le nombre de femmes membres de la nouvelle Diète est maintenant de 21 réparties comme suit :

| | | |
|---|---|---|
| Parti suédois.. | 4 sur 26 | députés. |
| Parti jeune finnois (libéraux) | 1 sur 28 | — |
| Parti vieux finnois (conservateurs) | 4 sur 48 | — |
| Parti social-démocrate | 11 sur 84 | — |

La ligue des paysans et les socialistes chrétiens n'ont pas élu de femmes.

(1) Le nombre des femmes électeurs qui ont voté cette fois, est évalué à 57 0/0, et celui des hommes à 63 0/0.

Trois femmes, élues députées, sont à la Diète avec leurs maris : deux de ces couples appartiennent au parti social démocratique, un au parti vieux finnois.

Parmi les députées, il y a des institutrices d'écoles supérieures et d'écoles primaires, une directrice d'école normale, une inspectrice de fabrique, une doctoresse en philosophie, une rédactrice de journal féministe. Parmi les social démocrates, il y a des femmes de cultivateurs, d'artisans et des ouvrières manuelles. (D'après la note citée ci-contre.)

## VII

### Le droit de vote des femmes en Russie.

On retrouve en Russie des traces de ces coutumes anciennes d'après lesquelles la propriété, qu'elle soit détenue par un homme ou par une femme, est toujours un fondement au droit de s'occuper des affaires locales. Dans la commune rurale russe, le Mir, on pouvait voir mêlé à la foule « spécialement dans les provinces du nord où une portion considérable de la population masculine est toujours absente, un certain nombre de paysannes. Ce sont des femmes qui, eu égard à l'absence ou à la mort de leurs maris, se trouvent être pour le moment chefs de la maisonnée... Une femme comme chef de ménage a le droit de parler sur toutes les questions intéressant directement la maisonnée sous sa gouverne. Et si, par exemple, on propose d'accroître ou de diminuer la part de terre et les charges dudit ménage, elle a le droit de discuter en toute liberté. » (Mackenzie Wallace, cité par Giraud, p. 167).

« Les femmes russes, lisons-nous dans une note qui nous a été remise par l'intermédiaire de Mme Georges Martin, possèdent le droit de suffrage indirect et restreint depuis le décret de 1864, c'est-à-dire depuis l'introduction d'une certaine autonomie communale en Russie centrale. Selon la réforme introduite par l'empereur Alexandre II, les femmes propriétaires, c'est-à-dire celles qui possèdent des immeubles, des biens, des usines sous leur administration, étaient électrices par délégation pour les conseils municipaux et les assemblées provinciales (1).

« Les femmes pouvaient confier leur bulletin à tout homme majeur possédant lui-même le droit de suffrage.

« En 1890, un nouveau décret concernant les conseils municipaux a modifié la loi électorale et diminué les prérogatives des

(1) M. Ostrogorski, dans le chapitre consacré au Selfgovernment local, faisait cette remarque : « C'est en Russie que nous le rencontrons pour la première fois (si nous faisons abstraction de la province autrichienne de Moravie) avec l'émancipation publique de la femme mariée »; fait qu'il expliquait par cette considération que les grands corps électifs de la Russie sont dépourvus de tout caractère politique. Et, généralisant la question, il distinguait deux grandes tendances : celle du monde slave et germanique, favorable au droit municipal de la femme parce que le droit est attaché au sol, et celle du monde latin « où le droit communal coïncide presque avec le droit de cité politique », ce qui entraîne l'exclusion de la femme.

représentants du peuple. Toute la population a perdu beaucoup de droits acquis. Les femmes, à partir de cette époque, n'ont plus pu confier leur bulletin de vote qu'à leurs mari, frère, père, fils, gendre ou neveu.

« Les droits électoraux des femmes pour la Douma, selon la constitution proclamée en 1905, sont encore plus restreints.

« Sont électrices, les propriétaires possédant des immeubles, terres, usines sous leur administration, mais elles ne peuvent confier leur bulletin de vote qu'à leur mari, à leur fils ou à leur père. Celles qui n'ont plus de parents aussi proches ne peuvent pas prendre part aux élections.

« En Russie se développe pourtant un certain mouvement féministe en vue de conquérir les droits municipaux et législatifs pour les femmes au même titre que pour les hommes. Des propositions de loi demandant la suffrage universel sans distinction de sexe ont été déposées à la première Douma par des députés des partis progressiste, travailliste et socialiste. La dissolution de la première Douma n'a pas permis la prise en considération de ces projets. La période actuelle de réaction que traverse la Russie n'est pas favorable aux revendications féministes.

« Les féministes ont adressé aux 440 hommes d'État ou députés un questionnaire leur demandant leur opinion sur le suffrage des femmes : 397 n'ont pas répondu; 24 ont promis de défendre la cause; 1 est partisan de l'électorat; 3, des droits municipaux; 12 trouvent que la réforme n'est pas mûre; 2 ont donné une réponse évasive et le célèbre Puristievitch, de la droite, a insulté dans sa réponse Mme Pilosof. Il en est résulté un procès, et il a été condamné à deux jours d'arrêts à domicile. »

Les circonstances politiques si spéciales de la Russie, le règne de l'autocratie, l'absence de sérieux droits politiques même pour les hommes, ont d'ailleurs empêché le mouvement féministe russe de prendre un caractère aussi spécialisé que dans les autres pays d'Europe. Si les femmes russes n'ont pas ménagé leur activité et ont dans certains cas fait preuve d'un remarquable courage, ce fut beaucoup plus pour coopérer au mouvement général d'émancipation que pour soutenir des revendications spéciales à leur sexe.

Signalons cependant qu'un sérieux pas en avant fut fait en 1908, pour la cause même des femmes; un congrès de femmes, jusqu'alors interdit par les autorités, fut autorisé pour le mois de décembre et tenu à Saint-Pétersbourg sous les auspices de l'*Union des femmes* et de la *Société de secours mutuels*.

« Environ 800 femmes s'y étaient rendues de toutes les parties de l'empire. La majorité se recrutait parmi les professions libérales (doctoresses, institutrices, écrivains, employées de bureau, etc.). On notait également la présence de 35 ouvrières... »

Le programme de cette première réunion était des plus chargés; le voici :

1° L'activité des femmes en Russie dans le domaine de la bienfaisance, de la science, de la littérature, de l'art, de la médecine, du commerce, etc. La lutte contre l'alcoolisme, la prostitution, la mortalité infantile;

2° La situation économique de la femme russe (paysanne, ouvrière, etc.);

3° La situation politique et civile de la femme russe. Les droits de la femme à l'administration de ses biens;

4° La lutte pour les droits politiques et civiques en Russie et à l'étranger;

5° L'état de l'éducation des femmes en Russie (coéducation, admission dans les universités);

6° Problèmes moraux dans la famille et la société (mariage, double morale, prostitution);

7° Organisation d'un Conseil féminin pan-russe. Le Conseil international des femmes.

La police interdit de traiter les questions figurant au paragraphe 4.

Les débats durèrent huit jours et montrèrent « que la femme russe dispose des qualités suffisances pour traiter les affaires publiques avec tout le sérieux et toute la discipline nécessaires (1) ».

Bien que trois tendances féministes et politiques opposées se fussent marquées nettement au cours de ce congrès, il n'en a pas moins eu pour effet salutaire de mettre en contact des militantes du droit des femmes, dispersées sur tout le territoire de l'empire, et ce premier échange de vues ne sera certainement que profitable au mouvement féministe en Russie.

« Dans son ensemble, écrit aussi Mme Mirovitch au sujet de cette première réunion féministe russe, le congrès a donné un tableau complet très tragique de la position des femmes dans les différentes classes de la société russe. Tous les rapports prouvent clairement la nécessité de changer les lois et coutumes qui privent les femmes de toute liberté et leur imposent les chaînes de la sujétion ».

(1) O. Nitschej. — *Documents du Progrès*, juillet 1909 à qui nous avons emprunté tous les renseignements sur le premier congrès féminin pan-russe.

*En Pologne*, les conditions générales du mouvement féministe sont les mêmes qu'en Russie, sinon pires. Toute action effective des femmes a été rendue impossible par l'absence de tout droit.

En 1905, la Russie, tout absorbée par les troubles intérieurs, accorda cependant un peu de liberté aux peuples assujettis, ainsi que nous l'avons vu déjà pour la Finlande. Il fut possible aux Polonaises de fonder une *Union pour l'égalité des droits* qui avait pour objet de faire de la propagande pour les idées féministes dans l'opinion publique. L'Union adressa une pétition à la Douma demandant le suffrage pour les femmes. Celles-ci ne se dissimulent d'ailleurs pas les difficultés considérables de leur situation ; elles ne pensent guère pouvoir avant longtemps former une association pour le suffrage des femmes (1).

---

(1) « Dans la Pologne Russe le mouvement féministe doit compter avec le régime de réaction et de persécution appliqué surtout aux Polonais. La diminution des députés, représentant à la Douma notre pays, n'est pas le moment favorable à la revendication des droits politiques des femmes. Nos deux sociétés du « Suffrage des femmes » tendent toute leur énergie vers l'œuvre préparatoire d'éducation, de propagande et de l'action organisée, en profitant d'une certaine liberté d'association et de réunion. Aussi « Zwiazek », dirigé par M^me Kuczalska, et « Stowarzeszenie », présidée par M^me Kossutska, organisent des cours de droit, de sociologie, des conférences, des enquêtes et des discussions libres sur des problèmes posés par la vie actuelle. Le rôle de la femme polonaise dans la vie publique est de plus en plus important. Elle prend part à tous les grands mouvements libérateurs, elle fait partie de toutes les institutions culturales et sociales tendant à l'instruction du peuple et à l'organisation d'une société nouvelle à base démocratique. Elle se prépare à l'égalité devant le droit par l'égalité devant les devoirs. » — L. Orka.

(*Jus Suffragii*, février 1909.)

## VIII

### Le droit de vote des femmes en Allemagne.

Bien des causes politiques, sociales, ethniques même expliquent que le mouvement féministe en faveur du vote parlementaire ne soit que de date toute récente en Allemagne. La femme est traditionnellement considérée comme la maîtresse de maison que des soins multiples absorbent entièrement, sans lui laisser le temps ni de s'élever beaucoup intellectuellement (1), ni de songer à la situation un peu trop dépendante qui lui est faite dans la majorité des cas. S'adressant à une masse d'esprit pratique et terre à terre, la propagande des féministes d'outre-Rhin a été particulièrement délicate ; elle fut d'ailleurs aussi sérieusement neutralisée par les idées militaristes et le prestige des hommes en tant que défenseurs de la patrie.

Signalons cependant, d'après M. Giraud (p. 163), la loi du 12 décembre 1872, sur l'élection des députés à la diète du Cercle, faisant suite à la constitution de l'Empire d'Allemagne de 1871. (Le Cercle est une circonscription administrative qui tient le milieu entre nos départements et nos arrondissements, mais avec plus d'attributions.) « Cette loi est particulièrement intéressante en ce qu'elle marque la transition du régime féodal à l'organisation bureaucratique telle que nous la comprenons : elle supprime l'administration municipale attachée à certains biens-fonds, c'est-à-dire cette confusion de la propriété et de la souveraineté qui était la caractéristique du fief. Elle enlève donc aux femmes par là-même des fonctions qui résultaient de leurs seules possessions. Mais en même temps, et par une compensation qui est bien remarquable, elle transporte à ces femmes (les filles non mariées) le droit de vote par lequel elles retrouveront leur influence passée, sous une autre forme ; ainsi nous assistons à une transformation de pouvoirs qui chez nous s'est faite sans symétrie, dans le sens exclusivement masculin, par le tourbillon des événements ; ici, accomplie en pleine tranquillité et pour ainsi

---

(1) On connaît la facétie imitée du vieux dicton anglais sur les trois R. Par analogie, on a imaginé pour la femme allemande les trois K, où la vie est tout entière enfermée : *Kirche*, *Küche*, *Kinder* (église, cuisine, enfants). D'aucuns ont proposé une variante au premier terme : *Kleider* (vêtements). Pour les anglaises on a traduit en trois C : *Church*, *Cooking*, *Children*.

dire dans le cabinet, elle tient compte de tous les éléments en présence et ne méconnaît aucune influence sociale. »

Le terrain économique fut celui où les femmes se groupèrent d'abord en vue de la défense de leurs intérêts matériels. L'Allemagne est un pays où les femmes employées dans l'industrie sont en plus grand nombre (1).

En 1905, un cinquième de la population féminine, environ 6 millions 1/2, était occupé dans les usines recevant des salaires représentant la moitié ou les deux tiers de ceux des hommes pour un travail égal. L'offre de main-d'œuvre considérable et la facilité des travaux à exécuter expliquent ces payes insuffisantes.

Des organisations nombreuses, dont certaines remontent même à une quarantaine d'années, furent fondées pour lutter contre cette déplorable situation.

En 1894, 34 de ces organisations se groupèrent en une fédération des associations de femmes à laquelle quatorze ans après, adhéraient cinq cents sociétés différentes.

Cependant du côté des revendications politiques de sérieux efforts étaient tentés. Une *société pour le suffrage des femmes* vit le jour en 1902 (2). Elle fut le résultat de l'action déterminée par un journal intitulé : *die Frauenbewegung*, dirigé par Mme Minna Cauer. La première réunion publique organisée par cette société eut lieu à Berlin le 12 février 1902. On y décida de demander une audience au comte de Bülow qui l'accorda. Une députation de 36 femmes de toutes les parties de l'Empire, classes et professions, remit au Chancelier une pétition énumérant les plus urgentes réformes demandées : la réforme de la loi des associations, l'admission des femmes dans les Universités, la collaboration des femmes à la réforme des écoles de filles, l'organisation d'un enseignement complémentaire obligatoire

---

(1) Nous lisons à ce sujet dans les *Sozialistische Monatshefte* de Berlin du 29 juillet 1909. (page 994) (Mme Wally Zepler) :

« De 1882 à 1895, le nombre des femmes employées dans l'industrie, commerce, etc., a passé de 4.259.103 à 5.264.393, soit une augmentation de 23,6 0/0 ; de 1895 à 1907, ce nombre a passé de 5.264.393 à 8.243.498, soit une augmentation de 56,59 0/0.

« Si l'on compare le nombre des hommes employés dans l'industrie, commerce, etc., en 1907 (18.583.864) à celui des femmes, on voit que les femmes représentent 30,7 0/0 de tous les allemands occupés dans l'industrie (soit 1 femme pour 2 hommes environ), tandis qu'en 1882 elles ne représentaient que 24,2 0/0, en 1895, 25,4 0/0. »

D'après les recensements de 1896, il y avait en Belgique 1 femme pour 3 hommes, et en France 1 femme pour 2 hommes, occupés dans l'industrie, commerce, etc. Mais si nous en jugeons par l'Allemagne, ces chiffres ont dû subir de sensibles modifications.

(2) « Dans la catégorie des organisations politiques féminines, on ne trouve guère que des sociétés pour le suffrage des femmes et la Ligue navale des femmes allemandes (Hambourg), laquelle groupe 5.567 membres. L'ensemble de ces organisations compte 11.113 membres. » *Documents du Progrès*, juillet 1909.

pour les filles. Toutes ces réformes ont été réalisées au moins partiellement depuis six ans.

Le Congrès international des femmes qui eut lieu à Berlin en 1904 donna une sérieuse impulsion au mouvement féministe allemand. La société pour le suffrage des femmes y reçut sa consécration définitive.

Le siège de la société fut établi à Hambourg, dont les lois plus libérales autorisaient les associations de femmes, qui étaient interdites dans beaucoup d'États de l'Empire, la Prusse en particulier. Ses délégués prirent part aux élections, soutenant les candidats favorables à la cause des femmes, de quelque parti qu'ils fussent. Ces efforts contribuèrent à attirer l'attention du public sur la question féministe qui fut mise en pleine lumière par le Congrès du suffrage des femmes à Francfort en 1907. Il y fut décidé que dans chaque État de l'Empire devrait être fondée une société pour le suffrage des femmes et que toutes ces sociétés adhéreraient à une *Union nationale*. La formation de ces sociétés fut cependant rendue particulièrement difficile par les anciennes lois sur les associations qui, dans bien des États, la Prusse et la Bavière en particulier, défendaient aux femmes d'organiser des associations politiques ou d'assister à des reunions publiques. Quoiqu'elles ne fussent pas toujours appliquées, ces lois plaçaient l'activité publique des femmes sous la dépendance de la police locale.

Une campagne contre ces lois fut organisée par le Conseil national. Après un sérieux effort, un projet fut présenté et voté au Reichstag et le 15 mai 1908 la nouvelle loi entra en vigueur. Elle place hommes et femmes dans les mêmes conditions et est applicable à tout l'Empire. Elle est conçue d'ailleurs dans un esprit relativement large : la nouvelle loi abolit toutes différences entre les divers États « conformément au désir exprimé par une grande partie de la population et en particulier par les femmes », dit l'exposé des motifs.

En même temps, quelques changements significatifs de l'état des esprits furent apportés à la situation des femmes. De nouveaux règlements furent publiés l'an dernier relativement à l'enseignement professionnel des jeunes filles et à leur préparation pour l'entrée à l'Université. Dans les universités prussiennes, la situation des jeunes filles déjà nombreuses qui les fréquentaient était jusqu'alors anormale ; c'est en 1899 qu'elles furent admises à se faire « immatriculer ».

Ces réformes, quelques modérées qu'elles puissent paraître, ont contribué à favoriser le développement des idées féministes, ce qui ne veut pas dire que les allemandes soient à la veille d'obtenir le droit de vote parlementaire. Rares sont jusqu'ici les états allemands qui ont accordé le droit de vote municipal aux femmes (1).

Dans quelques villes, les femmes ont acquis le vote sur les questions religieuses et sont éligibles pour les conseils de l'assurance contre la maladie et l'invalidité et elles sont occasionnellement admises dans les comités d'enseignement, mais ce ne sont pas là des fonctions électives.

Ce qui rendra la réforme électorale particulièrement difficile en Allemagne, c'est la variété des institutions électorales des divers États.

(1) En Saxe, les femmes sont admises au vote communal dans les campagnes, au même titre que les hommes. Le paragraphe 34 de la loi du 24 avril 1873 reconnaît l'électorat « à tous les membres de la commune, excepté aux femmes non domiciliées... ». Les femmes mariées sont représentées au scrutin par leurs maris ; les femmes non mariées exercent leur droit en personne (§ 16). L'ancienne loi communale du 7 novembre 1838 stipulait même expressément que les maris ne voteraient pour les femmes qu'autant qu'elles ne seraient pas séparées de table et de lit. — Ostrogorski : *La Femme au point de vue public* (p. 114).

# IX

## Le droit de vote des femmes aux Pays-Bas.

A bien des points de vue, les Hollandaises sont en avance sur leurs sœurs des autres pays. Il y a plus de 30 ans, un premier ministre libéral permit à une femme d'entrer à l'université de Groningue et peu après toutes les universités du pays furent ouvertes aux jeunes filles. La carrière médicale leur fut autorisée aussi et depuis 1898 il existe des inspectrices du travail. Mais des réformes s'imposent au sujet de la situation des femmes mariées qui est copiée sur les dispositions antilibérales du code Napoléon, ainsi qu'en matière d'enseignement. Et ce n'est que par la coopération même des femmes au travail législatif que ces réformes paraissent pouvoir aboutir rapidement.

Le mouvement féministe remonte ici à 1883. Mme le Dr Aletta Jacobs, actuellement présidente de l'Association pour le suffrage des femmes, fit à cette époque une tentative nécessairement suivie d'insuccès, pour se faire inscrire comme électrice en raison de ce qu'elle payait l'impôt. Pour éviter toute nouvelle demande de ce genre, il fut bien spécifié dans la nouvelle constitution de 1887 que seuls les hommes auraient droit au vote.

Ce n'est qu'en 1894 que l'*Association pour le suffrage des femmes* fut fondée qui fit une active propagande dans tout le pays. La campagne électorale de 1905, qui se fit sur une proposition de revision de la Constitution, fut marquée par une action particulièrement énergique. Un comité de direction, organisé à Amsterdam, envoya des déléguées dans les réunions électorales; l'une d'elles questionnait le candidat sur ses idées au sujet du vote des femmes, les autres la soutenaient à l'occasion. Toutes les déléguées portaient des rubans blancs sur lesquels étaient imprimés en noir les mots : « suffrage des femmes ». Le comité de direction avait aussi organisé des visites à domicile. Chaque chef de famille reçut à l'avance un avis qu'on lui rendrait visite à moins qu il n'y fît objection. Dans ce cas, il était prié d'épingler à sa porte une petite carte, incluse dans la lettre d'avis, sur laquelle on lisait : « On ne reçoit pas les visites relatives aux élections » (1).

L'Association pour le suffrage des femmes avait d'ailleurs rédigé un projet de revision de la Constitution accordant aux femmes le droit de vote, qui fut présenté à la reine par une délégation. Ce projet, publié, fut bien accueilli par la presse.

C'est au début de 1907 que la Commission de la Constitution publia son rapport. Six de ses membres sur sept étaient favorables à l'éligibilité des femmes. Mais l'article 80 de la Constitution, qui traite du suffrage parlementaire, fut réservé et laissé à la décision du cabinet. Le 12 octobre, le Ministère publia le projet de revision, l'article 80 y était ainsi rédigé : « Les membres de la seconde Chambre seront élus au suffrage direct par les électeurs spécifiés par la loi. »

L'Association pour le suffrage proposa que l'on remplaçât le mot « électeurs » par les mots « hommes ou femmes ». Cette formule ne fut pas admise par le Gouvernement, mais ce dernier introduisit dans les remarques explicatives de sérieuses recommandations en faveur du droit de vote des femmes. Voilà qui donna au mouvement une nouvelle ardeur. La propagande fut grandement favorisée, par une brochure de M. Van Houten, membre influent du parti libéral. Quoique ayant personnellement collaboré à l'élaboration de la Constitution existante, il se déclara favorable à la cause des femmes : « Ceux qui reconnaissent, écrivait-il, que jusqu'ici les hommes ont indûment négligé le sexe féminin, doivent saisir la première occasion d'une réforme ».

L'Association pour le suffrage des femmes décida de profiter de l'intérêt soulevé dans le public par la déclaration de M. Van Houten pour publier un petit livre contenant les matériaux pour l'étude du suffrage des femmes, qui fut adressé aux députés de tous les partis. La reine en accepta un exemplaire.

Tout s'annonçait pour le mieux, lorsque survint une crise ministérielle. Les conservateurs remplacèrent les libéraux au pouvoir.

Le Congrès international des femmes, qui eut lieu en 1908 à Amsterdam, apporta un nouvel élément de propagande aux femmes des Pays-Bas. Les cinq principaux journaux de la capitale donnèrent des comptes rendus détaillés des séances.

Une *ligue masculine en faveur du suffrage des femmes* fut fondée peu après. Les socialistes inscrivirent pour la première fois le vote des femmes sur leur programme.

---

(1) Aux élections de juin 1909 la même activité fut déployée par les Hollandaises qui assistèrent à un grand nombre de réunions électorales et se bornèrent à y exposer les droits de la citoyenne.

A la réouverture du Parlement en septembre 1908 l'adresse de la reine ne contenait aucune mention du vote des femmes, ce qui causa un vif désappointement parmi les féministes, qui ne perdirent pourtant pas courage. Les socialistes et syndiqués organisèrent un grand meeting suivi d'une manifestation dans la rue à laquelle 15.000 hommes et femmes prirent part. Le parti radical prit l'initiative d'une autre réunion où fut voté un ordre du jour regrettant le silence de la reine sur cette question brûlante.

A l'occasion du budget quatre des sept partis représentés au Parlement hollandais exprimèrent leur sympathie pour le vote des femmes.

Les choses sont donc très avancées, on le voit, aux Pays-Bas. L'obtention du vote des femmes parait n'être plus que l'affaire de peu de temps (1).

(1) On lit dans le *Jus Suffragii* du 15 décembre 1909 : « A l'ouverture du Parlement en septembre, le premier ministre mentionna son intention de nommer une Commission pour préparer la revision de la constitution et en novembre dans les discussions sur le budget il déclara que cette revision ne pressait nullement, « puisque le règlement électoral actuel garantissait « assez bien la représentation de toutes les opinions et de toutes les revendications ». Cette idée, toute naturelle du reste dans ceux qui sont arrivés au pouvoir par le régime actuel, n'était pas partagée par les femmes privées du vote, l'Assoc. Nation. adressa un mémoire au Ministre de l'Intérieur (premier) pour l'engager à hâter un peu la nomination de ladite Commission. La Ligue d'Hommes pour le S. F. donna son appui à cette demande par une seconde pétition au Ministre, et la « Ligue Indépendante des Femmes » d'Amsterdam en envoya une troisième pour appeler l'attention à la lacune qui se ferait sentir dans la Commission si l'on négligeait d'y donner place à une femme. »

# X

## Le droit de vote des femmes en Belgique.

La Belgique est un des pays de l'Europe occidentale où le mouvement suffragiste est le plus développé.

L'activité des femmes belges a eu pour principal objectif les réformes sociales juridiques et l'abrogation des dispositions défavorables du Code Napoléon. *La Ligue du droit des femmes* poursuit surtout l'amélioration de la situation légale du sexe faible. Avec la collaboration de deux autres organisations nouvelles, la ligue a constitué récemment le *Conseil national des femmes de Belgique*, adhérant au Conseil international.

Le Conseil national s'est surtout occupé des questions d'instruction. Par son influence et grâce aux efforts de M^lle^ Popelin, un de ses membres les plus influents, les femmes vont incessamment obtenir le droit d'être avocates. Il a d'ailleurs réussi à introduire quelques sérieuses modifications aux articles du Code civil; il a obtenu pour les femmes mariées le droit de disposer, librement, de leur salaire, le droit à la recherche de la paternité, le droit de témoigner en justice, de faire partie des Conseils de l'assistance publique. Grâce à ses efforts fut votée une loi qui oblige les propriétaires de magasins au détail à mettre des chaises à la disposition de leurs employées; une autre, encore pendante devant la Chambre, doit autoriser les femmes à faire partie des conseils de famille. Le Conseil national s'est uni à la campagne en faveur du droit de vote et de l'éligibilité des femmes aux Conseils des prud'hommes; ces droits furent définitivement acquis aux femmes en 1908; c'est là le seul domaine où les citoyennes belges puissent manifester par un vote leur opinion.

Le droit de vote communal qu'elles avaient à l'époque où Belgique et Hollande étaient unies, leur a été enlevé lors de la séparation.

Une enquête publiée par la *Revue* (ancienne *Revue des Revues*), sur le vote des femmes en Belgique, met en valeur toute la difficulté du problème pour les divers partis de ce pays : aux yeux du plus grand nombre, suffrage féminin y équivaut à suffrage clérical.

La crainte de l'entrée en ligne dans la bataille électorale de ces réserves catholiques a déterminé les libéraux à se prononcer contre le vote des femmes.

« Toute la question — et elle se pose en ce moment, en Belgique, avec la netteté d'une menace — est de savoir si l'octroi aux femmes du droit de suffrage doit être réclamé par ceux qui se sont donné pour mission de veiller sur le patrimoine des libertés nationales. Or, les hommes de progrès — que l'on consentira peut-être à ne pas croire dirigés par des visées intéressées et tyranniques — estiment unanimement que l'avènement de la femme électeur ne doit pas être souhaité pour l'instant, car il aurait pour conséquence immédiate de consolider, pour un temps indéterminé, la domination réactionnaire (1). »

Les conservateurs catholiques hésitent et sont divisés.

« Catholiques et féministes, écrit un membre de la minorité, nous préconisons une série de réformes légales destinées à améliorer, à rendre plus digne la situation de la femme dans la société actuelle, nous estimons que la femme n'obtiendra rien tant qu'elle ne pourra peser sur les décisions du législateur. C'est dire que nous sommes, *en dehors de toute considération de tactique politique*, partisans de l'électorat féminin.

« Nous pensons que la femme exercerait avec avantage la *fonction* électorale annuelle. N'étant pas suivis par la plupart de nos amis, qui sont hostiles au principe du suffrage des femmes, nous nous réservons pour le jour où notre parti pourrait être acculé au suffrage universel (nous attendrons sans doute longtemps, étant données les forces respectives des partis en Belgique et les grandes difficultés de procédure que présente une revision constitutionnelle). Ce jour-là, nous reviendrons à la charge (2).

« Je ne redoute pas, écrit un autre catholique féministe, toutes les conséquences, soi-disant funestes, du suffrage des femmes. J'avoue, sans honte, que j'ai été un des derniers à me rallier à la revision de la Constitution et à l'extension énorme, dangereuse, du suffrage, en 1893. Mais je me hâte de reconnaître que le zèle catholique a trouvé le moyen de protéger l'ouvrier contre la propagande des ennemis de la religion et de la société. Sans doute, la femme — l'ouvrière surtout — sera en butte à une propagande acharnée et corruptrice, dès l'instant où elle sera investie du droit de vote; mais nous redoublerons d'ardeur pour la défendre contre la séduction de ces mêmes ennemis...

« ... Combien M. Smeets a raison de dire : « Au lendemain d'une « révolution, donner le vote aux femmes, c'est faire revenir au pouvoir « la réaction ». Je vais plus loin que lui : la femme électeur mettrait

(1) Charles Delachevalerie, rédacteur à *l'Express de Liége*. — Enquête de la *Revue*.
(2) René Henry, rédacteur au *Journal de Bruxelles*. — Enquête de la *Revue*.

l'ordre dans le désordre et empêcherait la révolution, si tant est que la révolution soit à nos portes. Heureusement, il n'en est rien, quoi qu'on en dise » (1).

Enfin les socialistes et coopérateurs sont aussi divisés : les uns, partageant les vues des libéraux, ne veulent pas du suffrage féminin qui dresserait contre le progrès de leur action un nouvel obstacle redoutable (2); les autres, plus confiants dans la force de pénétration de leurs idées, sont quand même partisans du suffrage des femmes.

« Supposons en effet, écrit Émile Vandervelde, qui est l'auteur d'un projet de loi sur le vote municipal et provincial des femmes, que malgré les objections de principe des cléricaux, malgré les objections d'opportunité des libéraux, le suffrage universel des femmes soit adopté.

« Tout fait prévoir qu'au début, dans un pays où le confessionnal exerce une influence aussi considérable qu'en Belgique, les cléricaux seraient avantagés.

« Ce ne serait pas plus une raison pour refuser le suffrage aux femmes, que pour le refuser aux paysans de nos Flandres.

« Mais, quoi qu'il en soit, et pour suivre les adversaires du suffrage féminin sur le terrain où ils se placent, nous avons la ferme

(1) René Colaert, avocat, député, bourgmestre d'Ypres. — (Enquête de la *Revue*.)

(2) A une réunion plénière de son Conseil général où toutes les fédérations, les syndicats, toutes les fractions autonomes du Parti socialiste étaient représentées, l'ordre du jour suivant, présenté par la Fédération des femmes socialistes belges, a été voté :

« Considérant que l'égalité politique des sexes constitue l'un des principes essentiels du socialisme;

« Que le programme du Parti ouvrier réclame l'attribution du droit de suffrage aux femmes à tous les degrés :

« Conseils de l'industrie; Conseils des prud'hommes; Conseils communaux; Conseils provinciaux et Parlement;

« Mais considérant que la revendication immédiate de ce droit pour l'électorat législatif menace de compromettre l'unité d'action des partisans du Suffrage universel des hommes;

« La Fédération des femmes socialistes, s'inspirant de l'intérêt supérieur du P. O., propose aux délégués et mandataires *de suspendre le mouvement en faveur du suffrage universel des femmes jusqu'à la victoire du suffrage universel des hommes.*

« Seulement il doit être formellement entendu :

« 1° Que les propagandistes du P. O. conservent leur entière liberté d'action individuelle;

« 2° Que conformément au programme du Parti ouvrier les mandataires socialistes seront unanimes à voter la proposition déposée au Parlement, d'accord avec le Conseil général, et accordant le droit de suffrage à tous les Belges, sans distinction de sexe, pour les élections communales et provinciales;

« 3° Que les fédérations régionales, les propagandistes et la presse entament dès à présent une énergique campagne pour développer l'organisation politique et économique parmi les femmes.

« Les femmes socialistes, ajoute Mme Lalla Vandervelde, ont décidé spontanément de ne pas insister pour l'obtention immédiate du droit de vote pour les élections législatives, ne voulant pas le moins du monde risquer de compromettre la réussite du mouvement pour le suffrage universel, réforme qu'attendent depuis si longtemps leurs pères, leurs maris et leurs fils.

conviction que les résultats du suffrage universel intégral différeraient beaucoup moins qu'on ne le pense des résultats actuels.

« Aujourd'hui, des milliers de maris votent sous l'influence de leur femme, endoctrinée par le prêtre.

« Demain, si les femmes votaient, des milliers d'entre elles, tout en continuant à pratiquer leur culte, à aller régulièrement à confesse, n'en voteraient pas moins sous l'influence de leur mari, endoctriné par les libéraux et les socialistes.

« Les familles où existe un conflit d'opinions entre les conjoints sont l'exception infime.

« Dans l'immense majorité des cas, l'homme et la femme se consultent et se mettent d'accord avant de prendre une décision. Neuf fois sur dix, surtout dans la classe ouvrière, leurs votes seraient identiques et, par conséquent, donneraient les mêmes résultats que le double vote du père de famille.

« Voici pour le présent.

« Quant à l'avenir, nous ne doutons pas que dès l'instant où les femmes, politiquement émancipées, participeraient aux élections, l'énorme influence éducatrice du suffrage universel s'exercerait sur elles, comme elle s'est exercée déjà sur la classe ouvrière : l'exercice du droit de vote les amènerait inévitablement à peser les conséquences de leur vote.

« De plus — et c'est, à mes yeux, la considération décisive — le jour où les femmes seraient investies du droit de suffrage, tous les partis qui, trop souvent, négligent les intérêts de la moitié féminine de la population, auraient un intérêt direct, décisif, primordial, à convaincre les *électrices*, à défendre leurs revendications, à redresser leurs griefs, à réparer les injustices de toute nature que la législation contient à leur égard.

« Ce serait un avantage évident pour les femmes, et un avantage non moins évident pour la société tout entière, car, suivant le mot si juste de Fourier, les progrès sociaux et changements de période s'opèrent en raison du progrès de la femme vers la liberté et les décadences s'opèrent en raison du décroissement de la liberté des femmes.

« Aussi estimons-nous que l'intérêt social réclame, autant que la justice exige, l'égalité politique des deux sexes. »

# XI

## Le droit de vote des femmes en Italie.

Dans certaines provinces d'Italie comme dans certaines provinces françaises, on retrouve des témoignages indiscutables du droit de suffrage politique que les femmes ont possédé avant le XIXe siècle. « A la suite de la guerre de 1859, qui eu pour effet le détachement de la Lombardie de l'Autriche et de son annexion au nouveau royaume d'Italie, il se trouva que les femmes de la province cédée perdirent un droit qu'elles exerçaient de temps immémorial sous la loi autrichienne : celui de prendre part aux élections provinciales et locales en tant que chefs de famille. Le reste de l'Italie ne connaissait plus ces usages, ayant été façonné à la française... Les hommes politiques ne furent pas longs à s'apercevoir du progrès à rebours : c'est en partie à cela que sont dus plusieurs projets du Gouvernement (projet Lanza 1867, Minghetti 1876) et celui présenté en 1882 à propos de la réforme électorale, qui attribuait aux femmes le droit de vote dans les élections provinciales et locales. » (Giraud, p. 158-6.)

Ensuite en 1883 et 1888 des tentatives du même genre ont été faites au Parlement, qui ne furent pas plus couronnées de succès ; mais les femmes reçurent en 1890 l'éligibilité aux Conseils de l'Assistance publique. La loi du 15 juin 1893 étendit la compétence des Conseils de prud'hommes et déclara les femmes non seulement électeurs, mais éligibles.

L'agitation pour le vote parlementaire des femmes date de cette période. Elle fut très activement menée par le parti socialiste, qui, depuis longtemps, soutient avec ardeur la cause des femmes et a inscrit à son programme « le suffrage vraiment universel pour tous les adultes, sans distinction de sexe ».

La loi électorale italienne indique simplement que le droit de vote pourra être exercé par tout citoyen âgé de 21 ans, qui sait lire et écrire et qui paye 20 lires d'impôts directs. Comme aucune mention spéciale n'est faite relativement au sexe, quelques comités locaux pour le suffrage des femmes tentèrent de faire inscrire des électrices sur les listes communales. En 1906, plusieurs centaines de femmes avaient réussi à se faire inscrire, surtout dans les localités où les socialistes occupaient la municipalité; ces inscriptions furent d'ailleurs annulées par l'autorité supérieure, toutes les cours d'appel — sauf une seule, celle d'Ancône — en ayant prononcé la nullité.

Tranchée sous cette forme juridique, la question renaquit sous la forme parlementaire. Discutée d'abord à la Chambre (15 juin 1904 et 6 décembre 1905) à l'occasion d'une proposition de loi déposée par M. Mirabelli, elle reparut à la suite d'une pétition de dames italiennes (Mmes Anna-Maria Mozzoni, Malatesta, Benetti, Boncompagni, etc.), demandant le droit électoral.

Cette pétition provoqua un débat public d'une ampleur inusitée et d'un grand éclat le 25 février 1907. Le rapporteur, M. Cuzzi, discuta l'article 24 de la Constitution, qui garantit « à tous les habitants du royaume l'égalité des droits civils et politiques ». M. Mirabelli reprit le thème qu'il avait déjà soutenu. Il fut appuyé par un grand discours de M. Luzzatti, qui rappela l'avis de ses maîtres dans la vie politique, tous favorables au suffrage des femmes. Lanza, en particulier, lui avait dit : « Si l'on peut trouver quelque fondement dans nos coutumes pour refuser aux femmes le vote politique, il n'y en a certainement aucun pour ne pas leur accorder au moins le vote administratif. » Après plusieurs autres discours, et après une intervention du président du Conseil, M. Giolitti, qui reconnut l'importance de la question mais en proposant de la joindre à tout un ensemble de réformes électorales à l'étude, la pétition fut renvoyée au Gouvernement dans des termes qui la recommandaient à son attention.

En Italie, comme partout ailleurs, les progrès faits dans l'opinion publique sont dus à l'action des Associations féministes.

En 1906 fut fondée la *Société nationale pour le suffrage des femmes*, mais auparavant des groupements locaux avaient préparé le terrain : à Rome, l'*Associazione per la Donna* et la société *Pensiero ed Azione ;* à Milan, la *Lega per gli Interessi Femminili*. D'autres comités sont à signaler à Naples, à Bari. La plupart d'entre eux sont dus à l'initiative des socialistes. Des catholiques cependant se sont récemment déclarés partisans du suffrage féminin. A Rome, un *comité national*, sans couleur politique, adhérent à l'Alliance internationale, s'occupe de la mise en œuvre de tous les moyens constitutionnels pour réaliser la réforme. Enfin, le *Conseil national des femmes italiennes*, groupant plus de 100 sociétés féminines, poursuit le même but; son comité législatif, présidé par Teresa Labriola, a, dès le début, inscrit le suffrage des femmes à son programme.

L'excellence de cette organisation des femmes en Italie fut prouvée en 1908 par le succès du congrès tenu à Rome par le *Conseil national des femmes italiennes.* La reine, la princesse Lœtitia, le maire de Rome et le Ministre de l'Instruction publique assistèrent à la séance d'ouverture, ce qui fut comme une reconnaissance officielle de l'importance du mouvement. La presse publia des comptes rendus détaillés. Au cours de la séance consacrée au droit de vote, le député Mirabelli avait fait lui-même un appel aux femmes pour organiser la campagne : « Les grandes conquêtes de la civilisation, dit-il, ne sont pas obtenues par des prières, mais arrachées par la force (1) ».

Ajoutons un renseignement de la dernière heure.

Avant que la pétition de 1907 ait fait l'objet d'un rapport définitif, la Chambre s'est de nouveau saisie de la question. Nous recevons au cours de l'impression de ce rapport la nouvelle d'un vote de la Chambre sur une proposition de loi de M. Carlo Gallini, qui vient d'être prise en considération (séance du 19 février 1910).

On en trouvera le résumé à la fin de nos annexes.

---

(1) Voir aux annexes, un compte rendu de ce congrès, pièce 31.

# XII

## Le droit de vote des femmes en Suisse.

Peu de chose à mentionner sur ce pays, berceau de la liberté en Europe. Il semble que le désir de progrès dans les droits accordés aux hommes ait fait perdre complètement de vue ceux des femmes. La grande variété des lois cantonales, rend d'ailleurs une action générale difficile.

Le nouveau Code civil, qui entrera en vigueur en 1912, apporte cependant des améliorations sensibles à la situation des femmes. Il est le plus libéral de tous ceux actuellement en vigueur en Europe : il n'en contient pas moins encore l'affirmation de l'inégalité des sexes devant le droit civil, inégalité que ses auteurs estiment justifiée par l'ordre naturel :

« Il y a un domaine dans lequel la législation moderne elle-même doit individualiser, écrit M. Huber, rédacteur de l'avant-projet du Code fédéral, en ce sens qu'elle répartit les rôles entre les époux, donnant à chacun la situation que la nature des choses lui assigne. » « Cette nature des choses, répond l'ardent féministe qu'est M. A. de Morsier, député de Genève, qu'on invoque en faveur du droit marital et de la dépendance légale de la femme au nom de la constitution de la famille n'est en somme, transcrite dans le Code, qu'une forme de ce qu'on peut appeler la raison d'État des mœurs, triste pendant de la raison d'État politique. »

Il existe en Suisse, depuis 1900, un Conseil national des femmes, adhérent au Conseil international depuis 1903, et qui comprenait en 1908 soixante-quatre associations affiliées.

Dans quelques cantons les femmes ont été récemment admises au vote en matière religieuse.

Le 28 janvier 1909 fut fondée à Berne l'*Association nationale suisse pour le suffrage féminin*. On espère que son influence se fera bientôt sentir parmi les femmes en Suisse.

***

Les législations cantonales n'ont jusqu'ici accordé l'électorat et l'éligibilité aux femmes que dans des domaines extrapolitiques (1) ; l'église, l'école, l'assistance publique, encore n'est-ce que dans une mesure très restreinte et par des décisions des plus timides.

A Genève, les femmes ont dans l'Église libre l'électorat et l'éligibilité; le Conseil d'État choisit des déléguées femmes pour les commissions scolaires.

Dans le canton de Vaud, il y a environ deux ans que les femmes possèdent l'électorat ecclésiastique, aucun règlement ne s'oppose au vote des femmes pour les Commissions scolaires, mais elles n'y ont encore jamais pris part.

A Neuchâtel, à Zurich et à Bâle-ville, les femmes ont le droit de vote pour les Commissions scolaires.

De même à Lucerne, mais elles ne s'en sont pas jusqu'ici prévalues.

A Berne, un projet dans ce sens a été repoussé par un vote populaire.

Sont en préparation, à Saint-Gall un règlement donnant le droit de vote aux femmes pour les commissions scolaires, à Soleure pour les comités de l'assistance publique (2).

***

Si les idées féministes n'ont pas encore conquis de terrain parmi le peuple de Suisse, elles ont eu cependant dans ce pays d'ardents défenseurs, parmi lesquels en toute première ligne Charles Secrétan, qui mit dans plusieurs de ses écrits l'autorité de son grand nom au service de cette grande cause.

La pensée de Charles Secrétan sur les droits politiques de la femme peut se résumer dans les thèses suivantes (3) :

Le droit découle du devoir.

La question des droits de la femme s'absorbe dans la question générale du droit.

La femme est sujette aux droits.

Elle est une personne, car elle a des devoirs.

---

(1) Mme Kaethe Schirmacher, écrit cependant dans son livre *Die Moderne Frauenbewegung* : « Le droit de vote communal est exercé en fait par les femmes seulement dans les localités, dont la population masculine est occupée au loin pendant la plus grande partie de l'année. » (comme c'est le cas en Russie).

(2) « Le rapport au Congrès international pour le suffrage des femmes d'Amsterdam en 1908 explique très clairement le retard politique des femmes suisses : La Suisse se considère comme le modèle des démocraties; un certain temps était nécessaire pour lui faire comprendre que, dans cet état modèle, tout était encore à faire pour les femmes. » (Kaethe Schirmacher).

(3) A. de Morsier, député de Genève. — Charles Secrétan et le suffrage politique des femmes. — Genève 1907.

La femme étant une personne est juridiquement son propre but.

Il faut donc qu'elle participe elle-même à l'établissement de sa condition légale, sinon elle ne possède pas le droit de disposer d'elle-même.

Pour la femme les droits politiques sont, comme pour l'homme, la seule garantie des droits civils.

Ces propositions sont irréfutables à moins d'y introduire l'élément arbitraire d'un droit fondé sur la qualité sexuelle, ce qui serait la négation même de l'idée de droit.

La dépendance légale de la femme dans le mariage n'est en somme qu'une application du droit sexuel, pompeusement invoqué par l'homme pour justifier sa situation privilégiée dans le ménage. C'est un droit d'exception. Or, écrit Secrétan : « la pensée fondamentale des hommes qui nous ont fait l'honneur de nous discuter, savoir que dans le traitement des individus la loi doit s'inspirer des différences naturelles, est le principe générateur de l'esclavage (1)... La minorité des femmes est perpétuelle et la minorité perpétuelle, c'est la servitude. Aucun artifice de langage ne saurait déguiser cette vérité (2) ».

Le principe proclamé par tous les codes des pays civilisés de la supériorité du chef de famille sur sa compagne, Charles Secrétan ne peut l'accepter, car il est contraire à son idée que le droit découle du devoir.

Aussi s'élève-t-il contre la conception de la puissance paternelle exclusive « qui établit des rapports semblables à ceux du maître et de l'esclave (3) ».

« Il faut faire passer la femme, dit-il encore, de l'état de chose à celui de personne (4) ». Toute la discussion en effet se résume à savoir « si la femme est une personne (5) ».

C'est parce que jusqu'ici les législateurs mâles ont refusé à la femme le caractère et les attributs juridiques de la personne que l'homme a pu dans la vie matrimoniale et dans la vie sociale et politique la priver de tant de libertés qu'il s'accorde à lui-même.

« Le mariage indissoluble, écrit le philosophe de Lausanne, seul état dans lequel l'homme puisse espérer, en quelque mesure, réaliser son être moral, déroge aux principes généraux du droit (6). »

(1) *Droit de la femme*, page 96.
(2) — page 73.
(3) *Mon utopie*, page 224.
(4) *Droit de la femme*, page 67.
(5) — page 62.
(6) — page 36.

Il n'hésite pas en effet à « réprouver les législations suivant lesquelles la femme ne peut concilier l'honneur, l'amour et la maternité qu'en sacrifiant sa personnalité juridique (1) ».

Certes la mission de la femme, noble génératrice, est infiniment admirable : « Rien ici-bas ne l'égale, rien n'en approche ». Mais pour remplir dans toute sa grandeur ce rôle sublime, la mère ne doit pas être esclave, elle ne doit pas être ravalée par l'institution même du mariage au rang d'une obéissante et fidèle servante de l'homme. Charles Secrétan éprouve pour le régime matrimonial indissoluble dans lequel l'époux dicte sa loi à l'épouse une telle répulsion, qu'il va jusqu'à accorder comme beaucoup plus digne et plus logique, « l'existence légale aux unions à terme ». Toute mesure qui contribuera à arracher à l'époux son pouvoir régulier relèvera le niveau moral et la dignité de l'union sexuelle.

Aussi bien doit-on élever la jeune fille non pas dans cette idée traditionnelle qu'elle est exclusivement faite pour le mariage, qu'elle doit attendre l'époux qui seul la complètera ; il ne faut plus de ces générations nombreuses de naïves jeunes filles dont la seule situation sociale et morale est d'être à marier. Rien n'est plus démoralisant, déprimant que cette attente, parfois longue, du mâle.

« Peut-être accordera-t-on qu'une jeune fille pure est au-dessus d'une courtisane, écrit hardiment le philosophe vaudois : mais a-t-on réfléchi qu'en habituant la jeune fille à voir dans notre sexe l'objet et la raison de son existence, on dépose et on cultive en elle le germe de la courtisane (2) ? »

« Trois mille ans d'expériences ne suffisent-ils pas, dit-il encore, à faire entendre que la nullité de l'honnête femme, résultat de son instruction superficielle et de sa situation déprimée, fait la grandeur de la courtisane (3). »

Rabaisser la femme dans le mariage, c'est lui diminuer son prestige aux yeux de l'homme, et augmenter par constraste celui de la courtisane.

Et nous retrouvons encore l'horreur qu'a Secrétan pour le mariage moderne dans ces mots :

« Le mariage même élargi, ne saurait être l'unique type des relations sexuelles. Partout où la famille se ferme, la courtisane s'assied à la porte (4). »

(1) *Mon utopie*, page 236.
(2) *Droit de la femme*, p. 51.
(3) *Droit de la femme*, p. 80.
(4) *Droit de la femme*, p. 42.

L'élévation de la situation de la femme que Secrétan considère comme indispensable dans le mariage, il l'appelle non moins ardemment dans la cité. S'il est injuste que l'épouse doive aveuglément obéir à l'époux, il ne l'est pas moins que la femme doive s'incliner devant les lois civiles, politiques ou sociales, qu'il a plu à l'homme d'élaborer sans la consulter en aucune manière. Sans doute, c'est au nom de la justice que ces lois ont été promulguées par les hommes, mais « nous ne savons pas ce que demande la justice et nous ne le saurons pas aussi longtemps que la femme n'aura pas été consultée (1). Suivant nous, la stricte justice exige que les femmes concourent à l'établissement des lois qui les régissent » (2), car « il n'y a pas de justice pour celui qui reçoit sa loi toute faite des mains d'un autre » (3). Il est donc manifeste qu'où la femme est restée muette, on n'a jamais entendu la voix de l'humanité (4).

Établissons donc le suffrage universel véritable, complet. « Aussi longtemps que le sexe faible reste à l'écart des affaires, le suffrage universel n'existe pas (2). »

Et Ch. Secrétan déplore l'indifférence de tant de femmes dans ces questions, et la satisfaction avec laquelle elles se complaisent dans leur mission traditionnelle si bornée, si exclusive. « Nous répugnons à la mendicité des sourires, écrit-il un peu brutalement, nous voudrions qu'un peu de sang pût couler sous notre plume pour appeler nos sœurs à la fierté. »

Et ce n'est pas seulement pour elles-mêmes, pour leur propre dignité, que le philosophe de Lausanne exhorte les femmes à s'élever au-dessus de leur situation actuelle, c'est aussi pour le bien général des nations, pour le niveau supérieur de l'humanité :

> Sommes-nous trop riches en talents et en vertus ? Avons-nous dans la République des sujets capables pour tous les emplois ? On ne peut répondre à cette question que par un soupir ou par un cri. Donc en réclamant le droit de la femme, c'est-à-dire l'égalité, en demandant pour la femme l'accès de tous les emplois, ce n'est pas l'intérêt de la femme, c'est l'intérêt de son maître aveugle, de son maître infatué, de son maître imbécile, c'est l'intérêt de l humanité tout entière que nous défendons... Ceci est la plus grande question imaginable.. , il s'agit de la moitié de l'humanité, il s'agit de la constitution de l'humanité tout entière... Nous estimons que la femme appartient à l'humanité ; nous revendiquons pour elle tous les droits de l'humanité (6).

On le voit par ces citations, Secrétan se place par la netteté de

(1) *Droit de la femme*, p. 19.
(2) *Mon utopie*, p. 72.
(3) *Droit de la femme*, p. 18.
(4) *Mon utopie*, p. 18.
(5) *Droit de la femme*, p. 16.
(6) *Droits de l'Humanité*, p. 63, 65.

ses affirmations et la logique de ses raisonnements à côté des Condorcet et des Stuart Mill. C'est bien le même sentiment qui anime tous ces grands esprits : l'horreur de l'injustice envers la femme, de l'abus de force du mâle, et la conviction que l'humanité a beaucoup à gagner à l'élévation intellectuelle, sociale et politique de la femme.

# XIII

## Le droit de vote des femmes en Autriche-Hongrie.

### I. — Le suffrage des femmes en Autriche.

Lorsqu'en 1905 l'agitation en faveur du suffrage universel des hommes fut à nouveau reprise en Autriche, un comité pour le suffrage des femmes fut organisé en vue d'obtenir que la réforme électorale s'appliquât aux deux sexes. Le premier acte de ce comité fut de présenter tout d'abord une pétition au premier ministre et aux deux Chambres réclamant le droit de vote pour les femmes comme pour les hommes.

Deux sérieux obstacles s'opposèrent au succès de l'action de ce comité : d'une part l'opposition des socialistes, d'autre part, les anciennes lois encore en vigueur sur le droit d'association.

Les femmes socialistes refusèrent de se joindre au mouvement en faveur du suffrage universel sans distinction de sexe, estimant que leurs revendications pourraient empêcher celles des hommes d'aboutir. Elles pensaient, non sans raison, que deux objets ne peuvent être que difficilement réalisés par une seule mesure : les féministes leur reprochèrent de faire passer les revendications des femmes après celles des hommes.

La loi sur les associations interdisait aux femmes, ainsi qu'aux étrangers et aux mineurs, de faire partie d'associations politiques, ce qui constitua, comme en Allemagne, un obstacle considérable au développement du mouvement féministe.

La méthode qui s'imposa donc aux militantes autrichiennes consista, d'une part, à organiser une agitation en vue de la suppression du paragraphe le plus dangereux de la loi des associations, et, d'autre part, à chercher à gagner des amis au Parlement.

La nouvelle loi électorale fut votée; lors de sa première application, aux élections de mai 1907, les suffragistes autrichiennes organisèrent des réunions dans lesquelles elles invitèrent les candidats à faire connaître leur opinion sur le vote des femmes. Sans attacher une importance exagérée aux promesses faites par les candidats, les comités féministes de Vienne ne ménagèrent pourtant ni leur temps, ni leur argent pour soutenir ceux qui s'étaient déclarés favorables à la cause.

Des meetings de ce genre furent organisés dans d'autres parties de l'Autriche. Sur l'initiative des femmes tchèques, une manifestation eut lieu à Prague, au cours de laquelle 54 candidats sur 100, de tous les partis, envoyèrent des réponses favorables aux femmes. Les Polonaises agirent de même à Cracovie.

Cette tactique ne fût pas sans obtenir de bons résultats. Dans la première semaine de la session, certains élus tinrent leur promesse. Les socialistes déposèrent une proposition en vue de donner le droit de vote à toute personne ayant 21 ans, au lieu que la loi actuelle ne le donne qu'aux mâles ayant 24 ans. Ils demandèrent que toute personne, sans considération de sexe, qui aurait été citoyen de l'empire autrichien pendant au moins trois années et aurait 30 ans accomplis fût éligible au Parlement. Il n'y avait, naturellement, aucune chance de faire passer ces propositions et personne ne semble avoir pensé à présenter la seule proposition qui était vraiment nécessaire : un projet pour le suffrage des femmes seulement.

Malgré ces insuccès, les divers comités pour le suffrage des femmes continuaient à agir, tout en courant le risque d'être supprimés et de voir interdire leurs réunions. Ils s'attachèrent en particulier à pousser le nouveau projet de loi qui donnait aux femmes le droit de témoigner en justice et celui de faire partie de l'administration de l'Assistance publique. Les femmes socialistes commencèrent aussi à protester contre l'habitude qu'avait leur parti, tout en approuvant en principe leurs revendications, de les mettre toujours de côté pour en soutenir d'autres. A Pâques 1908, elles organisèrent un grand meeting en faveur du suffrage vraiment universel et firent appel aux élus socialistes pour qu'ils s'acquittent de leurs promesses.

Quelle que soit la valeur ces efforts, il faut reconnaître qu'ils sont encore bien insuffisants, trop peu généralisés et qu'en conséquence les chances de succès ne paraissent pas être proches.

Chaque province de l'Empire a une Diète particulière ainsi qu'une constitution et une loi électorale spéciales. Dans certaines provinces, certaines catégories de femmes avaient le droit de vote que fit disparaître la démocratisation du suffrage, c'est-à-dire l'établissement du suffrage universel des hommes adopté par les provinces après l'avoir été par l'Empire. C'est ainsi que la *basse Autriche*, cette province qui contient Vienne et quelques autres grandes villes, et qui la première termina la revision de sa loi électorale, retira à certains groupes de femmes des droits de suffrage qu'elles avaient depuis plus de trente ans (1).

### II. — Le suffrage des femmes en Bohême.

En Bohême, les femmes ne jouissent pas seulement du droit de vote, mais aussi de l'éligibilité à la Diète.

L'exercice de ce dernier droit fut par une regrettable indifférence, négligé bien longtemps, mais les femmes de Bohême ont décidé de présenter des candidates aux élections de février 1908. Il y en eut deux, l'une présentée par *le comité pour le suffrage des femmes de Bohême*, l'autre par le parti socialiste; une troisième, choisie par le parti radical, refusa de se présenter.

Aucune de ces candidates ne fut élue; mais la première réunit 144 voix (dont 80 ou 90 voix d'hommes) contre 690 aux autres candidats. La seconde, qui se présenta à Prague, où les femmes n'ont pas droit au vote, réunit 20 0/0 des votants. Ce ne sont pas là des résultats insignifiants pour un début.

A l'automne de la même année, les femmes tchèques se joignirent à une démonstration socialiste en faveur d'un suffrage vraiment démocratique.

Mais le 9 octobre le nouveau projet de loi électorale fut présenté à la Diète. Loin de donner satisfaction aux femmes, il leur enlevait au contraire les droits qu'elles possédaient déjà. Aux trois catégories d'électeurs déjà existantes était jointe une quatrième qui comprenait tous ceux qui n'étaient pas compris dans les autres. Il était nettement spécifié que les hommes seuls seraient éligibles à la Diète.

Dès que ce projet leur fut connu, les femmes tchèques manifestèrent leur indignation. Un grand meeting fut organisé pour le 12 octobre auquel assistèrent des hommes et des femmes de tous les

---

(1) Nous avons reçu par l'intermédiaire de Mme Georges-Martin la lettre suivante de Mme Ernestine Fürth, présidente du Comité pour le suffrage des femmes (de Vienne) :

« 1° Les lois réglant *le vote municipal* sont différentes dans chaque pays de l'Autriche. Dans la plupart des pays (par exemple, en Bohême, Moravie, Silésie, etc.), les femmes qui ont atteint l'âge de 24 ans et qui payent des impôts d'une certaine somme ont le droit de voter pour la municipalité et pour la Diète, mais elles ne peuvent pas voter elles-mêmes et sont obligées d'envoyer un mandataire. Dans d'autres pays comme la Basse-Autriche, les femmes n'ont aucun droit de voter.

« 2° En Bohême, les femmes qui ont le droit de vote, ont aussi le droit d'éligibilité pour la Diète. En 1908, pour la première fois, elles ont fait usage de ce droit et ont choisi plusieurs candidats femmes, mais malheureusement pas une n'a été élue.

« 3° Les lois pour les élections municipales ont été données en [illegible], celles pour la Diète en 1861. Depuis l'année 1873, certaines catégories de femmes propriétaires de bien-fonds ou commerçantes avaient le droit de voter pour le Parlement ; mais en 1907, à l'occasion de l'introduction du suffrage universel, toutes les femmes ont été exclues de ce droit. »

partis. Le principal discours fut celui de Mlle Tumava, l'une des deux candidates de février 1908, qui exposa tout le mal fait par ceux qui, ignorants de la force du mouvement suffragiste en Bohême et oublieux des services rendus à la cause tchèque par les femmes avaient résolu de les priver du droit dont elles avaient joui depuis un demi-siècle. Elle proposa que l'on fît remettre à tous les députés une pétition contenant les trois demandes suivantes :

1° Que la Diète suivît son ordre du jour (auquel cas le projet électoral du parti libéral, présenté le 22 septembre et proposant le suffrage universel, égal et direct, pour hommes et femmes devrait être examiné le premier) ;

2° Que les propositions du Gouvernement ne constituassent pas les bases de la nouvelle loi ;

3° Que le Gouvernement fût prié de faire connaître les raisons qui l'avaient engagé à priver les femmes de leurs droits.

Une députation de douze personnes fut choisie pour aller porter cette protestation dès le lendemain à tous les comités électoraux et aux représentants du Gouvernement.

Sur ces entrefaites la Diète fut soudainement prorogée jusqu'au printemps de 1909 (1).

« Actuellement dans la *Pologne autrichienne* (*Galicie*), lisons-nous dans *Jus Suffragii* de février 1909, se développe un grand mouvement démocratique, tendant à la réforme électorale. Les sociétés féministes s'y joignent, et demandent le suffrage universel pour le Parlement et pour les Conseils municipaux, « sans distinction de sexe ». A la tête des militantes se place Marie Duleba dont la candidature législative a été posée pendant la dernière campagne électorale. L'éminente féministe a présidé dernièrement à une délégation de femmes qui se rendait au Parlement pour déposer une pétition au chef du gouverne-

(1) On lit dans le *Jus Suffragii* de décembre 1909, de sa correspondante de Prague :

« Nos efforts pour la candidature d'une femme dans la diète du royaume de Bohême ont de nouveau été vains. Ce n'est pas que notre droit à être représentées ne fût pas reconnu, mais c'est l'égoïsme des hommes qui a triomphé. Notre seul profit — pour nous d'un caractère négatif bien entendu — c'est que nous avons appris à connaître la nature de la sympathie des hommes, toujours grande à distance, mais diminuant dès qu'il s'agit d'actions. Nous avons maintenant obtenu qu'on a commencé à attacher plus d'importance à la collaboration des femmes, et déjà tous les partis politiques, à l'exception seulement du parti conservateur, ont fondé des clubs politiques de femmes.

« La compréhension pour nos revendications va en croissant, c'est l'effet incontestable de nos efforts. On nous assure que dans les prochaines élections, dans quatre ans, une femme sera *certainement* élue. Cependant nos lectrices savent bien qu'on prépare une réforme électorale qui propose d'*ôter aux femmes l'éligibilité*. Cela fait perdre à de pareilles assertions tout fondement réel ; et pour nous cette circonstance ne sert qu'à nous exciter à éveiller la conscience des législateurs pour qu'ils ne souffrent pas cette mutilation des droits des femmes. »

ment provincial. La réponse fait espérer que les femmes obtiendront en première ligne le droit de vote aux Conseils municipaux. En principe tout le monde paraît d'accord à ce sujet. Mais comme le chemin est souvent long de la théorie à la pratique, pour le raccourcir les féministes mènent une vive propagande.

« Grâce à leurs efforts, à Lemberg ont lieu des meetings populaires, et c'est à l'unanimité qu'on a adopté l'ordre du jour : « La femme doit « voter la loi qu'elle subit. » Marie Konopnicka, la célèbre poètesse polonaise, a présidé l'une de ces réunions, et son admirable discours a soulevé un vrai enthousiasme. Une proposition de loi, demandant le suffrage universel sans distinction de sexe, fut déposée à la Chambre par Stapinski, leader du groupe parlementaire, dit « du peuple ». Le parti socialiste combat pour le même programme. Les groupes libéral et national veulent étendre le droit de vote aux femmes payant des impôts et à celles qui ont joui d'une éducation primaire, ce qui priverait des millions de femmes du peuple du droit que possèdent les hommes illettrés. Le parti conservateur veut seulement accorder l'électorat sans l'éligibilité, ce qui n'est pas un grand progrès, surtout en Galicie, où les femmes des classes privilégiées possèdent déjà le droit de vote, sans toutefois pouvoir jeter personnellement leur bulletin à l'urne électorale. Elles votent par l'intermédiaire d'un homme. La Galicie est donc à la veille de réformes conformes aux idées modernes; et de l'attitude résolue des femmes dépendra la marche plus ou moins rapide de leur affranchissement. »

### III. — Le suffrage des femmes en Hongrie.

Dans ce pays aussi le mouvement suffragiste est très vivant. On en trouve l'origine à une époque assez lointaine ; dès 1790, lorsque la Hongrie luttait avec ardeur pour ses libertés, les « mères hongroises », par une pétition, demandaient la permission d'être admises à assister aux débats de la Diète, qui après plusieurs années de suspension avait été autorisée à se réunir. » Nous ne pouvons pas, dirent-elles aux députés, vous permettre de dire que les affaires du pays ne nous regardent pas.... Nous exclure des affaires sérieuses, c'est nous forcer à chercher des compensations dans de frivoles soucis. » Ces prières ne furent pas sans résultat. Les députés autorisèrent les femmes à assister aux réunions du Parlement dans les galeries ouvertes réservées au public.

Ces premières revendications de la conscience féminine sont suivies d'un long silence de près de quatre vingts ans.

L'année 1867, qui donna l'indépendance à la Hongrie marqua aussi un progrès dans la situation des femmes. Une société pour l'amélioration de l'éducation des filles fut fondée ainsi que des écoles et collèges, et un commencement d'enseignement technique.

En 1895, les universités furent ouvertes aux femmes et il ne semble pas qu'on ait fait aucunes difficultés à celles qui désiraient prendre une profession.

Ce n'est qu'il y a six ans d'ailleurs que l'agitation pour le suffrage des femmes commença, en même temps que le mouvement pour la démocratisation du vieux système de vote appliqué jusqu'alors en Autriche et en Hongrie. Le Gouvernement libéral de M. Francis Kossuth, le fils du grand patriote hongrois, était favorable à l'idée, considérée par lui comme conforme aux traditions de liberté de son pays. Malheureusement une crise ministérielle porta bientôt au pouvoir un nouveau ministère mal disposé à l'égard des revendications féminines.

L'association pour le suffrage des femmes de Budapest, fondée à cette époque, organisa avant et pendant la période électorale de 1906 une active propagande. Sur 9 députés élus à Budapest, 5 se déclarèrent favorables au vote féminin.

Dans les campagnes, le mouvement féministe compte de nombreux adhérents, en particulier parmi les femmes de fermiers.

Le 10 octobre 1907, les socialistes avaient organisé dans tout le pays une démonstration monstre en faveur du S. U. Il y eut des meetings et des manifestations dans toutes les principales villes du royaume. Les suffragistes en profitèrent pour distribuer des *leaflets* à la foule, rappelant aux ouvriers qu'ils étaient moralement engagés à comprendre les femmes dans leurs revendications. Hommes et femmes défilèrent par milliers dans les rues des villes.

Mais le lendemain, un journal socialiste, désireux de ne pas compromettre le succès de la campagne en mêlant deux questions écrivait : « Pour le moment, nous devons appliquer toute notre force à arracher le droit de l'homme à notre Parlement de classe. » Cette affirmation de la nécessité d'une division du travail fut considérée par les féministes de Hongrie, comme par ceux d'autres pays dans des cas analogues, comme une trahison.

Signalons encore la députation envoyée par les femmes au Parlement en mars 1908. Les 40 déléguées furent courtoisement reçues par le président de la Chambre en audience publique. Loin de se dérober, de nombreux députés assistèrent à la réception et applaudirent aux paroles du porte-parole de la députation, Mme Klotilde Szabados. Le président, qui s'était déjà prononcé en faveur du suffrage féminin, maintint son attitude bienveillante et tout en rappelant que le succès ne dépendait pas de lui, il promit de soutenir la réforme.

La délégation des femmes fut moins favorablement reçue par le Ministre de l'Intérieur, comte Andrassy, qui n'est pas partisan du vote des femmes.

Une demande d'audience adressée au premier Ministre n'eut pas de suite favorable. Bien que n'étant pas personnellement opposé au suffrage des femmes. M. Wekerle ne voulait pas paraître désavouer son Ministre de l'Intérieur.

« Quel que soit le résultat de ces audiences, écrivait peu après le *Pester Lloyd*, les déléguées ont certainement réussi à attirer l'intérêt de la presse et de l'opinion publique sur la question du suffrage des femmes » et c'était déjà là un appréciable résultat.

La nouvelle loi électorale du 19 octobre 1908 n'accorde aux femmes aucun droit de vote : elle n'établit d'ailleurs pas davantage le suffrage universel pour les hommes qui sont divisés en classes dont certaines ont un dixième de suffrage, certaines deux ou même trois votes par tête.

Les femmes accueillirent naturellement avec indignation ce projet qui leur enlevait tout espoir actuel. Un meeting de protestation eut lieu le 14 novembre auquel assista un très nombreux public. D'ailleurs environ 150 députés favorables à la réforme ont formé au Parlement *une ligue parlementaire pour le suffrage des femmes*.

# XIV

## Le Droit de vote des femmes en Bulgarie.

Les femmes bulgares ont pris une part sérieuse à l'établissement de l'indépendance de leur pays, ainsi qu'au travail de réorganisation et d'éducation du peuple qui suivit. Les hommes cependant ne leur conférèrent aucun droit politique et leur retirèrent même certaines libertés qu'elles avaient auparavant.

En 1889, la société pour l'émancipation des femmes bulgares commença la publication du journal « La voix de la femme » que certains appelaient par dérision : « Une voix dans le désert ». Cette société prit en 1900 l'initiative de *l'Union des femmes bulgares* qui réunit toutes les sociétés féministes du pays. Son but, qui se bornait d'abord à la philanthropie et à l'instruction, s'étendit rapidement au progrès moral et intellectuel des femmes et aux améliorations de leur situation sociale, puis enfin à l'égalité des droits des deux sexes et à l'abrogation de la vieille législation relative à la situation des femmes. C'est là maintenant son but principal.

Au congrès de 1908, l'Union décida de travailler pour le droit de vote municipal et chargea le comité d'organiser l'agitation. Les femmes de Bulgarie suivent donc de près l'exemple des occidentales et occupent une place tout à fait à part parmi les peuples orientaux.

Voici d'ailleurs la note que nous avons reçue à ce sujet de Mme M. Malinoff, présidente de l'Union des femmes bulgares, en date de Sofia, 19 octobre 1909 :

« La femme en Bulgarie est admise dans les administrations de l'État comme institutrice, téléphoniste, télégraphiste, sage-femme, pharmacienne et doctoresse. Elle a, en outre, d'après une nouvelle loi votée par la Chambre des députés l'année dernière, le droit d'éligibilité pour les conseils d'école (*school boards*), qui nomme les instituteurs et les institutrices dans les écoles primaires.

« L'Union des femmes a, à plusieurs reprises, tenté d'obtenir pour la femme le droit de vote et d'éligibilité pour les élections législatives et municipales, mais tous ces efforts sont, jusqu'à présent, restés sans résultat. »

Notons enfin que l'Université de Sofia, dont l'entrée avait éte interdite aux étudiantes, vient de leur être rouverte.

# XV

## Institutions internationales pour le suffrage des femmes.

### *Coup d'œil général.*

Après cet examen rapide du mouvement de la législation dans les divers pays, en ce qui concerne les droits électoraux de la femme, il nous reste à faire connaître deux grandes institutions internationales qui ont pour objet d'encourager, de provoquer et de diriger ce mouvement.

Nous nous bornerons, ici, à en décrire les caractères généraux; on trouvera aux annexes les principaux documents qui permettront de juger leur action.

I. *Conseil international des femmes*, fondé à Washington, le 31 mai 1888. On a vu, plus haut, qu'il existe aujourd'hui, dans tous les pays, un *Conseil national des femmes*. La réunion de leurs délégations constitue une fédération appelée *Conseil international des femmes* (1).

Cette association s'occupe, d'une manière générale, de toutes les réformes qui intéressent la situation des femmes dans la société. Chaque Conseil national est divisé en commissions spéciales, qui étudient les questions relatives à la situation de la femme au point de vue légal, juridique, social, matrimonial, maternel, professionnel, politique, etc. Cette grande association est l'organe le plus général du féminisme dans tous les domaines. Elle se propose d'établir une communication constante entre les associations des femmes de tous les pays et de leur fournir des occasions de se rencontrer et de délibérer sur les questions relatives au bien public et à la sécurité de la famille (extrait des statuts, art. 1er).

Le *Conseil international* est la réunion des *Conseils nationaux* de chaque pays qui sont eux-mêmes une fédération des sociétés féministes et féminines. La présidente en est la comtesse d'Aberdeen, femme du vice-roi d'Irlande.

Les pays qui se sont affiliés au *Conseil international des femmes* sont : les *États-Unis*, le *Canada*, l'*Allemagne*, la *Suède*, la *Grande-*

(1) Voir aux annexes, pièce 2, la notice sur cette organisation.

*Bretagne* et l'*Irlande*, le *Danemark*, la *Hollande*, la *Tasmanie*, la *Suisse*, l'*Italie*, la *France*, l'*Australie du Sud*, le *Victoria*, l'*Autriche*, la *Norvège*, la *Hongrie*, la *Belgique*, la *République Argentine*, la *Grèce*, la *Bulgarie*, la *Nouvelle-Galles du Sud*, le *Queensland*.

Chaque *Conseil national* possède plusieurs sections, dont une *section du suffrage*, et le bureau du *Conseil international* a organisé, parmi ses commissions, une *Commission internationale des suffrages et droits politiques*, présidée par une Américaine, M^me^ Annie Howard Shaw, chargée de centraliser les documents de toutes les sections nationales du suffrage et de leur fournir des renseignements.

En 1900, M^me^ May Wright Sewall, présidente du *Conseil international*, vint spécialement en France pour demander aux femmes françaises de fonder un *Conseil national*, destiné à s'affilier et à unir ses efforts au *Conseil international*. Pour ce, elle s'adressa aux trois congrès féminins convoqués à Paris en 1900 : le *Congrès des œuvres catholiques*, le *Congrès des œuvres et institutions féminines* et le *Congrès de la condition et des droits des femmes*.

Deux de ces congrès répondirent à son appel ; celui des *Œuvres institutions féminines* et celui de la *Condition et des droits des femmes*.

De la réunion de ces deux congrès sortit le *Conseil national des Femmes Françaises* (1), lequel adhéra, le 11 juillet 1901, au *Conseil international des Femmes*.

II. *Alliance internationale pour le suffrage des femmes*, fondée le 3 juin 1904.

A côté des *Conseils nationaux*, il s'est formé, dans la plupart des pays, des associations de femmes ayant pour but exclusif l'obtention du vote politique. Ces associations, lors du Congrès tenu à Berlin, par le *Conseil international des femmes*, en 1904, se sont constituées définitivement en *Alliance internationale entre les unions nationales de suffrage* ; présidente, Mrs Chapman Call, États-Unis.

Le deuxième congrès s'est réuni à Copenhague, en 1906 ; le troisième à Amsterdam, en 1908, et le quatrième à Londres, en 1909.

Cette Alliance, désignée suivant l'usage adopté en ces derniers temps par les initiales I. W. S. A. (*International Women Suffrage Alliance*), a tenu en 1909 son premier congrès quinquennal. Cette réunion, qui a eu lieu à Londres du 26 avril au 1^er^ mai 1909 compre-

(1) Voir aux annexes, pièce 5, la notice sur cette organisation.

nait des déléguées de 21 pays (Australie, Autriche, Belgique, Bohême, Canada, Danemark, Finlande, France, Allemagne, Grande-Bretagne, Hongrie, Islande, Italie, Pays-Bas, Norvège, Pologne, Russie, Serbie, Afrique du Sud, Suède, Suisse, États-Unis d'Amérique). 41 associations y étaient représentées (1).

Dans la plupart des pays l'*Union pour le suffrage* est une fédération des sociétés suffragistes et est affiliée au Conseil national. L'*Union* et le *Conseil national* travaillent également dans le même sens en complet accord (2).

On aura l'idée exacte de l'esprit et du programme de l'Association par l'exposé de principes suivant, adopté le 3 juin 1904 à la conférence de Berlin, qui reste la charte de l'Alliance.

I. Hommes et femmes sont à titre égal, de par la naissance, membres libres et indépendants de la race humaine; ils sont égaux sous le rapport des facultés, de l'intelligence, également appelés à exercer librement leurs droits individuels et à jouir de leur liberté.

II. Le rapport normal entre les sexes est l'indépendance et la coopération; la suppression des droits et de la liberté de l'un des sexes porte forcément préjudice à l'autre et, par conséquent, à la race entière.

III. En tous pays les lois, croyances, coutumes, qui tendent à rendre les femmes dépendantes, à entraver leur éducation, à empêcher le développement de leurs dons naturels et à subordonner leur individualité à une autre ont été basées sur des théories fausses et ont produit entre les sexes, dans la société moderne, des relations artificielles et injustes.

IV. Le *self-government* dans la famille et l'État est le droit inaliénable de tout adulte normal, et le déni de ce droit aux femmes a produit à leur égard une injustice sociale, légale, économique, en même temps qu'il augmentait les troubles économiques existant déjà dans le monde.

V. Les États qui soumettent aux lois et à l'impôt leurs ressortissants femmes sans leur donner le droit, comme aux hommes, d'approuver ou de rejeter ces impôts et ces lois, exercent une tyrannie incompatible avec un gouvernement soucieux de justice.

VI. Le bulletin de vote est l'unique moyen légal et permanent de défendre ces droits à « la vie, à la liberté et à la recherche du bonheur » proclamés inaliénables par la Déclaration de l'indépendance américaine, et reconnus comme inaliénables par toutes les nations civilisées. C'est pourquoi, quelle que soit la forme du gouvernement, les femmes devraient posséder tous les droits politiques et tous les privilèges qu'implique la qualité d'électeur.

(1) Voir aux annexes, pièce 3, la notice sur cette organisation.

(2) L'*Union française pour le suffrage*, fondée en 1909 par M^me^ Jeanne Schmahl et représentée au Congrès de Londres, a demandé à adhérer au *Conseil national des femmes*. Son adhésion au Conseil sera définitive quand l'*Union* sera dans sa deuxième année d'existence (comme l'exigent les statuts du Conseil national).

A la fin du dernier Congrès (Londres, 1er mai 1909), après l'étude des diverses questions à l'ordre du jour, l'assemblée vota l'importante adresse dont nous donnons le texte ci-dessous. C'est en quelque sorte le résumé officiel de la situation du suffragisme féminin dans le monde entier.

## RÉSOLUTIONS

**adoptées par le Congrès de l'Alliance internationale pour le suffrage des femmes (Londres, 1er mai 1909.)**

« Les déléguées de 21 pays, réunies à Londres pour le premier Congrès quinquennal de l'Alliance internationale pour le suffrage féminin, et représentant le mouvement organisé dans le monde entier en faveur du droit de suffrage, s'unissent dans les déclarations suivantes :

Nous applaudissons au rapide développement de l'Alliance, qui comprenait 8 sociétés nationales lors de son organistion en 1904, et en compte 21 en 1909.

Nous nous rappelons avec orgueil deux grandes victoires remportées depuis notre première réunion, tenue à Berlin il y a cinq ans : le droit de vote en matière d'élections parlementaires accordé aux femmes par deux pays d'Europe. En 1906, la *Finlande* conféra aux femmes le droit de voter tout comme les hommes, aux élections de députés au Parlement ; en 1907, la *Norvège* accorda aux femmes le même droit, exigeant d'elles pourtant le payement d'une taxe légère qui n'est pas demandée aux hommes, restriction d'ailleurs que le Gouvernement se propose d'abroger. Le Congrès charge Mme Quam, représentante du Gouvernement norvégien, d'exprimer à sa Majesté la reine de Norvège sa reconnaissance pour son gracieux message exprimant l'espoir que les travaux de l'Alliance internationale contribueront au bien de la famille et au bonheur des femmes. Le Congrès exprime en outre la ferme conviction que cet espoir se réalisera pleinement quand tous les pays auront suivi l'exemple de la Norvège en accordant aux femmes le droit de vote.

Nous félicitons les *femmes danoises* d'avoir obtenu en 1908 le droit de vote en matière municipale, et nous félicitons le *Danemark* de la sagesse et du zèle avec lesquels les femmes l'ont exercé aux élections de cette année ; 70 pour cent des femmes de Copenhague ayant été aux urnes, sept d'entre elles ayant été élues au Conseil mu-

municipal, et 7 0/0 des officiers municipaux élus dans l'ensemble du pays ayant été des femmes.

Nous félicitons les *femmes suédoises* de ce que le droit qu'ont ceux qui payent l'impôt de voter en matière communale, exercé par les femmes célibataires pendant environ cinquante ans, vient d'être étendu aux femmes mariées, et de ce que les unes et les autres ont été rendues éligibles à toutes les charges pour lesquelles elles peuvent voter.

Nous félicitons les *femmes islandaises* d'avoir été déclarées éligibles aux fonctions municipales, pour lesquelles elles votaient depuis longtemps; de l'élection de quatre d'entre elles au Conseil de la capitale, Rejkjavik; de la nomination d'un nouveau Ministre d'État, qui est un ardent avocat du suffrage féminin; de ce qu'une pétition pour le suffrage féminin a été signée par la majorité des femmes islandaises, et de ce que leur Parlement a promis d'accorder ce droit à très bref délai.

Nous félicitons les *femmes françaises* de ce que leur droit au suffrage a été reconnu pour la première fois en ce qu'elles ont été déclarées éligibles aux Conseils de prud'hommes, celles qui y siègent obtenant de ce fait le droit de voter pour les Tribunaux de Commerce (1).

Nous félicitons les *femmes italiennes* de ce qu'elles ont la certitude d'obtenir sous peu les mêmes droits.

Nous félicitons les *femmes allemandes* de ce que, en vertu d'une loi leur reconnaissant le droit de former dans tout l'Empire des organisations politiques, ou de se joindre à celles déjà existantes, elles ont réussi, dans l'espace d'un an, à organiser partout, sauf dans trois États, des sociétés pour le suffrage féminin, et les ont affiliées à l'Union nationale des sociétés.

Nous félicitons les *femmes italiennes* sur le succès de leur premier congrès, où des résolutions touchant le suffrage féminin ont été adoptées avec enthousiasme; et sur le cordial appui donné à la question lors des récentes élections parlementaires. Nous félicitons les femmes d'Italie, de Suisse, de France, de Belgique, de Hongrie et de Serbie sur la constitution d'associations nationales pour le suffrage féminin durant ces quatre dernières années, et nous protestons contre la loi autrichienne qui interdit ces associations.

Nous exprimons notre sympathie aux *femmes russes*, qui ont à lutter, dans des conditions terribles, pour leurs propres droits et pour

(1) Légère inexactitude de rédaction, puisque les femmes remplissant les conditions requises sont depuis la loi du 23 janvier 1898 inscrites sur la liste électorale des tribunaux de commerce, sans pouvoir faire partie de ces tribunaux.

ceux du peuple tout entier. Nous nous rappelons avec satisfaction qu'elles ont été autorisées, quoique avec des restrictions sévères, à réunir, en 1908, un nombreux congrès de femmes qui réussit pleinement.

Nous apprenons avec plaisir qu'en vertu du mouvement général pour la liberté qui se déclare en *Turquie*, les femmes ont demandé à avoir leur mot à dire dans le gouvernement de leur pays, ce que le parti Jeune Turc leur accordera, espérons-le.

Nous félicitons les *femmes des Pays-Bas* de ce que, en 1905, une Commission composée de sept membres, hommes en vue appartenant à tous les partis, ayant été nommée par le Gouvernement pour examiner la revision de la Constitution, cette Commission a été d'avis, par un vote de six contre un, d'écarter de la Constitution tous les obstacles à l'éligibilité des femmes, projet de loi auquel la chute du ministère empêcha de donner suite, mais qui n'est certainement que renvoyé à plus tard.

Nous félicitons les *femmes de Bohême* d'avoir fait usage de l'ancien droit constitutionnel, sujet, il est vrai, à de nombreuses restrictions, qui leur permet de prendre part aux élections de certains Conseils municipaux et de la Diète de Bohême, et aussi de ce que des femmes sont candidates à la Diète dans certaines circonscriptions, ce qui, espérons-le, aboutira à leur élection.

Nous félicitons les *femmes de l'Afrique du Sud* de ce que deux États sur trois appartenant à leur association pour le suffrage national — la Colonie du Cap et le Transvaal — ont déjà obtenu le vote en matière municipale, et de ce qu'une loi ayant le même objet a passé l'an dernier au Parlement du Natal; de ce que les chefs politiques sont sympathiques au mouvement, et de ce qu'il y a lieu d'espérer que le premier Parlement d'une Confédération sud-africaine accordera aux femmes le vote en matière d'élections parlementaires.

Nous nous rappelons avec une profonde satisfaction que les *femmes de la Nouvelle-Zélande* jouissent depuis 16 ans d'une émancipation politique complète, et continuent, par le sage et consciencieux exercice de leur droit de vote, à prouver au monde qu'elles étaient dignes de ce privilège et que leur Gouvernement a bénéficié de leur coopération. Nous nous réjouissons aussi de voir l'émancipation des femmes en *Australie* complétée par le droit de vote politique qui leur a été accordé à Victoria en novembre dernier. Par l'usage général et intelligent qu'elles font du bulletin de vote, les femmes ont si bien prouvé qu'elles en sont dignes, que l'expérience commencée en 1894 vient d'aboutir à ce qu'on leur a accordé le droit de vote quant aux affaires de l'État et aux affaires fédérales, au même titre qu'aux hommes. Le fait que sur un vaste continent tous les citoyens sont également représentés doit encourager les femmes des autres pays dans leur lutte pour renverser les obstacles que dressent contre elles des lois ne leur accordant pas les mêmes droits qu'aux hommes.

Nous nous réjouissons de ce qu'en *Amérique* les femmes ont pris conscience comme elles ne l'avaient encore jamais fait de la nécessité qu'il y a pour elles d'obtenir le droit de vote; de ce qu'elles comprennent mieux que jamais l'injustice dont elles sont victimes en étant privées de ces droits dans un pays de représentation individuelle; de ce que nombre de leurs associations qui ont d'autres objets demandent à présent le droit de vote; de ce que, à New-York, pendant les deux derniers mois, 1.000 femmes se sont présentées devant les magistrats pour appuyer le projet de loi concernant le vote des femmes, 1.600 dans l'Illinois et 2.000 dans le Massachusetts; de ce que les organisations de travailleurs, presque sans exception, se déclarent favorables au suffrage féminin; de ce que la presse s'occupe du suffrage féminin et l'approuve plus qu'elle ne l'a jamais fait encore; de ce que dans trois Etats, Washington, Oregon et Dakota méridional, il a été décidé que la question serait mise aux voix en 1910, et de ce que tout faisait présager la victoire.

Nous apprenons avec plaisir qu'au *Canada* le conseil municipal de Toronto a récemment adressé une pétition au Parlement demandant l'entière émancipation politique des femmes; le jour où la question devait être discutée, 1.000 femmes se rendirent au Parlement pour soutenir la pétition auprès du premier Ministre.

Nous félicitons les *femmes anglaises* d'avoir, en 1907, été déclarées éligibles comme conseillers municipaux, maires et *aldermen* et de ce qu'une femme a été nommée maire et plusieurs conseillers. Nous songeons avec satisfaction que le suffrage féminin, en Angleterre, est maintenant une question de politique pratique, comme le montre l'intérêt que les électeurs prennent à ce sujet et l'opposition organisée contre le mouvement, opposition qui marque l'aveu des progrès faits par nous.

L'énorme et continuelle augmentation du nombre des femmes affiliées aux organisations en faveur du suffrage féminin et le fait que des corporations de femmes engagées dans des genres de travaux variés (au nombre de près d'un million) adhèrent au mouvement, montrent que dans toutes les classes les femmes instruites, d'expérience pratique et conscientes de leur responsabilité s'unissent pour réclamer leur part dans le gouvernement du pays.

Nous saluons cordialement la formation, dans divers pays, de ligues d'hommes en faveur du suffrage féminin. Ces hommes, mus par un amour sincère de la justice et poursuivant un but entièrement désintéressé, mettent pour la première fois la force d'un pouvoir politique direct au service de notre mouvement.

Nous affirmons de nouveau la décision prise à notre Congrès d'Amsterdam en 1908, exprimée comme suit : « Le devoir évident des femmes, à l'heure présente, est de seconder tout ce qui se fait en faveur du suffrage féminin, indépendamment de toute question politique ou religieuse; d'éviter de laisser mêler cette question à d'autres sans rapport avec elle; de demander le droit de vote tel qu'il est exercé maintenant ou peut être exercé par les hommes, laissant aux hommes et aux femmes réunis le soin de décider si, et dans quelle mesure, il doit être ou non étendu. »

Le Congrès, se rappelant les leçons de l'histoire, adjure les sociétés nationales de ne subordonner à aucun autre objet leur revendication de l'émancipation politique des femmes, fût-ce à l'extension du droit de vote exercé par les hommes ou au triomphe d'un parti politique.

Le Congrès constate avec une profonde reconnaissance le nouvel esprit de camaraderie et d'entente mutuelle qui s'est développé chez les femmes de toutes nations par le moyen de cette alliance internationale, et qui devient plus fort à chaque nouveau congrès. Porté dans la vie politique, cet esprit permettra aux femmes, lorsqu'elles voteront, de contribuer, en tant qu'élément qui jusqu'ici faisait défaut, à la solution pacifique d'autres grands problèmes internationaux » (1).

## Tableau du suffrage des femmes.

Pour résumer d'un coup d'œil les dispositions législatives des différents pays qui ont concédé aux femmes des droits électoraux, nous groupons dans le tableau ci-contre les dates principales et l'indication sommaire des réformes accomplies.

(1) Traduit de l'anglais par Mlle J. de Mestral-Combremont (p. 136-140 de *Report of the fifth Conference and first quinquennial* (London).

**Tableau résumé des droits de suffrage municipal et de suffrage parlementaire accordés aux femmes.**

| POPULATION totale (1). | HOMMES. | FEMMES. | PAYS. | NATURE du suffrage. | SUFFRAGE MUNICIPAL Électorat. | SUFFRAGE MUNICIPAL Éligibilité. | SUFFRAGE PARLEMENTAIRE Électorat. | SUFFRAGE PARLEMENTAIRE Éligibilité. |
|---|---|---|---|---|---|---|---|---|
| | | | **Europe.** | | | | | |
| » | » | » | Bohême | Suffr. censitaire. | 1861 | 1861 | 1861 | 1861 |
| 5.377.713 | 2.626.456 | 2.751.257 | Suède | — | 1862 | 1909 | » | » |
| 94.206.195 | 46.433.740 | 47.772.45[illegible] | [illegible]ussie | — | 1864 modifié en 1890 et 1892. | » | » | » |
| 2.712.562 | 1.342.082 | 1.370.480 | Finlande | Suffr. universel. | 1865 | » | 1906 | 1906 |
| 41.605.220 (y compris Écosse et Irlande) | 20.163.309 | 21.441.911 | Angleterre et Pays de Galles | Suffr. censitaire. | 1869 | 1907 | » | » |
| | » | » | Écosse | — | 1881 | 1907 | » | » |
| 2.240.860 | 1.085.691 | 1.155.169 | Norvège | — | 1901 | 1901 | 1907 | 1907 |
| 2.588.919 | 1.257.765 | 1.331.154 | Danemark | — | 1908 | 1908 | » | » |
| » | » | » | Islande | — | [illegible] | 1908 | » | » |
| | | | **Australie.** | | | | | |
| | | | Commonwaelth (Fédération) | Suffr. universel. | » | » | 1902 | 1902 |
| | | | Nouvelle-Galles du Sud | — | 1867 | | 1902 | |
| | | | Victoria | — | 1869 | | 1907 | |
| 4.555.662 | 2.389.344 | 2.166.318 | Australie de l'Ouest | — | 1871 | | 1899 | |
| | | | Australie du Sud | — | 1880 | | 1895 | |
| | | | Tasmanie | — | 1884 | | 1903 | |
| | | | Queensland | — | » | | 1905 | |
| | | | Nouvelle-Zélande | — | 1886 | | 1893 | |
| | | | **Amérique.** | | | | | |
| 92.531 | » | » | Wyoming | Suffr. universel. | » | | 1869 | |
| 539.700 | » | » | Colorado | — | » | | 1893 | |
| 161.721 | » | » | Idabo | — | » | | 1896 | |
| 276.749 | » | » | Utah | — | » | | 1896 | |
| » | » | » | Kansas | — | 1887 | | » | |
| | | | Ontario (Canada). | Suffr. consitaire. | 1884 | » | » | |
| | | | Québec — | — | 1889 | » | » | |
| 5.372.600 total du *Dominion*. | 2.751.473 | 2.619.578 | Nouveau-Brunswick — | — | 1886 | » | » | |
| | | | Nouvelle-Écosse — | — | 1887 | » | » | |
| | | | Manitoba — | — | 1887 | 1887 | » | |
| | | | British-Columbia — | — | 1888 | » | » | |

(1) Chiffres empruntés à la substantielle monographie de Mlle Kaethe Schirmacher que nous avons déjà citée : *Die moderne Frauenbewegung*, 2e édition, 1909.

# XVI

## Examen de la proposition de loi.

Le coup d'œil que nous venons de jeter sur la législation des différents pays à l'heure présente, nous prémunit contre la tentation de commettre un anachronisme. C'en serait un de reprendre aujourd'hui la question de principe dans les termes généraux et théoriques où devaient la poser Condorcet, Stuart Mill, Laboulaye ou même Charles Secrétan.

Pour ces penseurs, c'était une thèse de haute philosophie morale et sociale qui s'appuyait sur des raisons d'ordre tout spéculatif.

Nous n'en sommes plus là. Ce qui se présentait à l'esprit, il y a un siècle ou même un demi-siècle, comme une création de l'esprit, a pris place depuis lors, dans le domaine des faits observables.

Il est bien vrai que le premier mouvement est encore de récuser ces faits, vu leur petit nombre, comme une quantité négligeable; car ce sont les exceptions, dit-on, qui confirment la règle.

Mais, dès qu'on ouvre les yeux, on s'aperçoit que cette appréciation dédaigneuse constitue une grosse erreur.

Sans doute, il n'y a guère qu'un petit nombre de nations qui aient adopté, et depuis un petit nombre d'années, le suffrage universel des femmes, dans sa forme intégrale, applicable à tous les degrés. Mais si l'on dresse la liste des pays où le suffrage fonctionne, appliqué aux élections locales, aux divers Conseils locaux qui représentent le premier degré des fonctions civiques, ce ne sont plus quelques îlots perdus dans les mers lointaines, qu'il faudra y faire figurer, c'est l'Angleterre et l'Écosse, c'est le Canada, c'est l'Australie, l'Afrique du Sud, c'est l'immense étendue des États-Unis, c'est toute l'Europe septentrionale : Suède, Norvège, Danemark, Finlande, c'est la Hollande, c'est la Bohême. Et, comme le faisait très justement remarquer l'auteur de la proposition, M. Dussaussoy, si l'on tient compte des demi-concessions qu'ont dû consentir, par une sorte d'hommage indirect au principe, les législations de presque toute l'Europe, les choses changent d'aspect, et l'argument du nombre se retourne.

Les pays mêmes qui semblent restés, comme le nôtre, sous l'autorité, pour ne pas dire sous la superstition, du droit romain, s'ils refusent en bloc le suffrage municipal aux femmes, ont pourtant commencé à leur en donner la menue monnaie, en les faisant électrices et éligibles dans toute une série de juridictions spéciales, économiques, pédagogiques, philanthropiques qui sont une partie, et non la moindre, du pouvoir municipal.

Le courant de l'opinion mondiale est donc très loin d'être favorable au *statu quo*. Les isolés aujourd'hui, ce ne sont pas les suffragistes, ce sont les anti-suffragistes.

C'est la France qui retarde. La grande majorité du monde civilisé nous a décidément dépassés, et les rieurs ne sont plus de notre côté. Nous restons seuls, ou peu s'en faut, avec l'Espagne et la Turquie.

***

Pour résister à un mouvement général si accusé, il faut de bonnes raisons. Lesquelles produit-on?

Constatons d'abord avec plaisir que personne chez nous ne songe à revenir sur les droits électoraux reconnus aux institutrices pour les conseils universitaires, aux ouvrières pour les conseils de travail, aux commerçantes pour le tribunal de commerce, aux femmes membres d'une Église pour les associations cultuelles, pas plus qu'aux femmes artistes pour le prix du Salon, aux dames patronesses et aux déléguées de l'Administration pour les caisses des écoles, les bureaux de bienfaisance, les délégations cantonales, aux femmes porteuses d'actions dans une assemblée générale d'actionnaires.

Toute la question est donc de savoir s'il y aurait péril ou inconvénient à généraliser le formule. Pourquoi ne pas faire participer aux élections communales, par exemple, toutes les femmes comme tous les hommes qu'intéressent les affaires de la commune, c'est-à-dire, étant donné notre régime électoral, toutes celles et tous ceux qui l'habitent?

En vain répondrait-on que les divers droits concédés aux femmes que nous énumérions tout à l'heure se justifiaient par leur spécialité même, qu'ils devaient leur être reconnus parce que, dans chacun de ces domaines spéciaux, chacune d'elles a une compétence indiscutable en même temps que des intérêts propres à sauvegarder.

S'appuyer sur cette considération, ce serait oublier l'essence même du suffrage universel. Il consiste précisément à admettre comme ayant droit au vote, c'est-à-dire comme ayant intérêt à voter et compétence pour voter, non plus telle catégorie de citoyens déterminée par le cens, mais la totalité des citoyens majeurs. Fiction, soit. Pure convention, d'accord. Mais c'est l'âme du régime. La démocratie se reconnait à ce signe, qu'elle considère le droit au suffrage comme un droit naturel dépendant de la personne humaine et indépendant des circonstances, matérielles et morales, économiques ou sociales, où celle-ci peut se trouver.

D'où une observation qui s'impose aussitôt à l'esprit même le plus prévenu. Si l'Angleterre, où le droit de vote est subordonné à des conditions assez compliquées de possession ou d'occupation de certains immeubles, a pu néanmoins l'étendre aux femmes, même à celles qui remplissent imparfaitement ces conditions, comment pourrait-on le leur contester dans un pays qui n'y a mis aucune condition, parce-qu'il ne met aucune limitation au droit pur et simple de la personne humaine?

Sans rouvrir un débat académique dont l'intérêt est épuisé, essayons de relever consciencieusement les objections que font à la reconnaissance du droit de la femme les partisans du *statu quo*, c'est-à-dire ceux qui jugent nécessaire de la mettre par la loi à l'état d'infériorité par rapport à l'homme. Car, on ne saurait trop le rappeler, il ne s'agit pas d'autre chose que de savoir si l'on doit lever ou maintenir la convention légale d'après laquelle la femme en tant que femme sera considérée *a priori* comme totalement ou partiellement incapable.

Vaut-il la peine de répéter ici la remarque préjudicielle que faisait si justement Stuart Mill, et qui est plus forte encore sous le régime de la loi française?

Dans la législation des peuples civilisés, la présomption *a priori*, disait le grand penseur anglais, est en faveur de la liberté et de l'égalité des personnes.

Ce serait donc à ceux qui refusent aux femmes la liberté et l'égalité, c'est-à-dire à ceux qui retirent le droit commun à une moitié des êtres humains, que devrait incomber le fardeau de la preuve. En pareil cas, c'est l'exception qui a besoin d'être justifiée et non pas la règle générale.

N'insistons que pour mémoire sur ce renversement des rôles et arrivons à l'examen des objections. Elles peuvent, pour la commodité de la discussion, se grouper sous quatre chefs :

Objections d'ordre physiologique;
Objections d'ordre intellectuel;
Objections d'ordre moral;
Objections d'ordre politique.

Quelques mots seulement sur chacun de ces groupes.

### *Objections physiologiques.*

Nous réunissons sous ce titre les diverses observations ayant trait à la constitution physique de la femme.

On les présente d'abord dans l'intérêt de la femme et de la race. La femme ne peut, dit-on, sans compromettre la fonction essentielle que la nature lui assigne, s'astreindre à la régularité du travail de l'homme, s'exposer aux fatigues et aux orages de la vie publique, se faire constamment violence pour jouer un rôle qu'elle ne remplira qu'au détriment de sa vie normale.

Quoi que puissent valoir ces critiques contre l'emploi des femmes dans les diverses professions manuelles, commerciales, industrielles ou libérales, il est trop clair qu'on ne peut les prendre au sérieux comme obstacle au droit de voter. Si fragile que soit le sexe faible, il est difficile d'admettre qu'il fléchisse sous le poids d'une fonction qui s'exerce en moyenne une fois tous les deux ans. « On peut très bien être mère et électeur », dit M. Faguet. Mais être élue? A combien de femmes sur mille, sur cent mille s'imposera cette tâche? Et y a-t-il vraiment là de quoi inquiéter l'avenir de la race? Qu'est ce danger auprès de celui que lui fait courir le labeur acharné de milliers d'employées et de millions d'ouvrières?

Mais l'argument peut prendre une autre forme.

Comment accorder les droits civiques à qui ne peut remplir toutes les obligations du citoyen? La femme, n'étant pas soldat, n'est pas électeur.

Il est trop clair qu'à serrer de près le raisonnement, il s'évanouit. Ni par la logique, ni par la loi, l'électorat n'est lié au service militaire. L'un n'est pas la condition de l'autre. Et quand même la femme devrait être assimilée aux conscrits impropres au service, pourquoi perdrait-elle les droits civiques qu'ils conservent?

Elle répond d'ailleurs qu'à défaut d'autres labeurs et d'autres périls, ceux de la maternité pourraient bien lui être comptés par la société qui en vit.

N'est-ce pas à un mot brutal de Napoléon qu'une femme d'esprit répliquait : « Nous ne faisons pas la guerre, c'est vrai, sire, mais nous faisons les soldats »?

### *Objections intellectuelles.*

Que l'intelligence de la femme soit inférieure à celle de l'homme, ce n'est plus un axiome aujourd'hui. Mais c'est encore un sous-entendu que l'on retient avec une secrète complaisance.

Stuart Mill, du premier coup, en avait fait justice. On n'a rien opposé à sa lumineuse démonstration. Il est même difficile de reprendre un débat dont tout le monde sent l'inanité.

Nous du moins qui n'avons à envisager ici que la question du droit électoral, nous serions inexcusables de nous attarder à prouver que la femme est en état de l'exercer. Attendons qu'il se trouve quelqu'un pour le contester. On peut promettre un beau succès à qui trouvera dans la mesure comparée des crânes ou dans la pesée des cerveaux des deux sexes des raisons péremptoires pour accorder le vote indistinctement à tous les hommes et de le refuser indistinctement à toutes les femmes. M. Dussaussoy avait raison, dans son exposé des motifs, de renvoyer ces élucubrations au domaine de la fantaisie et de se refuser à les prendre un instant au sérieux.

Il y a bien l'argument du génie. Les femmes n'en ont pas, assurent plaisamment les partisans du monopole électoral de l'homme. Soit, leur répondrons-nous avec M. Faguet. « Défendez, si vous voulez, aux femmes d'exercer les fonctions qui exigent du génie. Et puis cherchez les fonctions, exercées par les hommes, qui exigent du génie !... Non, je ne mets pas très haut l'intelligence féminine, mais ce n'est pas la mettre très haut que de la tenir pour égale à l'intelligence virile. L'immense majorité des professions viriles sont des routines que peuvent apprendre en quelques années les plus médiocres cerveaux féminins » (1).

« Mais, continue le spirituel écrivain, les femmes sont impropres aux affaires politiques, n'ont pas la capacité politique pour être élues, n'ont pas d'idées générales.

« Il faut rire un peu de temps en temps. Cette objection nous donne ce plaisir salutaire. C'est en vertu d'idées générales que les hommes votent dans leurs comices? C'est en vertu d'idées générales que les députés votent dans leurs Chambres ? Mais jamais une idée générale n'a été que la forme d'une passion tant chez les électeurs que chez les députés ! Les femmes ont des idées générales exactement comme les nôtres, c'est-à-dire des passions habillées, plus ou moins élégamment, en idées. Elles voteraient exactement dans les mêmes conditions que nous » (2).

### *Objections morales.*

Ici ce n'est pas l'infériorité de la femme qu'on allègue pour l'exclure du vote, c'est une manière de supériorité.

(1) Faguet, *le Féminisme*, dans la *Revue latine*, 25 janvier 1902, p. 12.
(2) Ibid., p. 15.

Cet être charmant ne perdrait-il pas son charme à se commettre dans les bagarres électorales ? Voyez-vous l'ange du foyer se changeant en une harpie de club ? Voyez-vous cet être exquis et délicat exposé à la contradiction, à l'injure, à la calomnie ? Que vont devenir les qualités féminines, la douceur, la grâce, la retenue, la pudeur même dans le vacarme d'une réunion publique, dans les polémiques de presse, dans les querelles de comités, dans les interminables discussions qui vont empoisonner jusqu'à la vie domestique ?

Pour quelques-unes ce sera un sport nouveau où elles se jetteront avec passion. Pour d'autres un sujet d'émotion, d'inquiétude, de souci, de débats pénibles. Pour toutes, une occasion de souffrir bien inutilement. Elles y perdront ou la paix du ménage, ou l'accord avec leur entourage, ou tout au moins la douceur de cette neutralité tacite et gracieuse que tout le monde respecte, tant il est entendu que les femmes ne font pas de politique. Dès qu'elles en font, elles tombent du piédestal. Plus de ménagements, plus de paix, plus de tranquillité.

Est-il besoin de souligner l'exagération pessimiste de ces perspectives (1) ?

Pas plus que tous les hommes, toutes les femmes ne deviendront des fanatiques de la lutte électorale. La grande majorité des électeurs hommes ne met pas les pieds dans les réunions publiques et n'en vote pas plus mal. Libre aux femmes d'en faire autant.

On se les représente trop d'après le type de certaines *suffragettes* anglaises ou de quelques-unes de leurs imitatrices du continent qui nous semblent parfois dans un état fâcheux de surexcitation. Mais ces ardentes batailleuses ont pour excuse d'abord qu'elles sont une infime minorité et qu'il leur faut faire d'autant plus de bruit pour donner l'illusion du nombre ; ensuite qu'elles sont à la fois très convaincues de leur bon droit et exaspérées du peu de compte qu'on en tient ; enfin, qu'il faut commencer par la révolte pour arriver à la liberté et que, le jour où l'on passera de l'une à l'autre, le ton changera. Les hommes mettent généralement autant de calme à user d'un droit incontesté qu'ils avaient mis de passion à le conquérir.

N'est-il pas probable que les femmes aussi feront moins de bruit pour voter que pour réclamer le vote ?

---

(1) Voir la brève et excellente brochure de propagande populaire *le Suffrage des femmes en France*, publication du groupe de propagande de l'Union française pour le suffrage des femmes, 1910. Marcel Rivière, ou au siège social, 41, rue Gazan.

*Objections politiques.*

Elles sont particulières à la France et au moment présent. Elles se résument dans les appréhensions suivantes :

Donner le suffrage aux femmes dans la commune ou dans l'État, c'est jeter dans la balance électorale un poids énorme qui se portera du côté de la réaction. On ne prétend pas que la femme soit par essence conservatrice et routinière. Mais jusqu'à présent, en France, elle est restée sous l'influence, pour ne pas dire sous la domination du clergé. C'est là même la grande différence entre les pays anglo-saxons et le nôtre. La femme scandinave, anglaise, australienne, américaine est protestante ; et le protestantisme, par la multiplicité même de ses sectes et par le caractère de ses pasteurs, honorables pères de famille qui ne prétendent pas au prestige sacerdotal, habitue les fidèles à l'indépendance pour eux-mêmes et à la tolérance pour autrui. Chez nous, l'accès en masse des femmes au scrutin serait le signal d'un immense effort des prêtres pour reconquérir d'un seul coup tout le terrain perdu depuis trente ans. Avec les incomparables moyens de persuasion, de pression et d'intimidation dont l'Église catholique sait user — elle l'a prouvé — c'est elle qui ferait les élections. Et ce serait peut-être pour la République une crise plus grave que toutes celles dont elle est sortie victorieuse.

Qu'il y ait une part de vérité dans ces craintes, qu'elles eussent été fondées il y a vingt ou trente ans, nous ne le nierons pas. Il reste encore des parties de la France où il ne serait pas impossible que le phénomène redouté se produisît encore comme survivance ou comme accident.

Mais d'abord on se trompe lourdement si l'on se représente la femme française d'aujourd'hui ou de demain comme reproduisant simplement le type qui fut longtemps traditionnel. Nous ne sommes plus au temps où cinquante pour cent des femmes ne savaient pas lire. Si faible qu'on suppose l'influence de l'école laïque, il faut pourtant convenir qu'elle a d'abord rendu très rare le cas si fréquent autrefois de la femme totalement ignorante, étrangère à la vie du pays, crédule à tous les bruits, incapable de tout jugement propre.

Et puis, par là même, l'école laïque a répandu bien des habitudes nouvelles : on s'est accoutumé à la formule : le curé à l'église, l'instituteur à l'école, le maire à la mairie. La distinction des pouvoirs s'est faite dans les esprits. Les femmes elles-mêmes aujourd'hui sont bien plus près qu'on ne le croit de l'état d'esprit qui fut celui des paysans au Seize-Mai à l'égard du gouvernement des curés, là même où l'on avait compté sur la dévolution des populations catholiques.

Ne voyons-nous pas dans une autre partie du public, dans les familles plus aisées, l'extension et le grand succès moral des lycées de filles produire des résultats peut-être encore plus considérables? On aurait donc tort de croire qu'il n'y a rien de changé en France dans la mentalité féminine.

D'ailleurs il en serait du métier d'électrice comme de tous les autres : c'est en forgeant qu'on devient forgeron. Appelée à se prononcer, à avoir un avis sur tel programme politique ou municipal, à juger les personnes après les idées, à prendre la responsabilité d'une opinion et d'un choix, la femme fera le nécessaire pour se renseigner, s'instruire, se décider en connaissance de cause. Peut-on lui reprocher de n'avoir pas d'avis aujourd'hui? C'est ce qu'on a voulu. Il n'y a qu'un homme qui se préoccupe de ce qu'elle pense, qui s'efforce de la faire penser à sa manière, qui prenne la peine de l'instruire, de la guider, de l'inspirer : c'est le curé. Quoi d'étonnant qu'elle ait écouté la seule voix qu'elle ait entendue?

Le jour où elle sera quelqu'un dans la cité, le jour où son suffrage comptera, on songera vite à elle. Et, comme le suffrage universel des hommes a fait sentir la nécessité d'instruire l'électeur, celui des femmes fera entreprendre aussitôt l'éducation de l'électrice.

Il n'y a donc là ni obstacle ni péril qui doive faire renoncer à l'application des principes et à la rentrée des femmes dans le droit commun de l'humanité. Il n'y a que des mesures à prendre pour éviter les accidents d'un mouvement trop brusque.

On ne saurait d'ailleurs tenir pour négligeable le témoignage des faits. L'expérience de plusieurs pays ne permet plus de soutenir que le vote des femmes soit sans influence sur la législation.

Les réformes réalisées par les États à suffrage égalitaire de l'Amérique du Nord (1), par l'Australie et la Nouvelle-Zélande (2), par la Finlande (3), celles que proposent les diverses sections du Conseil national des femmes françaises (4), nous permettent dans une certaine mesure de nous en rendre compte. Bien que certains affirment que les listes de lois que les féministes portent à l'actif de leur bilan d'action auraient été votées par les parlements de ces jeunes pays, même sous le régime de la « démocratie masculine », il n'en faut pas moins reconnaître qu'il existe dans ces nouvelles

(1) Voir ci-dessus, pages 64, 65, 68, 69.
(2) Voir pages 79 et 84.
(3) Voir page 108.
(4) Voir pages 185 à 199.

législations une communauté d'aspiration, une même conception du bien public, du bien de la race, qui ne sont pas, certainement, un simple effet du hasard.

Les résultats visibles de l'action féministe peuvent paraître très modestes. Ceux ou celles qui attendaient de l'entrée du sexe faible dans les Parlements une véritable révolution politique et sociale ont été déçus en voyant que le suffrage féminin avait tout simplement contribué à faire passer des lois relatives à des questions souvent bien modestes, parfois même un peu ridicules.

Était-il bien la peine de dépenser tant d'efforts, tant d'énergie, tant d'argent pour obtenir quelques mesures de plus sur le travail des femmes et des enfants dans les usines ou sur l'enseignement obligatoire, pour interdire aux éphèbes de jouer aux courses ou de fumer la cigarette, ou pour augmenter les mesures protectrices des animaux?

S'il était absolument exagéré d'attendre une transformation sociale de l'influence des femmes sur la vie parlementaire — et pourquoi en effet les électrices, qui font partie des mêmes milieux que les électeurs, qui ont les mêmes traditions et les mêmes intérêts, eussent-elles en majorité adopté la politique socialistes à laquelle elles n'étaient nullement préparées? — il serait tout aussi injustifié de faire fi des réformes réalisées sous leur inspiration.

Quand nous voyons qu'en Nouvelle-Zélande l'alcoolisme a presque complètement disparu par l'union des « totalistes » ou « prohibitionnistes » et des femmes, nous ne pouvons pas dire que ce soit là un négligeable résultat. Cette réforme des mœurs peut avoir des conséquences plus profondes et plus fructueuses pour le bien-être de la population zélandaise que plusieurs révolutions politiques. Bien que d'une portée moins générale, les lois sur le régime matrimonial, sur l'hygiène, sur la protection des enfants et des jeunes filles, sur la situation des fonctionnaires, etc., constituent autant de pas en avant dans la voie du progrès social. Chacune d'elles fait disparaître un vice de la société moderne, chacune d'elles profite à une catégorie plus ou moins considérable de citoyens, supprime ou atténue les souffrances de quelques-uns.

Telle a été jusqu'ici la caractéristique générale de l'influence féministe : dans les mœurs, dans la vie de la famille, à l'usine, à l'école, elle a apporté des soulagements, elle a introduit plus de justice, plus de prévoyance.

Tout nous fait supposer que l'action des électrices dans les pays suffragistes, comme dans ceux qui le deviendront ultérieurement, aura ce même caractère qui tient à la nature même des préoccupations de la femme, de ses sentiments et de son rôle normal dans la société.

En résumé et quelle que soit la diversité des points sur lesquels porte la controverse, il est manifeste qu'au fond du débat il n'y a qu'une question : celle de l'égalité des sexes. Or, comme le dit un témoin impartial des mouvements sociaux avec la perspicacité du savant qui regarde ces choses de sang-froid, il est impossible de nier le mouvement qui emporte le monde vers la solution égalitaire : « L'égalité des sexes est-elle une notion fausse, ou a-t-elle la plus grosse part de vérité ? Ce qu'on peut en dire, c'est qu'elle n'est pas plus erronée que la notion de l'égalité des hommes qui est la base des constitutions politiques modernes. Quelles différences de valeur intellectuelle, d'utilité sociale entre un homme instruit et un incompétent, entre un esprit intelligent et un cerveau débile ! Et cependant ils ont tous les mêmes droits. Or, les plus opposés à l'extension des droits des femmes n'oseraient pas soutenir qu'il y ait plus de différence, sous le rapport physique, intellectuel et moral, entre un homme et une femme moyens qu'entre un homme supérieur et un imbécile » (1).

***

*L'application du principe.* — Essayons maintenant de voir, le principe une fois admis, comment l'application devra en être faite.

Assurément il serait possible de procéder pour les femmes comme a procédé pour les hommes la République de 1848. Elle a décrété d'un coup le suffrage universel, en bloc, sans restriction ni distinction quelconque.

Hardiesse insigne, témérité périlleuse, folie qui s'est trouvée être la sagesse suprême ! Ce que le peuple a pu faire au souffle de l'enthousiasme révolutionnaire comme par un acte de foi de la nation en elle-même, proposerions-nous de le refaire à tête reposée, dans le calme des délibérations parlementaires ?

Votre Commission, Messieurs, ne l'a pas pensé. Il lui a semblé que si chacune de nos révolutions marque la volonté du pays d'affirmer avec éclat certains grands principes et d'en aborder sur-le-champ l'application intégrale, il n'en est pas moins vrai qu'en dehors de ces heures tragiques les progrès s'accomplissent suivant les lois ordinaires de la nature humaine. Le mot de Bacon lui est applicable : *Natura non facit saltus.* Et pour une de ces improvisations géniales qui sont la gloire d'un peuple, c'est par milliers que se comptent les

(1) Dr Toulouse. *Manuel général de l'instruction primaire*, 13 juillet 1909.

lois non moins précieuses qui se forgent lentement, pièce à pièce, et qui sont l'armature de la République.

Nous nous sommes donc trouvés d'accord pour vouloir donner au problème qui nous occupe, non pas une solution intégrale instantanée, mais la solution graduelle la plus pratique, la plus sûre, la plus efficace. Nous voulions sérier les difficultés.

Mais comment les sérier? Comment marquer ces étapes? Et, si nous n'accordons pas tout et tout de suite, quelles sont les premières satisfactions que nous concéderons? Quelles sont celles qui devront être ajournées? Quelle partie du terrain va être immédiatement mise en culture et quelle autre rester en friche?

On peut fractionner l'opération, la graduer d'après plusieurs systèmes :

D'abord en distinguant les élections politiques des élections locales à base municipale;

Ensuite en distinguant l'électorat de l'éligibilité;

Enfin, en distinguant parmi les femmes certaines catégories qui seules recevraient le droit électoral.

Votre Commission a examiné ces diverses méthodes de filtrage.

Elle ne peut y attacher une importance capitale : elle voit trop bien par les exemples des pays plus avancés que nous dans cette intéressante expérience, que ce ne sont là que des crans d'arrêt, des moments successifs qui plus ou moins vite se suivront, quoi que l'on fasse pour les espacer.

Sans donc s'exagérer la portée des différences entre les divers systèmes, voici les résultats auxquels s'est arrêtée la Commission.

Elle accepte la proposition de séparer pour le moment le vote politique du vote municipal (1). Par où elle n'entend nullement se prononcer en termes absolus contre l'électorat politique des femmes. Mais, ayant jugé sage de faire l'opération en deux temps, elle com-

---

(1) « Il est vrai, écrit M. de la Grasserie dans l'article déjà plusieurs fois cité, que les élections et les fonctions municipales ont pris partout un caractère politique; il serait trop long de discuter ici si c'est un bien ou si c'est un mal; dans le dernier cas, c'est un mal inévitable. Mais les délibérations des conseils municipaux ne sont pas politiques; on n'y légifère point, on se borne à administrer. Précisément, l'administration est le propre de la femme; toutes les fois qu'il ne s'agit pas de sa toilette, elle est du parti des économies. Presque toujours elle combattra les impositions extraordinaires et les emprunts. Elle n'a pas, comme l'homme, l'orgueil de construire des édifices et généralement elle ne décerne pas encore des statues. Son insinuation dans les affaires municipales sera bienfaisante. Elle aura déjà appris dans les conseils professionnels à siéger à côté des hommes, à discuter avec eux, à traiter les affaires comme le fait une commerçante au milieu de ses clients, sans autre visée; elle a terminé son éducation publique. On la verra donc siéger au Conseil municipal sans la moindre surprise » (page 221).

C'est sur des considérations du même ordre que s'appuient les féministes anglaises pour recommander l'élection des femmes aux conseils d'administration locale. (Voir les quelques *leaflets* cités aux annexes).

mence par le premier, qui est manifestement le vote sur les affaires de la commune et du canton. Combien faudra-t-il de législatures ou d'années pour que, l'innovation ayant pleinement réussi dans l'ordre municipal, on songe à l'élever d'un degré, à la porter tout naturellement aux élections législatives? Nous n'avions pas à nous le demander (1).

Plus délicate était la démarcation à faire dans l'effectif féminin appelé à bénéficier de la future loi électorale.

Dans une intéressante proposition de loi que nous reproduisons aux annexes (2), un de nos anciens collègues, M. Gautret, avait accordé le droit de vote à tous les degrés, même au degré législatif, « aux femmes majeures célibataires et aux veuves ou divorcées », c'est-à-dire, ainsi qu'il l'explique dans son exposé des motifs, « à la femme responsable d'elle-même, au chef de famille ayant un intérêt indépendant à défendre ou à faire valoir ».

C'est aussi à cette solution minimum que s'est arrêtée l'infatigable propagandiste du suffrage féminin, Mme Hubertine Auclert, « Nous vous demandons, Messieurs, — dit-elle dans une de ses dernières pétitions au Parlement — d'accorder au moins à celles de ces femmes — les célibataires et les veuves — dont les intérêts ne sont représentés par personne dans les Assemblées élues, le pouvoir de garantir leur sécurité et de sauvegarder leurs affaires privées en participant à la gestion des affaires publiques. »

Si plausible que soit la distinction proposée entre la femme mariée et celle qui ne l'est pas ou ne l'est plus, votre Commission n'a pas cru pouvoir la retenir pour en faire la base du nouveau droit électoral.

Elle a d'abord pensé, comme les rapporteurs de la pétition de Mme Hubertine Auclert, M. de Lévis-Mirepoix à la Chambre, M. Potié au Sénat (en 1907), qu'une fois la porte ouverte il faudrait bientôt l'ouvrir toute grande et que, dès à présent, si l'on posait ce principe,

---

(1) « Du jour où la volonté générale a remplacé la volonté monarchique, du jour où les pouvoirs publics sont devenus l'émanation et l'expression du consentement populaire, la souveraineté procédant de tous appartient à tous.

« Et alors, de deux choses l'une :

« Ou l'électorat est une *fonction de souveraineté*, et alors cette fonction ne doit être conférée qu'aux personnes capables de l'exposer, hommes *ou* femmes ;

« Ou bien l'électorat est un *droit de souveraineté*, et ce droit doit être reconnu à tous ceux qui composent la volonté générale hommes *et* femmes.

« Or, il n'y a pas moyen de prétendre que la souveraineté soit d'essence masculine. Sa nature est double : elle est en quelque sorte mâle et femelle. En d'autres termes, la souveraineté ne découle pas exclusivement, soit des hommes, soit des femmes, mais du peuple entier ; de tous les membres de la nation. Elle est bisexuelle. Cela étant, la conclusion s'impose : tous souverains, tous électeurs ! » (Ch. Turgeon, le *Féminisme français*, tome II, p. 35.)

(2) Voir aux annexes, pièce n° 1.

il serait impossible de ne pas l'étendre à toutes les femmes qui réclameraient le droit au vote quand, pour une cause quelconque (condamnation judiciaire, faillite, absence, service militaire), le mari ne voterait pas.

Mais ce n'est pas la raison déterminante de la Commission. Ce qui a fait repousser cette demi-mesure, c'est qu'autant elle s'explique avec le régime électoral anglais, autant elle va à l'encontre du nôtre. Chez nous, la société ne s'arroge pas le droit d'évaluer le chiffre de revenu ou d'impôt à partir duquel un citoyen sera réputé avoir des intérêts appréciables et le droit de les défendre. Elle pose en principe que tout individu vivant dans une société y a sa place au soleil et constitue une des unités virtuellement égales dont elle se compose. La sujétion même dans laquelle la femme mariée est placée par la loi civile, bien loin d'être un argument pour la déposséder du suffrage, serait une raison de plus de le lui donner comme une sorte de compensation. Il n'y a pas là contradiction. Car on peut soutenir que si, dans l'administration de la communauté, il faut bien qu'il y ait un chef, ce qui explique l'autorité conférée par le Code civil au mari, aucune nécessité semblable n'oblige à supprimer de même l'opinion de la femme en des matières où elle peut différer de celle du mari sans nul détriment pour la gestion de la fortune domestique.

A défaut de cette sélection entre les femmes appelées à l'exercice des droits civiques, notre collègue Dussaussoy avait admis un autre mode de limitation dans l'application de ces droits.

Il distinguait entre l'électorat qu'il accordait à toutes et l'éligibilité qu'il n'accordait à aucune.

On a quelquefois usé de la même distinction en sens inverse : on a proposé d'accorder à la femme l'éligibilité dans les élections, prétendant qu'il peut très bien se trouver quelques femmes que leur mérite, leur situation sociale, leur activité personnelle feraient choisir même par les hommes pour entrer dans les Conseils de la nation et qu'il n'en résulterait nullement que toutes les femmes dussent voter.

Quoi qu'il en soit de ces appréciations, nous avons ici encore rejeté la méthode des demi-mesures. Il est permis sans doute de séparer la qualité d'éligible de celle d'électeur, mais personne ne proposera de les séparer sans de graves motifs.

Quels sont ceux que l'on peut alléguer ici ? Il n'y a nulle nécessité, dit-on, de faire siéger les femmes dans les assemblées municipales et départementales. C'est très vraisemblablement ce que pensera l'immense majorité des électeurs, y compris les électrices. Mais est-ce une raison pour inscrire dans la loi une nouvelle incapacité? Va-t-on au moment même où l'on reconnaît les inconvénients de mettre *a priori* hors du droit commun une partie de la nation, s'ingénier à créer une autre loi d'exception d'autant plus blessante qu'elle est plus inutile ? La sagesse, la logique, le bon sens commandent de s'en remettre au corps électoral au lieu de sembler d'avance lui dicter certains choix, lui en interdire d'autres.

Qu'il faille acclimater en France le suffrage féminin, qu'il soit à propos d'acheminer le pays vers de nouvelles mœurs électorales en lui en faisant faire peu à peu l'expérience et l'apprentissage, nous ne le contesterons pas. Mais il ne faudrait pas non plus tomber dans l'excès contraire, multiplier abusivement les paliers à franchir par de puériles et oiseuses distinctions, qui ne feraient qu'alimenter des querelles misérables.

Au fond, peut-on s'y tromper ? Ce qui est en jeu, c'est la participation de la femme à la vie de la nation, en commençant par ce qui dans cette vie la touche le plus directement. Une fois qu'on est résolu à accorder l'essentiel, il ne faut ni ruser ni biaiser, il faut renoncer à semer la route de petites barricades destinées à être enlevées l'une après l'autre. Mieux vaut faire large confiance aux nouvelles recrues du suffrage universel, aider loyalement à leur éducation politique, les faire contribuer le plus et le plus tôt possible au service de la République, c'est-à-dire au bien de la nation.

C'est dans cet esprit que votre Commission, Messieurs, a adopté le principe de la proposition Dussaussoy et le propose avec confiance à vos délibérations.

Il nous reste à examiner les termes dans lesquels la loi nouvelle pourrait être rédigée.

**Discussion du texte de l'article unique.**

La rédaction à laquelle la Commission s'est arrêtée lui a semblé être à la fois la plus simple et la plus complète.

Elle consiste à prendre le texte de la loi électorale actuellement en vigueur pour y faire insérer la déclaration expresse que les deux sexes sont admis à user du même droit dans les mêmes formes et dans les mêmes conditions.

Depuis que la loi de 1884 a supprimé la dualité de listes (municipale et politique) et par là même notablement simplifié, en les unifiant, les dispositions relatives aux diverses conditions d'électorat, il faut et il suffit, pour déterminer le droit électoral, que soient appliqués, dans toute leur teneur, les deux premiers paragraphes de l'article 14, ainsi conçus :

« Les conseillers municipaux sont élus par le *suffrage direct universel.*

« Sont électeurs *tous les Français âgés de vingt et un ans accomplis et n'étant dans aucun cas d'incapacité prévu par la loi.* »

C'est de ce dernier paragraphe que la Cour de cassation a fixé le sens par l'arrêt de principe que présentement on oppose à bon droit à toute demande d'une femme tendant soit à être inscrite sur la liste électorale, soit à poser sa candidature.

« Aucune disposition constitutionnelle ou légale n'ayant conféré la jouissance des droits politiques aux femmes, elles ne peuvent être inscrites sur les listes électorales. » (Arrêt du 16 mars 1885.)

C'est donc cette lacune de la législation, en d'autres termes ce silence interprêté comme impliquant le refus du droit électoral qu'il y a lieu de remplacer par une disposition explicite en sens contraire.

On obtiendra ce résultat en disant : « Tous les Français *des deux sexes*... » L'addition de ces trois mots est la forme la plus brève sous laquelle puisse se faire la modification de la loi. Elle a l'avantage de dispenser le législateur d'une énumération détaillée des changements qu'elle entraîne.

Si l'on essayait, comme le suggèrent les auteurs de diverses propositions, de mentionner expressément les catégories nouvelles d'ayants droit admises à l'électorat et à l'éligibilité, femmes majeures, célibataires, mariées, veuves, divorcées, etc., si même on ajoutait dans l'article 2 le mot « Françaises » au mot « Français », il faudrait dans tout le corps de la loi faire des corrections analogues et procéder à un travail minutieux pour répéter, partout où il en est besoin, la mention de la femme à côté de l'homme. Il est bien plus naturel de donner une fois pour toutes au mot « tous les Français » son extension entière et sans équivoque, en prévenant dans l'article initial qui domine toute la matière que le terme doit être entendu, partout où il se retrouvera, comme impliquant « les deux sexes ».

Du même coup se trouvent tranchées, et dans cette loi et dans celles qui s'y réfèrent, toutes les controverses possibles sur l'étendue des droits civiques ainsi conférés aux femmes. Il n'y aura rien de changé, ni rien à changer dans aucun des autres textes législatifs, puisque c'est la définition même de l'électeur français qui se trouve inscrite en tête du Code électoral pour valoir également dans tous les cas où reparaîtra une mention quelconque du mot « électeur » ou du mot « français » : le féminin y sera toujours impliqué.

Ce qui revient à dire que la différence de sexe n'entraînera plus désormais aucune différence dans les droits civiques, à aucune page et dans aucun article de la loi municipale.

Dira-t-on que ce texte, en raison même de sa généralité, semblerait conférer aux femmes le suffrage politique en même temps que le suffrage municipal? Nous répondrons que sans doute, quand le jour viendra où le législateur jugera bon de ne plus faire de distinction entre ces deux droits, il suffira en effet d'étendre à l'électorat législatif la mesure prise pour l'électorat communal et cantonal. Mais rien n'empêche d'accomplir en deux périodes distinctes ce mouvement de transformation du suffrage universel. Pour le moment, c'est seulement l'électorat au sens et dans les limites de la loi de 1884 que nous avons à envisager, c'est celui-là seul que nous proposons de modifier dans le sens ci-dessus indiqué.

Une seule question resterait à trancher : les femmes électrices et éligibles au Conseil municipal et, par conséquent, au Conseil d'arrondissement et au Conseil général, pourraient-elles être aussi déléguées sénatoriales ? La réponse affirmative ne nous paraît pas douteuse. Pour que ce droit ne suivît pas les autres, il faudrait qu'une disposition formelle établît cette exception. Nous n'avons aucune raison de la proposer. Il nous semble au contraire voir là en quelque sorte la pierre d'attente d'un édifice plus complet, qu'il ne nous appartient pas d'élever, mais dont nous serions heureux d'avoir au moins ébauché la premièr

## PROPOSITION DE LOI

### Article unique.

Le second paragraphe de l'article 14 de la loi du 5 avril 1884 est modifié ainsi qu'il suit :

*Sont électeurs tous les Français des deux sexes âgés de vingt et un ans accomplis et n'étant dans aucun des cas d'incapacité prévus par la loi.*

# ANNEXES

# PIÈCE 1.

Annexe au procès-verbal de la 1re séance du 1er juillet 1901. N° 2529 de la septième législature.

---

# PROPOSITION DE LOI

*tendant à accorder le* **droit de vote** *dans les élections municipales, cantonales et législatives aux femmes célibataires majeures et aux veuves et aux divorcées,*

(Renvoyée à la Commission du suffrage universel).

PRÉSENTÉE

Par M. GAUTRET,

Député.

Messieurs,

Nous avons écrit en tête de notre Constitution les mots : **Suffrage universel**. Plaisante expression en vérité, car dans l'universalité des élus nous avons fait deux parts, sans consulter les statistiques : les femmes, généralement les plus nombreuses (20 millions sur 39 environ en France), d'un côté; les hommes (la minorité effective), de l'autre.

Membres de ce groupe éminemment restreint, nous nous sommes libéralement accordé le suffrage *dit* universel.

Nous avons fait bonne mesure, à la verité! Sauf les criminels avérés, tributaires des cours d'assises, et les maladroits, victimes de la correctionnelle, qui ont vu orner leur casier judiciaire de quelques condamnations, tous ont été englobés dans le suffrage universel : alcooliques et gâteux, candidats à la maison de santé ou évadés des multiples Sainte-Anne, ignorants et illettrés, tous ont été déclarés *éclairés*, *compétents*, **consultables**, électeurs en un mot!

En lettres plus grosses encore, sur le fronton de tous nos édifices publics, nous avons écrit : « Liberté — Égalité — Fraternité », devise sublime et sonore, non moins ironique, car si, dans la pratique, elle représente plutôt encore des mots que des réalités, du moins est-ce pour nous seuls qu'elle est faite, résumant les droits et les devoirs de l'*homme* au sens restreint du mot, et non les droits et les devoirs de l'*Humanité*!

Nous avons tant souffert, pendant tant de siècles, de l'esclavage, du servage, de la sujétion, de la dépendance; nous avons, avec tant de peines, conquis les libertés encore trop restreintes de la conscience, de la pensée, de la parole, de la plume ; nous avons tant souffert des castes fermées, des privilèges de la naissance, des professions réservées, dites nobles, et des métiers obligatoires réputés vils; nous avons tant souffert de la haine des classes; nous avons, au prix de tant de sang, brisé tant de fers, rompu tant d'entraves pour faire aujourd'hui, avec tant de sérénité, ce que nous reprochons si amèrement aux anciens régimes?

A nous, les hommes, les privilèges de la *liberté*, le droit d'exiger du Gouvernement les lois favorables au développement de toutes nos facultés, à l'expansion de tous nos intérêts : d'être ce Gouvernement et de voter ces lois.

**A nous *l'égalité* :** le droit d'exercer la profession de notre choix; à nous l'accession à toutes les fonctions, à toutes les charges, à toutes les magistratures, dans la mesure du mérite ou de la chance, ou de l'aide réciproque, de la courte échelle.

*Fraternité* non moins singulière que nous pratiquons peu entre nous sans doute, mais qui commence par exclure du cercle de ses préoccupations la plus grande moitié de l'humanité !

Pour la femme : sujétion, dépendance, obéissance aux lois que nous avons faites et qui forcément nous sont favorables; inégalité nécessaire, inéluctable; lutte des sexes remplaçant la lutte des classes !

Voilà le résultat de notre triomphant et brutal égoïsme. Nous sommes les parvenus de la liberté, de l'égalité.

Nous nous conduisons comme le laquais qui a dépossédé son maître, comme l'intendant devenu le seigneur du château, d'autant plus dur, d'autant plus arrogant avec les autres serviteurs que son élévation est plus récente.

Pendant des années notre quiétude a été complète, notre droit nous paraissait évident; nous n'avions pas réalisé ce qui a été si bien démontré par Stuart Mill, que notre droit n'était que celui du plus fort.

Nous croyions avec intrépidité à notre supériorité, à toutes nos supériorités et, avec non moins d'ardeur, à l'infériorité naturelle, à toutes les infériorités de la femme.

Mais déjà nous ne sommes plus sûrs de nous; les réclamations timides d'abord, fermes ensuite, résolues aujourd'hui, ne sont pas sans nous atteindre.

Notre conviction s'ébranle.

Cette infériorité indémontrable en principe, inadmissible en droit, dont tant de sociétés anciennes ont ignoré même l'idée, débris de croyances asiatiques et juives, repoussée par Rome, par les premiers chrétiens, par les barbares d'origine germanique, inconnue de notre haut moyen-âge, remontée à la surface avec la renaissance des études bibliques et thalmudiques, cette infériorité de nature, nous n'y croyons plus.

La science qui a analysé la matière cérébrale, la métaphysique qui a analysé les âmes, l'expérience qui a comparé les faits, l'opinion publique se trouvent aujourd'hui d'accord pour ne plus l'admettre.

L'égalité, ou mieux, *l'équivalence*, est désormais reconnue, et le principe de la personnalité humaine mis en dehors et au-dessus de la distinction du sexe.

La femme, être moral, comme nous conscient, comme nous responsable, n'était-elle pas présumée notre égale par la loi, si illogique à tant d'égards, puisqu'elle lui impose les mêmes charges, les mêmes devoirs et qu'en cas de manquement, de délit ou de crime, elle la punit des mêmes peines ?

Son infériorité est parfois féroce en l'espèce et nous voudrions voir aboutir demain la proposition de loi de notre honorable collègue M. Rivet, afin qu'entre autres choses, en matière d'infanticide, le père vienne devant les juges réclamer ou supporter sa large part de responsabilité pour ne pas dire de culpabilité.

Avez-vous jamais vu une nuance dans le Code ? cinq ans de prison pour l'homme, par exemple, et trois pour la femme, pour responsabilité atténuée par une faiblesse d'esprit congénitale, comme pour les enfants, les malades, les idiots, les dégénérés ?

*Non.*

Nous tablons donc sur l'égalité et, par une singulière logique, nous dérogeons pour la femme seule à notre principe absolu : « que tout *devoir* suppose un *droit* correspondant. »

Les droits nous les considérons pourtant comme *indispensables* pour nous dans la lutte pour la vie et nous refusons de les accorder à la femme au moment où la voilà à son tour obligée à descendre dans l'arène et à prendre part à la bataille.

Tant que l'homme, mari avant tout, a nourri la femme et les enfants, comme il avait la plus grande partie des charges, on pouvait à la rigueur admettre qu'il eût tous les droits.

Mais notre époque n'aura pas seulement enregistré la faillite de la science, selon

M. Brunetière ; sous nos yeux le mariage fait *banqueroute* et souvent frauduleusement... sans parler du divorce qui lui enlève son ancienne sincérité.

Constatons-le, statistique en main, on épouse de moins en moins dans toutes les contrées modernes ; en France, en quarante et un ans, le nombre des mariages a diminué des deux cinquièmes, diminution venue de la volonté de l'homme, du goût général du bien-être, de la recherche de la jouissance, forcément diminués par les charges de la famille, par l'augmentation du prix de la vie non balancée par une élévation correspondante des bénéfices, des traitements ou des salaires.

Ne disons point que les études élevées, que les carrières ouvertes aux femmes détournent celles-ci du mariage : bien peu de jeunes filles pourvues d'une dot et sollicitées par un ou plusieurs prétendants y répugnent, mais pour les autres femmes, de plus en plus nombreuses, la question du travail intellectuel ou manuel n'est pas une question de choix, mais bien de pain quotidien.

Elles sont condamnées au travail et au célibat obligatoires.

Cela est si bien une question de nécessité que, peu à peu, il vous a fallu ouvrir aux femmes un nombre de plus en plus considérable de carrières, à côté de celles qu'elles se sont créées elles-mêmes.

D'abord confinées dans les travaux à l'aiguille, elles ont vu s'ouvrir les portes des usines, des grands magasins, des administrations privées ou publiques, banques, postes, télégraphes, téléphones, caisses d'épargne..., etc., des écoles primaires, secondaires, professionnelles.

Elles ont abordé les carrières dites libérales : nous les avons vues professeurs, licenciées, agrégées, docteurs en médecine, docteurs en droit, récemment avocates, pharmaciennes, exploratrices... Nous les avons vues écrivains, journalistes, peintres, sculpteurs, compositeurs de musique combien appréciées ! artistes combien admirées ! rénovatrices de la charité et de la bienfaisance !

En vérité, Messieurs, n'avons-nous pas le droit d'être fiers de nos femmes ? Ces carrières, toutes ces carrières ne les ont-elles point bien remplies ? Les qualités que nous leur déniions autrefois, pouvons-nous maintenant les leur refuser ?

Il y a des siècles qu'une conception fausse du rôle de la femme se transmet de génération en génération.

On ne saurait croire de quoi est capable la femme, et pour ne parler que de celles au milieu desquelles nous sommes heureux de vivre, nous pouvons affirmer qu'elles sont non seulement les auxiliaires précieux de leurs maris, mais souvent, la plupart du temps leurs heureuses suppléantes tenant d'une main ferme le gouvernail à la maison, durant qu'à la mer l'homme dirige le bateau, séparé toujours de sa famille, de ses concitoyens, ignorant des affaires locales, loin desquelles, eu égard à son rude métier, il doit se tenir.

Courageuse, résignée, préparée aux cruelles séparations, la femme que nous citons comme exemple est naturellement obligée, en l'absence du mari, de s'intéresser aux questions locales, de prendre seule des décisions. C'est par elle que son compagnon de lutte, toujours absent, apprend en débarquant, entre deux marées, les événements, les incidents de la veille, les projets de demain.

C'est elle encore qui *forme* les enfants, sans autre guide que sa conscience et nos traditions de probité et d'honneur, seul héritage légué par les anciens.

Aux charges de la maternité, elle ajoute les devoirs de la paternité.

. . . . . . . . . . . . . . . . . . . . . . . . . . . . . . . . . . . .

Créature mobile, changeante, impressionnable, jouet de ses sentiments, de ses sensations et de ses nerfs, incapable de pensée pure, d'abstraction, de généralisation, voilà ce que nous la proclamions être !

Quel démenti nous ont donné les faits ! Quel effort elle a réalisé en moins de cinquante ans ! Quelle persévérance ! Quelle endurance, quelle application soutenue dans le travail, quelle possession de soi dans les épreuves pour l'obtention des titres, des grades universitaires ou autres, quelle sûreté de conduite dans les professions une fois acquises, quelle dignité dans la vie de ces femmes trop souvent célibataires ! Quel renoncement aux joies, aux plaisirs de la vie, quelle acceptation héroïque de ses devoirs !

Nous avons l'honneur, Messieurs, de connaître de près quelques-unes de ces femmes et nous pouvons vous dire avec quelle admiration nous les regardons vivre si hautement leur vie !

Cette admiration, nous la voyons partager autour de nous.

L'opinion publique, formée par tant de préjugés, s'est inclinée aujourd'hui devant l'évidence. La tradition orientale et sémitique de mépris absolu pour la nature même de la femme est maintenant généralement abandonnée. La femme qui travaille est désormais acceptée, reçue, triste constatation à faire puisque c'est constater en même temps qu'elle a été discutée et qu'elle ne s'est imposée qu'avec le temps !

Mais si elle est acceptée par l'opinion, est-elle encouragée, est-elle soutenue, est-elle aidée par les pouvoirs publics comme elle devrait l'être ? *Non.*

A-t-elle droit à l'être ? Oui.

Comment doit-elle l'être ? Quelle mesure lui assurera l'intégralité de droits de cette créature humaine, c'est ce qu'il me reste à exposer ici.

A ces deux premiers points j'ai déjà répondu en partie. Je ne rappellerai ici que l'inégalité des salaires, l'inégalité de traitements à travail égal ; l'inégalité de la durée même des heures de travail ou de service, l'hostilité contre la femme, de ses rivaux, de ses confrères, de ses collègues, se traduisant par des mesures humiliantes et préjudiciables.

Un exemple : dans nos lycées, l'homme professeur agrégé doit douze heures de service, la femme professeur agrégée seize ; qu'il en soit de même dans les bureaux des ministères, dans les banques, etc., c'est probable.

Un autre exemple entre mille :

Admise à concourir à l'agrégation d'allemand *comme* les hommes, après avoir travaillé, avec les *mêmes* professeurs, les *mêmes* questions, sur les *mêmes* bancs de la Sorbonne, la jeune fille passe les *mêmes* épreuves devant le *même* jury, et, reçue dans les *mêmes* conditions, elle voit afficher le résultat du concours en deux listes différentes, une liste pour les hommes, et une liste pour les femmes.

Dans les premiers temps de l'admission des femmes au concours, le résultat en était proclamé par une liste unique. Mais dans le classement qui indique la valeur des concurrents et qui assure aux premiers numéros des avantages matériels et moraux correspondant à leur rang, les femmes occupaient des places si honorables (une fois ou même plusieurs fois, une femme a ouvert la liste avec le numéro un) que c'était vraiment intolérable pour l'orgueil et l'intérêt masculins. Il a fallu modifier cela. De là, le petit expédient que nous venons de faire connaître. C'est une petite chose sans doute, mais combien mesquine, combien honteuse aussi ! Or, si peu soutenue par les pouvoirs publics, par les règlements, la femme n'a-t-elle pas droit de l'être ? Réclamant ce droit pour nous, notre *principal argument* est que, contribuant chacun aux frais généraux de la grande machine sociale, nous avons droit chacun à notre part proportionnelle de bénéfices.

Consommatrice, la femme ne paye-t-elle donc point l'impôt sous toutes ses formes ?

Célibataire, veuve, divorcée, commerçante, médecin, avocat, échappe-t-elle à l'impôt particulier payé par l'homme comme chef de famille, d'exploitation, l'impôt foncier, l'impôt locatif, toutes les patentes ? Hésite-t-on à la poursuivre devant les tribunaux si elle ne peut payer et à la déclarer en faillite ?

Or, l'homme a consenti l'impôt ; on le consulte par l'intermédiaire de ses représentants sur la forme, le taux, la répartition de l'impôt ; on lui rend des comptes sur l'emploi qui en est fait.

Pourquoi n'en rendrait-on pas à la femme contribuable, et pourquoi ne serait-elle pas consultée ?

En droit, elle devrait donc être *électeur* puisque le bulletin de vote est la manière de manifester son opinion et d'exprimer sa volonté.

En fait, des concessions ont déjà été accordées : la femme témoin seulement au criminel est depuis trois ans témoin au civil.

Commerçante, elle est depuis peu électeur aux prud'hommes, aux tribunaux de commerce. Fonctionnaire, professeur, au Conseil départemental, au Conseil supérieur de l'instruction publique, au Conseil du travail.

Mais si elle est compétente et reconnue telle ici, pourquoi ne le serait-elle pas là ? Puisqu'elle est égale devant les charges, devant les devoirs, elle devrait l'être devant le droit, devant tous les droits.

Electeur sur certaines questions restreintes, pourquoi ne le serait-elle pas sur des questions plus générales ? Voyez-vous, messieurs, une raison quelconque de fixer une limite puisqu'au surplus le principe du suffrage féminin est déjà admis, reconnu ?

*Là est*, messieurs, *la mesure qui assurera à la femme la reconnaissance publique de ses droits de créature humaine*, d'être moral, responsable de ses actes, libre de développer pour son meilleur bien et pour le bien de tous, toutes ses facultés.

La femme *demande à être électeur*, à être considérée comme un membre réel de la nation, comme un individu indépendant dans la collectivité, comme un être respectable en soi, consultable à son tour.

Modestement, la proposition que nous déposons sur le bureau de la Chambre limite la demande aux femmes célibataires et aux veuves ou divorcées, en un mot à la femme responsable d'elle-même, au chef de famille ayant un intérêt indépendant à défendre ou à faire valoir. Pour les autres on demandera et on obtiendra plus tard. Modestement encore, nous ne voudrions demander d'abord, pour cette catégorie restreinte, le droit de suffrage que dans les affaires municipales, de finances locales, de travaux d'utilité publique, d'expansion commerciale, d'enseignement, d'hygiène, de salubrité, de moralité, d'assistance.

En vérité, messieurs, peut-on leur refuser ici la compétence ? Pourquoi, à l'imitation de la Suède et de la Norvège, de l'Angleterre, de l'Amérique, ne leur reconnaîtrions-nous pas ce droit ?

Ne voyons-nous pas ces différentes contrées se féliciter d'avoir accordé à la femme le droit de suffrage, sur toutes ces questions, notamment sur les questions si actuelles et si redoutables de l'alcoolisme, de l'assistance et de l'hygiène ? Elle peut aussi demander et elle l'obtiendra, car elle l'obtiendra, messieurs, et plus tôt que plus tard, le droit d'être consultée sur les questions d'ordre général, c'est-à-dire qu'elle peut demander et qu'elle obtiendra également les *droits politiques*. Ici son droit est non moins évident et sa compétence non moins indéniable.

Créature humaine, obéissant comme nous à l'instinct de conservation, soumise aux nécessités inéluctables de l'existence, n'a-t-elle pas à se préoccuper comme nous des meilleures conditions possibles de succès ? Sait-elle moins que nous ce dont elle souffre et ne cherche-t-elle pas aussi le meilleur remède à ses maux ?

Être pensant, elle a droit aux meilleurs moyens de culture intellectuelle, au libre jeu de toutes ses facultés. Elle doit pouvoir tirer tout le profit possible des dons et des talents que lui a donnés la nature pour elle-même ou pour la société.

Ouvrière, les lois qui régissent le travail, l'usine, l'atelier ne pèsent-elles pas sur elle de tout leur poids ; si pour nous le gain doit être proportionnel à l'effort, peut-elle se désintéresser de la question des salaires ?

Commerçante et consommatrice, n'est-elle donc pas soumise aux lois économiques ? N'a-t-elle pas une opinion à émettre sur le bon ou le mauvais état des affaires ?

Contribuable, pourquoi ne la consulterait-on point sur le chiffre de l'impôt et ne lui rendrait-on point compte de l'emploi de ses deniers ?

Propriétaire, rentière, n'a-t-elle point à gérer ses propriétés, à défendre son portefeuille ? Ne transmet-elle pas l'héritage ?

Dans les questions d'argent et de biens, ne se plaint-elle pas à juste titre de sa subordination dans le mariage ?

Femme, la moralité de la nation, de la rue, le sacrifice de ses sœurs faibles ou dépravées par la pauvreté ou l'exemple contagieux du vice, peuvent-elles la laisser indifférente, et sur ces questions délicates, comme sur les questions de préservation et de relèvement, ne pourrions-nous donc pas l'écouter avec profit?

Par sa nature essentiellement sensible à la douleur d'autrui, ingénieuse à en trouver le remède, ne devrait-elle pas être écoutée avec déférence dans les œuvres de charité et d'assurance?

Mère, sur les lois protectrices de l'enfance, sur les lois scolaires, pourquoi n'aurait-elle pas voix au chapitre?

Messieurs, la femme profite-t-elle moins que nous de la paix, souffre-t-elle moins de la guerre? Sans doute, en général, elle ne paye pas directement sa dette à la patrie, mais n'accordons-nous le droit de se prononcer sur ces questions qu'à ceux qui ont fait leur service militaire? Et, outre la ruine matérielle égale pour la femme et pour l'homme, ne meurt-elle pas sur le champ de bataille dans la personne de ses enfants pour qui elle a déjà risqué sa vie en les mettant au monde?

Les femmes, Messieurs, nos chères Françaises, n'aiment-elles donc pas leur pays autant que nous? et n'ont-elles pas le même droit de travailler ouvertement à sa grandeur, à sa prospérité, à sa gloire?

Accordons-leur donc, Messieurs, ce qu'elles demandent, le *droit au vote.*

Refuser serait essayer vainement d'arrêter la marche du progrès lui-même : ce serait une marque d'entêtement aveugle et coupable. Nous sentons que le principe que nous avons reconnu entraînera fatalement toutes ses conséquences : la forteresse où nous maintenons nos prétendus droits ne résiste plus ; battues en brèche, les murailles croulent ; les tours sont déjà démantelées ; les assiégés ont du reste perdu la foi ; au travers des lézardes ils tendent la main,... faut-il dire à l'*ennemi*, ou mieux au compagnon de lutte?

La capitulation est proche, inévitable.

Capitulons donc de bonne grâce, messieurs, avec élégance. Renonçons à une résistance faite d'injustice et sacrifions notre amour-propre à l'équité.

Nous avons l'honneur de soumettre avec confiance cette proposition à vos délibérations.

Les femmes ont déjà beaucoup obtenu de cette législature.

Que leur véritable émancipation soit encore votre œuvre et vous aurez vraiment mérité de l'humanité!

## PROPOSITION DE LOI

### Article unique.

Le droit de vote dans les élections municipales, cantonales et législatives est accordé aux femmes majeures célibataires et aux veuves ou divorcées.

Sous ces réserves, les conditions de vote imposées aux électeurs sont exigibles des femmes en tant qu'électrices.

# PIÈCE 2.

## Notice sur le Conseil international des femmes

*Fondé à Washington (États-Unis d'Amérique), le 31 mai 1888.*

La Fédération des Sociétés féministes, fondée à Washington. Le 31 mai 1888, et connue sous le nom de Conseil international des femmes, a fait précéder ses statuts de la déclaration suivante :

« Nous, femmes de toutes les nations, croyant sincèrement que le bonheur de l'humanité sera réalisé par une plus grande unité de pensées, de sentiments et de vues, et que l'action régulièrement organisée des femmes sera le moyen le plus favorable d'assurer la prospérité de la famille et de l'Etat, nous déclarons nous unir en une fédération de travailleuses ayant pour but de faire pénétrer dans la Société les mœurs et les lois, les principes de la Règle d'or qui dit : « Faites à autrui ce que vous voudriez qu'on vous fît à vous-mêmes. »

***

### *Extrait des statuts du Conseil international.*

Article premier.

« La Fédération est appelée : Conseil international des femmes.

« Son but est d'établir une communication constante entre les associations de femmes de tous les pays et de leur fournir des occasions de se rencontrer et de délibérer sur les questions relatives au bien public et à la sécurité de la famille.

Art. 2.

« Le Conseil international n'est pas organisé en vue de servir des intérêts particuliers, il n'a d'autres pouvoirs sur ses membres que celui de la persuasion et de la sympathie : par conséquent, aucun Conseil national qui aura décidé de s'affilier au Conseil international ne sera exposé à une intervention de ce dernier, relativement à son existence organique, son indépendance, sa méthode de travail, et ne sera pas davantage assujetti aux principes ou méthodes d'un autre Conseil. Enfin, il n'aura à craindre de la part du Conseil international aucune parole, aucun acte qui ne soit compatible avec les présents statuts. »

***

Depuis la formation du Conseil international des femmes, la France, n'ayant pas de Conseil national, n'était représentée que par une déléguée officielle, M^me Isabelle Bogelot, que le bureau du Conseil international avait nommée trésorière d'abord, puis vice-présidente d'honneur.

En 1900, M^me May Wright Sewall, présidente du Conseil international, vint spécialement en France pour demander aux femmes françaises de fonder un Conseil national destiné à s'affilier et à unir ses efforts au Conseil international. Pour ce, elle s'adressa aux trois Congrès féminins convoqués à Paris en 1900 : *Le Congrès des œuvres catholiques, le Congrès des œuvres et institutions féminines, et le Congrès de la condition et des droits des femmes.*

Deux de ces Congrès répondirent à son appel : celui des œuvres et institutions féminines et celui de la condition et des droits des femmes.

De la réunion de ces deux Congrès sortit le Conseil national des femmes françaises, lequel adhéra, le 11 juillet 1901, au Congrès international des femmes.

Les pays qui se sont jusqu'à ce jour affiliés au Conseil international des femmes sont : les États-Unis, le Canada, l'Allemagne, la Suède, la Grande-Bretagne et l'Irlande, le Danemark, la Hollande, la Nouvelle-Bretagne, la Tasmanie, la Suisse, l'Italie, la France, l'Australie du Sud, Victoria, l'Autriche, la Norvège, la Hongrie, la Belgique, la République Argentine, la Grèce, la Bulgarie, la Nouvelle-Galles du Sud, le Queensland.

COMITÉ DIRECTEUR DU CONSEIL INTERNATIONAL.

Présidente : Mme la comtesse d'Aberdeen (Écosse) ;
Présidente honoraire : Mme May Wright Sewall (États-Unis) ;
Vice-présidentes : Mme Ogilvie Gordon (Écosse) ; Mme la comtesse Spalletti-Rasponi (Italie) ; Mme Marianne Hainisch (Autriche) ;
Secrétaire générale : Mme le docteur Alice Salomon (Allemagne) ;
Secrétaire des séances : Mlle le docteur Alexandra Skoglund (Suède) ;
Trésorière : Mme W. Sanford (Canada) ;
Vice-présidentes honoraires : Mme Anna de Philosophoff (Russie) ; Mme la baronne Alexandra Gripenberg (Finlande) ; Mme Sheppard (Nouvelle-Zélande) ; Mlle Selma Hanum (Turquie).

COMMISSIONS INTERNATIONALES.

1° Finances. Présidente : Mme Willoughbhy Cummings (Canada) ;
2° Presse. Présidente : Mme Johanna Naber (Hollande) ;
3° Paix et arbitrage. Présidente : Mme May Wright Sewall (États-Unis) ;
4° Situation légale de la femme. Présidente : Mme d'Abbadie d'Arrast (France) ;
5° Suffrage et droits politiques. Présidente : Mme Annie Howard Shaw (Etats-Unis) ;
6° Unité de la morale et traite des femmes. Présidente : Mme Avril de Sainte-Croix (France) ;
7° Hygiène. Présidente : Mme la comtesse d'Aberdeen (Écosse) ;
8° Éducation. Présidente : Mme Ogilvie Gordon (Écosse) ;
9° Émigration et immigration. Présidente : La comtesse Danieli Camozzi (Italie).

# PIÈCE 3.

## Alliance internationale pour le suffrage des femmes.

### *Règlement définitif.*

1° Tout pays (même ceux d'indépendance relative, mais possédant le pouvoir d'affranchir les femmes) doit être considéré comme une nation par l'A. I. et peut organiser une association nationale pour le suffrage des femmes, association ayant le droit de devenir membre de l'Alliance ;

2° Une association nationale pour le suffrage doit être une fédération de suffragistes ayant des branches dans plusieurs villes du pays ;

3° Les associations pour le suffrage des femmes ne doivent s'occuper ni de politique, ni de religion ;

4° Les associations nationales pour le suffrage des femmes tiendront leurs réunions nationales à des intervalles déterminés, les réunions se composeront de délégués des différents groupes fédérés. La nomination des membres du Comité aura lieu dans ces réunions ;

5° Les associations nationales pour le suffrage seront composées de groupes organisés travaillant *exclusivement* pour le suffrage des femmes. Néanmoins, quand, dans un pays n'ayant pas encore d'organisation, il n'existe pas un nombre suffisant de groupes pour former une association nationale, des groupes organisés qui travaillent pour d'autres questions féministes que pour la question des droits des femmes pourront être reçus membres de l'A. I.

### *Membres du Comité directeur* (1).

Présidente : Mme E. Carrie Chapmann Catt, de New-York (E. U).

1re vice-présidente : Mme Millicent Fawcett, de Londres (Angleterre).

2e — Mlle Annie Furuhjelm, de Helsingfors (Finlande).

Secrétaires : Mlle Martina Kramers, de Rotterdam (Hollande) ; Mme Anna Lindemann, de Stuttgart (Wurtemberg) ; Mlle Signe Bergman, de Stockholm (Suède).

Trésorière : Mme Adela Cort, de Londres (Angleterre).

### *Associations affiliées et correspondants.*

Autriche : Mme E. von Furth, Vienne.

Australie : Women's Political Association, Melbourne.

Belgique : Mme le Dr Julie Gilain, Bruxelles.

Bohême : Mlle M. Stepankova, Prague.

Bulgarie : Alliance pour les droits de la femme, Sofia.

Canada : Dominion Woman Suffrage Association, Toronto.

Danemark : Mme Louise Norlund, Kopenhague.

Finlande : Kvinnosaksforbundet Unionen, Helsingfors.

France : Mme le Dr Jeanne E. Schmahl, Paris.

---

(1) D'après le rapport de la 5e conférence de l'*Alliance internationale pour le suffrage des femmes*, tenue à Londres, du 26 avril au 1er mai 1909.

Allemagne : Deutscher Verband für Frauenstimmrecht, Hugling (Bavière).
Grande-Bretagne : Union of Women Suffrage Societies, Londres.
Hongrie : Feministak Egyesulete, Budapest.
Italie : Comitato Nazionale per il Vota alla Donna, Rome.
Pays-Bas : Vereeniging voor Vrouwenkiesrecht, Amsterdam.
Norvège : Landskvindestemmeretsforenigen, Gjevran.
Russie : Union des défenseurs des droits des femmes, Saint-Pétersbourg.
Colonie du Cap : Women's Enfranchisement League, à Lunderston.
Natal : Women's Suffrage League, Durban.
Suède : Dr Lydia Wahltrom, Stockholm.
Suisse : M. A. de Morsier, député, Genève.
États-Unis : National American Woman Suffrage Association, Swathmore, Pennsylvanie.

## PIÈCE 4.

**Motion (1) votée au Congrès de *l'Alliance Internationale pour le suffrage des femmes*, à Londres, le 1er mai 1909 :**

L'Alliance invite instamment l'Association nationale pour le suffrage des femmes de chaque pays à préparer un relevé complet des lois qui placent les femmes, mariées ou célibataires, dans une situation désavantageuse à l'égard de la propriété, du salaire, du mariage, du divorce, de la garde des enfants, de l'éducation, des conditions industrielles et des droits politiques, et à expliquer que si elle demande au Parlement le droit de vote immédiat, c'est qu'elle considère que les injustices ne pourront effectivement disparaître que par l'action politique combinée des hommes et des femmes.

Le congrès recommande que cette propagande soit entreprise simultanément dans tous les pays pendant l'année 1910.

## PIÈCE 5.

**Notice sur le Conseil national des femmes françaises.**

*Fondé à Paris le* 18 *avril* 1901.

MEMBRES FONDATEURS.

| | |
|---|---|
| Mlle Sarah Monod. | Mlle Marie Bonnevial. |
| Mme Jules Siegfried. | Mme Maria Pognon. |
| Mme Avril de Saint-Croix. | Mme Wiggishoff. |

SON BUT — SES STATUTS — SON RÈGLEMENT

« Permettez-nous, en vous adressant les statuts du Conseil national des femmes françaises, de vous rappeler que l'idée, réalisée aujourd'hui, de ce Conseil n'est pas nouvelle parmi nous. Elle avait été présentée au premier Congrès des œuvres et institutions féminines en 1881, et si du vœu elle ne pouvait encore passer à l'exécution, c'est que la difficulté était, à cette époque, d'obtenir une représentation équitable des diverses branches du féminisme français. Depuis, les circonstances se sont montrées plus favorables : les femmes sont à la fois mieux groupées et plus nombreuses.

Les deux Congrès officiels, celui des *œuvres et institutions féminines*, et celui de la *condition et des droits des femmes*, qui ont eu lieu en 1900, ont fourni, par le fait même de leurs tendances diverses, une expression plus facile à saisir qu'auparavant de ces différents groupements. Un Comité d'initiative, composé de déléguées élues par les deux Congrès, put être nommé, afin d'élaborer les statuts et règlement du futur Conseil, sous la présidence de Mme Isabelle Bogelot, vice-présidente du Conseil international des femmes.

Ces délégués furent : pour le *Congrès des œuvres et institutions féminines*, Mlle Sarah Monod, présidente du Congrès, Mmes Avril de Sainte-Croix et Jules Siegfried ; pour le *Congrès de la condition et des droits des femmes*, Mme Maria Pognon, présidente, Mmes Marie Bonnevial et Wiggishoff, et, le 18 avril 1901, la première assemblée constitutive du Conseil national des femmes françaises eut lieu au Cercle du travail féminin, assemblée dans laquelle furent débattus et adoptés, après un amendement, les statuts proposés par le Comité d'initiative. La déclaration de la constitution du Conseil national des femmes françaises parut dans le *Journal officiel* du 23 octobre 1901. Dès la première heure, plus de trente sociétés, représentant un nombre de 20.000 femmes environ, adhérèrent à cette nouvelle association de forces féminines. Depuis, chaque assemblée a enregistré de nouvelles recrues.

Encouragé par ce succès, le Comité du conseil national fait aujourd'hui tous ses efforts pour attirer à lui les sociétés féminines et féministes françaises. Il se sent d'autant plus libre de proposer à toutes les associations de femmes d'adhérer au mouvement créé par lui, que cette adhésion n'implique aucune renonciation aux idées particulières de chacune, chaque société devant conserver son autonomie, tout en apportant à la masse un concours utile d'expérience et de bonne volonté. Par le fait de ce conseil, le rapprochement d'estime, en quelque sorte, qui s'était produit pendant ces dernières années, s'est accentué d'avantage encore. C'est ainsi que, sous des formes et par des moyens divers, beaucoup de femmes qui se sont plus ou moins ignorées jusqu'ici travaillent à la poursuite d'intérêts identiques.

La situation faite à la femme dans la société actuelle est telle, que tous les congrès ayant pour but son intérêt ou sa dignité ont exprimé sinon les mêmes vœux, du moins des préoccupations analogues. En ce qui concerne, par exemple, la protection des enfants contre les mauvais traitements, ou les exigences accablantes du travail, l'amélioration de la condition civile et économique de la femme, la condition légale de la femme mariée, la répression de la traite des blanches et les attentats contre la moralité publique, l'affirmation d'une seule morale, la même pour les deux sexes, et combien d'autres ! l'opinion a été la même sous des formes différentes.

L'expérience des dernières années, pensons-nous, montre que le groupement que nous avons réalisé n'est pas inutile, qu'il peut avoir une portée sociale très grande, et qu'il dépend de la bonne volonté des uns et des autres qu'il devienne fertile en résultats pratiques... »

On lit d'ailleurs à l'article 2 des statuts :

« Le but du Conseil national est d'établir un lien de solidarité entre les diverses sociétés et œuvres s'occupant de la condition et des droits des femmes, qui permette à ses membres de conférer ensemble sur les questions relatives à leurs intérêts sociaux et matériels, à leurs droits et à leurs devoirs, dans la société et dans la famille. »

---

(1) Circulaire envoyée par le Conseil, en juin 1909, aux différentes sociétés appelées à constituer les groupes départementaux.

### COMITÉ EXÉCUTIF DU CONSEIL NATIONAL.

Présidente d'honneur : Mme Isabelle Bogelot ;
Présidente : Mlle Sarah Monod ;
Vice-présidentes : Mlle Marie Bonnevial, Mme Jules Siegfried, Mme Alphen-Salvador ;
Secrétaire générale : Mme Avril de Sainte-Croix ;
Secrétaires : Mme Maria Martin, Mme Pichon-Landry ;
Trésorière : Mme Eugénie Weill ;
Membres du Comité : Mmes d'Abbadie d'Arrast, Georges Martin, de Montaut, Edouard Petit, Pégard et Mlle Morin ;
Membres d'honneur : Mmes Clémence Royer, Guizot de Witt, Vincent, Coignet, Pauline Kergomard, Pierre Curie, Mlles Julie Toussaint et Dick-May.

### SECTIONS.

1. Section d'Assistance et d'hygiène : Présidente, Mme Eugénie Weill, 43, rue Blanche.
2. Section d'éducation : Présidente, Mme Kergomard, 166, boulevard Montparnasse.
3. Section de législation : Présidente, Mme d'Abbadie d'Arrast, 32, rue Vaneau.
4. Section du travail : Présidente, Mme Pégard, 116, rue Saint-Dominique.
5. Section du suffrage : Présidente, Mme Georges Martin, 20, rue Vauquelin.
6. Section des sciences, arts et lettres : Présidente, Mme Jean Cruppi, 80, rue de l'Université.

Cette section comprend trois sous-sections.

Vice-présidentes : Mme Mary Duclaux ; Mlles Aimée Fiévet et Nadia Boulenger.

### LISTE DES SOCIÉTÉS AFFILIÉES ET DE LEURS DÉLÉGUÉES.

| Sociétés (1). | Déléguées (2). |
|---|---|
| Adelphie (1903), 5, square du Roule | Baronne Ph. de Bourgoing.<br>Mme Regnard. |
| Alliance universelle des Femmes pour la paix par l'éducation (1905), 7, rue Guillaume Tell | Mme Cahen.<br>Mme Claire Bauër. |
| Amies de la Jeune Fille (1909), Tours (Indre-et-Loire) | Mme Dupin de Saint-André. |
| Asile temporaire pour Enfants (1901), 88, rue de Gergovie | Mme G. Mirabaud.<br>Mme Jean-Charles Roux. |
| Asile temporaire pour Femmes (1901), 14, rue de Retrait | Mme Kuntzel.<br>Mme Marozeau. |
| Assistance par le travail (1901), 11, rue du Val-de-Grâce | Mme Adolphe Puaux.<br>Mme Meyer Warnod. |
| Assistance par le travail du Toit Familial, 9, rue Guy-Patin | Mme Léon Philippe.<br>Mme Emile Samuel. |

(1) La date qui suit le nom de chaque société indique l'époque d'affiliation ; l'adresse est celle du siège social.
(2) Le premier nom est celui de la déléguée permanente, le second est celui de la déléguée suppléante.

| | |
|---|---|
| Association féminine de la Confection (1908), 8, rue Monte-Cristo | Mme Gompel.<br>Mme Henri Dehérain. |
| Association pour le développement de l'Assistance aux malades (1901), 10, rue Amyot | Mme Alphen-Salvador.<br>Mme Meynadier. |
| Association fraternelle des dames employées à la Caisse nationale d'épargne (1901), 1, rue Saint-Romain | Mlle Korn.<br>Mlle Blaise. |
| Association fraternelle des receveuses et dames employées des Postes, des Télégraphes et des Téléphones (1904), 99, rue de Grenelle | Mlle Dumur.<br>Mme Riant. |
| Association pour la répression de la Traite des blanches (1905), 8, rue Pasquier | Baronne de Bully.<br>Mlle Chaptal. |
| Association amicale des anciennes élèves de l'École supérieure (1909), Tours (Indre-et-Loire) | Mme Hamon.<br>Mlle Vieulle. |
| Association amicale des anciennes élèves du lycée de jeunes filles, Tours (Indre-et-Loire) | Mlle Ponsin.<br>Mme Rouget. |
| Association des amies de la jeune fille (1909), 3, rue Joseph-Clerc, Le Havre (Seine-Inférieure) | Mme Chevalier de Cornick.<br>Mlle M. Jardin. |
| Cercle Amicitia (1901), 12, rue du Parc-Royal | Mme Alfred André.<br>Mme de Coppet. |
| Cercle du travail féminin (1903), 35, boulevard des Capucines | Mlle Vignaud.<br>Mlle Choquet. |
| Comité d'action féministe syndicaliste (1908), Bourse du Travail, 3, rue du Château-d'Eau | Mlle Maximilienne Biais.<br>Mme Despuech. |
| Conférence de Versailles (1901), 15, rue des Batignolles | Mme de Faye.<br>Mme Jules Siegfried fils. |
| Coopérative féminine d'éducation et de solidarité (1904), 5, rue de l'Assomption | Mme Jules Ferry.<br>Mlle Kastler. |
| École des Mères (1906), 11, rue de Miromesnil | Mme Moll-Weiss.<br>Mlle Stœckel. |
| École de gardes-malades de l'hôpital du Tondu (1909), Bordeaux (Gironde) | Mlle Irasque.<br>Mlle Siegrist. |
| École hospitalière de gardes-malades de la Maison de santé protestante (1909), 21, rue Cassignol, Bordeaux (Gironde) | Mlle le Dr Hamilton<br>Mlle Mignot. |
| Éducation et Action féministes de Lyon (1905), 7, rue de Tunisie, Lyon (Rhône) | Mme Odette Laguerre.<br>Mme Jacques. |
| Etoile Blanche, ligue contre l'immoralité (1907), 81, rue Germain-Pilon | Mme Camille Savary.<br>Mme Garetta. |
| Fédération abolitionniste internationale (1901), 1, avenue Malakoff | Mme Paul de Schlumberger.<br>Mme Pichon-Landry. |

| | |
|---|---|
| Fédération féministe universitaire primaire de France (1909), secrétariat général à Laxou-les-Nancy (Meurthe-et-Moselle) (30 sections départementales)................ | Mlle Marie Guérin<br>Mme Kapps. |
| Femmes de France (1909), Tours (Indre-et-Loire)........... | Mme Paul-Boncour.<br>Mme Brunschvicg. |
| Foyer de Famille (1909), 16, rue Margaux, Bordeaux (Gironde)........................................ | Mme Gounouilhou.<br>Mme Jaïs. |
| Foyer de l'Ouvrière (1901), 60, rue d'Aboukir, 12, rue de la Victoire, 69, faubourg Saint-Denis, 102, rue de Richelieu, 102, rue de Charonne .......................... | Mlle Lucile Morin.<br>Mlle M. Bruneton. |
| Grande loge le Droit humain de Lyon (1902), 94, rue Cuvier, Lyon (Rhône).................................... | Mlle Louise Lévi.<br>Mlle Carasset. |
| La Guirlande (1901), 2, rue des Arquebusiers .............. | Mme Faugé.<br>Mlle Aimée Fiévet. |
| La Goutte de lait (1907), 3, rue Claude-Chahu (XVIe)........ | Mme L. Trarieux. |
| Hospitalité du Ballan (1909), (Indre-et-Loire)............... | Mme Jules Brandon.<br>Mme J. Havet. |
| Institution des Diaconesses (1901), 95, rue de Reuilly....... | Comtesse Paul de Pourtalès.<br>Mme Casalis-Bost. |
| Ladies Club (1901), 14, rue Duperré...................... | Mme Février de Marsy.<br>Mme Hardouin. |
| Ligue française pour le Droit des femmes (1901), 127, avenue de Clichy .......................................... | Mme Maria Martin.<br>Mlle Harlor. |
| Ligue française des Mères de famille (1903), 4, rue Richepanse ............................................ | Mme le Dr Edwards-Pilliet.<br>Mme Boudeville. |
| Ligue française de l'Enseignement (1904), comité des dames, 16, rue de Miromesnil ............................... | Mme Edouard Petit.<br>Mlle Saffroy. |
| Ligue pour le relèvement de la moralité publique et la répression de la Traite des blanches (1909), 102, rue Gustave-Flaubert, Le Havre (Seine-Inférieure).......... | M. J. Rœderer.<br>Mme Briand. |
| Loge mixte « Le Droit humain » (1901), 51, rue du Cardinal Lemoine.............................................. | Mme Delpech.<br>Mme Raphanaud. |
| Loge mixte « Le Droit humain » no 4 (1904), 51, rue du Cardinal-Lemoine........................................ | Mme Lantoine.<br>Mme Puech. |
| Œuvre des Colonies de vacances (1901), Mlle Delassaux, 2, Cité Gaillard .......................................... | Mme G. Frank-Puaux.<br>Mme T. Simon. |
| Œuvre des layettes et de l'Abri de l'enfance (1901), 9, place des Ternes.............................................. | La générale Sée.<br>Mme Enos. |
| Œuvre libératrice (1903), 1, avenue Malakoff................ | Mme E. Simon.<br>Mme Jean Cruppi. |

| | |
|---|---|
| Œuvre des libérées de Saint-Lazare (1902), 14, place Dauphine | Mme Alph. Helbronner.<br>Mme Sangouard Boucher de Vernicourt. |
| Œuvre des mères abandonnées (1909), 13, rue de Bouvines, Lille (Nord) | Mme Bécour.<br>Mlle Alice Jumau. |
| Œuvre des petites familles (1901), 4, avenue Hoche | Mme Aug. Thurneyssen. |
| Œuvre protestante des prisons de femmes (1901), 44, avenue de Villiers | Mme Albert Mirabaud.<br>Mme A. de Billy. |
| Œuvre du souvenir (1901), 11, rue Laferrière | Mme Teutsch.<br>Mme Gariel. |
| Œuvre du relèvement moral (1909), 18, rue Jules Lecesne, Le Havre (Seine-Inférieure) | Mme Le Bail.<br>Mlle Chevalier. |
| Œuvre du travail (1904), 30, rue de Berlin | Mme P. Lichtenberger.<br>Mme Raoul Sautter. |
| Orphelinat évangélique des Batignolles (1903), 15, rue Clairaut | Mme Charles Vernes.<br>Mme Beauregard. |
| Ouvroir du Cercle Amicitia (1901), 12, rue du Parc-Royal | Mme Oster. |
| Patronage des détenues et des libérées (1901), 21, rue Michel-Bizot | Mme d'Abbadie d'Arrast.<br>Mme René Boudon. |
| Patronage familial des Buveurs, 99, avenue Ledru-Rollin | Mme Legrain-Banda-Lamy.<br>Mme Maillet. |
| Patronage des prisonnières libérées et relèvement moral (1909), 74, rue Camille-Godard, Bordeaux (Gironde) | Mme Francis de Luze.<br>Mme Calvé. |
| Patronage Maria Deraismes (1908), 31, rue Etienne-Dolet | Mme L. Henry-May.<br>Mlle Coudert. |
| Patronage maternel et des crèches, Tours (Indre-et-Loire) (1909) | Mme René Besnard. |
| Réchaud du Midi (1907), 383, rue Saint-Honoré | Mme Léon Brunschvicg.<br>Mlle de Gonet. |
| Refuge Florence Crittenton (1909), 38, chemin du Fada, Marseille (Bouches-du-Rhône) | Mme Schlœsing.<br>Mme Guillaumet. |
| Refuge de Paris (1901), 26, rue du Sergent-Bauchat | Mme William d'Eichtal.<br>Mlle Marie Meyer. |
| Société pour l'amélioration du sort de la Femme et la revendication de ses droits (1901), 72, rue Cardinet | Mme de Montaut.<br>Mme Féresse-Deraisme. |
| Société amicale de Bienfaisance (1901), 43, rue Blanche. | Mme Eugénie Weill.<br>Mme Ch. Helbronner. |

| | |
|---|---|
| Société : la Française (1908), 49, rue Laffitte | Mme Jane Misme.<br>Mme Jeanne Schm sb. |
| Société française d'émigration des Femmes (1901), 44, rue de la Chaussée-d'Antin | Mme Pégard.<br>Mme Busmay. |
| Société maternelle La Pouponnière, 116, rue de Grenelle | Mme Veil-Picard.<br>Mme Dutar-Charpentier. |
| Société des Restaurants féminins de la Rive gauche (1903), 5, rue des Grands-Augustins | Mme Jeanne Grimaux.<br>Mme Albert Métin. |
| Société des Ouvroirs-Ateliers pour les ouvrières sans travail (1903), 98, avenue de Villiers | Mme Ferdinand-Dreyfus.<br>Mme Ch. Salomon. |
| Société : le Suffrage des Femmes (1906), 151, rue de la Roquette | Mme Hubertine Auclert.<br>Mlle Louise Arban. |
| Solidarité des Femmes (1901), 30, rue Taitbout | Mme Caroline Kauffmann.<br>Mme A. Tiech. |
| Suprême conseil universel mixte « Le Droit humain » (1901), 5, rue du Cardinal-Lemoine | Mme Georges Martin.<br>Mme André Gédalge. |
| Syndicat des Caissières comptables (1903), 134, rue de Turenne | Mme Blanche Schweig.<br>Mme Bérenger. |
| Syndicat de l'Enseignement (1901), Bourse du Travail, 35, rue Jean-Jacques-Rousseau | Mme Maria Vérone.<br>Mme Eugénie Barré. |
| Syndicat des femmes sténographes et sténo-dactylographes (1901), Bourse du Travail, 35, rue Jean-Jacques-Rousseau | Mme Malvina Michel.<br>Mlle Pilot. |
| Syndicat des fleuristes, plumassières et branches similaires (1901), Bourse du Travail, 3, rue du Château-d'Eau | Mlle Stéphanie Bouvard.<br>Mlle Blondelu. |
| Syndicat des dames sténographes de France (1905), 71 *bis*, boulevard Barbès | Mme Nergen.<br>Mlle Blanc. |
| Toit familial, 9, rue Guy-Patin | Mme Manuel.<br>Mme Philippe. |
| Union chrétienne des jeunes filles de France (1901), 90, rue d'Amsterdam, Paris | Mme Creissel.<br>Mlle de Seynes. |
| Union chrétienne des jeunes filles (1909), 73, rue de la Course, Bordeaux (Gironde) | Mme Auguste Arnaud.<br>Mlle A. Fissié. |
| Union chrétienne et Foyer de la jeune fille (1909), 30, rue Fougate, Marseille (Bouches-du-Rhône) | Mlle Dubus.<br>Mlle Fallot. |
| Union fraternelle des Femmes (1909), 77, rue Blanche | Mme Amélie Hammer.<br>Mlle J. Hellé. |
| Union internationale des Amies de la jeune fille (1901), 12, rue du Parc-Royal, Paris | Mlle Penel.<br>Mme H. Caldairon. |

| | |
|---|---|
| Union des Amies de la jeune fille, 52, rue Judaïque, Bordeaux (Gironde) | Mme Clémence Rénon. |
| Union des Amies de la jeune fille, 10, rue Puget, Marseille (Bouches-du-Rhône) | Mme Marc Fraissinet.<br>Mme Martin Favenc. |
| Union des femmes professeurs et compositeurs de musique (1909), 27, rue Blanche | Mme Berthe Gallet<br>Mme Galliano. |

***

### La section du suffrage.

Bien avant la fondation de la section du suffrage, le Conseil national des femmes avait adopté à l'assemblée du 10 mai 1902 les deux motions suivantes : la première à l'unanimité, la seconde à l'unanimité moins une voix :

1° *Le Conseil national de femmes françaises*, envisageant que la question du suffrage doit être la base de toutes les revendications féministes, que par le suffrage, seul, elles obtiendront l'autonomie à laquelle elles ont droit, réclame en principe pour les femmes le droit de vote et d'éligibilité à tous les degrés.

2° Cependant le Conseil national, envisageant également qu'il est utile que les femmes, avant d'user de leurs droits politiques, fassent l'apprentissage de la vie civique, demandent actuellement, et comme minimum, le droit de vote et l'éligibilité dans les élections municipales.

En émettant ce vote, le Conseil national marquait le droit des femmes tout en reconnaissant la nécessité de procéder avec prudence, afin qu'un acte de justice ne devienne pas un vote de réaction.

La section du suffrage du Conseil national des femmes françaises fut fondée le 6 janvier 1906 et choisit pour présidente Mme Hubertine Auclert. « Nulle n'était qualifiée comme elle, lisons-nous dans le rapport de Mme Péronneau, vice-présidente (1907), pour être notre porte-drapeau, et c'était un hommage rendu à son courage et à son dévouement, car elle a consacré sa vie entière à poursuivre pour notre sexe la conquête des droits politiques ; elle a été une vaillante qui a toujours su mépriser les railleries des uns et l'indifférence des autres. »

Mme H Auclert, qui dut, pour cause de santé, quitter la présidence, fut remplacée par Mme Marie Georges-Martin, qui se consacra avec passion à sa nouvelle fonction.

Elle écrivait dans son rapport de 1908 :

« Quelles luttes nous aurons à soutenir contre les hommes détenteurs du pouvoir d'administrer, de gouverner et de l'autorité dans la famille, avant qu'ils consentent à partager ces droits avec nous !

« C'est un sentiment si humain que de vouloir être le maître, d'avoir seul l'autorité, de ne la partager avec personne, et, lorsque l'on est obligé d'en abandonner une parcelle, de ne le faire que de la façon la plus restreinte possible !

« Les hommes, en majorité, je crois, disent bien que l'on pourrait accorder aux femmes les droits civils que la loi leur reconnaît à eux, mais cela par étapes successives et en choisissant dans quel ordre on peut, petit à petit, les leur concéder ; ils ne manquent pas de dire aussi qu'il y aurait le plus grand péril pour l'existence de la République à donner aux femmes les droits à l'électorat et à l'éligibilité tant au point de vue de l'administration communale et départementale qu'au point de vue politique *surtout*.

« C'est par suite de cette conception que de temps en temps, nous voyons sortir du Parlement de rares lois qui nous accordent quelques droits égaux à ceux que possèdent les hommes, lois généralement de peu d'importance si on les compare à celles, non moins justes, mais qui nous seraient plus utiles, dont le Sénat et la Chambre gardent depuis longtemps dans leurs cartons les projets dus presque tous à l'inititiative parlementaire. Vous connaissez les lois auxquelles je fais allusion, car elles ont été votées au cours des vingt-cinq dernières années.

« Par le peu qui a été fait, il est facile de se rendre compte que si les femmes n'unissent pas leurs efforts pour une de ces actions vigoureuses auxquelles rien ne résiste, au train où vont les choses, d'ici deux siècles le sexe auquel nous appartenons jouira, peut-être, des mêmes droits *civils* que les hommes.

« Cette lenteur qui est, paraît-il, de la part de l'homme, sage et prudente, car c'est par sagesse et par prudence que les législateurs sont lents lorsqu'il s'agit de voter les lois favorables aux femmes, cette lenteur, dis-je, paraît devoir être éternelle lorsqu'on entend la réponse qui nous est faite quand nous affirmons que la femme doit être électeur et éligible au même titre que l'homme.

« Nous pensons à la section du suffrage, où nous avons déjà envisagé la question sous ses diverses faces, que c'est du côté du suffrage que nous devons porter nos efforts, parce que ce n'est que par la possession du droit à l'électorat et à l'éxigibilité que nous pourrons être représentées dans les différentes assemblées délibérantes et, par suite, conquérir nos droits.

« Si les hommes n'obéissent pas à d'autres mobiles, comme ils le répètent sans cesse, qu'à la crainte qu'ils ont que la femme, dont l'éducation politique n'est pas faite, n'amène la réaction si elle était électeur et éligible, nous démontrerons prochainement, dans un rapport que prépare notre section et qui est confié à notre distinguée collègue, Mme Maria Vérone, l'avocate dont le talent est au Palais apprécié de tous, que l'on peut sans danger pour la République, donner le suffrage municipal aux femmes, et nous verrons alors quels pourront bien être les arguments que l'on fera valoir pour leur refuser leurs droits électoraux ainsi limités pour commencer.

« Nous pensons, Mesdames, qu'il faut répandre le plus possible l'idée que la femme, étant être humain comme l'homme, doit avoir les mêmes droits, tous les mêmes droits que lui, dans la famille aussi bien que dans la société ; ne négligez aucun moyen de propagande. »

En mai 1907, la section du suffrage mettait en circulation la pétition suivante en faveur de l'extension aux femmes du suffrage dit « Universel » :

« Le Conseil national des Femmes françaises qui comporte actuellement 73.000 membres et dont le but est l'amélioration du sort de la femme au triple point de vue économique, social et politique, a protesté à plusieurs reprises contre l'exclusion des femmes des listes électorales.

« La femme responsable, comme l'homme, de ses actes envers la société, doit avoir, comme lui le droit de lutter pour ses opinions dans la vie publique ainsi que dans la vie privée.

« Justiciable, comme l'homme, des lois de son pays, elle doit avoir, comme lui, le droit de les discuter.

« Contribuable, comme l'homme, elle ne peut sans injustice, être privée plus longtemps de tout pouvoir de contrôle sur les finances de l'État.

« Epouse et mère, elle doit légitimement être mise à même de préparer le meilleur avenir possible à sa descendance.

« Pour ces raisons :

« Les soussignés demandent que la loi électerale réglant actuellement le droit de suffrage des hommes soit étendue aux femmes dans les mêmes conditions. »

D'ailleurs, en août 1909, l'*Action féminine*, organe du Conseil national reproduisait la feuille de propagande mise en circulation par la section du suffrage dont voici le texte :

« Êtes-vous d'avis qu'à travail égal la femme a droit à un salaire égal?

« Êtes-vous d'avis que la Chambre et le Sénat doivent faire une loi pour combattre l'alcoolisme?

« Ne trouvez-vous pas injustes les lois actuelles contre la fille mère et son enfant?

« Ne doit-on pas rechercher le père pour l'obliger à supporter sa part des charges pour élever l'enfant?

« Ne trouvez-vous pas que dans le mariage les droits du père et ceux de la mère doivent être égaux?

« Êtes-vous lasses, femmes, d'être sacrifiées dans les lois qui vous créent un état d'infériorité sur l'état de l'homme, presque en tout et pour tout?

« Si vous voulez vos droits égaux à ceux de l'homme, dans la famille et dans la société, demandez partout et toujours, chaque fois que vous en aurez l'occasion, le *Droit de vote*, qui seul, vous conduira à faire régner la justice dans la famille et dans la société! »

Enfin, dans un *appel à la justice* adressé aux Chambres, le Conseil national exprimait le vœu « *que le Parlement, pour préparer l'égalité intégrale des deux sexes en matière politique, accorde promptement aux femmes l'électorat et l'éligibilité pour les Conseils municipaux, les Conseils d'arrondissement et les Conseils généraux.* »

***

## Section de législation.

Depuis sept années qu'elle travaille, la Section de législation, sous la présidence de Mme d'Abbadie d'Arrast, a dégagé tous les articles du Code qui mettent la femme dans un état d'infériorité à l'égard de l'homme et a rédigé sous la forme de vœux, le texte des nouveaux articles qu'elle voudrait voir substituer aux anciens.

I. — *La recherche de la paternité* a été la première question examinée par la Section qui demande l'abrogation de l'article 340 (La recherche de la paternité est interdite).

Voici les articles principaux du vœu relatif à cette importante revendication féministe :

1° La recherche de la paternité est admise sous les conditions suivantes.

2° La constatation judiciaire de paternité ne donne au père aucun droit sur l'enfant. Elle ne lui impose que le payement d'une pension alimentaire déterminée selon la condition de la mère et les ressources du père jusqu'à la majorité de l'enfant...

La constatation judiciaire de paternité ne donne à l'enfant sur le père que des droits alimentaires.

3° L'action de recherche de paternité peut être exercée pendant la minorité de l'enfant par la mère ou par le tuteur de l'enfant. Elle ne sera pas entravée par le fait qu'elle pourrait aboutir à la constatation d'une filiation incestueuse ou adultérine...

4° Un commencement de preuve par écrit n'est pas nécessaire pour établir la paternité. On peut se contenter de présomptions graves, précises, concordantes (1).

5° Indépendamment de la pension alimentaire imposée au père à l'article 2, la mère naturelle peut réclamer pour elle-même des dommages-intérêts proportionnés au tort moral et matériel qu'elle a subi.

(1) Cet article est en opposition avec la méthode généralement recommandée dans les projets des juristes sur la recherche de la paternité, dans celui de M. Bérenger, sénateur, en particulier, qui exigent un commencement de preuve par écrit.

Le C. N. estime que ce commencement de preuve n'existera pas dans beaucoup de cas.

II. — En second lieu, la section a étudié un vœu relatif à l'*entrée des femmes dans la tutelle dative et les conseils de famille*, modifiant les articles 391, 402, 403, 442 du Code Civil et abrogeant l'article 404. — « La Commission sénatoriale des droits civils de la femme, écrit Mme d'Abbadie d'Arrast, a reçu en audience particulière, une délégation du Conseil national des femmes françaises qui avait pour mission de présenter les objections du Conseil national à la proposition de loi concernant les conseils de famille que vient de voter la Chambre des Députés. Cette proposition est transmise actuellement au Sénat qui l'examine. L'article premier admet les femmes à faire partie des conseils de famille, avec cette restriction que la femme mariée sera toujours représentée par son mari. Cette disposition revient à exclure la femme mariée du conseil de famille. La Commission sénatoriale était présidée par le vénérable sénateur inamovible M. Cazot et a bien voulu écouter les motifs qu'ont fait valoir les membres de la délégation du Conseil national contre une décision injustifiable, qui peut apporter de graves atteintes aux intérêts du mineur et qui ne peut avoir sa raison d'être puisque la Chambre a voté en 1907 une loi de protection des enfants naturels qui admet la femme, célibataire, veuve ou mariée, aux fonctions de la tutelle. La disposition jugée salutaire à la sécurité des enfants naturels ne peut être nuisible aux enfants légitimes, et si la femme mariée peut être tutrice, à plus forte raison peut-elle être membre d'un conseil de famille. »

Voici les points capitaux du projet voté par le C. N. :

1° Les femmes sont désormais admises aux fonctions de tutrice, subrogée tutrice, membre du conseil de famille, conseil de tutelle, curatrice, conseils judiciaires, dans les mêmes circonstances et sous les mêmes conditions que les hommes ;

2° L'autorisation donnée par le mari à la femme d'accepter la tutelle, l'habilitera à faire seule et sans nouvelle autorisation tous les actes y afférents;

3° La mère pourra comme le père, désigner un conseil de tutelle, sans le consentement duquel le père ne pourra accomplir aucun acte relatif à la tutelle ou aucun de ceux que la prémourante aura limitativement indiqués ;

4° Il n'y aura aucune préférence au point de vue de la dévolution de la tutelle entre les ascendantes et les ascendants de même degré, ni entre la ligne masculine et la ligne féminine ;

5° Il n'y aura plus de curatelle au ventre ;

6° Le père remarié perd la jouissance légale des biens de ses enfants.

En cas de remariage de la mère, la cotutelle du mari est supprimée. La femme exercera alors ses droits de tutrice sans autorisation maritale.

Modification des articles 399 et 400 dans le sens de l'égalité de l'homme et de la femme.

III. — La Section a étudié la possibilité de l'introduction en France de la *haute tutelle* ou *tutelle d'État*, telle qu'elle est établie en Allemagne, Autriche, Suisse, Suède, Danemark.

A notre époque, où le nombre des jeunes criminels est si considérable, cette institution pourrait jouer un rôle capital dans la lutte contre la démoralisation de tout genre des adolescents et adolescentes.

Les conseils de tutelle ont transformé la situation des enfants en Suède; il n'y a plus de petits mendiants à Stockholm.

Voici le vœu relatif à ces Conseils de tutelle :

Article premier. — Le premier président de chaque cour d'appel désigne pour chacun des tribunaux de l'arrondissement de son ressort, un ou plusieurs juges à qui sont dévolues les fonctions de juges des tutelles, les juges des tutelles sont nommés pour trois ans indéfiniment renouvelables. Ils sont nommés parmi les juges titulaires ou suppléants et peuvent être choisis parmi les juges à qui l'instruction est confiée.

Art. 2. — Le président du tribunal de chaque arrondissement désigne d'accord avec le uge de tutelles parmi les personnes compétentes habitant l'arrondissement, les membres du conseil de tutelle.

Ces fonctions sont absolument gratuites.

Peut être membre desdits conseils toute personne majeure de l'un ou l'autre sexe jouissant de ses droits civils.

En font partie de droit :

1° Le juge de paix de chaque canton de l'arrondissement;
2° Le maire de chaque commune de l'arrondissement;
3° Les directeurs et directrices des écoles de l'arrondissement;
4° Un représentant élu de tout syndicat industriel, de toute association de bienfaisance existant dans l'arrondissement.

Art. 3. — Les membres de tout conseil de tutelle peuvent se grouper par sections cantonales.

Le juge de paix est président de droit de la section.

Art. 4. — Les membres du conseil de tutelle ont le droit et le devoir de surveiller les mineurs dont les représentants légaux s'acquittent insuffisamment des devoirs de protection qui leur incombent.

Ils défèrent après avertissement aux intéressés, aux juges des tutelles, en négligences ou abus d'autorité ceux de ces représentants légaux ou personnes tenant lieu, qui leur paraissent mettre en péril la sécurité matérielle ou morale de l'enfant.

Art. 5. — Le juge des tutelles peut, soit d'office, soit sur la réquisition d'un membre du conseil de tutelle après avoir convoqué ses assesseurs parmi les membres du conseil de tutelle, deux au moins étant présents, sa voix étant prépondérante en cas de partage, prendre telle mesure qu'il juge bonne dans l'intérêt de l'enfant, le représentant légal entendu soit directement, soit par délégation du juge de paix du canton.

Il peut valablement transférer la garde de l'enfant à une tierce personne, plus digne ou nommer un autre administrateur des biens du mineur, s'il y en a, ou retirer aux parents leur droit d'usufruit sur les biens de l'enfant.

Art. 6. — Les représentants légaux du mineur ont toujours le droit de faire appel dans un délai de huit jours, à partir de l'exécution du jugement du tribunal compétent pour statuer à cet égard.

Art. 7. — Au cas où les faits signalés au juge des tutelles seraient assez graves pour faire encourir au père et à la mère du mineur la déchéance de la puissance paternelle, il peut prendre toutes les mesures provisoires nécessaires à la sécurité matérielle ou morale du mineur et saisir d'office le tribunal d'une demande de déchéance sur laquelle celui-ci aura à statuer dans le plus bref délai.

IV. — Le 4 avril 1905 est venue devant la section l'étude du ***régime légal des biens de la femme mariée.*** Mme Oddo Deflou a exposé que le régime légal en France, quand les époux n'ont pas fait de contrat est le régime de la communauté. Elle propose que le régime de la séparation de biens soit substitué comme régime légal à celui de la communauté. Un vœu relatif à cette question est adopté sur la proposition de la section, par l'assemblée statutaire du C. N. Voici les points principaux du texte voté :

I. — ***L'incapacité légale de la femme mariée est abolie.*** Ce principe n'admet aucune dérogation, même par contrat de mariage.

II. — Le régime de droit commun des époux mariés sans contrat est la séparation des biens. Le nouveau régime sera organisé par la loi sur les bases suivantes :

« 1° Chacun des époux conservera la propriété des biens meubles et immeubles qui lui appartiendront au moment de la célébration du mariage et de ceux qui, pendant la durée de l'association conjugale, lui adviendront par succession, donation, legs et autrement. Ces biens ainsi que ce qui en serait la représentation partielle d'emploi ou autrement, constitueront les biens propres ;

« 2° Chacun des époux pourra à son gré, sans le consentement de l'autre, employer, gérer, administrer et aliéner à titre gratuit ou onéreux, avec le droit de disposition le plus absolu, ses biens propres ainsi que le produit de son travail et ses économies ;

« 3° Les revenus des biens des époux, quelles qu'en soient la nature et l'origine, seront appliqués jusqu'à due concurrence, à l'acquit des charges du ménage ;

« 4° Quant à l'excédent de ces revenus, et aux bénéfices et économies réalisés pendant le mariage, ils formeront les éléments d'une société dite communauté d'acquêts, qui, à la dissolution du mariage, se partagera par moitié entre les époux ou entre l'époux survivant et les héritiers ou représentants de l'autre... ;

6° La femme ou ses héritiers seront garantis et indemnisés par le mari ou sa succession de tous engagements et de toutes dettes que la femme aurait pu contracter avec le mari et pour lui pendant la durée du mariage ;

« 7° Le mari ne sera responsable ni des biens propres de toute nature de la femme, ni des sommes qu'elle touchera hors sa présence pendant la durée de l'association conjugale... »

Voici d'ailleurs les principales autres modifications à apporter au Code civil que demande la section de législation du Conseil National :

V. — *Nationalité de la femme mariée.* — C. c., ch. II. De la privation des droits civils. — Il est désirable que l'article 19 du C. c. soit rédigé de la manière suivante :

« 1° La femme ne perdra sa nationalité par l'effet de son mariage, contracté en France ou devant les autorités françaises à l'étranger, que si dans l'acte de mariage elle déclare vouloir appartenir à la même nationalité que son mari ;

« 2° Le changement de nationalité du mari pendant le mariage n'emportera pas de plein droit le changement de nationalité de la femme. La femme conservera donc sa nationalité, malgré le changement de nationalité du mari, tant qu'elle n'aura pas exprimé la volonté de changer de nationalité. »

VI. — *Du domicile conjugal.* — C. c., titre troisième (art. 108) :

« 1° Les époux ont le même domicile ;

« 2° Le choix du domicile appartient à celui des époux qui contribue de la manière la plus importante aux charges du mariage ».

VII. — *Qualités et conditions requises pour contracter mariage.* — C. c., titre cinquième, ch. I. — « 1° Sont maintenus les articles 145, 144, 146, 147, 148 ;

« 2° L'article 148 maintenu est modifié dans sa dernière disposition : « En cas de dis- « sentiment, le consentement du père ou de la mère suffit ».

« 3° Sont abrogés les articles 150 et 151, 154 et 155 (consentement des aïeuls et aïeules, actes respectueux) ».

« 4° Sont abrogés : article 162 dans sa dernière disposition : « Et les alliés au même « degré », ainsi que l'article 163 (mariage entre oncle et nièce, entre tante et neveu) ».

VIII. — *Des formalités relatives à la célébration du mariage.* — C. c., ch. II. — « 1° Toutes les pièces relatives à la célébration du mariage seront délivrées sur papier libre et exonérées du droit de timbre, d'enregistrement et de tous frais de rôle, de frais de légalisation et de tous autres frais ;

« 2° L'officier de l'état civil se fera transmettre par voie administrative et sans frais toutes les pièces nécessaires à la célébration du mariage ;

« 3° Il est désirable que des conventions matrimoniales, conclues à bref délai, permettent de procéder de la même manière pour les pièces venant de l'étranger et qui son transmises par les soins des agents diplomatiques. »

Certificat médical (disposition nouvelle) ;

« 4° Un certificat médical demandé directement par les intéressés, sera annexé aux pièces de mariage. »

IX. — *Des obligations qui naissent du mariage. Des promesses de mariage* (article nouveau). — « Il est désirable que pour la sanction efficace des ruptures de promesses de mariage, le principe de « l'abus de droit » soit introduit dans le Code civil français ».

X. — *Devoirs respectifs des époux.* — C. c., ch. VI. — 1° Article 212, revisé ainsi qu'il suit : « Les époux sont égaux en droit : ils se doivent mutuellement fidélité, secours et assistance » :

« 2° Article 213, abrégé ;

« 3° Article 214, revisé (voir VI, *Du domicile conjugal*) : « Les époux ont le même « domicile, ils sont obligés de se recevoir mutuellement et de fournir l'un à l'autre tout ce « qui est nécessaire pour les besoins de la vie, selon les facultés de leur état ;

« 4° Articles 215 et 226, revisés en accord avec la proposition de M. Beauquier, député du Doubs : « L'incapacité civile de la femme mariée est abolie. L'étendue de sa capacité « civile est déterminée par son régime matrimonial » ;

« 5° Pour rendre cette réforme efficace, il est désirable que les dispositions du Code civil sur les régimes matrimoniaux soient remaniées ;

« 6° Et que le régime de la séparation de biens, législativement organisé, soit substitué comme régime de droit commun au régime de la communauté. »

XI. — Le C. N. a approuvé le vœu suivant sur la *puissance parentale :*

« Revision des articles 373, 374, 375, titre neuvième, Code civil, art. 373. Le père seul exerce cette autorité durant le mariage (autorité paternelle).

« 1° Durant le mariage, le père et la mère exercent conjointement l'autorité parentale sur la personne et sur les biens de leurs enfants communs.

« 2° En cas de dissentiment, chacun d'eux peut demander au juge désigné à cet effet par le tribunal du domicile de l'enfant de trancher le différend. Le juge sera saisi par simple lettre missive ; il devra statuer dans les huit jours.

« 3° Le juge et le président du tribunal peuvent interroger l'enfant âgé de plus de douze ans avant de prononcer sur le différend.

« 4° Dans le cas où l'un des époux aurait été déclaré déchu de sa puissance paternelle, interdit, placé dans un établissement d'aliénés ou pourvu d'un conseil judiciaire pour faiblesse d'esprit, l'autorité parentale est exercée uniquement par l'autre époux.

« Il en est de même des droits relatifs au patrimoine de l'enfant mineur lorsque l'un des époux a été pourvu d'un conseil judiciaire pour cause de prodigalité.

« 5° En cas de divorce ou de séparation de corps, le tribunal en statuant sur la garde de l'enfant pourra également décider que le père ou la mère ou une tierce personne ou une société de patronage déclarée d'utilité publique exercera à l'exclusion de tout autre, totalité ou partie des droits résultant de l'autorité parentale.

« 6° Les articles 1, 2, 3 et 4 sont applicables aux père et mère des enfants nés hors mariage lorsque les père et mère les ont volontairement reconnus.

« 7° Le père et la mère exclus de l'exercice de l'autorité parentale en tout ou en partie pour quelque cause que ce soit, peuvent toujours, dans le cas où le détenteur de cette autorité exercerait ses droits au préjudice de l'enfant, demander par voie de requête adressée au tribunal du domicile de ce dernier qu'il soit statué sur l'acte abusif. »

XII. — *Sur la situation des enfants de parents divorcés*, le projet lu et développé par Mme d'Abbadie d'Arrast introduit dans la législation actuelle quatre dispositions nouvelles :

1° Au début de l'instance en divorce, le conseil de famille sera obligatoirement réuni et devra transmettre son avis aux juges, qui devront régler la situation des enfants. Il faut espérer que lorsque les conseils de famille auront une part de responsabilité dans la décision qui sera prise au sujet des enfants, ils cesseront de mériter cette réputation d'indifférence pour les intérêts qui leur sont confiés, dont ils jouissent aujourd'hui ;

2° Le projet de la section fait bénéficier les enfants de parents divorcés d'un avantage accordé par la loi du 1er juillet 1907 aux enfants naturels, lorsqu'elle demande que les parties, c'est-à-dire le père, la mère et les *enfants*, soient entendues en Chambre de conseil, avant tout jugement.

Actuellement, les magistrats décident après avoir lu les dossiers et entendu les avocats; ce n'est que récemment que le tribunal de la Seine a inauguré l'audition des enfants : les parents ne sont à peu près jamais entendus. Cette manière de procéder contient des causes d'erreurs et d'erreurs graves. Voir et entendre parents et enfants dans l'intimité de la Chambre de conseil complétera très utilement la documentation du juge et rectifiera dans bien des cas l'impression laissée par un dossier mal composé ou par une trop habile plaidoirie ;

3° Le tribunal pourra obliger les parents, soit à abandonner aux enfants, lors de la liquidation de la communauté, une somme proportionnée à leur fortune, soit à leur constituer une assurance dotale, soit enfin à leur consentir une hypothèque sur leurs biens.

Cette clause n'a été votée à la section qu'après de longues et nombreuses études, mais elle l'a été à l'unanimité. Le divorce et le remariage dont il est suivi de plus en plus fréquemment éloignent des enfants celui des parents qui n'en a pas obtenu la garde et peuvent avoir pour effet de léser ces héritiers légitimes de la fortune qui leur serait revenue naturellement,

Ils mettent donc ces enfants dans des conditions d'infériorité auxquelles le tribunal pourra remédier lorsqu'il jugera à propos de leur assurer ces avantages exceptionnels ;

4° La personne chargée d'administrer les biens des enfants, quelle que soit leur origine, devra présenter des comptes annuels. Il est souvent trop tard au moment de la majorité, et la dilapidation des biens des mineurs est malheureusement fréquente.

L'ensemble de ce projet, pour l'étude duquel Mme d'Abbadie d'Arrast avait réuni les conseils de personnes les plus éclairées, a été adopté à l'unanimité par l'assemblée statutaire.

XIII. — Le conseil national a voté, le 1er juillet 1906, la résolution suivante relative à l'*avortement volontaire*.

« Considérant que la fonction altruiste supérieure de l'être au sein de l'humanité est la transmission de la vie ;

« Que la femme est la *Mère* et qu'elle se doit à sa mission de maternité pour la protection de l'enfant ;

« Que du reste, au regard de la loi, l'enfant est tenu pour né chaque fois qu'il y va de son intérêt,

« Émet le vœu :

« 1° Qu'une propagande incessante soit organisée pour faire connaître la puériculture avant la naissance;

« 2° Que le père commme la mère soit responsable vis-à-vis de l'enfant et que l'article 340 du Code civil qui interdit la recherche de la paternité soit abrogé.

« 3° Que les peines prononcées par l'article 317 du Code pénal contre l'avortement soient correctionnalisées.

« 4° Que la loi du 7 avril 1908, relative aux outrages aux bonnes mœurs, soit étendue à l'excitation par la conférence et par le colportage de brochures, journaux, prospectus ou livres au crime d'avortement.

« 5° Et enfin que l'on accorde aux parents dénués de ressources pour élever leurs enfants le bénéfice des lois d'assistance aux vieillards et aux infirmes ».

XIV. — Le Conseil a demandé que les *femmes* condamnées pour récidive de vol et *passibles de relégation* ne soient plus envoyées à la Guyane dont elles ne pouvaient supporter que quelques années le redoutable climat. Il a obtenu satisfaction sur ce point. Il demande en outre maintenant que ces récidivistes du vol soient placées dans des *colonies patronales* ou patronages, dans lesquels elles auront plus de possibilités de relèvement.

XV. — *L'évaluation du travail ménager de la femme mariée et sa rémunération* est un des problèmes les plus intéressants et les plus difficiles à résoudre que le féminisme ait posés. La section de législation l'avait mis à l'étude sur la demande de Mme Kergomard.

Nombre de féministes sont d'accord pour reconnaître la nécessité de cette rémunération.

Le travail ménager est indispensable au bien-être et à la santé de tous. Alors que tant de professions et de métiers offrent à la femme l'indépendance morale et matérielle si désirable, il serait à craindre que le mépris qui s'attache aux fonctions domestiques ne les fasse négliger. Pour que la femme reste volontiers à son foyer, il faut qu'elle y trouve les avantages qu'un travail professionnel lui donnerait au dehors...

C'est dans l'étude des régimes matrimoniaux que la section a trouvé la solution qu'elle propose à l'assemblée de voter.

Le code, en établissant le régime légal de la communauté, a disposé que la femme, à la dissolution de cette communauté, aurait droit à la moitié de l'actif. Dans un régime très fréquemment adopté, et désiré par la plupart des féministes comme régime légal, celui de la séparation des biens avec communauté d'acquêts, la femme devient propriétaire de la moitié des économies réalisées par le ménage.

Qu'est-ce donc qui a manqué à la femme pour qu'elle profite de la propriété que lui reconnaît le code ? C'est l'exercice effectif des droits du propriétaire, c'est-à-dire les droits d'administration. Si, en effet, durant la communauté, la femme avait le droit d'administrer la moitié des biens communs et d'en disposer, il est évident que son travail personnel serait rémunéré. Depuis la loi du 13 juillet 1907, la femme a la libre disposition des produits de son travail personnel, alors que ces biens sont en réalité des biens communs. Notre système consiste à étendre à la rémunération légale du travail ménager le régime institué dès maintenant pour le produit de son travail personnel. Cet argent, de même que dans le système de la loi du 13 juillet 1907, ne serait pas remis à la femme pour satisfaire exclusivement ses besoins personnels ; de même que l'argent conservé par le mari, et dans la même mesure, il est destiné aux besoins du ménage. Le code dit que le mari doit entretenir la famille, puisqu'il laisse entre ses mains toutes les ressources du ménage ; nous qui voulons partager ces ressources entre les deux époux qui ont également travaillé pour les acquérir, nous entendons bien aussi qu'ils doivent partager les dépenses.

L'homme et la femme dans le ménage sont des associés qui apportent un travail égal. Au lieu de faire des revenus du ménage la propriété exclusive du mari, il est juste et il est facile d'organiser en société la collaboration effective à laquelle ils sont dus.

La section de législation émet le vœu que « sans attendre la dissolution de la communauté, la femme mariée possède sur sa part des biens communs, comme évaluation de son travail ménager, les mêmes droits d'administration et de disposition que ceux qui lui ont été conférés par la loi du 13 juillet 1907 sur les autres produits de son travail personnel » (1).

XVI. — Notons enfin que la section s'est occupée du fonctionnement des *commissions locales* pour les soins à donner aux nourrissons dans les régions qui fournissent des nourrices aux grandes villes. Il semble qu'une amélioration sensible dans la surveillance exercée par ces organisations officielles soit à signaler.

(1) *L'Action féminine*, bulletin officiel du C. N. F. F., n° 1, p. 8. Mme Pichon-Landry.

XVII. — Il est à peine besoin d'ajouter que *la lutte contre la prostitution et contre la traite des femmes* a été l'objet de l'attention la plus persévérante du C. N. depuis sa fondation. Mme Avril de Sainte-Croix, secrétaire générale du C. N., est présidente de la section de *l'unité de la morale et de la traite des femmes* du Conseil International et s'est consacrée depuis de longues années à cette grande cause.

Nous avons cru devoir retracer avec quelque détail l'œuvre de la section de législation, parce qu'elle nous indique quels seront les points principaux sur lesquels portera l'action des femmes lorsqu'elles auront reçu le droit de vote. Ce programme n'est pas pour nous effrayer; il ne contient rien que de juste. La précision et la persévérance apportées dans l'examen de ces questions juridiques par la Présidente de la section sont un nouvel exemple de l'indiscutable utilité que pourrait avoir pour des législateurs la collaboration des femmes.

## Section de l'enseignement.

Dans cette section, présidée depuis 1905 par Mme Kergomard, inspectrice générale de l'instruction publique, comme dans la section de la législation, ce sont des questions précises, de détail, dirons-nous, qui font l'objet de délibérations. Chaque discussion se résume par un vœu nettement formulé. On ne saurait trop attirer l'attention des féministes sur cette excellente méthode dont l'application ne pourra que contribuer largement au succès de leurs revendications.

Les principaux points examinés par la section de l'enseignement sont les suivants :

De 1904 à 1905, la section s'occupa de la situation de la femme dans l'enseignement au point de vue matériel, moral et social. Elle réclama d'une part la parfaite assimilation des salaires féminins et masculins dans tous les ordres d'enseignement et à tous les degrés, et d'autre part quelques allégements de charges pour faciliter aux femmes leur rôle familial. Enfin, elle conseilla aux intéressées de se grouper pour défendre leurs droits et obtenir des améliorations matérielles et morales.

De 1905 à 1906, la section étudia la question de l'inspection féminine et conclut par les vœux suivants :

I. — Qu'il soit ajouté à l'article 123 du décret du 18 janvier 1887 (1) le paragraphe suivant :

« Des inspectrices générales *seront* nommées dans les mêmes conditions et avec les mêmes attributions que les inspecteurs généraux. Elles *seront* chargées de l'inspection dans les écoles de filles à tous les degrés. »

Et que l'article 124 du même décret soit modifié ainsi qu'il suit :

« Les inspecteurs généraux et les inspectrices générales se réunissent en comité consultatif. »

II. — Que les mêmes additions soient faites aux textes qui régissent l'inspection générale des établissements d'enseignement secondaire, en ce qui concerne les lycées, les collèges et les cours secondaires de jeunes filles.

De 1906 à 1907, plusieurs questions ont été examinées, notamment :

1° La préparation du personnel des écoles maternelles dans les écoles normales primaires ;

(1) La loi du 19 juillet 1889 (art. 22) était conçue en ces termes : « Des inspectrices primaires *pourront* être nommées aux mêmes conditions et dans les mêmes formes que les inspecteurs. »

2° L'organisation de l'inspection médicale dans les écoles de tout ordre ;

3° La réforme et l'extension de la délégation cantonale où les femmes doivent tenir une large place.

De 1907 à 1908, la section s'est occupée d'instituer un programme d'éducation à la fois patriotique et pacifiste.

Elle s'est aussi remise à examiner la question du grec et du latin, dans l'enseignement secondaire des jeunes filles. Elle a voté les vœux suivants sur cette question :

1° A titre transitoire, un lycée, au moins, par ville de facultés, préparera les jeunes filles aux baccalauréats ;

2° On étudiera les méthodes les plus propres à assurer le succès de ces études, en prenant pour base les essais, soit collectifs, soit individuels, tentés depuis quelques années.

La section de l'Éducation s'est également occupée des questions suivantes :

*a*) ***La préparation du personnel des écoles maternelles*** dans les écoles normales.

« Légalement, le personnel chargé de l'éducation physique, morale et intellectuelle des enfants de deux à six ans, fréquentant l'école maternelle, est préparé dans les écoles normales primaires. En fait un sixième seulement du personnel de Paris, et un vingtième du personnel de province ont passé par ces écoles.

« L'éducation, si délicate, des enfants n'ayant pas encore atteint l'âge scolaire, est donc confiée le plus souvent à des femmes inexpérimentées, pourvues, il est vrai, du brevet élémentaire, même du brevet supérieur, quelquefois du certificat d'aptitude pédagogique, mais nous ne sommes plus au temps où l'on croyait que le diplôme conférait la vocation.

« Le résultat est, parfois, déplorable. »

La section demande à l'unanimité que : « les études des normaliennes de troisième année, que l'on avait eu la velléité de spécialiser, les unes en vue de l'éducation maternelle, les autres en vue de l'instruction primaire, soient les mêmes pour toutes, l'école primaire ayant tout à gagner à se « materniser ».

Ce point acquis, la section a décidé — encore et toujours à l'unanimité — que pour être, dorénavant, admise à diriger l' « éducation des enfants de deux à six ans, il faudrait avoir suivi, pendant une demi-année scolaire, les exercices de l'école maternelle annexe, à titre d'auditrice, et avoir participé à ces exercices pendant l'autre moitié de l'année scolaire ».

Enfin elle a émis le vœu suivant tendant à donner au personnel la stabilité qui lui manque : « Considérant qu'une *directrice* d'école maternelle ne peut avoir une réelle autorité sur son personnel sans une connaissance expérimentale de l'éducation à l'école maternelle, la section émet le vœu que les directrices d'écoles maternelles soient prises exclusivement parmi les institutrices qui ont poursuivi leurs études dans ces écoles. »

*b*) « ***L'inspection médicale scolaire***, sauf à Paris et dans quelques villes importantes, n'existe que sur le papier.

« Dans les villes où elle existe, elle n'a qu'un but : préserver la collectivité par des mesures spéciales en temps d'épidémie : éviction des enfants atteints ; licenciement de l'école ; assainissement des locaux. En dehors des cas d'épidémie, et dans quatre-vingt-quinze communes sur cent le médecin — nommé — n'entre pas dans l'école. Si la directrice ou le directeur croit avoir besoin de lui, on l'envoie chercher.

« Il est évident qu'ainsi définie l'inspection médicale n'est qu'un minimum au-dessous duquel rien n'existerait.

« Cependant, l'éducation intégrale de l'individu exige que l'école, au lieu de laisser péricliter, améliore physiquement, autant que moralement et intellectuellement, l'enfant qui lui est confié...

« Pour atteindre son but, l'inspection médicale doit être faite à des intervalles réguliers et rapprochés ; elle doit se préoccuper, non seulement de la santé générale des enfants, mais aussi de la santé, du tempérament individuels. Le médecin doit connaître chaque unité composant l'effectif de l'école... »

Ce genre d'inspection nécessite un médecin compétent, dévoué et disposant d'un certain temps : elle doit être rémunérée proportionnellement au service rendu.

La section s'engage à agir auprès de qui de droit, c'est-à-dire auprès des deux Ministères compétents (Intérieur et Instruction publique) pour qu'ils exigent des municipalités :

1° La nomination de médecins-inspecteurs vraiment qualifiés ;
2° Une rémunération équitable de leur travail.

*c) Délégation cantonale.*

La section d'éducation s'est d'abord partagée à son sujet, quelques membres ayant de la sympathie pour l'institution, d'autres la jugeant inutile, presque nuisible.

Puis l'union s'est faite ; l'institution sera ce qu'elle doit être, c'est-à-dire utile : 1° lorsque les devoirs des délégués cantonaux auront été formulés explicitement et qu'ils seront moins restrictifs ; 2° lorsqu'on choisira des délégués compétents et amis de l'école.

On relèvera ainsi, dans l'estime publique, une institution boiteuse destinée à servir de lien entre l'école et la famille, dans notre pays où l'école est par trop fermée ; une institution qui, bien comprise, pourrait aider à la fréquentation scolaire, si mal acceptée dans les campagnes, et à la diffusion des principes d'hygiène ; une institution, enfin, qui, admettant les femmes, donnerait à l'activité et au dévouement de celles-ci un aliment à la fois si intéressant et si bienfaisant.

D'où sont résultés les vœux suivants :

1° Les délégués cantonaux seront choisis d'après leurs aptitudes et leur moralité ;

2° Le droit de surveillance interscolaire sera attribué à ces délégués ;

3° Les délégués auront qualité pour obliger les parents à envoyer leurs enfants à l'école. Car si la loi d'obligation existe, elle n'a pas de sanction, le maire n'intervenant pas, étant lui-même sous la dépendance de ses électeurs ;

4° Il est désirable que l'on fasse la plus grande part possible aux femmes dans les délégations cantonales.

*d) Éducation patriotique et pacifique.* Voici les points capitaux du programme d'éducation :

1° L'éducation du sentiment patriotique et pacifiste commencera dans la famille et dans l'école maternelle — quand elle la remplace — par la vue des choses de la nature et l'initiation à la géographie de la région : promenades, descriptions d'images, etc. En somme, une éducation intuitive des beautés du pays.

2° Elle continuera par l'enseignement de l'histoire à l'école primaire. Cet enseignement s'appliquera, jusqu'à l'année de préparation au certificat d'études primaires, aux hommes de la région qui se sont distingués, non seulement dans la guerre, mais aussi dans les œuvres pacifistes de civilisation et d'humanité.

Les monuments, les noms des rues, les œuvres de solidarité économique et humanitaire fourniront les objets de cet enseignement.

3° Pendant l'année de préparation au certificat d'études, ces notions seront coordonnées par ordre chronologique, de manière à donner aux écoliers une vue d'ensemble sur l'histoire de leur pays.

4° Ces notions devront conserver le caractère d'attachement à la patrie, à l'intégrité du patrimoine moral qu'il incarne, en même temps que du respect raisonné de cette double intégrité pour les pays étrangers.

5° L'enseignement de l'histoire, et son corollaire l'enseignement civique, devra incliner les consciences vers trois devoirs essentiels :

*a*) Se tenir prêt à défendre son pays ;

*b*) S'inspirer des principes de fraternité qui unissent les membres d'une même famille, d'une même région, d'un même pays, pour s'élever à la fraternité entre peuples voisins, puis avec l'humanité tout entière ;

*c*) Travailler aux œuvres de solidarité de peuple à peuple, notamment : aux contrats d'arbitrage, au désarmement proportionnel, progressif et simultané ;

6° Une bonne santé, un corps normalement développé étant les auxiliaires nécessaires du courage physique comme du courage moral, la famille et l'école s'appliqueront à donner aux enfants et à la jeunesse le goût des exercices du corps et le temps de les pratiquer.

En 1909 la section d'éducation a examiné de quelle manière l'enseignement officiel donné aux jeunes filles pourrait être complété, hors de l'école, par le moyen d'œuvres éducatives.

Celles de ses œuvres qui existent déjà : patronages ou amicales laïques, ont fait l'objet d'une étude attentive.

Voici les points capitaux de la note présentée à ce sujet par Mme Kergomard.

« Les difficultés qui entourent les œuvres éducatives : patronages ou amicales laïques, sont de différents ordres.

« Les collaborations morales effectives se traduisant par l'aide personnelle persévérante manquent presque autant que l'argent, sauf l'aide donnée sans compter par les institutrices.

« Les parents sont presque hostiles aux patronages laïques féminins, alors qu'ils sont favorables aux patronages laïques masculins.

« Les promoteurs des patronages laïques de jeunes filles ne sont pas encore bien fixés sur le meilleur emploi des heures de réunions.

« Il était donc nécessaire de réunir des documents et des opinions qui nous permettent de dégager quelques principes généraux pour servir de base au programme des patronages, laissant à chacun le soin de le modifier selon le désir, les besoins et les possibilités.

« En province, d'après des renseignements tout récents, pris au cours de ma dernière tournée dans des régions bien différentes : Bourgogne, Dauphiné, Languedoc, Ariège, Ile-de France, la situation est presque identique : les patronages de jeunes filles existent sur le papier, peut-être, mais ils sont, en vérité, presque inexistants et se confondent avec les cours d'adultes, qui n'existent guère davantage. Les uns et les autres consistent en de vagues cours d'enseignement ménager, en une fête de temps en temps, dont le programme est souvent contestable, en quelques cours « d'agrément », dont l'inutilité, en raison du peu de temps qu'on leur donne, devrait être reconnue.

« Les institutrices continuent à y payer *seules* de leur personne, elles ont infiniment de peine à les faire durer. »

Mme Kergomard donne ensuite des indications de détails sur les divers patronages de filles qu'elle a vus ou qui lui ont été signalés à Paris, ou en province ; elle cite également les exemples de l'étranger.

Cette enquête si documentée n'a pas encore, à notre connaissance abouti à des vœux précis sur les patronages laïques de filles.

Ce rapide exposé montre bien quelle fut jusqu'ici la méthode du Conseil national et comment il a jugé bon de porter surtout ses efforts sur des questions d'ordre pratique et de solution immédiate.

La fondation d'une section internationale de l'enseignement a été portée à l'ordre du jour du Conseil international des femmes.

## Section du travail.

En 1908, la section du travail s'est occupée tout particulièrement de la ***suppression du travail de nuit dans les ateliers de couture et de mode.***

La loi du 2 novembre 1892, modifiée par celle du 30 mars 1900, fixe la durée du travail des femmes à dix heures par jour, mais a autorisé une série d'exceptions.

Voici le vœu proposé par la section et voté par l'assemblée générale :

Le Conseil national des femmes françaises, ému des conditions résultant, pour les ouvrières de la couture et de la mode, du travail de nuit, demande la suppression absolue et sans exception du travail de nuit pour les métiers suivants :

Chapeaux (fabrication et confection) pour hommes et pour femmes ;
Confections, coutures et lingerie pour femmes et enfants ;
Confections en fourrures.

Par ce fait, demande la modification suivante à l'article premier du décret du 15 juillet 1893 et sa rédaction ainsi transformée :

« Article premier. — Dans les industries ci-dessus déterminées, les femmes et les filles âgées de plus de dix-huit ans pourront être employées jusqu'à neuf heures du soir, à certaines époques de l'année, et ***pendant une durée totale qui ne dépassera pas soixante jours par an*** sans que, en aucun cas, la durée du travail effectif puisse dépasser douze heures par vingt-quatre heures. »

***L'inspection féminine du travail*** a été l'objet d'une enquête en conclusion de laquelle le vœu suivant a été émis :

La section du travail, après avoir étudié le fonctionnement de l'inspection féminine du travail, a pu se convaincre que le nombre des inspectrices était insuffisant pour faire face aux exigences multiples du service. Il y a là une situation anormale qui est doublement préjudiciable :

1° Au ***service*** dans lequel des lacunes se produisent forcément ;
2° Aux inspectrices qui sont chargées outre mesure.

Il y aurait donc lieu d'augmenter le nombre des inspectrices du travail ; toutefois, il est à craindre que des difficultés budgétaires ne soient invoquées pour retarder longtemps encore cette importante mesure.

Pour parer à cet état de choses, la section propose :

1° Que la première année d'inspection, dite « stage », soit convertie en une 6e classe, précédant les cinq classes actuellement en vigueur et faisant corps avec elles.

Le traitement de la 6e classe serait équivalent à l'indemnité allouée au stage actuel, soit 2.400 francs, et comporterait le droit à la retraite ;

2° Que, d'autre part, un stage véritable, sans indemnité, soit imposé à toute candidate reçue aux examens, ce stage dût-il se prolonger, en raison de la rareté des vacances, dont on ne peut prévoir la date exacte.

Les stagiaires seraient astreintes à un minimum de 60 jours de travail et recevraient une allocation de 150 francs par an, à Paris, pour leurs frais de déplacement.

Elles seraient mises à la disposition des inspectrices, les plus âgées et les plus chargées en besogne, sous leur surveillance et leur responsabilité.

Le Conseil national des femmes, estimant que la présence d'une seule femme parmi les 67 membres dont le Conseil supérieur du travail est composé, est absolument insuffisante pour représenter l'ensemble des femmes qui travaillent, a émis le vœu suivant :

« Que M. le Ministre du Travail décide d'élever de 67 à 72 le nombre des membres du

Conseil supérieur du travail, pour que, dorénavant, six sièges soient de droit attribués à des femmes, 3 ouvrières, 1 employée, 1 patronne, 1 membre au choix du Ministre. »

Mentionnons enfin une notice que la section du travail du Comité national a fait imprimer en faveur des *syndicats de femmes.*

Après avoir indiqué les avantages de l'action syndicale et rappelé qu'il existe en France 4.122.472 ouvrières et employées, dont 75.643 seulement sont syndiquées, soit 1,83 0/0, la notice se termine par l'appel suivant :

« Femmes qui travaillez ! Vous toutes qui souffrez de l'insuffisance de votre salaire et des conditions de travail que vous subissez, c'est un pressant appel que nous adressons à votre raison. Suivez les exemples et les conseils qui vous sont donnés : *syndiquez-vous !*

« Il existe beaucoup de syndicats composés d'hommes et de femmes, il en existe un certain nombre exclusivement féminins, il y en a de presque tous les métiers : rappelez-vous que *l'union fait la force*, et n'hésitez pas à en faire partie. Vous trouverez dans les syndicats des femmes vaillantes qui luttent depuis longtemps déjà pour la défense de vos intérêts. Venez à elles. Elles vous accueilleront, vous aideront.

« De leurs efforts et des vôtres réunis sortira enfin cette grande réforme sociale qui vous sauvera des misères que vous endurez, et à laquelle toutes les femmes, ouvrières et employées, se doivent à elles-mêmes de travailler, *l'indépendance économique de la femme* (1). »

## Section d'assistance et d'hygiène.

Dès le lendemain de sa constitution, en 1903, cette section s'occupait de la *désinfection* des logements en cas de changement de locataires : à cet effet, elle rédigeait une circulaire destinée à faire connaître aux intéressés la nécessité de cette mesure, qui lui avait semblé l'une des plus urgentes dans la lutte contre la tuberculose, et elle attirait leur attention sur la gratuité de la désinfection pour les loyers inférieurs à 500 francs. Cette circulaire devait être remise dans tous les cas d'enquête à domicile, et accompagnée d'explications appropriées. De là, une campagne de propagande qui a produit des résultats appréciables dès le début, résultats devenus de plus en plus importants par la suite.

En 1904, elle demandait *le maintien des Commissions locales pour la protection de la première enfance*, et des *inspectrices générales* de l'enfance dans le service des enfants assistés. Si aucune décision législative n'est encore intervenue en ce qui concerne les Commissions locales, la section a obtenu satisfaction complète sur le second point par la loi du 27 juin 1904.

Dans sa séance du 15 décembre 1908, la section d'assistance et d'hygiène a décidé de nommer une Commission spécialement chargée de visiter les crèches existantes à Paris et dans la banlieue.

(1) Consulter à cet égard les derniers chapitres, pleins d'intérêt et d'enseignement, du premier volume de Lily Braun, *Le Problème de la femme*. On y trouvera, sur l'aspect économique de la question féministe, et notamment sur « la statistique du travail dans le prolétariat féminin », d'importants développements et de décisives démonstrations.

Les conclusions de l'auteur peuvent se résumer dans cette phrase : « Le travail féminin, malgré les apparences contraires et certaines conséquences très inquiétantes, est le grand émancipateur qui mènera la femme de l'esclavage à la liberté. »

# PIÈCE 6.

## NOTE SOMMAIRE énumérant les PRINCIPALES LOIS votées par la troisième République pour relever la condition de la femme en France (1)

Si l'étude du Code civil nous conduit à la conviction que le législateur de 1803 n'avait pas tenu la balance égale entre les deux sexes et qu'il avait souvent sacrifié les droits et les intérêts de la femme, on ne peut manquer d'être frappé par l'effort incessant de nos législateurs modernes, en vue de pallier, dans la mesure du possible, les inégalités qu'avaient consacrées les rédacteurs du Code civil.

Cette tendance des législateurs de la troisième République vers l'émancipation politique et sociale de la femme se dégage nettement des lois nombreuses votées depuis quarante ans, tant dans le domaine du droit civil qu'en matière économique.

La simple énumération des principes de ces lois suffira pour mettre en lumière ce mouvement timide, mais continu des idées.

### I. — Quelques cas particuliers relatifs à la situation de la femme mariée.

*Situation de la femme séparée de corps.*— Comparons pour commencer, la *situation de la femme séparée de corps* avant et après *la loi du 6 février* 1893.

La femme séparée de corps avait été maintenue, par le législateur de 1803, dans un état presque absolu d'incapacité ; assimilée complétement, au point de vue de ses droits personnels, à la femme mariée, avec cette différence qu'elle n'était plus tenue au devoir de cohabitation, elle avait, au point de vue pécuniaire, la même situation que la femme séparée de biens : elle ne pouvait exercer sur ses biens personnels qu'un simple droit d'administration ; encore ce droit de libre administration étant mal déterminé, les tiers hésitaient à contracter avec la femme séparée, ne sachant pas si elle avait bien le droit de prendre les engagements qu'ils voulaient exiger d'elle. Presque toujours, pour se tirer d'inquiétude, ils demandaient que la femme séparée de corps se fît autoriser par son mari ou par la justice. Pour les actes qui ne rentraient pas dans ses pouvoirs d'administration, la femme était toujours obligée de solliciter l'autorisation maritale. Cette nécessité humiliante pour la femme était la source de très graves abus et le contrôle du mari, quand il n'était pas indifférent, dégénérait souvent en moyen de tracasserie ou de chantage.

Ce furent ces considérations qui amenèrent le législateur à voter la loi du 6 février 1893, dont la disposition capitale portait que la séparation de corps aurait « désormais pour effet de rendre à la femme le plein exercice de sa capacité civile, sans qu'elle ait besoin de recourir à l'autorisation de son mari ou de la justice ».

Cette réforme importante ne fut pas admise sans de longues hésitations, puisque, dès 1884, la question de la capacité civile de la femme séparée de corps fut portée devant le Parlement et que la loi ne fut promulguée que le 6 février 1893.

Désormais la femme séparée de corps cesse d'avoir pour domicile légal le domicile de son mari ; elle pourra, sans autorisation, exercer telle profession ou tel commerce qu'il lui plaira ; elle pourra ester en justice, aliéner ses immeubles ou les donner à titre gratuit, en un mot, faire tous les actes qu'elle était en droit de faire antérieurement à son mariage.

Cette loi, dont la portée a été très grande, met bien en lumière « la force puissante qui pousse le législateur à reléguer bien loin les idées d'autorisation maritale, d'incapacité des

(1) Par M. Marcel Peyre, attaché au cabinet du Garde des Sceaux, aujourd'hui substitut du procureur de la République aux Andelys.

femmes mariées et à conserver l'égalité effective des deux sexes au point de vue civil ; le droit commercial de tous les pays avait proclamé l'indépendance, la capacité de la femme marchande publique, le droit civil est en train d'apporter les mêmes réformes sociales d'émancipation en matière civile » (Sarraud, la loi de 1893 sur la séparation de corps).

*Situation des époux coupables d'adultère.* — L'article 212 du code civil, qui plaçait la fidélité au premier rang des devoirs communs et respectifs des époux, décrétait que si le mari peut demander le divorce pour cause d'*adultère* de sa femme, celle-ci ne peut le solliciter que si l'adultère du mari a été commis au domicile conjugal. L'injustice de cette disposition amena la jurisprudence à une interprétation qui pouvait être considérée comme une réforme de cette loi : chaque fois qu'il était établi que le mari avait payé le loyer où l'adultère avait été commis, les tribunaux considéraient qu'il y avait là un domicile conjugal. Allant plus loin encore, la jurisprudence assimilait l'adultère du mari à une injure grave, quand il était absolument impossible de considérer le lieu de rendez-vous comme une maison commune. La *loi du 27 juillet* 1884 supprima la différence que consacrait le code civil entre l'adultère du mari et l'adultère de la femme, quand à la possibilité de demander le divorce.

Là n'est pas la seule inégalité qu'ait fait disparaître la loi de 1884 ; il en existait une autre aussi frappante au titre du divorce et de la séparation de corps : les articles 298 et 308 du Code civil spécifiaient, en effet, que la femme adultère serait condamnée par le jugement de divorce c'est-à-dire par le tribunal civil, à la réclusion dans une maison de correction, pour un temps donné, qui ne pourrait être inférieur à trois mois, ni excéder deux ans. La loi de 1884 a supprimé au point de vue civil toute différence entre l'adultère du mari et celui de la femme, mais elle n'a pas fait disparaître du *Code pénal* l'inégalité de traitement; aujourd'hui comme autrefois, l'épouse adultère encourt la réclusion, tandis que l'homme n'est exposé qu'à une simple amende.

Pour faciliter la comparaison, on peut mettre en regard les uns des autres les textes relatifs aux divers points qui viennent d'être exposés.

## Divorce.

| Texte ancien. | Texte nouveau. |
| --- | --- |
| Art. 230. — La femme pourra demander le divorce pour cause d'adultère de son mari, *lorsqu'il aura tenu sa concubine dans la maison commune.* | Art. 230. — La phrase soulignée a été supprimée (27 juillet 1884). |
| Art. 296. — Dans le cas de divorce prononcé pour cause déterminée, la femme divorcée ne pourra se remarier que *dix mois après le divorce prononcé.* | Art. 296. — La femme divorcée pourra se remarier *aussitôt après la transcription du jugement* ou de l'arrêt ayant prononcé le divorce, si toutefois il s'est écoulé trois cents jours après *le premier jugement préparatoire, interlocutoire ou au fond rendu* dans la cause.<br>(Loi du 13 juillet 1907.) |
| Art. 298. —... La femme adultère sera condamnée par le même jugement (divorce), et sur la réquisition du ministère public à la réclusion dans une maison de correction pour un temps déterminé qui ne pourra être moindre de trois mois ni excéder deux années. | Abrogé en 1884.<br>Cette inégalité de traitement n'a pas disparu du Code pénal. |

**Séparation de biens.**

| Texte ancien. | Texte nouveau. |
|---|---|
| Art. 308. — Même disposition que 298. | Abrogé en 1884. |

**Séparation de corps.**

| Texte ancien. | Texte nouveau. |
|---|---|
| | Art. 311. Loi du 6 février 1893. — ... La séparation de biens a, en outre, pour effet de rendre à la femme le plein exercice de sa capacité civile sans qu'elle ait besoin de recourir à l'autorisation de son mari ou de justice. |

*Consentement des parents au mariage des mineurs de 21 ans.* — Le fils et la fille qui n'ont pas atteint l'âge de 21 ans accomplis, dit l'article 148 du Code civil « ne peuvent *contracter mariage* sans le consentement de leur père et mère; *en cas de dissentiment, le consentement du père suffit* ». Ainsi, l'avis paternel quel qu'il soit, prévaudra toujours; avant la *loi du* 20 *juin* 1896, il conservait même cette prééminence quand le père était notoirement indigne.

Le même article 153 du Code civil décrète que « sera assimilé à l'ascendant dans l'impossibilité de manifester sa volonté, l'ascendant subissant la peine de relégation, ou maintenu aux colonies, en vertu de l'article 6 de la loi du 30 mai 1854 ». Dans ce cas, par application de l'article 149, le consentement de l'autre ascendant suffit pour rendre possible le mariage.

Dans le même ordre d'idées, une autre disposition de la loi du 20 juin 1897 nous semble particulièrement intéressante au point de vue de l'étude que nous avons entreprise; elle est contenue dans l'article 148 du Code civil :

« S'il y a dissentiment entre des parents divorcés ou séparés de corps, le consentement de celui des deux époux au profit duquel le divorce ou la séparation de corps aura été prononcé et qui aura obtenu la garde de l'enfant suffira. »

Cette disposition introduit une exception très sérieuse à la règle édictée par l'article 140, c'est-à-dire à la prédominance absolue de l'avis du père, quand il s'agit du mariage des enfants communs.

Sous le régime du Code civil, le mari coupable contre lequel avait été prononcé le divorce ou la séparation de corps, le père, à qui on avait enlevé la garde de son enfant, retrouvait tous ses droits, quand il s'agissait du mariage de celui-ci; aujourd'hui, au contraire, l'enfant n'est plus tenu de solliciter le consentement que de celui de ses parents qui a obtenu le divorce ou la séparation de corps, de celui à qui il a été confié par le tribunal (1).

(1) La Chambre vient de voter, sur le rapport de M. Viollette (29 février 1910) une proposition de lo modifiant l'article 442 du Code civil et ayant pour objet d'admettre les femmes à l'exercice des fonctions de tutrice et curatrice.

## II. — Quelques cas d'inégalité civile de la femme.

Les modifications apportées au Code civil par les diverses lois que nous venons d'étudier ont toutes pour but de rendre meilleure la situation de la femme mariée ou divorcée; mais en dehors des liens matrimoniaux, il existe dans le Code civil des inégalités qui ont pour unique fondement la différence de sexe; les incapacités édictées contre la femme sont absolument indépendantes de son droit d'épouse.

*Interdiction à la femme d'être témoin.* — De ce genre était l'interdiction faite à la femme, qu'elle fût fille majeure, épouse divorcée ou veuve, de figurer comme témoin, soit dans les actes de l'état civil, soit dans les actes notariés.

Cette interdiction a provoqué, lors de sa discussion, de violentes polémiques; les féministes et leurs adversaires ont cru que *la loi du* 7 *décembre* 1807 était un pas vers des concessions politiques, tandis qu'elle marquait tout simplement un progrès dans le domaine du droit civil.

*Livrets de caisse d'épargne.* — *Les* **lois de 1881 et de 1895 sur les Caisses d'épargne** ont eu une portée économique plus grande. Ces lois admettent les femmes mariées, quel que soit leur régime matrimonial, à se faire ouvrir des livrets sans l'autorisation de leur mari et à retirer, sans cette autorisation, sauf opposition, les sommes inscrites aux livrets ainsi ouverts.

Ces lois, il faut bien le reconnaître, respectent les principes du Code civil plus qu'elles ne les modifient : l'épouse n'a nullement la faculté d'économiser afin de se constituer une sorte de pécule; quand elle se fait ouvrir un compte à la caisse d'épargne, elle est présumée agir comme mandataire de son mari; c'est pourquoi celui-ci, comme tout mandant, peut révoquer le mandat et retirer, sans le concours de la déposante, les sommes par elles confiées à la caisse.

*Les retraites pour la vieillesse.* — La **loi du 20 juillet 1886, sur la Caisse nationale des retraites pour la vieillesse**, indique d'une façon encore plus nette la tendance du législateur moderne vers la diminution de l'autorité maritale.

Par application de cette loi, *les versements opérés* antérieurement au mariage restent propres à celui ou à celle qui les a faits.

Ceux effectués pendant le mariage ne tombent pas non plus en communauté; ils profitent séparément à chacun des époux par moitié. Ils peuvent profiter, pour la totalité si l'un d'eux a atteint le maximum, soit de la rente, soit des versements annuels ou quand il est absent depuis plus d'un an.

Les femmes mariées ont donc le moyen de se constituer, sans le consentement de leur mari, une rente viagère et de soustraire à son autorité, au cours du mariage, des deniers auparavant destinés à la communauté.

*Droits de la femme dans les produits de son travail.* — Plus importante par ses conséquences économiques est la dérogation qu'apporta, aux principes du droit civil, **la loi du 13 juillet 1907.**

En vertu de cette loi, sous tous les régimes, la femme a sur les produits de son travail personnel et les économies en provenant les mêmes droits d'administration que l'article 1449 du Code civil donne à la femme séparée de biens; elle pourra désormais, sans l'autorisation de son mari, aliéner à titre onéreux les biens meubles ou immeubles acquis à l'aide des produits de son travail personnel; elle pourra ester en justice, sans autorisation, dans toutes les contestations relatives aux droits qui lui sont reconnus par cette loi; en un mot pour exécuter tous les actes d'administration qu'il lui plaira, il lui suffira de fournir la justification qu'elle exerce personnellement une profession distincte de celle de son mari.

Cette loi n'a d'autre but que de protéger la femme ouvrière contre les dissipations de son mari; mariée le plus souvent sans contrat, l'ouvrière n'était pas maîtresse de ses gains qui tombaient dans la communauté.

Laborieuse et prévoyante, elle multipliait inutilement ses peines et ses efforts si son mari était débauché, paresseux ou dissipateur; le seul moyen que donnait le Code, à la femme, pour defendre le produit de son travail, était la séparation de biens, procédure coûteuse, ou demandant, en cas d'assistance judiciaire, de nombreuses formalités et de longs délais.

La loi de 1907 a comblé une lacune grave du Code civil, en ajoutant au droit de l'ouvrière de toucher, elle-même, ses salaires, celui de les économiser et de les employer au mieux de ses intérêts.

## III. — Améliorations économiques et sociales de la situation de la femme.

La troisième République ne s'est pas contentée de modifier dans l'intérêt des femmes les règles établies par le Code civil : elle a tenu également à améliorer leur situation dans le domaine économique et social.

Les dispositions législatives qui ont été prises dans ce but ne reposent pas toutes sur la même idée, les unes qui tendent, à créer à la femme une situation exceptionnelle par rapport à l'homme, sont fondées sur l'idée de son infériorité physique; les autres, qui lui ont conféré certains droits jusqu'alors réservés à l'homme, s'appuient sur l'égalité intellectuelle et morale des deux sexes.

*Réglementation du travail des femmes dans l'industrie.* — A la première catégorie appartiennent les lois qui ont réglementé le travail de la femme dans l'industrie et le commerce ; à la seconde, celles qui lui ont accordé l'électorat ou l'éligibilité, ou ces deux avantages à la fois dans certaines élections spéciales. Il semble qu'on puisse y joindre la loi qui a permis à la femme la profession d'avocat.

Voici dès le début de la troisième République la **loi du 19 mai 1874**. A vrai dire, elle ne concerne guère que le travail des enfants et d'une certaine catégorie de femmes : les filles mineures de vingt et un ans. A celles-ci seulement, la loi de 1874 interdit, comme aux enfants, le travail de nuit dans les usines et manufactures. Elle défend d'employer ces mêmes personnes les dimanches et jours de fête reconnus par la loi. Seule, la disposition portant interdiction des travaux souterrains des mines, minières et carrières, semble s'appliquer aux femmes indépendamment de toute condition d'âge.

Dix-huit ans plus tard, la **loi du 2 novembre 1892**, modifiée depuis par celle du 30 mars 1900, vint réglementer, d'une manière générale, le travail des femmes employées dans les établissements industriels. La durée maximum du travail était fixée à onze heures par jour et la loi prévoyait la réduction à dix heures et demie, puis à dix heures après deux périodes successives de deux ans chacune. Cette durée de travail devait être coupée par un repos d'une heure au moins. Le travail de nuit était prohibé dans les usines, manufactures, mines, minières et carrières, ateliers et leurs dépendances. L'article 5, abrogé par loi du 13 juillet 1906 sur le repos hebdomadaire, disposait que les femmes ne pouvaient travailler plus de six jours par semaine, ni les jours de fête reconnus par la loi.

La loi laissait à des règlements d'administration publique le soin de déterminer les conditions spéciales dans lesquelles les femmes pourraient être employées dans les établissements insalubres et dangereux.

La loi du 2 novembre 1892 ne concernait que les établissements industriels; les patrons commerçants échappaient donc à ses dispositions; il y avait là une lacune qu'est venu combler la **loi du 30 avril 1909**. Par cette mesure, le législateur confie à des règlements d'administration publique la détermination des différents genres de travail présentant des causes de danger ou excédant les forces de la femme ou dangereux pour sa moralité, qui pourraient être interdits aux femmes ou aux enfants employés dans les établissements commerciaux. Le législateur de 1909 renvoie pour l'énumération de ces établissements à l'article premier de la *loi du 12 juin* 1893, modifiée par celle *du 11 juillet* 1903 relative à l'hygiène et à la sécurité des travailleurs.

Notons la **loi du 29 décembre 1900**, qui avait édicté précédemment que les magasins et boutiques desservis par un personnel féminin devraient être, dans chaque salle, munis d'un nombre de sièges égal à celui des femmes qui y sont employées.

*Les femmes dans les Chambres de commerce et Conseils de prud'hommes.* — En 1898, la femme obtint droit de cité dans les Chambres de commerce. Cette mesure très importante, qui permet à la femme d'agir au sein d'un organisme puissant, n'a pas été réalisée sans grandes difficultés. « Le vieil esprit du droit romain n'a pas vu sans défiance les concessions que les progrès de l'humanité civilisée arrachent à l'antique domination masculine » (M. de La Batut, rapporteur de la loi de 1898). Pourtant l'expérience avait démontré, depuis longtemps, l'aptitude de la femme à s'occuper de commerce et à saisir toutes les questions commerciales.

Cette loi de 1898, qui réparait une inégalité choquante, a été suivie, neuf ans après, par la **loi du 27 mars 1907**, donnant à la femme l'électorat au conseil de prud'hommes. Cette loi était la première d'ensemble sur la juridiction des conseils de prud'hommes.

Ses dispositions essentielles sont empruntées à une proposition de loi, votée par le Sénat les 26 novembre 1903 et 15 mars 1904, et soumise à la Chambre des Députés, sans que cette assemblée en ait abordé la discussion avant le 13 juillet 1905. La loi de 1907 réalise sur la législation antérieure un grand nombre d'heureuses innovations, parmi lesquelles la plus saillante est sans contredit celle qui admet les femmes à l'élection des conseillers prud'hommes, à la condition qu'elles remplissent les conditions exigées des hommes pour leur inscription sur la liste électorale.

Plus importante encore est la **loi des 23-25 janvier 1898** conférant *l'électorat aux femmes pour l'élection aux tribunaux de commerce.*

Cette loi a son origine dans un amendement à l'article 1er de la loi du 8 décembre 1883, présenté par M. Georges Roche à la séance du 3 décembre 1883. Bien que cet amendement eût été pris en considération par la Chambre, la Commission obtint de son auteur qu'il le retirât pour ne pas retarder le vote de la loi de 1883.

La Chambre fut, à nouveau, saisie de cette question par la proposition de M. Ernest Lefèvre, déposée le 30 octobre 1888, votée par la Chambre le 5 juillet 1889, par le Sénat le 20 février 1894 et qui ne vint en discussion que le 20 janvier 1898. Le régime des tribunaux de commerce est un régime à part dans notre législation : seuls, entre tous, les juges consulaires sont élus par leurs justiciables qui les choisissent entre eux. C'est une juridiction essentiellement professionnelle, accordée par privilège spécial aux commerçants pour leur assurer des garanties particulières de compétence, dans les jugements rendus sur les différends ; n'était-il pas d'une injustice flagrante de contester à la femme patentée le droit d'élection inhérent à sa patente ?

## IV. — Les femmes dans l'enseignement.

Ce chapitre est un de ceux où les droits de la femme ont obtenu la plus large reconnaissance et les plus sérieuses garanties.

Il faudrait, pour les enregistrer en détail, reprendre toutes nos lois scolaires, toutes celles qui ont organisé l'enseignement public primaire, secondaire et supérieur et aussi celles qui ont réglé les conditions d'exercice de l'enseignement privé. Il n'en est pas une où l'égalité de droits entre les deux sexes ne soit en principe reconnue. Qu'il s'agisse des conditions requises pour enseigner, des diplômes et brevets, des formes de nominations, du droit à la représentation dans les conseils universitaires officiels ou officieux, depuis la conférence pédagogique du canton jusqu'au congrès des instituteurs et institutrices, depuis le conseil départemental jusqu'au conseil supérieur, qu'il s'agisse d'élection, d'action en justice, de communications de dossiers, de formes de procédure administrative ou judiciaire, de participation aux manifestations collectives des associations professionnelles, qu'il s'agisse de l'accession aux examens et aux concours de l'enseignement supérieur et par suite aux fonctions de professeur, de médecin, de pharmacien, d'avocat, etc., une longue suite de textes législatifs ou réglementaires a mis la femme sur le pied d'égalité avec l'homme. Citons seulement :

Pour l'enseignement primaire : les *lois du* 9 *août* 1879, *du* 16 *juin* 1881, *du* 28 *mars* 1882, *du* 30 *octobre* 1886, *du* 19 *juillet* 1889 (art. 22), loi de finances du 8 août 1885 (art. 25).

Pour l'enseignement secondaire : la *loi du* 21 *décembre* 1880, dont l'article 9 dispose que « l'enseignement sera donné par des professeurs, hommes ou femmes, munis de diplômes réguliers ».

Pour l'enseignement supérieur, les *lois du* 27 *février* 1880, *le décret du* 25 *décembre* 1885, la loi du 1er décembre 1900 permettant aux femmes de prêter le serment d'avocat, les décrets des 31 juillet 1893 et 11 janvier 1909 (sur la médecine), le décret du 4 janvier 1909 (diplôme de chirurgien-dentiste).

***

Cet exposé sommaire des lois votées depuis 40 ans, dans l'intérêt des femmes, tant en matière de droit civil qu'en matière administrative et économique, indique nettement la tendance des législateurs de la troisième République. En même temps qu'ils veulent protéger la femme parce que parfois plus faible, ils veulent que dans toutes les voies où son action peut se développer concurremment avec celle de l'homme, la femme puisse donner libre cours à son activité sans rencontrer, à chaque pas, les difficultés que le Code civil accumulait sur sa route, comme pour lui interdire à jamais toute tentative d'indépendance et tout espoir d'obtenir plus de justice.

---

## PIÈCE 7

---

### Fédération féministe primaire de France et des colonies (1).

*Extraits des statuts.*

communiqués par Mlle Marie Guérin, institutrice à Laxous-lès-Nancy, secrétaire générale de la Fédération.

*Titre de l'association.*

Article premier.

Il est formé entre les membres de l'enseignement primaire une association dite : Fédération primaire d'études et d'action féministes.

---

(1) La Fédération publie un journal mensuel : l'*Action féministe*.

*But.*

Art. 2.

Cette association a pour but la recherche et la mise en action des moyens propres à améliorer le sort de la femme en général et des membres féminins de l'enseignement primaire en particulier.

*Composition.*

Art. 4.

Pour être membre de la Fédération, il suffit d'appartenir à l'enseignement primaire public et d'adhérer aux présents statuts.

*Administration.*

Art. 5.

L'association est une fédération de groupes départementaux.

Art. 6.

Elle est administrée par une commission de délégués départementaux.

Art. 7.

Chaque groupe départemental dispose d'un nombre de mandats proportionnel au nombre de ses adhérents (1 par 50) ; dans sa représentation chaque groupe départemental s'efforcera de respecter les droits des minorités.

Art. 8.

Cette commission nomme pour une durée de deux années une commission permanente composée de 9 membres titulaires et de 9 membres suppléants qui élit elle-même son bureau, comprenant une secrétaire générale, une ou un secrétaire adjoint, une trésorière générale, une ou un trésorier adjoint.

Art. 9.

Les groupes départementaux sont administrés par un comité qui élit sa secrétaire et sa trésorière.

# PIÈCE 8

## Délibérations de Groupes féministes universitaires.

I

### *Groupe féministe universitaire de l'Isère.*

(200 membres après un an d'existence.)

RÉUNION GÉNÉRALE TENUE A GRENOBLE LE 13 MAI 1909.

*Décisions relatives à la Réforme électorale.*

A l'unanimité moins 3 voix, le G. F. se prononce en faveur de la proposition de loi Dussaussoy, tendant à accorder aux femmes le droit de vote dans les Assemblées mineures.

Mais le G. F. de l'Isère juge cette demi-réforme notoirement insuffisante et décide d'adresser au Rapporteur les conclusions et le vœu suivant :

« Les femmes déploient dans les travaux qui leur sont dévolus autant de capacité que les hommes dans les leurs ;

« Les sociétés ont été organisées par les plus forts ;

« Ceux-ci en ont profité pour accaparer les meilleures situations ;

« De tous les déshérités, les plus à plaindre se trouvent parmi les femmes : prostituées, ouvrières-mères de famille faisant double journée : l'une peu rétribuée à l'usine, l'autre non rétribuée à la maison ;

« Si les femmes sont mineures pour élaborer les lois, elles ne le sont jamais pour les comprendre et s'y soumettre ;

« Elles payent l'impôt ;

« Elles sont comprises dans la détermination des circonscriptions électorales.

Pour toutes ces raisons :

« Le G. F. U. de l'Isère émet le vœu que le Parlement travaille sans retard à l'élaboration d'une loi reconnaissant aux femmes le droit commun des citoyens, c'est-à-dire l'égalité civile et politique. »

II

L'Association des femmes de Saône-et-Loire adopte le projet Dussaussoy, mais avec l'adjonction suivante :

« Les femmes sont *éligibles* aux mêmes assemblées dans les conditions fixées par la loi pour l'exercice de ce droit pour tous. »

(24 avril 1909).

III

Même vote pour les G. F. U. de Bayonne et Biarritz, avec un exposé des motifs dont ci-dessous un extrait :

« Les femmes françaises, qu'elles soient éducatrices, mères de famille, travailleuses intellectuelles ou manuelles, ont conscience de remplir dans la nation un rôle aussi utile que celui des hommes.

« La belle devise républicaine : liberté, égalité, fraternité, n'est point une réalité pour elles qui sont traitées en inférieures ; il n'est pas juste qu'elles obéissent à des lois que les hommes seuls ont élaborées, qu'elles payent l'impôt sans l'avoir voté.

« La femme est exploitée de toute manière, qu'il s'agisse de son travail, de sa situation dans le mariage, de ses droits civils. Ouvrière, employée ou fonctionnaire, son salaire est toujours inférieur à ce qu'il devrait être. Dans la famille, c'est le régime de l'autorité absolue du mari ; qu'il ait tort ou raison, de par la loi la femme doit obéissance.

« Est-elle célibataire, fait-elle preuve d'une haute intelligence, de qualités viriles, la loi lui refuse d'être tutrice, tandis qu'un homme incapable pourra être chargée de gérer les biens d'un mineur au détriment de celui-ci. Malgré les vives instances des féministes, le privilège exclusif de l'homme est inscrit dans le Code. Il en ira autrement quand les femmes seront admises à élire les assemblées délibérantes et à en faire partie. »

IV

Se sont bornés à émettre un vœu formel en faveur de l'adoption du projet Dussaussoy, avant la fin de la législature, les groupes féministes universitaires ci-après :

Groupe de Meurthe-et-Moselle et quelques autres dont nous n'avons pas la liste complète.

V

Même vote par le Comité administratif des groupes des Hautes-Alpes avec les considérants ci-après :

Le Comité, considérant :

1° Que la société est composée d'hommes et de femmes qui lui rendent des services équivalents ;

2° Que les femmes, comme les hommes, sont soumises à l'impôt, à des lois semblables ou différant par les dispositions restrictives de leurs libertés ; qu'elles sont justiciables des mêmes tribunaux sans être jugées par des personnes de leur sexe ; qu'elles sont asservies à la dure obligation de la maternité, plus pénible que le service militaire, qu'enfin elles ne méritent pas la situation inférieure dont elles souffrent ;

3° Que les femmes font preuve de qualités de dévouement, de tact, d'économie pratique incontestables,

Emet le vœu :

Que, en attendant la reconnaissance complète des droits civils et politiques de la femme, le Parlement soit invité à voter au plus tôt la loi Dussaussoy, œuvre de réparation et de justice sociale.

---

## PIÈCES 9 ET 10

**Tableaux résumant les droits électoraux des femmes anglaises et écossaises, dans les assemblées provinciales et municipales** (1).

(1) Nous devons ces tableaux à l'obligeance de la *Women's Local Government Society* de Londres, à qui nous adressons ici tous nos remerciements.

## Droits électoraux des femmes pour les Assemblées locales en Angleterre et Pays de Galles

**A qui appartient le droit de vote.** — Toute femme demandant à être inscrite sur les listes électorales doit ê habitante (*occupier*), soit comme propriétaire, soit comme locataire (*tenant*).

NOTE. — Il n'y a pas pour les femmes d'Angleterre ou du Pays de Galles de *Ownership*, *Lodger* ou *Service Franchise* (voir p la définition de ces mots le tableau suivant, page 214) qui n'existent pour les femmes qu'en Écosse et en Irlande.

Définitions des expressions employées dans ce tableau :

*Household qualification.* — Cette qualification électorale consiste dans le fait d'avoir habité pendant les douze mois q précèdent immédiatement le 15 juillet de l'année de l'élection toute maison ou partie de maison d'habitation (même une seu chambre), pourvu que le propriétaire ne vive pas, en tant que propriétaire, dans la maison. Cette qualification est indépendan de la suivante.

£ 10 *qualification* (qualification des 10 livres sterling). — Cette qualification électorale consiste dans le fait d'occuper établissement agricole ou industriel d'un revenu net annuel d'au moins 250 francs et de résider dans l'intérieur du comté ou moins de quinze milles de ses limites, ou dans le cas d'un bourg, à sept milles de ses limites.

*Joint occupation qualification.* — Cette qualification électorale consiste dans le fait que, plusieurs personnes partageant même demeure ou le même établissement agricole ou industriel, pourvu que la location en soit commune, le revenu net annu divisé par le nombre des locataires collectifs, s'élève à 250 francs par personne (mari et femme ne peuvent pas prétendre respe tivement à cette qualification électorale comme occupant collectivement un seul immeuble; mais par la loi de 1894, sur le go vernement local, section 43, ils peuvent cependant être inscrits tous deux sur les listes électorales, pourvu qu'ils tiennent leu droits du fait de propriétés différentes).

| VOTES PAROISSIAUX. | VOTES DE COMTÉS. | VOTES MUNICIPAUX. |
|---|---|---|
| Les électeurs paroissiaux votent pour :<br>Les Conseils de paroisse;<br>Les Conseils de districts ruraux et urbains;<br>Les Conseils des Tuteurs des Pauvres de Londres;<br>Les Conseils de bourg de Londres;<br>Le Conseil de Comté de Londres. | Les électeurs de Comtés votent pour les conseils de Comté. | Les électeurs municipaux votent pour les Conseils municipaux. |
| **Conditions à remplir pour être électeur :** | | |
| Il faut remplir l'une des trois qualifications suivantes :<br>Household qualification, ou bien,<br>£ 10 qualification, ou bien,<br>Joint occupation qualification. | Les mêmes que pour les votes paroissiaux. | Les mêmes que pour les votes paroissiaux. |
| Peuvent être inscrites comme électrices, si elles sont qualifiées, les célibataires et les veuves, et aussi les femmes mariées qui ont une qualification distincte de celle de leur mari. | Peuvent être inscrites comme électrices les célibataires et les veuves, si elles sont qualifiées. Depuis la loi de 1907, quelques femmes mariées qualifiées ont été aussi inscrites. | Comme pour les votes de Comtés. |
| **Date des lois fixant les conditions ci-dessus :** | | |
| *Local Government act*, 5ht march 1894.<br>*London Government act*, 22nd july 1899.<br>*London County Electors act*, 30th july 1900. | *County electors act*, 10th may 1888. | *Municipal Franchise act*, 2nd august 1896 |

| VOTES PAROISSIAUX. | VOTES DE COMTÉS. | VOTES MUNICIPAUX. |
|---|---|---|

## CONDITIONS D'ÉLIGIBILITÉ DES FEMMES

Les conditions d'éligibilité sont les mêmes pour les femmes que pour les hommes.

Tout *candidat* doit remplir les conditions suivantes :

1° Son nom doit figurer sur le registre des électeurs paroissiaux;

2° Il doit avoir résidé pendant les douze mois qui précèdent le jour de l'élection dans les limites des circonscriptions suivantes :

S'il s'agit d'une élection au *Conseil de bourg métropolitain*, dans le bourg.

S'il s'agit d'une élection au *Conseil de district urbain*, dans le district urbain.

S'il s'agit d'une élection au *Conseil de district rural*, dans la Poor Law Union.

S'il s'agit d'une élection au *Conseil des Tuteurs des Pauvres*, dans la Poor Law Union.

S'il s'agit d'une élection au *Conseil de Paroisse*, dans la Paroisse ou dans un rayon de 3 milles.

S'il s'agit d'une élection au *Conseil de Comté de Londres*, comme pour les autres Conseils de Comté.

Toute femme, mariée ou célibataire, a le droit d'être candidate *Conseils de Comté* et *Conseils municipaux :*

1° Si elle réside dans le comté, dans le bourg ou dans un rayo sept milles et si elle est inscrite et a le droit d'être inscrite sur listes électorales pour les assemblées locales ou sur les listes de bo geoisie (*burgess roll*), respectivement, en vertu d'une qualificat ayant son origine dans le comté ou bourg, et;

*a*) Si elle a la possession d'une propriété d'une valeur corresp dant avec celle exigée par les prescriptions locales pour un consei *ou bien,*

*b*) Si elle est taxée pour la taxe des pauvres d'un impôt annuel rapport avec celui que les prescriptions locales exigent pour un c seiller.

*Ou bien* 2°) Si elle réside à plus de sept milles et à moins de qui milles du comté ou du bourg et est inscrite sur la liste des n résidents, comprenant les personnes qualifiées pour être conseill (quoique pas pour être électeurs), en vertu d'une qualification ay son origine dans le comté ou le bourg, et aussi si elle remplit l'une l'autre des conditions *a*) et *b*) ci-dessus.

*Ou bien* 3°) Si, au moment de l'élection, elle est qualifiée po élire les conseillers (mais si une personne ayant cette seule qualifi tion et élue conseiller, cesse pendant six mois de résider dans le com ou le bourg, elle cesse d'être conseiller).

N.-B. — Une candidate ne doit pas nécessairement résider dans quartier où elle se présente.

## Dates des actes fixant les conditions ci-dessus mentionnées pour l'éligibilité des femmes.

*Local Governmen Act*, 5th march 1894.
*London Government Act*, 22th july 1899.

*The qualification of women* (*County and Borough Councils*) *Ac* 28th august 1907.

Cette loi a seulement abrogé les incapacités tenant au sexe et mariage.

Les conditions fixées pour être candidat remontent aux lois su vantes :

Pour les *Conseils de Comté*, au *Local Government* (*England an Wales*) *Act*, 13th august 1888.

Pour les *Conseils municipaux*, au *Municipal Corporations Ac* 18th august 1882.

## Périodicité des élections.

Les Conseils de tuteurs des Pauvres et les Conseils de districts ruraux et urbains peuvent être élus soit tous les trois ans, soit par tiers chaque année (le dernier lundi de mars ou le premier lundi d'avril).

Les Conseils de Paroisse sont élus tous les trois ans au printemps.

Les Conseils de bourg de Londres sont élus tous les trois ans en novembre.

Le Conseil de Comté de Londres est élu tous les trois ans en mars.

Les Conseils de Comté sont élus tous les trois ans en mars.

Les Conseils municipaux sont élus par tie chaque année, le 1er novembre.

## Droits électoraux des femmes pour les Assemblées locales en Écosse.

**A qui appartient le droit de vote. — Définition des expressions employées dans ce tableau :**

*Household franchise.* — Appartient à toute personne habitant comme propriétaire ou locataire une maison, quelle qu'e[s]oit la valeur.

*Service franchise.* — Appartient à toute personne au service d'une autre, et qui, en raison de sa fonction, occupe un[e m]aison d'habitation.

*Ownership franchise.* — Appartient à tout propriétaire d'un héritage (maison, terre ou *tenement*) (1) d'une certaine valeu[r a]nnuelle variable suivant les cas.

*Occupancy franchise.* — Appartient à toute personne occupant comme locataire une terre ou tenement d'une certain[e v]aleur annuelle variable suivant les cas.

*Lodger franchise.* — Appartient à tout locataire dont le logement non meublé est d'une certaine valeur annuelle variabl[e s]uivant les cas.

NOTE. — La *Household franchise* a toujours pour base exclusive *une maison d'habitation*. La *Occupancy franchise* a pour base *une terre ou un tenement* (et pas nécessairement une maison d'habitation).

| VOTES DE COMTÉS. | VOTES MUNICIPAUX. | VOTES SCOLAIRES. |
|---|---|---|
| Les électeurs de Comté votent pour le *Conseil de Comté* et pour le *Conseil de Paroisse* (pour les paroisses qui ne sont pas comprises dans un bourg). | Les électeurs municipaux votent pour le *Conseil municipal* et le *Conseil de Paroisse* (pour les paroisses comprises dans un bourg). | Les électeurs scolaires votent pour les *school-boards*. |
| **Pour être électeur à ces diverses assemblées, il faut posséder l'une des « Franchises » ci-dessous :** | | |
| *Household franchise.*<br>*Service franchise.*<br>*Ownership franchise* (si la propriété est d'une valeur annuelle de 125 francs au moins).<br>*Occupancy franchise* (si la propriété est d'une valeur annuelle de 250 francs au moins).<br>*Lodger franchise* (si le logement non meublé est d'une valeur annuelle de 250 francs au moins). | *Household franchise.*<br>*Service franchise.*<br>*Ownership franchise* (si l'héritage est d'une valeur annuelle d'au moins 250 francs).<br>*Occupancy franchise* (si l'héritage est d'une valeur annuelle d'au moins 250 francs).<br>*Lodger franchise* (si le logement non meublé est d'une valeur annuelle de 250 francs au moins). | *Ownership franchise* (si l'héritage est d'une valeur annuelle d'au moins 100 francs).<br>*Occupancy franchise* (si l'héritage est d'une valeur annuelle d'au moins 100 francs). |
| En cas de *joint-ownership* (propriété commune), la part de chacun doit être de 125 fr. au moins.<br>En cas de *joint-occupancy* (location commune d'une terre), la part de chacun doit être de 350 francs au moins.<br>En cas de *joint-lodging* (location commune d'un logement), la part de chacun doit être de 250 francs au moins. | En cas de *joint-ownership*, la part de chacun doit être d'au moins 250 francs par an.<br>En cas de *joint-occupancy*, la part de chacun doit être d'au moins 250 francs par an.<br>En cas de *joint-lodging*, la part de chacun doit être d'au moins 250 francs par an. | En cas de *joint-ownership*, la part de chacun doit être d'au moins 100 francs.<br>En cas de *joint-occupancy*, la part de chacun doit être d'au moins 100 francs. |
| Toute personne en retard pour le payement des contributions locales et de la taxe des pauvres ne peut pas voter.<br>Le mariage ne modifie pas le droit de vote, mais deux époux ne peuvent pas tenir leur droit de vote d'une même propriété. | Toute personne en retard pour le payement des contributions locales ne peut pas voter. | |

(1) On appelle *tenement* un logement, ou une habitation, ou un appartement dans une maison, occupés par une famille.

| VOTES DE COMTÉS. | VOTES MUNICIPAUX. | VOTES SCOLAIRES. |
|---|---|---|
| **Dates des lois fixant les conditions ci-dessus mentionnées pour que les femmes puissent prendre part au vote.** | | |
| *Local Government (Scotland) Act*, 26th august 1889.<br>*Parish Councils Local Government (Scotland) Act*, 25th august 1894. | *Municipal Electors Amendment Act* 1881.<br>*Parish Councils Local Government (Scotland) Act*, 25th august 1894. | |
| **CONDITIONS D'ÉLIGIBILITÉ DES FEMMES** | | |
| Toute femme doit remplir les conditions suivantes pour pouvoir être élue membre de ces assemblées : | | |
| Pour le *County Council*, être au moment de l'élection inscrite comme électeur de Comté sur les listes électorales du Comté où a lieu l'élection.<br>Pour le *Parish Council*, être inscrite comme électeur paroissial sur les listes électorales de la paroisse où a lieu l'élection. | Pour le *Town Council*, être inscrite sur les listes électorales municipales de la ville où a lieu l'élection.<br>Pour le *Parish Council*, être inscrite sur les listes électorales de la paroisse où a lieu l'élection. | Avoir résidé dans la paroisse pendant douze mois ; pas nécessaire qu'elle soit soumise à l'impôt. |
| **Dates des lois fixant les conditions ci-dessus mentionnées pour l'éligibilité des femmes.** | | |
| Le *Qualification of women (County and Town Councils) Act*, 28th august 1907, a abrogé les incapacités basées sur le sexe et le mariage. Les conditions d'éligibilité avaient été établies par les *Local Government (Scotland) Acts* de 1889 et 1894. | Le *Qualification of women (County and Town Councils) Act*, 28th august 1907, a abrogé les incapacités basées sur le sexe ou le mariage. Les conditions d'éligibilité ont été établies par le *Municipal Elector Act* 1881 et le *Local Government (Scotland) Act* 1894. | |
| **Périodicité des élections.** | | |
| Les élections ont lieu en décembre tous les trois ans. | Pour les *Town Councils*, chaque année en novembre.<br>Pour les *Conseils de Paroisses* (à l'intérieur d'un bourg) tous les trois ans. | En mars ou avril tous les trois ans. |

## PIÈCE 11.

### Droits électoraux des femmes pour les assemblées locales d'Irlande (1).

Ont seules le droit de voter, les femmes qui sont inscrites sur les listes électorales spéciales aux assemblées locales.

Tous les électeurs parlementaires sont électeurs pour les assemblées locales et toute femme qui remplit les conditions exigées des hommes pour être électeur parlementaire, peut être inscrite comme électrice des assemblées locales.

Les femmes mariées, remplissant les conditions nécessaires, peuvent depuis 1899 être inscrites comme électrices aux assemblées locales, pourvu qu'une même propriété ne serve pas de base aux droits électoraux des deux époux.

Les femmes ne sont pas éligibles comme conseillers de comté, mais elles sont éligibles comme conseillers de district urbain ou rural, excepté dans les bourgs.

Les femmes sont éligibles partout comme tutrices des pauvres.

## PIÈCE 12.

### I. — Loi anglaise du 28 août 1907 relative à l'éligibilité des femmes aux conseils de comté et de bourg.

Article premier.

§ 1er. « Aucune femme n'est privée, par le fait de son sexe ou de son mariage, du droit d'être élue conseiller ou alderman d'un conseil de comté ou de bourg (y compris les bourgs métropolitains), ou d'en remplir les fonctions.

« Aucune femme élue président d'un conseil de comté ou maire d'un bourg, ne peut, pour le motif qu'elle remplit ou qu'elle a rempli ces fonctions, être juge de paix.

§ 2. « Les termes : « Aucune femme n'est éligible à une de ces diverses fonctions » (2), du paragraphe 1er de l'article 2 de la loi de 1899 sur le Gouvernement de Londres, sont abrogés. »

Art. 2.

§ 1er. « Cette loi peut être intitulée : « *Qualification of Women (County and Borough Councils) Act*, 1907. »

§ 2. « Cette loi ne s'applique ni à l'Écosse, ni à l'Irlande. »

---

(1) D'après un *leaflet* publié par la *Women's Local Government Society*.

(2) Maire, alderman, conseiller.

# PIÈCE 12 *bis*.

**II. — Loi du 28 août 1907 « modifiant la loi relative à la capacité des femmes d'être élues et d'agir en qualité de membres des conseils de comté ou de ville, en Écosse »** (1).

Article premier.

§ 1. « Une femme n'est pas privée, par le fait de son sexe ou de son mariage, du droit d'être élue ou d'être membre d'un conseil de comté ou de bourg, en Écosse ; mais,

*a*) « Si elle est élue conseiller, elle n'aura pas, pour le motif qu'elle remplit cette fonction, la capacité d'être élue ou d'agir en qualité de magistrat de bourg, de juge d'une cour de police, de membre d'une cour des licences ou d'une cour d'appel ;

*b*) « Si elle est élue présidente d'un conseil de comté ou prévôt d'un bourg, elle n'aura pas, pour le motif qu'elle remplit ou qu'elle a rempli cette fonction, la capacité d'être juge de paix ou magistrat de bourg, ou d'être élue ou d'agir en qualité de magistrat de bourg ou de juge d'une cour de police.

« Lorsqu'une femme est élue prévôt d'un bourg, et tandis qu'elle en remplit les fonctions, le nombre des baillis à élire dans ce bourg est supérieur d'une unité au nombre légalement prescrit dans les autres cas; chaque bailli supplémentaire ainsi élu remplit ses fonctions pendant la période fixée par la loi qui réglemente les fonctions de magistrat de bourg et de bailli, sous la réserve de cette disposition que, dans aucun cas, il ne continuera à remplir ses fonctions lorsque la femme aura cessé de remplir les fonctions de prévôt. »

§ 2. « Le paragraphe 1er de l'article 9 de la loi de 1899 sur le Gouvernement Local (Écosse) et le mot « mâle » mentionné dans l'article 12 de la loi de 1900 sur les conseils de ville (Écosse) sont supprimés. »

Art. 2.

« Dans cette loi, les termes « bourg » et « prévôt » ont le sens que leur donne la loi de 1900 sur les Conseils de ville (Écosse), et le terme « comté » ne comprend pas un comté d'une cité. »

Art. 3.

« Cette loi peut être intitulée: *Qualification of women (County and Town Councils) (Scotland) Act*, 1907. Elle est applicable à l'Écosse seulement. »

(1) Traduit à la troisième section du Secrétariat général de la Présidence.

## PIÈCE 13.

**Résumé des débats parlementaires au sujet de la loi du 28 août 1907 sur l'éligibilité des femmes aux conseils de bourgs et de comtés en Angleterre et dans le Pays de Galles, ainsi qu'aux conseils de comtés et conseils municipaux d'Écosse (loi du 28 août 1907).**

*(Extrait du rapport annuel du Comité exécutif de la « Women's Local Government Society » lu à la quinzième assemblée annuelle de la Société, le 19 mars 1908).*

### I. — Résumé des débats parlementaires au sujet de la loi du 28 août 1907 sur l'éligibilité des femmes aux conseils de bourgs et de comtés (County et Borough councils) en Angleterre et dans le Pays de Galles (1).

Lorsque le dernier rapport de votre comité vous a été présenté, le Gouvernement avait promis, dans le discours du trône, de prendre des dispositions « tendant à accorder aux femmes le droit de siéger dans les conseils locaux » ; cette promesse avait suscité de grandes espérances.

Le 28 *mars*, sir H. Campbell Bannerman, répondant au Dr Shipman, déclara qu'il lui était impossible de fixer une date pour la présentation de ce projet de loi.

A la suite de la réunion suivante de votre comité, lady Strachey, écrivit au premier Ministre, au nom de votre société, le priant de déposer le projet le plus tôt qu'il le pourrait.

Le 15 *avril*, votre comité adressa une circulaire aux correspondants officiels de la société ; il faisait appel à leur concours pour décider les amis de notre cause à tenir des meetings, comme ils l'avaient fait au cours de l'automne précédent, afin de déterminer le gouvernement à ne pas retarder plus longtemps le dépôt du projet qu'il avait promis; car tout retard diminuait injustement le temps qui était nécessaire pour préparer et présenter des candidatures féminines aux élections des conseils de villes qui devaient avoir lieu le 1er novembre. Cette lettre signalait en outre que les difficultés locales que présenterait la recherche de ces candidatures, se trouveraient fatalement accrues du fait qu'il n'y a pas de droits attachés à la résidence (*residential qualification*) en matière d'élection aux conseils de villes, où les électeurs seuls sont éligibles. La même lettre fut adressée aux associations affiliées à notre société, aux sections de l'Union nationale des ouvrières, aux sections de la *Women's National Liberal Association*, aux comités de sections et de districts de la Guilde coopérative des femmes, à la *Women's Labour League* et à ses sections, ainsi qu'aux organisations ouvrières. Nous avons envoyé 460 lettres environ. La Fédération libérale des femmes nous aida utilement en envoyant aux 621 associations qui lui sont affiliées une circulaire que nous lui avions remise et qui, pour les mêmes motifs, demandait au comité de toutes les W. L. A. (*Women's Liberal Associations*) de prier le député de leur circonscription d'intervenir auprès du Gouvernement.

Les réponses favorables faites à ces appels furent signalées par le comte de Crewe dans son discours du 12 juin.

Le 3 *mai*, M. Myer demanda au premier Ministre si, étant donné que les élections aux Conseils de bourgs devaient avoir lieu le 1er novembre, il déposerait antérieurement à cette date un projet tendant à accorder aux femmes la capacité de siéger dans les Conseils locaux.

(1) Cet extrait a été traduit à la troisième section du Secrétariat général de la Présidence de la Chambre des Députés.

Sir H. Campbell-Bannerman répondit que le Gouvernement était parfaitement décidé à rédiger un projet de cette nature au cours de la session.

Le *14 mai*, ce projet fut déposé à la Chambre des lords par le lord président du Conseil (le comte de Crewe). Il avait été inscrit à l'ordre du jour de la Chambre des Communes le 13 mai, pour être déposé par le président du *Local Government Board* (M. John Burns). On reconnut par la suite que le Gouvernement avait prudemment agi en modifiant sa tactique.

Votre comité s'occupa activement de la discussion qui devait avoir lieu en seconde lecture, et le travail effectué tant à l'intérieur qu'en dehors de nos bureaux fut considérable.

La seconde délibération devait avoir lieu le 30 mai, mais lord James de Hereford demanda la remise du debat à une date ultérieure ; le projet fut inscrit pour le 11 juin, et discuté en seconde délibération le 12 juin.

Dans l'intervalle, le comité dressa la liste des pairs qu'il présumait disposés à défendre ce projet ; cette liste fut adressée à ses membres, à des souscripteurs choisis et à certains autres de nos amis. Il en résulta que 70 pairs environ reçurent, des personnes qui pouvaient être en relations avec eux, des lettres personnelles qui leur exposaient l'urgente nécessité de cette réforme. Feu Mrs. Sheldon Amos nous accorda un concours fort utile. Nous devons des remerciements spéciaux à Mrs. George Cadbury, Miss Cons, Mrs. Alfred Emmott, Mrs. Fawcett, Lady Grove, Miss F. Davenport Hill Miss H. M. Mason, l'honorable Mrs. Wilkinson, Mrs. Theodore Williams, et presque autant de gratitude à une trentaine d'autres amis ainsi qu'à la *Local Government Association* de Kensington. 185 lettres furent ainsi expédiées, à notre connaissance ; de nombreuses interventions eurent lieu au cours d'entretiens particuliers. Les 231 pairs conservateurs reçurent, d'autre part, un exemplaire du discours prononcé par lord Salisbury en 1899 sur l'éligibilité des femmes aux Conseils de bourg de Londres.

Le *12 juin*, le comte de Crewe proposa la seconde lecture ; ce projet constituait, disait-il, une très modeste réforme qui, sans porter atteinte à la capacité électorale, se bornait à supprimer certaines inéligibilités. Ce projet tendait uniquement à accorder l'éligibilité aux personnes qui jouissent de l'électorat ; c'est ainsi que, dans les provinces, les femmes mariées ne pouvant prendre part aux élections des Conseils de bourgs et de comtés ne devront pas y être éligibles ; mais comme elles jouissent du droit de suffrage, en qualité d'électeurs paroissiaux, dans les élections pour le Conseil de comté de Londres et les Conseils de bourgs métropolitains, elles pourront être élues membres de ces conseils (1). On ne saurait remplacer, ajoutait le comte de Crewe, les dispositions de ce projet en étendant la pratique de la cooptation. Il serait impossible de soutenir que les femmes ne souhaitent pas cette réforme, car un grand nombre de députations d'associations féminines ont été reçues par le *Local Government Board*. L'orateur supplia enfin les lords de ne pas s'opposer à une mesure très modeste et des plus nécessaires. Le comte de Halsbury se prononça en faveur de la nomination des femmes par voie de cooptation dans certains cas, mais contre les dispositions d'un projet qui, s'il était adopté, ne permettrait plus de refuser la franchise électorale aux femmes dans les élections parlementaires. Il proposa de supprimer le mot « *maintenant* » et de le remplacer par les mots « d'aujourd'hui en six mois ».

Le marquis de Lansdowne déclara que la seule considération qui lui parût digne d'être retenue était celle d'une bonne administration. Etait-il évident que les dispositions de ce projet assureraient aux femmes les plus qualifiées les fonctions d'assistants et de conseillers ? Il proposa, comme moyen terme, d'augmenter tout à la fois le nombre des commissions et celui des femmes qui y sont admises, en rendant ces modifications obligatoires. Il ajouta qu'il lui serait très agréable que la Chambre décidât, à la suite de la seconde lecture, de renvoyer ce projet à une commission spéciale chargée d'examiner si l'économie du projet ou si la procédure qu'il venait de suggérer, au contraire, constituerait le meilleur moyen

(1) Il faut observer, en outre, que la résidence (residential qualification) suffit pour conférer l'éligibilité aux Conseils de bourgs métropolitains.

d'atteindre le résultat que l'on recherchait, c'est-à-dire de donner plus d'occasions aux femmes de rendre d'utiles services dans les affaires municipales.

A la suite de lord Lansdowne plus de 12 pairs prirent part à la discussion, dont le compte rendu *in extenso* remplit quarante-quatre pages du *Hansard* du 12 juin.

Lord James of Hereford s'opposa absolument à cette réforme. Il considéra le projet comme une concession faite aux clameurs poussées en faveur de la franchise parlementaire contre laquelle, si ce projet aboutissait, tous les arguments se trouvaient fort affaiblis.

Le vicomte Saint-Aldwyn, sans s'opposer à la deuxième lecture du projet, développa le même système : il estima également que les conseils de bourgs et de comtés discutent certaines questions qui n'intéressent pas spécialement les femmes, et demanda à ce sujet « quel service pourrait rendre une femme dans un comité de police (*watch-committee*) ».

Lord Meath défendit chaleureusement le projet ; il rappela que c'était son expérience personnelle de l'utilité et de l'assiduité des femmes qui avaient siégé au premier conseil de comté de Londres, qui l'avaient décidé à présenter une proposition de même nature en 1889 ; il montra que, pendant les 18 dernières années, des lois sur l'alcoolisme, la durée du travail dans les magasins, les sages-femmes, le travail des enfants, la prévention des crimes contre les enfants, avaient développé et accroissaient chaque année les attributions des conseils locaux relativement à la condition des classes populaires.

L'évêque de Southwark et l'archevêque de Canterbury soutinrent tous deux qu'il n'y avait lieu de considérer que le bénéfice de la communauté ; mais tandis que le premier s'opposait à la cooptation et signalait que cette procédure n'empêchait pas que des nominations fussent faites pour des motifs politiques, l'archevêque se ralliait à la proposition de lord Lansdowne tendant à la nomination d'une commission spéciale. Lord Belper eût voulu que les dispositions du projet ne s'étendissent pas aux conseils de comtés. Le marquis de Londonderry, le marquis de Northampton et le lord du Sceau privé (le marquis de Ripon) insistèrent chacun sur la grande valeur des services rendus par les femmes dans l'Administration, sur leur lucidité, sur leur laconisme, sur leur bon sens dans les débats, appuyant ces déclarations sur leur expérience personnelle de présidents, lord Londonderry du conseil des écoles de Londres, lord Northampton de la commission des logements du premier conseil de comté de Londres, et lord Ripon d'un conseil d'administration de la taxe des pauvres où quatre femmes ont toujours été réélues.

Sur la question du maintien du mot « maintenant » dans le texte de la motion tendant à procéder immédiatement à la seconde lecture, cent onze lords votèrent pour l'affirmative et trente-trois en sens contraire. En conséquence, il fut procédé à la deuxième lecture du projet, puis à la discussion des articles par la Chambre entière.

Relativement à la proposition de passer à la discussion des articles, lord Belper déposa l'amendement suivant :

« Que le projet soit renvoyé à une Commission spéciale ; que cette Commission soit chargée d'étudier si la collaboration des femmes dans l'examen de certaines questions administratives soumises aux conseils de bourgs et de comtés ne pourrait être plus effectivement assurée par d'autres méthodes que par celle de l'élection faite par le Conseil pour les fonctions d'*aldermen*, ou par les contribuables pour celles de conseillers. »

Votre honorable secrétaire adressa à vingt pairs la lettre qui avait été envoyée au mois de mars de l'année 1906 au Premier Ministre par trois cent dix femmes faisant partie de comités de l'Instruction publique, et dans laquelle elles exposaient que les incapacités résultant de leur situation diminuaient sérieusement l'utilité de leur collaboration. Votre honorable secrétaire concluait sa lettre en ces termes :

« Nous pensons qu'il paraîtra évident à Votre Seigneurie que la présence des femmes est très nécessaire dans les conseils dont l'importance est moins considérable (*least efficient*). C'est précisément dans ces conseils que les femmes les plus capables seront probablement le plus rarement nommées par cooptation, et ne le seront certainement pas pour une seconde période de fonctions. »

Mrs. Theodore Williams, Mrs. Sheldon Amos et Miss Kilgour s'entretinrent avec l'archevêque de Canterbury, et lui exposèrent combien il était nécessaire que les femmes fussent élues directement membres des Conseils.

Le 17 *juin*, lord Belper proposa son amendement à la proposition de passer à la discussion des articles ; il déclara qu'il ne pensait pas que la présence des femmes fût particulièrement utile dans les commissions chargées de discuter les objets les plus importants soumis aux Conseils de comtés, mais que leur concours serait extrêmement utile dans la Commission des asiles et dans la Commission de santé et de l'hygiène, quoique à vrai dire les femmes désireuses de s'occuper des questions d'hygiène et d'habitations ouvrières dussent plutôt se préoccuper de faire partie des conseils de district. Il ajouta qu'il doutait que les femmes d'une activité supérieure fussent disposées à soutenir des luttes électorales, et proposa de s'en tenir à la nomination par voie de cooptation. Il demandait en même temps, à titre de renseignement, quel était le nombre des femmes qui avaient usé du privilège de siéger dans les conseils de districts et les conseils des tuteurs des pauvres, plus spécialement dans les conseils de district. Il rappela une lettre envoyée au Premier Ministre, quinze mois auparavant, par trois cent dix femmes faisant partie des comités de l'instruction publique, et dont un exemplaire lui avait été adressé par la *Women's Local Government Society* : il dit qu'ayant communiqué un extrait de cette lettre à l'une des signataires, et cette personne ayant nié avoir jamais signé la déclaration qui y était contenue, une enquête devenait nécessaire. Il citait enfin inexactement la lettre de votre honorable secrétaire. Comme ce texte inexact a été inséré dans le *Hansard*, il est nécessaire de le signaler ici : l'erreur provient de ce que l'orateur n'a cité qu'une partie du dernier paragraphe de la lettre, c'est-à-dire les mots suivants : « que les femmes les plus capables seront probablement le plus rarement nommées par la voix de cooptation, et ne le seront certainement pas pour une seconde période de fonctions » ; le sens de ce paragraphe isolé était ainsi complètement dénaturé.

Le comte de Crewe répondit que le noble lord n'avait donné aucun argument en faveur du renvoi du projet devant une commission spéciale ; il exposa que ce projet, ainsi que la lettre des dames, visaient tout à la fois les conseils de comtés et les conseils de bourgs, et que l'on devait considérer que ces dames s'y référaient aux attributions qu'elles voudraient obtenir au cas où elles seraient élues dans l'un ou l'autre de ces conseils. Le projet spécifiait d'ailleurs que les femmes seraient désignées comme *aldermen* par cooptation, et que le système de la cooptation pour les femmes pourrait être étendu, des commissions où elles siègent actuellement, à de nouvelles commissions. Les femmes élues prendraient part avec la même activité que les hommes aux travaux des commissions pour lesquelles elles sont compétentes.

Le marquis de Salisbury appuya l'amendement, tout en reconnaissant qu'une enquête pourrait démontrer la supériorité du projet dans la forme que lui avait donnée le Gouvernement. Le comte de Jersey pria la Chambre de se placer à un point de vue différent : une femme chargée par une Commission de présenter un rapport pourrait être absente le jour de la discussion de ce rapport du Conseil, et provoquer ainsi l'échec de ses conclusions.

Lord Tweedmouth combattit l'amendement. L'archevêque de Canterbury fit observer que « dans toute l'Angleterre les élections aux conseils de comtés et de bourgs ont lieu, pour la plupart, dans les circonscriptions qui ne désignent qu'un seul conseiller ; voter pour une femme, dans ces conditions, serait assurer une représentation de la circonscription purement féminine. » Il réclama de plus amples informations et des statistiques plus nombreuses.

Lord Burghclere émit des doutes au sujet de l' « Instruction » (1), laquelle s'opposait au principe même du projet qui avait précisément pour but l'éligibilité des femmes. L'évêque de Birmingham soutint que même dans le cas où l'adoption du projet nécessiterait la création d'un plus grand nombre de circonscriptions ayant droit à deux représentants, il n'en serait pas moins utile d'avoir affirmé le principe de l'élection. Ce projet ne pouvait affecter

(1) C'est-à-dire du mandat hostile au projet qui eût été donné à la Commission à laquelle lord Belper demandait le renvoi de ce projet, si ce renvoi avait été ordonné. (N. D. T.)

la faculté présente des Conseils de nommer des femmes par cooptation, non plus que l'extension de cette faculté. Le marquis de Lansdowne exposa des motifs qui permettaient de croire à la régularité de l' « Instruction ». Le marquis de Londonderry reconnut qu'il était impossible de s'opposer au projet. L'évêque de Southwark réclama un délai afin de permettre au Gouvernement de fournir à la Chambre les renseignements nécessaires; il considérait comme une manifestation importante la lettre où 310 femmes se plaignaient que leur situation fût amoindrie par le fait qu'elles n'étaient désignées que par cooptation, et fit valoir qu'il serait pénible « lorsque l'opinion se prononçait si vigoureusement en faveur du principe de la proposition » que la Chambre fût incapable de la faire aboutir. Le vicomte Milner dit qu'en renvoyant le projet devant une Commission spéciale on l'anéantirait, ce qui constituerait un malheur national. Si en raison de certaines divergences sur une question de méthode la proposition tout entière tombait, cet échec produirait un désastreux effet et donnerait la plus fâcheuse impression de la capacité de la Chambre en tant qu'assemblée législative. L'orateur estimait que les femmes ne pourraient posséder toute l'autorité nécessaire sans être directement élues. Le lord chancelier, au nom du Gouvernement, s'engagea à faire tous ses efforts pour communiquer les renseignements qui avaient été sollicités, au cas où la Chambre jugerait à propos d'ajourner la discussion des articles, selon la demande qui en avait été faite. Le marquis de Lansdowne appuya cette proposition, et, après un court débat, il fut décidé, sur la motion du vicomte Saint-Aldwyn, et sans scrutin, « que la suite du débat serait ajournée *sine die* ».

A la demande de M. Burns, votre comité communiqua au *Local Government Board* tous les documents dont il disposait, et qui étaient de nature à renseigner la Chambre des Lords, notamment la liste, qui venait de paraître, des femmes exerçant les fonctions de Tutrices des pauvres.

Lord Lansdowne eut la bonté d'accorder une entrevue à miss Suzanne Lawrence et aux quatre autres dames qui font partie du Comité de l'Instruction publique du Conseil de comté de Londres ; elles lui soumirent un exposé qui commentait définitivement et d'une manière persuasive, les incapacités résultant pour les femmes de leur désignation par voie de cooptation. Mrs. Homan et votre honorable secrétaire s'entretinrent avec lord Belper. Des lettres circonstanciées furent adressées aux pairs de nos amis afin de leur faire connaître les différents aspects de la question.

Le *4 juillet*, eut lieu la reprise du débat sur l'amendement de lord Belper relatif au passage de la discussion des articles.

Le comte Cawdor déclara que, considérant d'une part le désir de la Chambre de venir utilement en aide aux femmes pendant le cours de la session, par ce projet ; que, d'autre part, de hautes personnalités des deux côtés de la Chambre estimaient que l'adoption de cet amendement pourrait faire échouer le projet cette année ; et qu'enfin lord Halsbury partageait l'opinion de lord Crewe, à savoir que cette motion empiétait sur les limites tracées par le règlement, si même elle ne les outrepassait, il osait prier son noble ami lord Belper de consentir à retirer son amendement. Il proposa en même temps que, au cas où la Chambre passerait immédiatement à la discussion des articles, on accordât à ses membres le temps de préparer ces amendements. Lord Zouche of Haryngworth se prononça en faveur du système de la cooptation ; il estima qu'il y aurait lieu de consulter les conseils de comtés. Lord Creve demanda également qu'il fût accordé un délai nécessaire pour la présentation des amendements. Lord James de Heresford s'associa à la demande adressée par lord Cawdor à lord Belper. Lord Belper, dans sa réponse, critiqua l'insuffisance des renseignements contenus dans le rapport officiel et insista sur le petit nombre de femmes qui étaient élues aux conseils de districts. Toutefois, trois semaines s'étant écoulées depuis le commencement de ce débat, et dans les circonstances actuelles, il demanda à retirer son amendement.

L'amendement fut retiré par autorisation (*by leave*), et la motion fut adoptée. La Chambre interrompit la discussion pour passer à la discussion des articles le 11 juin.

Le *11 juillet*, lors de la discussion des articles, lord Monk Bretton proposa un amendement au projet qui, tout en permettant aux femmes d'être élues *aldermen*, interdisait leur élection en qualité de simples conseillers. Le comte de Crewe fit remarquer qu'aux termes de la loi nul ne peut être *alderman* s'il ne peut être conseiller, et qu'il serait, en conséquence, nécessaire de modifier la forme de l'amendement. Il exprima, toutefois, le vœu que Leurs Seigneuries en rejetteraient le fond ; il convenait de laisser aux femmes elles-mêmes le soin de décider si elles redoutaient de prendre part à une lutte électorale ; la proposition du noble lord aboutirait à restreindre au quart ou au sixième (selon les cas), la possibilité pour les femmes d'être admises dans ces conseils ; cette limitation aurait, dans la pratique, des effets plus considérables encore, étant donné la crainte qui retient même un grand nombre d'hommes de se présenter à ces élections. L'orateur déclara qu'il n'avait aucun motif de supposer que les femmes qui brigueraient ces fonctions manqueraient des aptitudes nécessaires, car les femmes élues en qualité de membres des comités scolaires, après des élections parfois très disputées, y font, de l'avis de tous, preuve des qualités requises.

Le marquis de Lansdowne déclara, dans un discours très net, qu'il avait attentivement étudié les arguments présentés tant devant la Chambre qu'au dehors, et qu'il en était arrivé à cette conclusion que le projet du Gouvernement était meilleur qu'il ne l'avait jugé dès l'abord. Il exposa à la Chambre la situation des femmes qui font actuellement partie des comités d'instruction publique, en faisant observer que les questions y sont discutées, non pas dans une seule commission, mais dans un certain nombre de commissions, et qu'il est impossible d'en avoir une vue d'ensemble avant qu'elles ne soient soumises au Conseil tout entier.

Il estima qu'il était naturel, dans ces conditions, que les femmes désirassent entrer plus étroitement en contact, d'une part, avec ces conseils, et, d'autre part, avec les électeurs qui les nomment : si son honorable ami persistait dans son opinion, il voterait à regret contre son amendement. Poursuivant la discussion, le comte de Malmesbury, lord James of Hereford et le duc de Northumberland se prononcèrent en faveur de l'amendement ; le comte de Jersey, le comte Russel et le comte de Crewe le combattirent. Les lords procédèrent au vote et l'amendement fut rejeté par 73 voix contre 46.

Le comte de Camperdown déposa ensuite un amendement tendant à interdire aux femmes les fonctions de président du conseil de comté ou de maire de bourg. Le comte de Crewe déclara que le Gouvernement, procédant par analogie avec ce qui avait lieu dans les conseils de districts, avait, par une disposition semblable à celle de l'article 22 de la loi de 1894, autorisé les femmes à remplir les fonctions de président, sans leur accorder pour cela le droit qui y est attaché, de siéger en qualité de juges de paix. Le vicomte Saint-Aldwyn soutint l'amendement ; le comte Russell le combattit. Lord Courtney of Penwith s'y opposa également, rappelant que Miss Flora Stevenson avait fait partie du Conseil des écoles d'Edimbourg, lequel n'est inférieur à aucun Conseil d'Angleterre et cela depuis sa fondation, c'est-à-dire pendant une période de plus de vingt ans ; qu'elle y avait donné de telles preuves de ses facultés de femme d'affaires et de sens, et qu'elle y avait si bien acquis le respect de ses collègues, que, lorsqu'il fallut, à la suite d'une vacance, pourvoir à la présidence, elle fut élue à ce poste, qu'elle occupa jusqu'à sa mort ; en vérité, ajoutait-il, il n'est pas nécessaire de proposer de petits amendements de cette nature

Lorsque la Chambre procéda au vote, les partisans de l'amendement se trouvèrent cependant en majorité avec 61 voix contre 49. La procédure se poursuivant d'un commun accord, le projet amendé fut rapporté devant la Chambre.

Le rapport et la troisième lecture ne donnèrent lieu à aucun débat.

Votre comité est reconnaissant à Lord Denman du concours précieux qu'il lui a fréquemment prêté au cours de la discussion de ce projet devant la Chambre Haute.

Lorsque votre comité se réunit le 26 juillet, les projets de loi relatifs à l'Angleterre et à l'Ecosse avaient été tous deux adoptés par la Chambre des Lords ; les dispositions relatives à la présidence avaient été rejetées de l'un et de l'autre. Le docteur Shipman se proposait d'en demander le rétablissement à la Chambre des communes, et Lord Denman estimait que ce rétablissement ne risquerait pas d'entraîner l'échec définitif du projet. Votre comité décida qu'une lettre relative à la question de la présidence des femmes dans les Conseils locaux serait communiquée à la presse, et qu'une même lettre serait adressée à un certain nombre de membres du Parlement.

A la Chambre des communes le projet lu en première délibération le 1er août, fut inscrit à l'ordre du jour du 12 août pour la seconde délibération. Il ne nous fut pas nécessaire d'agir spécialement en vue de cette seconde lecture.

*Le 12 août*, le président du *Local Government Board* (M. John Burns) proposa la deuxième lecture. Il déclara que ce projet permettait aux femmes, qui satisfaisaient aux autres conditions requises, de siéger dans les Conseils de comtés et de bourgs, et, si elles y étaient élues, d'en prendre la présidence; le projet disposait d'ailleurs que leurs fonctions de présidentes ne leur assureraient pas celles de juges de paix, conformément aux dispositions de l'article 22 de la loi de 1894 sur le Gouvernement local.

La Chambre des Lords avait, il est vrai, amendé le projet en refusant aux femmes le droit d'être élues à la présidence des Conseils de Comtés ou aux fonctions de maire dans les bourgs, mais le Gouvernement proposait le rejet de l'amendement adopté par les Lords. Ce projet ne soulevait, selon l'orateur, aucune nouvelle question de franchise électorale; il croyait pouvoir se hasarder à affirmer que, s'il en avait été autrement, le projet n'eût probablement pas été adopté au cours de cette session. 2.000 femmes environ siégeaient à ce moment dans les divers Conseils urbains, ruraux et de paroisse et dans les Conseils des Tuteurs des pauvres. 615 femmes nommées par cooptation siégeaient dans les Conseils de l'instruction publique (*education committees*); quelques unes étaient membres des comités d'assistance (*distress committees*) et d'autres appartenaient aux comités des écoles techniques (*polytechnics*). Mais la législation actuelle empêchait les femmes d'entrer dans les 320 conseils municipaux de bourgs provinciaux, dans 29 conseils de bourgs métropolitains et dans 62 conseils de comtés. Sans soulever de questions qu'il eût été impossible d'aborder à cette époque de la session et à cette heure de la nuit, le projet accordait donc aux femmes une sphère d'activité pour laquelle elles étaient parfaitement qualifiées et où un grand nombre d'entre elles avait rendu d'excellents services à leurs semblables, à la communauté et à l'État; l'orateur invitait, en conséquence, la Chambre à limiter le projet à ses dispositions présentes, et à procéder à la deuxième délibération.

M. Walter Long déclara que les femmes devaient être admises dans les conseils locaux dont il était question, mais qu'elles ne devraient pas être autorisées à les présider. Il estimait également que le projet devrait s'étendre à l'Irlande. Sous réserve des modifications qu'il venait de suggérer, il se ralliait à ce projet.

M. Harmood-Banner en proposa le rejet, affirmant que la Chambre n'avait jamais été saisie d'une proposition moins justifiée.

Au cours du débat, le vicomte Helmsley, M. S. T. Evans, le vicomte Turneur et M. Rawlinson s'opposèrent également à l'adoption de ce projet.

MM. Dunn, Arthur Henderson, Markham et Bridgeman le soutinrent au contraire, tout en regrettant que des privilèges n'eussent pas été accordés aux femmes mariées.

Le Dr Shipman exposa que les femmes mariées seraient éligibles au conseil de comté de Londres et aux conseils de bourgs métropolitains, et qu'un projet ultérieur pourrait les autoriser à pénétrer également dans d'autres conseils. Le projet énonçait d'ailleurs le principe de l'élection directe.

Le scrutin donna les résultats suivants : pour, 132 voix; contre, 13.

A la suite de ce vote et antérieurement à la deuxième lecture, votre comité se demandait avec anxiété d'une part, si, en amendant ce texte au cours de discussion des articles et en le renvoyant modifié de telle façon aux lords qu'ils se déterminassent à le repousser, on n'anéantirait pas le projet, ou si, d'autre part, il n'était pas possible d'adopter la solution la plus heureuse, c'est-à-dire de faire rétablir par les Communes le texte primitif auquel se rallieraient les Lords.

Sous l'empire de la nécessité, agissant dans le plus bref délai possible, et avec l'approbation de Lady Strachey, votre honorable secrétaire adressa à 350 membres du Parlement favorables au projet une lettre les priant de défendre le texte qui était présenté par le Gouvernement. Votre honorable secrétaire et Miss Kilgour consultèrent le Dr Schipman, et, les 14, 15 et 16 août, s'entretinrent à St. Stephens Hall, avec plusieurs députés, au nombre desquels se trouvaient la plupart de ceux qui avaient déposé des amendements. M. Ramsay Macdonald s'engagea à soumettre une lettre au *Labour Party* (Parti du Travail) ; il nous fit connaître par la suite que les membres de ce parti s'efforceraient de faire adopter le projet, tout en conservant leur liberté iddividuelle, relativement aux amendements. M. Arthur Henderson nous rassura en déclarant que, quoique les amendements dussent être présentés, ils ne seraient pas soutenus jusqu'à entraîner l'échec définitif du projet.

**Le 16 août**, le débat fut repris. L'amendement du Dr Shipman, discuté en premier lieu, fut accepté par le Gouvernement et adopté. M. Dunn déposa alors son amendement tendant à octroyer l'éligibilité aux femmes mariées, en fondant ce droit sur leur résidence. Cette question détermina l'intervention du secrétaire parlementaire du *Local Government Board* (Dr Macnamara), qui déclara qu'en outrepassant les dispositions du projet tel qu'il avait été présenté, on rendrait tous les efforts du Gouvernement inutiles ; il n'estimait pas qu'il y eût lieu d'accorder par une disposition spéciale l'éligibilité à des personnes qui ne l'auraient pas en vertu des dispositions générales, car cette disposition créerait une nouvelle anomalie. Il admettait d'ailleurs que tout le statut électoral en matière de gouvernement local exigeait une revision.

M. Arthur Henderson demanda si le *Local Government Board* serait favorable à une proposition de loi présentée au cours de la prochaine session et rédigée dans le sens de l'amendement qui venait d'être proposé. M. Holt insista auprès du secrétaire du *Local Government Board* pour obtenir une réponse affirmative. M. J. Ward mit en doute que l'adoption de l'amendement risquât de faire échouer le projet, et dit que la Chambre ne devrait pas manquer d'accorder ce modeste privilège aux femmes mariées. M. Leif Jones exprima le vœu de voir le Gouvernement accepter cet amendement. Lord Robert Cecil appuya vigoureusement le projet; il pensait également qu'il ne devait pas être plus difficile d'accorder l'éligibilité aux femmes mariées qu'aux célibataires, et proposa un amendement différent.

Le Dr Shipman, qui représentait la plus grande association de femmes intéressées à cette question, déclara que les femmes estimaient qu'il était préférable de faire voter ce projet, qui reconnaissait le principe de la représentation directe au lieu de la cooptation et de laisser à une autre loi le soin d'abolir d'autres anomalies. Si le Gouvernement n'entendait pas présenter de projet en ce sens, il en présenterait un lui-même afin de supprimer ces anomalies, de telle façon que rien n'empêchât, à l'avenir, les femmes mariées de faire partie des conseils de bourgs et de comtés. M. Silcock se joignit à lui pour demander que l'amendement fût retiré, tandis que le vicomte Morpeth parla plutôt en sens contraire. M. Burns, après avoir fait allusion à l'attitude de la *Women's Local Government Society*, pria son honorable collègue de retirer son amendement ; le Gouvernement ne pouvait pas l'accepter, car son adoption empêcherait fatalement le projet d'être voté au cours de cette session. M. Dun, à la suite de l'intervention du Gouvernement, retira son amendement. M. Harmood-Banner tenta d'introduire une nouvelle disposition aux termes de laquelle la loi ne serait pas applicable dans une localité avant d'y avoir été adoptée avec l'approbation du *Local Government Board*; mais M. Burns déclara ne pas pouvoir accepter cet amendement qui fut retiré par autorisation de la Chambre, et le projet fut rapporté tel qu'il avait été amendé, D'autres amendements tendant à étendre les dispositions de ce projet à l'Irlande avaient été déposés au nom de MM. Hugh Barrie et Fetherstonhaugh le 20 août, mais ils ne furent pas développés et le projet fut adopté en troisième lecture le 21 aout. Le 24 août les Lords acceptèrent l'amendement des Communes qui rétablissait le projet dans sa forme primitive.

Le 28 août, le projet reçut l'assentiment royal et la loi entra en vigueur.

Votre comité tient à renouveler les remerciements qu'il a déjà adressés au docteur Shipman pour ses sages conseils et pour ses infatigables efforts en faveur de cette loi.

II. — **Résumé des débats parlementaires au sujet de la loi du 28 août 1907 sur l'éligibilité des femmes aux Conseils de comtés et de villes en Écosse.**

La discussion de ce projet au Parlement ressemble beaucoup à celle du projet analogue relatif à l'Angleterre et au Pays de Galles.

Le 8 juillet le projet fut présenté à la Chambre des lords par lord Hamilton of Dalzell, et lu en première délibération.

Le 22 juillet lord Camperdown déposa un amendement tendant à interdire aux femmes les fonctions de *convener* de comté et de prévôt de bourg. Lord Hamilton of Dalzell refusa de se rallier à cet amendement, déclarant que l'Écosse se montrait favorable au projet tel qu'il était conçu et jugeant qu'on devrait laisser aux conseils locaux leur indépendance sur ce point. Le Gouvernement, toutefois, considérait qu'il était difficile de se prononcer de telle sorte qu'il y eût, en cette matière, une loi en Angleterre et une loi différente en Écosse ; car, ainsi qu'il a été dit, un amendement analogue présenté par lord Camperdown au projet relatif à l'Angleterre et au Pays de Galles, avait été adopté onze jours auparavant. Lord Crewe annonça, en conséquence, que le Gouvernement ne ferait pas procéder au vote sur cet amendement qui fut adopté à la suite de cette déclaration.

Le projet fut rapporté le lendemain et lu le 26 juillet en troisième délibération.

Le 1er *août* il en fut donné lecture en 1re délibération à la Chambre des Communes. De même que pour le projet relatif à l'Angleterre, il fut procédé à cette lecture si tard dans la nuit du lundi 12 août qu'elle eut lieu en réalité le mardi très tôt dans la matinée; et comme cela avait eu lieu pour le projet précédent, le texte primitif fut rétabli (sur la proposition de M. J. D. White) le 16 août. La troisième lecture eut lieu le 21. Le 26 août les Lords acceptèrent l'amendement des Communes.

Le 28 *août* le projet reçut l'assentiment royal et la loi entra en vigueur.

Au cours de la discussion de ce projet, votre comité est resté en relations avec les associations écossaises qui le défendaient, et il a communiqué à lord Hamilton of Dalzell tous les renseignements qu'il a pu obtenir relativement aux femmes qui ont occupé la présidence des conseils de paroisses et des *school boards* en Écosse. »

---

## PIÈCE 14.

---

### PROPOSITION DE LOI

**présentée à la Chambre des Communes d'Angleterre par M. Stanger et tendant à permettre aux femmes de voter pour les élections des membres du Parlement (28 février 1908) (1).**

**Article premier.**

§ 1. « Dans toutes les lois relatives aux conditions de capacité requises des électeurs

(1) Le texte de cette proposition de loi, présenté déjà en 1907 par M. W. H. Dickinson, fut repris en 1909 et complété par lui, ainsi qu'on le voit par le projet de loi cité page 220, pièce 13. Le même libellé se retrouve aussi dans le projet de M. Howard, cité ci-après.

et à l'inscription des électeurs ou des personnes qui ont ou qui réclament le droit d'être inscrites et de voter dans les élections des membres du Parlement, les termes qui désignent le sexe masculin seront considérés comme s'étendant aux femmes, pour tout ce qui est relatif ou se réfère au droit d'être inscrit en qualité d'électeur et de voter dans ces élections.

§ 2. « Une femme n'est pas privée, par le fait de son mariage, du droit d'être inscrite et de voter, nonobstant toutes dispositions de lois ou coutumes contraires. »

Art. 2.

« Cette loi peut être intitulée : *Women's Enfranchisement Act*, 1908. »

---

## PIÈCE 15.

---

### PROPOSITION DE LOI

**présentée à la Chambre des Communes d'Angleterre par M. Howard et relative à la représentation de la nation dans le Royaume-Uni et à la suppression des incapacités électorales des femmes (19 février 1909)** (1).

Article premier

« Toute personne majeure qui n'est frappée d'aucune incapacité légale et qui a résidé dans une circonscription (électorale) pendant les trois mois qui précèdent immédiatement le 15 juillet de l'année courante, a le droit d'être inscrite en qualité d'électeur et de voter dans l'élection d'un membre du Parlement dans cette circonscription. »

Art. 2.

« Une personne inscrite en qualité d'électeur parlementaire dans plus d'une circonscription n'a le droit de voter, au cours d'une année solaire, que dans celle des circonscriptions qu'elle a choisie et sur le registre de laquelle son nom est inscrit conformément aux règlements à édicter par une ordonnance rendue en Conseil. »

Art. 3.

« Dans cette loi et dans toutes les autres lois relatives aux conditions de capacité requises des électeurs et à l'inscription des électeurs ou des personnes qui ont ou qui réclament le droit d'être inscrites et de voter dans les élections des membres du Parlement, les termes qui désignent le sexe masculin seront considérés comme s'étendant aux femmes, pour tout ce qui est relatif ou se réfère au droit d'être inscrit en qualité d'électeur et de voter dans ces élections. »

Art. 4.

« Une femme n'est pas privée, par le fait de son mariage, du droit d'être inscrite et de voter, nonobstant toutes dispositions de lois ou de coutumes contraires. »

---

(1) Traduit à la troisième section du Secrétariat général de la Présidence.

Art. 5.

« Le terme « circonscription » désigne, dans cette loi, tout comté, tout bourg, ou tout groupe de localités ou toute université qui élit un membre du Parlement, et toute section de comté ou de bourg, lorsqu'un comté ou un bourg est divisé en vue des élections législatives. »

Art. 6.

« Cette loi peut être intitulée : *Representation of the People Act*, 1909. »

---

## PIÈCE 16.

### PROPOSITION DE LOI.

**présentée à la Chambre des Communes d'Angleterre par sir Charles Dilke, concernant l'unification du droit de vote, la suppression de la représentation des universités et l'abolition des incapacités des femmes (19 février 1909)** (1).

Article premier.

§ 1. « Tout homme ou femme, majeur, marié ou célibataire, habitant la circonscription dans laquelle se fait l'élection, et régulièrement inscrit, a qualité pour prendre part aux élections parlementaires ou locales, à moins qu'il ne soit privé de ce droit (pour un autre motif que son sexe ou son mariage) par la coutume ou par une loi votée par le Parlement.

§ 2. « Aucune autre personne n'a qualité pour prendre part à une semblable élection.

§ 3. « L'expression « élection locale » signifie, dans cette loi, une élection à un conseil de comté, à un conseil de cité ou de bourg, à un conseil de bourg métropolitain, à un conseil de district, à un conseil de tuteurs des pauvres, à un conseil de paroisse ou à un *school board*. »

Art. 2.

« Sa Majesté peut, par une ordonnance rendue en Conseil, modifier les instructions, les prescriptions, les notices et les formules édictées par les lois relatives à l'inscription des électeurs, de la manière qui paraîtra nécessaire à sa Majesté pour mettre la présente loi à exécution, et les instructions, les prescriptions, les notices et les formules spécifiées dans cette ordonnance, seront observées et auront force de loi. »

Art. 3.

« Aucune personne ne peut être élue membre du Parlement par une université ou par un groupe d'universités. »

---

(1) Traduit à la troisième section du Secrétariat général de la Présidence.

Art. 4.

« Aucune personne n'est privée, par le fait de son sexe ou de son mariage, du droit d'être élue membre de l'une des deux Chambres du Parlement, d'un conseil de bourg ou de comté, ou d'exercer une fonction publique quelconque »

Art. 5.

« Cette loi peut être intitulée : *Franchise and Removal of women's Disabilities Act*, 1909. »

## PIÈCE 17.

### PROPOSITION DE LOI

**présentée à la Chambre des Communes d'Angleterre par M. Hedges et relative aux conditions de capacité requises des électeurs et à leur inscription (10 mars 1909)** (1).

Article premier.

« Cette loi peut être intitulée : *Franchise Amendment Act*, 1909. »

Art. 2.

« A dater du 1er janvier 1910, toute personne a le droit d'être inscrite en qualité d'électeur, lorsqu'elle remplit les conditions suivantes :

« § 1. qu'elle est majeure et n'est frappée d'aucune incapacité légale ; et

« § 2. qu'elle est, le 24 juin, et a été pendant toute la durée des trois mois solaires qui ont précédé cette date, l'occupant d'une maison (ce terme comprend toute maison d'habitation, magasin, caisse (*counting house*), boutique ou autre construction) ; ou

« § 3. qu'elle loge et a logé, ainsi qu'il est stipulé ci-dessus, dans une maison d'habitation. »

Art. 3.

« § 1. Le fait d'occuper, successivement et sans interruption, des maisons ou des logements différents, confère les mêmes droits, en ce qui concerne l'inscription des électeurs, que le fait d'occuper de façon continue la même maison ou le même logement.

« § 2. Une femme n'est pas privée, par le fait de son sexe ou de son mariage, du droit d'être inscrite en qualité d'électeur.

« § 3. Lorsqu'une maison ou un logement est occupé conjointement par plusieurs personnes, chacun de ces cooccupants a le droit d'être inscrit et sera inscrit ainsi qu'il est disposé ci-dessus. Deux époux vivant ensemble sont, aux fins de cette loi, considérés comme cooccupants, chaque fois que, dans d'autres circonstances (*otherwise*), il y a lieu de considérer l'un d'entre eux comme seul occupant. »

(1) Traduit à la troisième section du Secrétariat général de la Présidence.

La fin de l'article 3 et les articles 4 et 5 sont relatifs à la discontinuité de l'occupation pendant le délai requis, à la préparation des listes électorales et à l'interdiction de voter, au cours de la même élection, dans plusieurs circonscriptions.

---

## PIÈCE 18.

---

### PROPOSITION DE LOI

**présentée à la Chambre des Communes d'Angleterre par M. Dickinson et tendant à permettre aux femmes de voter dans les élections des membres du Parlement (5 avril 1909) (1).**

**Article premier.**

« Dans toutes les lois relatives aux conditions de capacité requises des électeurs et à l'inscription des électeurs ou des personnes qui ont ou qui réclament le droit d'être inscrites et de voter dans les élections des membres du Parlement, les termes qui désignent le sexe masculin seront considérés comme s'étendant aux femmes, pour tout ce qui est relatif ou se réfère au droit d'être inscrit en qualité d'électeur et de voter dans ces élections.

« Une femme qui est inscrite dans plus d'une circonscription électorale parlementaire ne peut voter dans plus d'une de ces circonscriptions, dans les élections qui ont lieu au cours de la même année scolaire ; et si, sciemment et avec l'intention de contrevenir aux dispositions de cet article, elle agit contrairement à cette disposition, elle sera coupable du fait de s'être fait passer pour une autre personne (*personation*), et la loi de 1883, tendant à prévenir la corruption et les pratiques illégales, sera lue comme si cet article était ajouté à la fin de la troisième partie de la troisième cédule de cette loi. »

**Art. 2.**

« Une femme n'est pas privée, par le fait de son mariage, du droit d'être inscrite et de voter, nonobstant toutes dispositions de lois ou de coutumes contraires. »

**Art. 3.**

« Aux fins de cette loi, une femme mariée, qui vit avec son mari dans une maison d'habitation ou dans un appartement en raison desquels le mari a le droit d'être inscrit et de voter, est considérée comme un cohabitant occupant le logement en qualité de propriétaire, de tenancier ou de locataire de cette maison d'habitation ou de cet appartement ; et aucune des dispositions qui sont contenues dans les articles 3 et 4 de la loi de 1867, relative à la représentation de la nation, et dans l'article 6, § 3, de la loi de 1878, relative à l'inscription des électeurs parlementaires et municipaux, ne sera interprétée comme s'opposant à ce que le mari et la femme soient inscrits et votent en qualité de cooccupants de cette maison d'habitation ou de logement. »

**Art. 4.**

« Cette loi peut être intitulée : *Women's Enfranchisement Act, 1909*. »

# PIÈCE 19.

---

## Quelques dates relatives au mouvement suffragiste féminin en Angleterre (1).

### a) *Avant 1832 : dans les comtés seulement.*

*L'Act de* 1430 donnait le droit d'être inscrit sur les listes électorales du Parlement à tout franc tenancier d'un revenu annuel de 40 shillings net (50 francs) déduction faite des charges dont le bien pouvait être grevé.

*L'Act de* 1644 inscrivait sur les listes électorales du Parlement tout tenancier par *copyhold* (c'est-à-dire possesseur d'une teneur en vertu d'une copie du rôle de la cour seigneuriale) d'un revenu annuel de 5 livres sterling (125 fr.).

Les femmes possesseurs de ces qualifications étaient inscrites sans contestation.

### b) *Après l'Act de* 1832 *applicable aux comtés.*

*L'Act de* 1832 prive complètement, pour la première fois, les femmes du droit d'élire les membres du Parlement. Il est définitivement spécifié que l'Act ne s'applique qu'aux « personnes mâles » seulement.

Le *Municipal Corporation Act de* 1835 supprime le vote féminin en matière municipale de la même manière.

1850. — Acte Brougham, abrégeant les expressions employées dans les lois. Il y est déclaré que « tout mot comportant le genre masculin devra être considéré comme comprenant aussi le sexe féminin, à moins que le contraire ne soit expressément spécifié ».

1851. — Article de Mrs Taylor (depuis Mrs John Stuart Mill) dans la *Westminster Review*.

Première pétition de femmes suffragistes présentée à la Chambre des Lords par lord Carlisle.

1855. — Pamphlet de Justitia sur les Femmes et le Droit de suffrage.

1858. — Fondation du *Journal de la Femme anglaise*.

1865. — John Stuart Mill au Parlement.

1866. — 27 avril, M. Disraeli parle en faveur du vote des femmes à la Chambre des Communes.

Mai. Pétition de 1499 femmes présentée par John Stuart Mill.

6 octobre. Exposé lu par Mrs Bodichon (Mlle Barbara Leigh Smith) au Congrès des sciences sociales.

Formation de la Société nationale de Manchester pour le suffrage des femmes.

1867. — 20 mai, rejet de l'amendement de John Stuart Mill, tendant à substituer le mot « personne » au mot « man » (homme) dans le texte du nouvel Act de réforme électorale qui exclut expressément les femmes du vote parlementaire. Dans le scrutin sur l'amendement Stuart Mill :

Ont voté *pour* : 81 membres, dont 66 libéraux et 15 conservateurs.

*Contre* : 20[illegible] membres, dont 80 libéraux et 122 conservateurs.

Fondation de la *London National Society for Women's suffrage*.

1868. — Stuart Mill publie l'*Assujettissement des femmes*.

---

(1) Liste établie par Mlle M. Bisis, du Conseil national des Femmes, d'après divers documents (*Record of Women's Suffrage* de Miss Blackburn; *The Status of Women* de Mlle Chapmann, etc.).

Aux élections générales environ 5.000 femmes, demandent à Manchester et autres villes, d'être inscrites sur les listes électorales. La Cour des Plaids communs les déboute (9 novembre).

Des Sociétés pour le suffrage féminin sont formées à Birmingham, Bristol, etc.

1869. — Le droit de suffrage municipal est rendu aux femmes. (Motion Jacob Bright.)

1870. — 4 mai, 1er scrutin à la Chambre des Communes sur le bill Jacob Bright supprimant les incapacités électorales parlementaires des femmes.

Ont voté pour : 93 libéraux, 31 conservateurs : Total 124.
Ont voté contre : 52 — 39 — : — 91.
soit 33 voix de majorité en faveur du bill (1re lecture).

12 mai, 2e scrutin sur le même bill Jacob Bright à la Chambre des Communes.

Ont voté pour : 79 libéraux, 15 conservateurs : Total 94.
Ont voté contre : 150 — 94 — : — 244.

La majorité s'est retournée sous la pression de M. Gladstone et le bill est repoussé.

1870. — Vote de l'*Elementary Education Act* relatif à l'Angleterre et au Pays de Galles qui donne aux femmes droit de vote et d'éligibilité pour les *schools boards* (conseils scolaires), excepté pour la Cité de Londres, où elles n'ont que le droit de vote. Huit femmes sont élues aux premières élections de cette année, dont une à Manchester et deux à Londres.

1871. — 13 mai, le bill Jacob Bright est rejeté par une majorité de 69 voix.

Pétition de 330.000 signatures en faveur du suffrage féminin.

1872. — 1er mai, le bill Jacob Bright est rejeté par une majorité de 79 voix.

1873. — Mémoires signés chacun par environ 11.000 femmes et présentés respectivement à M. Gladstone et à M. Disraeli. Ce dernier fit à la délégation la célèbre réponse suivante :

« Cher Gore Langton,

« J'ai été très honoré de recevoir de vos mains le mémoire signé de 11.000 femmes d'Angleterre, parmi lesquelles figurent des noms illustres, me remerciant de mes efforts, en vue d'abolir cette anomalie en vertu de laquelle le droit de suffrage parlementaire attaché à la possession ou à la propriété ne saurait être exercé par une femme, alors que, en toutes matières de gouvernement local, si elle remplit les mêmes conditions, elle peut exercer ce droit. Comme j'estime cette anomalie nuisible aux intérêts les plus chers de ce pays, je souhaite de la voir supprimer par la sagesse du Parlement. »

1873. — 30 avril, bill Jacob Bright, rejeté par 67 voix.

8 mai, mort de Stuart Mill.

1875. — 27 avril, bill de M. Forsyth, limitant le droit de vote aux femmes seules (célibataires ou veuves), repoussé par 35 voix.

La première femme (miss Martha Merrington) est élue tutrice des pauvres à South Kensington (Londres).

1876. — 26 avril, nouvel échec du bill Forsyth (88 voix de majorité).

1877. — 6 juin, nouvelle discussion sur le bill Jacob Bright. En raison de la violente obstruction de leurs adversaires, les partisans du bill Bright préfèrent éviter le vote et retirent le projet.

1878. — 19 juin, bill Léonard Courtney dans le même sens que le bill Bright, rejeté par 80 voix par la Chambre des Communes.

1879. — 7 mars, la résolution que Léonard Courtney présente à la place du bill précédent est rejetée par 114 voix par la Chambre des Communes.

1880. — Année d'élections générales.

3 février, démonstration féminine à Manchester (au Free Trade Hall).

6 mai, démonstration féminine à Londres (St James Hall).

4 novembre, démonstration féminine à Bristol (Colston Hall).

30 novembre, démonstration féminine à Nottingham (Albert Hall).

Le Parlement de l'Ile de Man (Isle of Man) accorde aux femmes propriétaires le droit de vote parlementaire à base censitaire : décision qui devint loi en janvier 1881. (Assentiment royal.)

1881. — 22 février, démonstration féminine à Birmingham.

28 novembre, démonstration féminine à Bradford.

Fondation à Bristol de la première association féministe du parti libéral.

Le vote municipal est accordé aux femmes en Ecosse.

Résolution Hugh Mason à la Chambre des Communes ajournée.

1882. — Résolution Hugh Mason à la Chambre des Communes ajournée.

27 février, démonstration féminine à Sheffield.

3 novembre, démonstration féminine à Glasgow.

1883. — 6 juillet. Résolution Hugh Mason repoussée à la majorité de 16 voix par la Chambre des Communes.

17 octobre. La conférence de Leeds sur la réforme parlementaire comprenant l'Union de Londres et des Comtés, la Fédération nationale libérale et l'Union nationale de réforme, décide à une grande majorité :

« Que dans l'opinion de cette assemblée toute mesure en faveur de l'extension du droit de suffrage doit conférer ce droit aux femmes qui, remplissant les conditions requises pour les hommes, ont actuellement le droit de vote dans toutes les matières de gouvernement local. »

1884. — 25 janvier. Conférence de Manchester sur la réforme parlementaire ; l'Union nationale de réforme décide à l'unanimité moins 20 opposants :

« Que selon l'opinion de la Conférence, les femmes qui remplissent les conditions exigées des hommes pour voter ne doivent pas être disqualifiées par leur sexe. »

10 juin. Amendement au Reform bill présenté par M. Woodall en vue de comprendre les femmes dans la réforme électorale.

Ont voté pour : 39 libéraux, 98 conservateurs : Total 137.

Ont voté contre : 245 libéraux, 27 conservateurs : 272.

L'amendement est repoussé par 135 voix et la réforme électorale est votée sans comprendre les femmes.

1885. — Nouveau bill de M. Woodall dont voici le texte :

« Pour tout ce qui concerne les élections des membres du Parlement, les femmes auront les mêmes droits que les hommes, et tous les actes publics se référant à ces élections ou les concernant seront établis dans ce sens.

« Rien dans le contenu de la présente loi ne devra autoriser les femmes mariées à être inscrites ni à voter à ces mêmes élections. »

Ce bill ajourné deux fois ne fut pas discuté, la Chambre des Communes étant absorbée par le travail du Gouvernement.

1886. — 18 février. Avec l'agrément de M. Woodall, M. Courtney demande au Parlement de procéder à la lecture du bill ci-dessus.

A une majorité de 57 voix, la Chambre des Communes s'y montre favorable, après quoi le bill passe sans division ; cependant il n'arrive pas à être examiné en Commission avant la dissolution.

1887, 1888 et 1889. — Le bill Woodall n'est toujours pas discuté, les séances restant absorbées par le travail de Gouvernement.

27 octobre. A Glasgow, l'Association nationale conservatrice adopte une résolution tendant à accorder le droit de suffrage parlementaire aux femmes contribuables.

23 novembre. — A Oxford, l'Association nationale conservatrice et l'Association constitutionnelle dans leur conférence annuelle adoptent la résolution suivante :

« Que selon l'opinion de cette conférence le temps est à nouveau venu où le droit de suffrage parlementaire peut avec une parfaite sauvegarde être étendu aux femmes chefs de maison. »

**1888.** — Etablissement des County Concils. Les femmes sont admises à voter.

*County electors Act*. Certaines femmes bénéficient du droit de suffrage aux conseils de comté d'Angleterre et du Pays de Galles.

13 juillet. Mémoire signé par 169 membres du Parlement, présenté au premier lord de la trésorerie, M. W.-H. Smith, demandant la fixation d'un jour pour la discussion du bill Woodall.

**1889.** — Lady Sandhurst, élue au conseil de comté de Londres, voit son élection invalidée, les juges estimant que le droit de vote accordé aux femmes par l'Act de 1888 n'entraîne pas le droit d'éligibilité. L'année suivante, même jugement, sur le cas de miss Cobden, élue dans les mêmes conditions.

*Local Government Act* d'Ecosse : Certaines femmes bénéficient du droit de suffrage aux conseils de comtés d'Ecosse, mais ne sont pas éligibles.

Juin. La revue *Nineteenth Century* publie un appel de femmes *contre le droit de suffrage*, lequel provoque une déclaration *pour* signée de 2.000 femmes.

**1890.** — 18 juillet. Mort de miss Lidia Becker.

14 novembre. L'Union nationale des associations conservatrices d'Ecosse, dans sa conférence tenue à Dundee, décide à une grande majorité « qu'il est désirable que le suffrage parlementaire soit accordé aux femmes contribuables avant la prochaine élection générale ».

Résolution de M. Mac Laren déposée à la Chambre des Communes en faveur du vote parlementaire des femmes.

**1891.** — 30 avril. Deuxième députation auprès du premier lord de la Trésorerie, M. W.-H. Smith, à la suite de laquelle s'ouvre un débat sur la fixation du jour de la discussion du bill Woodall. Cette fixation de date est repoussée par 59 voix. Le bill est ainsi enterré.

23 novembre. La conférence annuelle des Associations conservatrices et constitutionnelles de Birmingham adopte à une grande majorité la résolution suivante : « que lorsque la question de la représentation du peuple sera ouverte à nouveau au Parlement, une sérieuse attention soit accordée aux réclamations des femmes en vue d'être admises au droit du suffrage, lorsque ces réclamations sont fondées sur la propriété ou l'occupation. »

**1892.** — 27 avril. Sir Albert Rollit dépose à la Chambre des Communes un bill ainsi conçu :

« Toute femme qui :

1° *En Grande Bretagne*, est inscrite ou qualifiée pour être inscrite comme électeur pour un conseil de ville ou un conseil de comté ;

2° *En Irlande*, est une contribuable qualifiée pour voter à une élection de tuteur des pauvres ;

Doit être qualifiée pour être inscrite comme électrice parlementaire, et lorsque inscrite, pour voter à l'élection parlementaire dans le comté, le bourg ou la circonscription où est située la propriété qui sert de base au droit de vote. »

Scrutin sur le bill de sir Albert Rollit,

Ont voté pour : 152 voix ;
— contre : 175 voix,

soit une majorité de 23 voix contre une seconde lecture.

*Ile de Man*. Les femmes *contribuables* obtiennent le droit d'élire les membres de la Chambre, droit déjà possédé par les femmes *propriétaires* depuis 1880.

*Ile de Guernesey*. Le droit de vote aux assemblées paroissiales est conféré aux femmes.

Aux élections générales de cette année sont élus, 229 partisans avérés du mouvement suffragiste.

1893. — Le vicomte Wolmer demande à la Chambre des Communes d'autoriser l'inscription sur les listes électorales des femmes remplissant les conditions exigées des électeurs parlementaires.

1894. — Le vicomte Wolmer renouvelle sa demande.

248.000 femmes de toutes les classes et de tous les partis signent aussi l'appel suivant adressé aux membres de la Chambre des Communes :

Messieurs,

Beaucoup parmi les femmes qui signent cet appel diffèrent d'opinion sur d'autres questions politiques, mais toutes sont d'avis unanime que le continuel refus du droit de suffrage aux femmes, alors qu'il a été en même temps graduellement étendu aux hommes, est à la fois injuste et inopportun.

Dans nos foyers, cette situation entretient l'impression que l'opinion des femmes sur les questions d'intérêt public est sans valeur pour la nation, tandis que le fait que les femmes n'ont pas le droit de vote amoindrit le caractère représentatif de la Chambre des Communes.

Dans les usines et les magasins, elle donne aux hommes le pouvoir de restreindre le travail des femmes qui travaillent à leurs côtés et qu'ils traitent en rivales plutôt qu'en compagnes de labeur.

Au Parlement, elle empêche les hommes de se rendre compte combien partiales sont les lois qui nuisent aux femmes.

C'est pourquoi nous vous prions instamment d'appuyer toute mesure bien considérée en faveur de l'extension aux femmes du droit de suffrage parlementaire.

1894. — Vote du *Local Government Act* 1894 (5 mars) par lequel *les Conseils de paroisse et de district urbains et ruraux* sont établis en Angleterre et dans le pays de Galles et les Conseils de fabrique de Londres classés comme conseils de districts. Les femmes sont admises à prendre part au vote dans les mêmes conditions que les hommes.

La condition de contribuable n'étant plus exigée pour les tuteurs des Pauvres, il se produit un large accroissement du nombre des femmes élues tutrices.

Au parlement, le vicomte Wolmer renouvelle sa demande formulée en 1893 d'inclure les femmes dans le *Registration* bill. Ce bill est abandonné par le Gouvernement.

Novembre. La conférence annuelle des Associations conservatrice et constitutionnelle réunie à Newcastle vote à l'unanimité moins une voix cette résolution :

« Qu'aucun changement ou extension du suffrage parlementaire ne saurait être satisfaisant qui n'admettrait pas sur les listes électorales avec droit de vote les femmes contribuables veuves ou célibataires. »

Vote du *Parish Councils Local Government (Scotland) Act*, (25 août), donnant aux femmes d'Écosse le droit de voter pour les conseils de paroisses.

1895. — Le vicomte Wolmer étant élevé à la pairie, M. Georges Wyndham, représentant de la ville de Douvres, se charge de défendre le suffrage des femmes à la chambre des Communes.

MM. Mac Laren et Macdona obtiennent que la Chambrg fixe des dates pour discuter leurs propositions relatives au suffrage des femmes, mais les élections de juillet empêchent d'y donner suite.

1896. — 20 mai. Introduction par M. Faithfull Begg d'un nouveau bill ainsi conçu :

« A partir de la passation de cet Act, chaque femme qui occupe comme propriétaire ou tenancière d'une maison d'habitation ou bâtiment dans un bourg ou un comté sera admise à être inscrite comme votante dans ce bourg ou comté où elle est qualifiée ainsi qu'il est mentionné plus haut et lorsqu'elle aura été inscrite, elle sera admise à voter pour un membre ou des membres du Parlement. Pourvu que toujours cette femme ne soit sujette à aucune incapacité légale qui disqualifierait un votant mâle. »

Les femmes sont éligibles comme tutrices des pauvres.

2 août. Vote du *Municipal Franchise Act* qui donne aux célibataires et aux veuves qualifiées le droit d'élire les conseillers municipaux (pour l'Angleterre et le pays de Galles).

1897. — 3 février. Le bill Faithfull Begg passe une seconde fois avec une majorité de 71 voix en sa faveur :

228 pour ; 157 contre.

La tactique de l'opposition fut alors de retarder le passage à la discussion des articles.

1898. — M. Faithfull Begg remplace M. Georges Wyndham, devenu fonctionnaire, comme leader de la question du suffrage féminin ; M. Firbank cherche à poser la question ; le bill est retiré.

Vote du *Irish Local Government Act* établissant les Conseils de comtés et Conseils de districts en Irlande, où les femmes se trouvent ainsi posséder une situation meilleure qu'en Angleterre au point de vue du suffrage local, car elles ont de la sorte les mêmes droits que les hommes.

1899. — M. Faithfull Begg et M. Firbank déposent des résolutions « appelant l'attention sur ce fait que la législation de plusieurs colonies confère la franchise parlementaire aux femmes et déclarant que l'exclusion des femmes anglaises de la franchise parlementaire est contraire à la politique du pays ». La date de la discussion fut prise par le Gouvernement.

Le *London Government Act* (passé en 1900) établit des *Conseils de bourgs* (Borough Councils) à la place des anciens conseils de fabrique (Vestries).

Cet acte disqualifie les femmes, qui n'ont plus le droit de faire partie de ces nouveaux corps.

1900. — Aucune date ne peut être fixée pour la discussion d'un bill. Le 6 mars, M. William Johnson dépose la résolution suivante : « Qu'il y avait opportunité urgente pour la législature à abroger les incapacités qui empêchent les femmes chefs de maison et contribuables de voter pour l'élection de membres du Parlement. »

Cette résolution ne fut pas discutée, tous les mardis étant pris par le Gouvernement.

Le nouveau Parlement, élu en octobre 1900, comprend 274 partisans du suffrage des femmes.

1901. — M. Faithfull Begg quitte le Parlement.

Aucune date ne peut être fixée pour la discussion de la question du suffrage, mais des résolutions sont déposées, l'une par M. J. C. Taylor, l'autre par le général Laurie « appelant l'attention sur les incapacités des femmes et demandant qu'elles puissent exercer le droit de vote parlementaire lorsqu'elles sont dûment qualifiées ».

Ces résolutions auraient dû être discutées le 19 mars. Mais avant que ce jour n'arrive, les mardis avaient été pris par le Gouvernement.

Pétition présentée à la Chambre des Communes par J. C. Taylor, signée par 29.300 ouvrières de l'industrie textile du Lancashire.

Mémoire à M. Balfour signé de 1.168 ouvriers en faveur du suffrage des femmes.

1902. — Pétition à la Chambre des Communes, signée par 33.184 ouvrières de l'industrie textile du Yorkshire. Pétition de 750 femmes diplômées des universités.

20 décembre. *Education Act* relatif à l'Angleterre et au Pays de Galles, abolissant les *School Boards* auxquels les femmes siégeaient depuis 1870. Mais les *comités* qui remplacent les *School Boards*, nommés par les conseils de comtés, devront toujours comprendre des femmes.

A Londres, le comité ne devra pas contenir moins de un tiers de membres féminins.

1903. — Le colonel Denny dépose un bill sur le suffrage des femmes.

Pétition de 8 600 tailleuses de Whiding du Yorkshire et présentée par M. Shackleton, de la part de 71 conseils du commerce et du travail et 62 Trades-Unions représentant 100.000 travailleurs.

Pétition présentée par M. Keir Hardie, au nom de l'Independent Labour Party.

Pétition pour soutenir le projet de M. J. Bamford Slack, revêtue de 25.708 signatures.

Fondation de la *National Women's and Political Union*.

1904. — Sir Charles Mac Laren présente une résolution, en faveur du suffrage parlementaire des femmes, qui est voté par une majorité de 114 voix.

1905. — M. J. Bamford Slack présente une résolution dans le même sens, qui ne parvient pas à la discussion des articles.

On commence la discussion du projet du Dr Shipman qui permet aux femmes de siéger dans les conseils de comtés.

1906. — Pétition signée par 1.530 diplômées des universités.

Pétition signée par 8.000 femmes de Rossendale demandant le droit de vote.

Déclaration signée par 52.000 femmes employées dans diverses industries.

M. Keir Hardie dépose un bill en faveur du suffrage des femmes.

1907. — M. Dickinson dépose à la Chambre des Communes une résolution en faveur du suffrage parlementaire féminin.

1907. — Lois du 28 août reconnaissant *l'éligibilité des femmes aux Conseils de Comtés et de bourgs en Angleterre et Pays de Galles* et *aux Conseils de villes et de Comtés en Écosse.*

Neuf femmes sont élues en application des lois ci-dessus.

1808. — M. Stanger reprend le texte de la résolution Dickinson, le 28 février, à la Chambre des Communes, sans plus de succès.

Mrs. Garret Anderson est la première femme élue *maire* de Aldeburg.

1909. — M. Dickinson reprend son projet de 1907 et y ajoute une disposition complémentaire.

M. Howard présente, le 19 février, une proposition de loi relative à la représentation de la nation dans le Royaume-Uni et à la suppression des incapacités électorales des femmes.

Pétition réunissant la signature de 538 sur les 553 femmes docteurs que l'on compte en Angleterre.

---

## PIÈCE 20.

---

### Note sur le droit de vote des femmes en Angleterre (1).

I. — *Droits de vote actuellement possédés par les femmes en Angleterre.*

En résumé, les femmes anglaises sont :

Depuis 1869, électeurs municipaux (sur la proposition John Bright).
— 1870, électeurs et éligibles aux *school Boards*.
— 1875, électeurs pour les *Boards of guardians*.
— 1888, — — *County* et *Borough Councils*.
— 1894, éligibles aux conseils de paroisses, aux conseils des pauvres.
— 1907, éligibles aux *County* et *Borough Councils*.

En janvier 1908, on comptait en Angleterre :

---

(1) Cette note a été rédigée par Mme Ethel M. Francis, co-rédactrice du journal hebdomadaire *Women's Franchise*, à la demande de Mlle le Dr Madeleine Pelletier qui a bien voulu nous la communiquer.

1.141 femmes élues aux fonctions de *poor law guardians* (tutrices des pauvres).

148 femmes élues aux fonctions de membres de Conseils de districts.

146 femmes élues aux fonctions de membres des Comités d'éducation (*School Boards*).

Quoique le *Qualification of Women Act* 1907 n'ait été voté qu'à la fin d'août laissant aux femmes deux mois seulement pour préparer leur campagne (les élections anglaises ont lieu en novembre), les résultats peuvent être considérés comme satisfaisants puisque sur 18 candidates, 8 furent élues.

Il y a de sérieuses imperfections dans l'Act de 1907 tel qu'il est rédigé. La plus importante est que, sauf dans le *Comté* de Londres (1), les femmes mariées n'ont pas le droit de vote et par suite ne sont pas éligibles.

Le champ du choix est ainsi singulièrement restreint. C'est à faire corriger ces défectuosités et quelques autres que travaille énergiquement la *Women's Local Government Society*.

Quoique l'Act de 1907, à parler dans la rigueur des termes, ne puisse s'appeler une victoire du suffrage des femmes, il n'est pas douteux que le succès en fut dû pour une grande part à l'active agitation qui s'est produite pour le suffrage des femmes.

En Angleterre nous n'oublions pas que les droits que nous avons déjà conquis peuvent être annulés comme ils ont été octroyés par acts du Parlement. C'est ce qui nous fait sentir l'énorme importance de gagner le droit de vote aux élections parlementaires pour sauvegarder non seulement le droit d'élire et d'être élues aux Conseils de comtés, mais aussi tous les autres droits gagnés jusqu'à ce jour.

## II. — *État présent de la question en Angleterre.*

Une proposition en vue de donner le droit de vote aux femmes « dans les mêmes termes qu'aux hommes » a passé en seconde lecture à la Chambre des Communes en février 1908 et a réuni une majorité favorable de 179 voix.

Sur les 680 membres de la dernière Chambre des Communes, on estime à plus de 420 le nombre de ceux qui sont partisans du suffrage des femmes.

Une vigoureuse agitation se fait dans le pays pour faire franchir heureusement à cette motion les dernières épreuves nécessaires pour en faire une bonne loi. Des meetings sont organisés dans toutes les villes, la presse est pleine du sujet; bref, tous les efforts sont faits pour forcer le Gouvernement à donner aux femmes le vote « comme il est ou comme il sera donné aux hommes ».

Il importe de noter que la plupart des suffragistes anglaises ne demandent pas que le droit de vote soit accordé à toutes les femmes, mais que toute femme qui remplit les conditions requises, exactement comme l'homme les remplit, ne soit pas empêchée de voter simplement parce qu'elle est femme; en d'autres termes, que l'incapacité inhérente au sexe soit écartée. On estime que si l'on accordait cette demande, la proportion des femmes appelées à voter serait d'une femme contre cinq hommes. Mais les femmes, dans leur ensemble, ne seraient pas classées avec les « lunatiques, les criminels, les indigents, les aliénés et les mineurs ». On estime encore que, dans le nombre des femmes qui obtiendraient ce droit au suffrage, 82 0/0 seraient des travailleuses de toutes catégories.

Telle est la situation actuelle en Angleterre : ce n'est plus une question académique, c'est une question de politique pratique.

Cette adoption en seconde lecture de la proposition à une grande majorité et ce large débat auquel la question a donné lieu d'un bout à l'autre du pays, ont fait faire un grand pas à la cause de l'égalité des droits politiques des deux sexes.

(1) Ne pas confondre avec la *Cité* de Londres qui suit la règle générale où les femmes ne votent pas.

### III. — *Avenir probable du mouvement en faveur du suffrage des femmes.*

Les chefs de partis semblent éprouver quelque inquiétude sur la manière dont les femmes voteront quand elles auront le vote. En tout cas, ni M. Asquith ni M. Balfour n'ont voulu se prononcer catégoriquement à ce sujet. Chaque parti craint de voir augmenter le nombre de ses adversaires. Néanmoins, les chefs de tous les partis encouragent les femmes à travailler pour eux.

Au moment de la rédaction de cette note (janvier 1910), les élections générales sont en préparation. Des milliers de femmes, n'ayant pas elles-mêmes le droit de vote en raison de leur sexe, sont occupées à parler, écrire, solliciter des votes pour leurs partis respectifs : conservateurs, libéraux, travaillistes. Un grand nombre de femmes libérables, cependant, se sont abstenues cette année de se mettre au service de leur parti comme elles l'avaient fait aux dernières élections générales, car elles considèrent que l'attitude du cabinet libéral à l'égard de la cause suffragiste a été des moins satisfaisantes.

La *Fédération libérale des femmes* (qui compte environ 82.000 membres) a donné un appui effectif aux sociétés pour le suffrage des femmes. En mai dernier, cette Fédération adoptait une résolution demandant les droits civiques pour la femme et la remettait aux mains du premier ministre et d'autres membres du gouvernement. Cette communication fut bientôt après suivie de la déclaration de M. Asquith, répondant (le 20 mai) à une délégation de membres libéraux du Parlement : que son intention (intention qui d'ailleurs n'a pas été suivie d'effet) était de déposer un projet de réforme électorale concernant les hommes seulement avant la dissolution du Parlement actuel ; que si un amendement était déposé pour étendre aux femmes les dispositions du projet, le Gouvernement officiellement n'y ferait pas opposition, moyennant ces deux conditions, ajoutait-il : que le mode de suffrages des femmes qui serait proposé par l'amendement a t un caractère démocratique, et que d'ailleurs il soit accueilli avec une faveur bien marquée (*overwhelming support*) par l'opinion publique, hommes et femmes.

M. Asquith avait mis les suffragistes au défi de démontrer avec évidence que les femmes désiraient réellement être admises au droit de vote : deux considérables manifestations londoniennes lui répondirent.

La première consista en un défilé organisé principalement par l'*Union nationale des sociétés pour le suffrage des femmes*, auquel plus de 15.000 femmes prirent part.

La seconde eut lieu à Hyde-Park, le 21 juin, et réunit la plus grande masse de manifestants qu'on ait jamais vue ; on l'estimait à 300.000 personnes.

Ces deux manifestations se firent dans un ordre parfait et eurent un plein succès à tous les points de vue. L'organisation que nécessitent de si vastes rassemblements avait été l'œuvre des femmes elles-mêmes. Chacune des deux fut unique dans son genre.

### IV. — *Sociétés pour le droit électoral des femmes.*

Il existe quatre sociétés, ou plutôt groupes de sociétés qui ont pour seul objet d'obtenir pour les femmes le droit de vote parlementaire tel qu'il existe déjà pour les hommes et aux mêmes conditions.

Ce sont :

1° L'Union nationale des sociétés pour le suffrage des femmes, groupement de 54 sociétés (le nombre augmente rapidement, il a presque doublé dans la période que nous examinons). Cette Société fondée en 1867 soutient les meilleurs amis du suffrage des femmes dans tous les partis. Sa méthode consiste à placer devant le public, par une propagande ordonnée et une discussion publique, la question du vote des femmes, et d'engager les membres du Parlement à la soutenir activement. Dans chaque circonscription elle s'efforce de faire signer une pétition d'électeurs dans laquelle on demande simplement d'abroger l'incapacité électorale basée sur le sexe et que les hommes de tous les partis peuvent signer. Elle engage aussi les électeurs à poser des questions aux candidats sur les droits des femmes.

2° L'Union sociale et politique des femmes. Cette Société poursuit une politique antigouvernementale. Elle prétend que les membres du Parlement sont isolément sans aucun pouvoir (plus de trente propositions donnant le suffrage aux femmes ont été déposées depuis 1867 sans succès) et que le cabinet doit être forcé de prendre la question en considération. Le résultat de cette politique a été que 450 femmes ont été condamnées à la prison. N'ayant pas été traitées comme des prisonnières politiques, mais comme des criminels de 2e classe (de droit commun), elles ont protesté dans leurs prisons. En juin 1909, la grève de la faim a été adoptée et beaucoup de prisonnières restèrent quatre, cinq, six jours sans manger avant qu'on les mît en liberté. En septembre 1909, le gouvernement décida que les grévistes de la faim seraient nourries de force, ce qui a été exécuté depuis lors par les autorités.

Cette Société engage vivement les électeurs à voter contre le gouvernement libéral à cause de son attitude à l'égard des propagandistes du suffrage féminin et parce que, ayant eu le pouvoir de donner le vote aux femmes, il a refusé de le faire.

3° La Ligue de la liberté des femmes. Cette Société — qui suit la politique « militante » — fait une ardente campagne contre les membres du cabinet libéral, et fait tous ses efforts pour qu'il n'y ait pas d'antisuffragiste dans le prochain ministère si les conservateurs reviennent au pouvoir et proteste contre l'élection de tout gouvernement « car c'est un acte de scandaleuse injustice de ne tenir aucun compte des desiderata des femmes quand un nouveau gouvernement est sur le point d'être élu. »

4° La Ligue des hommes pour le suffrage des femmes.

Outre ces associations ayant le suffrage pour objet et n'en ayant aucun autre, l'affranchissement politique particulier des femmes est aussi soutenu par de nombreuses sociétés parmi lesquelles nous mentionnons :

L'Union nationale des femmes ouvrières ;
Le Parti indépendant du travail (*Indépendent Labour Party*) ;
La Société fabienne ;
L'Association de tempérance des femmes anglaises ;
La Société éthique ;
Le Guilde coopérative ;
Le Guilde coopérative des femmes ;
La Fédération libérale des femmes.

Des résolutions en faveur du suffrage féminin ont été aussi votées par :

L'Union nationale des associations consultatives ;
La Fédération nationale libérale et le Comité représentatif du travail, organisations officielles représentant respectivement les partis dont elles portent les noms.

---

# PIÈCE 21.

## Propagande anglaise en faveur des femmes.

Résumé de la conférence de Mme Pankhurst (1), présidente de la *National Women's Social and Political Union, sur « L'importance du vote »*.

« On peut, dit-elle au début, attribuer au vote un triple caractère. C'est en premier lieu un symbole, en second lieu une sauvegarde, en troisième lieu un instrument.

« C'est un symbole de liberté, un symbole de la qualité de citoyen (citizenship), un symbole d'indépendance.

« C'est une sauvegarde de toutes ces libertés qu'il symbolise.

« Dans ces derniers temps, on l'a regardé surtout comme un instrument, avec quoi vous pourrez obtenir beaucoup plus de choses que ne l'ont soupçonné vos ancêtres, quand ils luttaient pour le vote.

« Il me semble qu'un tel bien vaut la peine que l'on combatte pour l'acquérir. Et c'est ce que font avec énergie les femmes d'aujourd'hui.

« Là, où il y a des masses de population, continue l'orateur, il doit y avoir un gouvernement. Un gouvernement sans suffrages est plus ou moins une forme de tyrannie, un despotisme. Un gouvernement avec suffrages est plus ou moins *représentatif*, suivant l'étendue dans laquelle le vote est accordé aux citoyens. En Angleterre, on dit que nous avons un gouvernement représentatif. Oui, il existe un gouvernement représentatif pour les hommes, mais il n'y a pour les femmes qu'un gouvernement despotique. »

Mme Pankhurst consacre sa conférence à examiner ce que la privation du droit de vote a fait souffrir aux femmes et ce que le vote apportera aux femmes.

Les politiciens ont l'habitude de parler aux femmes comme s'il n'y avait pas de lois qui aient une influence sur leur sort. Ils ne se lassent pas de répéter que la place des femmes est à la maison. Tout ce qui les intéresse, c'est de soigner et d'élever les enfants. La politique n'a rien à voir avec ces questions, donc la politique ne concerne pas les femmes. « Et cependant, ce sont les lois qui règlent les conditions où les femmes devront vivre dans le mariage, la manière dont leurs enfants seront soignés, traités, instruits, l'avenir qui leur sera réservé. Toutes ces questions, en réalité, sont tranchées par le Parlement. »

Pour le démontrer, Mme Pankhurst examine les lois relatives au mariage et la situation des veuves, signale les difficultés du divorce pour les femmes, l'état d'infériorité légale où sont placées les femmes comme mères dans le mariage et en dehors du mariage. (Dans le mariage, les enfants n'ont *légalement* qu'un père ; en dehors du mariage, ils n'ont *légalement* qu'une mère). Elle cite diverses lois (par exemple, en matière de succession) contenant des privilèges pour l'homme, qui n'auraient jamais été votées par une assemblée où les femmes auraient été représentées. Et elle conclut : « L'homme : électeur et législateur, voit d'abord les besoins de l'homme et ne voit pas ceux de la femme. Et il en sera ainsi tant que la femme ne votera pas. »

Mme Pankhurst donne encore comme exemple un projet de loi de John Burns « sur un sujet qui, pourrait-on dire, pourrait bien être regardé comme du domaine des femmes et au sujet duquel elles pourraient en tous cas avoir une part de décision » : la question de l'alimentation des nouveau-nés au lait naturel.

(1) Mme Pankhurst est une des *suffragettes* qui ont été le plus sévèrement condamnées pour propagande féministe militante.

On a vu les innombrables séances employées en pure perte à la discussion du fameux bill sur l'éducation : « Les femmes n'auraient-elles pas eu d'utiles avis à donner, ne fût-ce que pour l'éducation des filles et pour tous ces devoirs domestiques que les hommes se plaisent à nous rappeler comme nous incombant spécialement ? Mais non, toutes ces choses, les ministres ont découvert qu'ils sont parfaitement compétents pour les décider sans nous. »

La conférencière critique encore la loi sur les sages-femmes, votée à la dernière session du Parlement sans même avoir consulté les femmes.

Elle aborde ensuite et expose avec d'émouvants détails la situation de la femme ouvrière d'usine ou travaillant à domicile à vil prix.

Elle s'attaque au projet de loi en discussion sur le salaire des femmes mariées.

D'après elle, tout ce que le ministre propose revient à laisser au mari le pouvoir de décider si la femme aura de l'argent à dépenser comme elle voudra, c'est-à-dire de retirer à la femme mariée le droit de gagner un salaire pour elle-même et peut-être même de la détourner du travail à l'usine ce qui mettra fin à la mortalité infantile et à la dégénérescence de la race !

Quelle erreur ! s'écrie M^me^ Pankhurst. Et elle montre par l'exemple des ouvrières dans les tissages de coton du Lancashire, les conséquences fâcheuses que pourrait avoir la loi projetée, qui réduirait à la misère des familles que le salaire de la femme aide à vivre, justement parce qu'il est à elle : un shelling gagné par la femme en vaut parfois plus de deux gagnés par le mari.

Quant aux ouvrières victimes du *sweating system*, que fait-on pour elles ? Rien.

Les mineurs ont obtenu la journée de huit heures. Mais ces malheureuses obligées de vendre leur travail au rabais, elles n'ont rien à espérer de la loi tant que les femmes ne coopéreront pas à la fabrication des lois.

La situation des femmes employées dans les administrations publiques est-elle mieux garantie contre l'injustice masculine ?

Non. Les postes bien payés sont invariablement réservés aux hommes, quels que soient le mérite et la valeur techniques des femmes. Le vote des femmes est le moyen, et le seul, de corriger tout cela.

On a obtenu qu'une femme soit nommée inspectrice des prisons. Mais il en faudrait beaucoup d'autres : de même pour les inspectrices du travail. M. John Burns s'y est opposé ; lui fils d'ouvrier, ancien ouvrier, a dit que la nomination d'une femme comme visiteuse d'assistance publique n'était pas illégale, « mais que c'était une pratique qu'il n'y avait pas lieu d'encourager ».

## *Conclusion.*

« Mes auditeurs verront que nous, femmes, qui faisons tous nos efforts pour obtenir le vote, le demandons parce que nous nous représentons tout le bien que nous pourrons faire avec cet instrument lorsque nous l'aurons en notre possession... C'est la clef politique qui permettra d'ouvrir toutes les portes qui nous sont soigneusement fermées. Ce n'est pas pour imiter simplement les hommes que nous demandons le suffrage. Nous le demandons parce que sans lui nous ne pouvons pas faire ce qu'il est nécessaire, juste et bon que tout homme et toute femme entreprennent dans l'intérêt de la communauté dont ils font partie...

« Après tout, la question du *home* est très, très importante. Mais ne songez pas seulement à votre petit *home* personnel, avec ses quatre murs et vos petits intérêts privés et personnels. Il faut un *home* qui soit celui de tous les citoyens du pays. Une nation ne peut avoir un *home* digne d'elle à moins que les femmes aussi bien que les hommes donnent le meilleur d'eux-mêmes pour l'instituer et pour en faire ce qu'un *home* doit être, un endroit où chaque enfant qui naît aura une chance sérieuse de grandir et de devenir un membre heureux et utile de la communauté. »

# PIÈCES 22 à 24.

Voici la traduction de quelques *leaflets* (1), feuilles volantes de propagande, rédigées et distribuées par des associations féministes.

Les trois pièces suivantes sont publiées par la *Women's Local Government Society*.

## Pourquoi est-il nécessaire que les femmes entrent dans les CONSEILS DE DISTRICTS RURAUX ? (Rural district council : R. D. C.)

La partie rurale d'une *Poor Law Union* (2) constitue un district rural.

Dans chaque district rural il y a un conseil de district rural élu. *Toute femme, mariée ou célibataire, qui est électrice paroissiale, ou qui a résidé douze mois au moins dans une Poor Law Union, est éligible comme conseiller de district rural.*

Dans un district rural, il n'y a pas d'élection distincte pour les *guardians* (Tuteurs des pauvres). Les conseillers de district rural siègent comme *guardians* pour les paroisses qui les ont élus conseillers de districts et sont réunis au *Board of guardians* (conseil des tuteurs des pauvres) par les *guardians* élus par un district urbain faisant partie de l'Union.

La coopération des femmes et des hommes est reconnue nécessaire pour les travaux du *Board of guardians*, mais elle est encore plus nécessaire pour ceux du Conseil de district rural (R. D. C.).

Le R. D. C. est l'autorité en matière d'hygiène publique pour le district.

Le R. D. C. est tenu de percer tels égouts qui sont reconnus nécessaires pour le district.

Il est tenu d'exiger que les maisons d'habitation, neuves et anciennes, et les usines soient pourvues d'installations sanitaires convenables (water-closets, garde-robes, crachoirs) et que ces installations soient proprement entretenues.

Au reçu de plaintes au sujet d'un égout, closet ou puisard, le R. D. C. peut envoyer son surveillant pour examiner et peut exiger du propriétaire l'exécution des travaux nécessaires.

Le R. D. C. peut, s'il le juge utile, se charger de déplacer un fumier, de nettoyer des closets, etc.

Le R. D. C. a des pouvoirs étendus pour les fournitures d'eau convenable et suffisante pour les usages publics et privés, y compris ceux des bains publics et des lavoirs et les besoins du commerce et de l'industrie. Si une maison se trouve insuffisamment fournie d'eau potable et qu'il puisse lui en être fourni à un prix raisonnable, le Conseil peut forcer le propriétaire à faire cette fourniture, et s'il manque de l'exécuter, peut la faire à ses frais. Le Conseil peut obtenir de la justice l'ordre de boucher un puits, un réservoir ou une citerne, si l'eau en est assez infectée pour être dangereuse pour la santé.

Le R. D. C. doit ouvrir un registre des hôtels meublés ordinaires et personne ne peut tenir une maison de ce genre s'il n'a été inspecté et approuvé par un représentant du conseil. Le conseil peut refuser d'autoriser un logeur qui n'a pas un certificat satisfaisant de bonne vie et mœurs et peut prendre des arrêtés au sujet de la propreté, ventilation et bon ordre de ces maisons.

---

(1) Nous avons autant que possible reproduit la disposition typographique de ces *Leaflets*.

(2) Voir note page 17.

Le R. D. C. est tenu d'inspecter son district en vue d'y découvrir tous les genres prévus d'incommodités au sujet desquelles il peut prendre des décisions sommaires et exiger la disparition de ces incommodités.

Le R. D. C. peut se charger d'installer des hôpitaux et a de larges pouvoirs pour prévenir l'extension des maladies infectieuses.

Le R. D. C. a la police des chemins.

Le R. D. C. peut adopter la troisième partie de l'act sur les habitations. Il peut organiser des maisons pour la classe ouvrière contenant un ou plusieurs appartements. Un cottage peut avoir un jardin ne dépassant pas 1/2 acre, si la valeur annuelle d'estimation du sol n'excède pas 3 liv. ster.

Le R. D. C. peut faire des lotissements s'il y a des demandes de terrains et en obtenir une rente qui sera suffisante pour le mettre à l'abri de toute perte.

Dans certains cas, le R. D. C. peut organiser le pacage en commun.

Le R. D. C. a le pouvoir de s'opposer à la cessation de droits de passage et à la clôture de terres communales.

Une importante fonction du R. D. C. consiste à nommer ses propres fonctionnaires, c'est-à-dire employé, officier de santé, surveillant, un ou plusieurs inspecteurs des incommodités, trésorier. Une autre importante affaire est la teneur des contrats de travaux et de fournitures.

Les R. D. C. ont beaucoup d'autres attributions et pouvoirs et, pour tout groupement de population dans l'intérieur de leur district rural, les pouvoirs qui sont du ressort des conseils de district urbain peuvent leur être attribués.

Pour toutes les fonctions mentionnées ci-dessus, pourquoi la présence des femmes dans le R. D. C. est-elle nécessaire ?

*Parce que*, avant de résoudre aucune question de détail, il faut procéder d'abord à une enquête et que, pendant la journée, quand le mari est à son travail, la femme montrera sans hésiter son logis à une femme. Il vaut la peine pour elle de montrer toute chose à une femme qui, comme conseillère, a le pouvoir de l'aider.

*Parce que* les femmes et les enfants souffrent plus dans un logement malsain et mal conditionné que les hommes qui peuvent être absents tout le jour et ce qui est nécessaire pour transformer de tels logements peut être estimé pour le mieux par une femme.

*Parce que*, à l'heure actuelle, la proportion de la mortalité infantile est terriblement élevée.

*Parce que* la question de l'assainissement et celle de la fourniture de l'eau sont particulièrement importantes dans les écoles.

*Parce que* l'élection de femmes comme conseillers conduirait en général à la nomination de femmes comme visiteuses sanitaires ou infirmières de district.

*Parce que* une femme conseillère peut faire une utile besogne en aidant les fermières à assurer la propreté des laiteries.

*Parce que* les femmes conseillères sont spécialement nécessaires pour les hospices d'isolement, dont il n'y a pas actuellement d'inspection particulière et dans certains desquels des réformes sont absolument nécessaires.

*Parce que* certaines femmes conseillères ont déjà fait une œuvre splendide en ce qui concerne les fournitures d'eau, les hôpitaux, les logements et d'autres importantes questions.

Enfin, *parce que*, quand vous élisez un conseiller de district rural, vous élisez en même temps un tuteur des pauvres.

Mary Stewart Kilgour.

## Pourquoi est-il nécessaire que les femmes entrent dans les conseils de districts URBAINS ?

Les femmes sont éligibles aux conseils de districts urbains et leur présence dans ces assemblées est nécessaire :

*Parce que* ces conseils sont les autorités d'hygiène publique et que les affaires dont ils ont à s'occuper concernent la santé publique et les habitations de la population.

*Parce que* la collaboration des femmes est indispensable pour l'inspection effective au point de vue de l'hygiène d'établissements dans lesquels des hommes ne peuvent pas être envoyés décemment, y compris les water-closets pour dames.

*Parce que*, pour la raison qui précède, la nomination par les conseils d'inspecteurs de l'hygiène des femmes se généralise et que ces inspecteurs exercent imparfaitement leur fonction à moins qu'il n'y ait des femmes comme membres de l'assemblée à laquelle ils présentent leur rapport.

*Parce que* ces conseils ont le pouvoir d'établir des hôpitaux et que, afin de prévenir la diffusion des infections, ils sont tenus de désinfecter les maisons et peuvent exiger la notification des cas de maladie.

*Parce que* ces conseils ont le contrôle des maisons d'habitation en commun et possèdent le droit de les assujettir à l'inspection d'hygiène.

*Parce que* l'un des principaux devoirs de ces conseils est de s'occuper des logements ouvriers et que « les femmes sont aussi nécessaires pour collaborer dans ces assemblées locales à l'organisation de logements convenables pour la classe ouvrière qu'elles le sont pour l'application de la loi des pauvres ». (Lord Salisbury, 26 juin 1899.)

*Parce que* les sections réservées aux femmes dans les bains publics et lavoirs doivent être surveillées par des femmes.

*Parce que* les pouvoirs prévus par la loi sur les sages-femmes, de 1902, peuvent être délégués à ces conseils.

*Parce que* les conseils ont à appliquer la loi contre la cruauté envers les enfants et de les protéger.

*Parce qu'il* est nécessaire de contrôler rigoureusement les espaces libres réservés pour les jeux et récréations des enfants.

*Parce que* les femmes ont fait d'excellent travail comme membres des conseils scolaires et que, par la loi sur l'enseignement de 1902, les Conseils de districts urbains ayant une population supérieure à 20.000 habitants sont les autorités scolaires de leur district et doivent surveiller l'application de la loi sur les enfants.

*Bien plus*, les femmes sont en général habituées à examiner de près les questions d'argent, ce qui les conduit à l'économie.

*Enfin*, dernière et non moindre raison, il est désirable qu'il soit fait usage des activités de toute sorte pour le service de l'intérêt public.

## Pourquoi est-il nécessaire que les femmes entrent dans les CONSEILS MUNICIPAUX ?

Par la loi sur la qualification des femmes pour les County et Borough Councils (1), en Angleterre et Pays de Galles, les femmes électrices ont été déclarées éligibles aux Conseils municipaux comme conseillers et *aldermen* (2).

La présence des femmes est nécessaire dans les Conseils municipaux :

*Parce que* ces Conseils sont les autorités scolaires et que l'Administration de l'enseignement ne peut être pleinement effective que si des femmes en nombre suffisant y prennent part comme conseillers.

*Parce que* tout établissement d'internat pour enfants ou femmes doit être sous la direction de femmes.

*Parce que* ces Conseils sont l'autorité en matière d'hygiène publique et qu'ils sont chargés de pourvoir à l'organisation hygiénique convenable dans toutes les maisons d'habitation et les usines.

*Parce que* il est hautement avantageux qu'il y ait des femmes dans le Comité auquel les inspecteurs de l'hygiène des femmes et les visiteurs de la santé des femmes font leurs rapports.

*Parce que* l'amélioration de l'habitation ouvrière est un besoin criant et que « les femmes sont aussi nécessaires pour collaborer dans ces assemblées locales à l'organisation de logements convenables pour la classe ouvrière qu'elles le sont pour l'application de la loi des pauvres » (Lord Salisbury, 26 juin 1899). Birmingham a trouvé utile d'adopter le système de miss Octavia Hill pour toucher les loyers.

*Parce que* ces Conseils sont responsables du bon ordre des hôtels meublés et peuvent soumettre les maisons de rapport à leur surveillance au point de vue de l'hygiène.

*Parce que* ces Conseils ont le droit d'établir et maintenir des hôpitaux afin de prévenir l'extension des infections, sont tenus de désinfecter les maisons.

*Parce que* les sections réservées aux femmes dans les bains publics et lavoirs doivent être surveillées par des femmes.

*Parce que* les pouvoirs prévus par la loi sur les sages-femmes de 1902 peuvent être délégués à ces conseils.

*Parce que* les Conseils ont à appliquer les lois qui ont en vue de prévenir les cruautés envers les enfants et de réglementer le travail des enfants, ainsi que d'appliquer la loi sur l'éducation de 1906 (sur les cantines scolaires).

*Parce que* dans la plupart des villes, la haute proportion de la mortalité infantile est un mal contre lequel les efforts des femmes peuvent très bien être dirigés.

*Bien plus*, les femmes sont en général habituées à examiner de près les questions d'argent ce qui les conduit à l'économie.

*Enfin*, dernière et non moindre raison, hommes et femmes ont des compétences différentes et il importe que tout talent et toute expérience de quelque valeur soient utilisés dans l'intérêt de tous.

---

(1) Conseils de Comités et Conseils de Bourgs, loi du 28 août 1907 (voir ci-dessus).

(2) Les Conseils municipaux anglais sont composés de trois éléments : le maire, élu pour un an par le Conseil ; — les conseillers (*town counsellors*) élus pour trois ans et sortant par tiers annuellement, ils forment la grosse majorité du conseil ; — les *aldermen* élus par les *counsellors* pour six ans et sortant par moitié tous les trois ans. Ces derniers font partie du Conseil au même titre que les conseillers et n'ont aucune attribution spéciale : une préséance honorifique les distingue seule. Toutes ces fonctions sont gratuites et obligatoires.

# PIÈCES 25 et 26.

Voici la traduction de quelques *leaflets* publiés par le *National Women's Social and Political Union* :

## CE QUE LES FEMMES DEMANDENT

L'*Union sociale et politique des femmes* demande les droits de vote pour les femmes dans les mêmes conditions que les hommes les possèdent.

Elle ne demande pas le vote pour toutes les femmes, mais que les femmes ne soient pas privées du droit de vote pour cette seule raison qu'elles sont femmes.

A l'heure actuelle, les hommes qui payent les impôts et les taxes, qui sont propriétaires, occupants ou *lodgers*, ou qui ont le droit de vote de *service* (*service franchise*) (1), ou universitaire, possèdent le droit de vote parlementaire. L'*Union* demande que les femmes qui remplissent les mêmes conditions jouissent du même droit de vote. Ceci signifie que les femmes qui payent des impôts et qui assument les responsabilités exigées des hommes pour qu'ils soient électeurs, veulent avoir les mêmes droits politiques. Les femmes mariées veulent obtenir le droit de vote pourvu qu'elles possèdent les qualifications nécessaires ; ainsi, dans le cas où une femme mariée, et non pas son mari, est propriétaire (*house holder*), ou bien dans le cas où une femme est dans les affaires pour son propre compte, elle veut devenir électrice.

On estime que la réforme demandée donnera le vote à environ douze cent cinquante mille femmes, en plus des sept millions et demi d'hommes qui jouissent actuellement du droit de voter.

L'*Union* demande que la résolution suivante, qui accorde le vote aux femmes, soit votée par cette session parlementaire en ces termes :

## PROJET DE LOI SUR LE VOTE DES FEMMES

*Que dans toutes les lois relatives aux conditions de capacité et à l'inscription des électeurs, des personnes ayant ou réclamant le droit d'être inscrites, et des personnes ayant ou réclamant le droit de voter aux élections parlementaires, partout où ont été employées des expressions qui impliquent le sexe masculin, ces expressions soient considérées comme comprenant également le sexe féminin, dans tous les cas se rattachant étroitement ou ayant rapport au droit d'être inscrit comme électeur et de prendre part au vote, malgré toutes les lois ou usages contraires.*

***

Dans le numéro du 31 décembre 1909 du *Votes for Women*, organe de la *Women's Social and Political Union*, nous lisons (page 212) la déclaration suivante publiée à l'occasion des élections de janvier 1910 :

(1) La *service franchise* donne le droit de vote à tout homme qui, par sa situation au service de quelqu'un demeure en personne dans une maison d'habitation, pourvu que la personne au service de laquelle il se trouve n'habite pas ladite maison. En vertu de cette *franchise*, les femmes employées comme concierges, gérantes, directrices d'hôpitaux ou d'institutions, et autres situations similaires, obtiendraient le vote parlementaire.

« La *Women's Social and Political Union* demande le vote pour les femmes dans les mêmes termes que les hommes possèdent, [c'est-à-dire qu'elle demande que les femmes qui sont propriétaires, occupants ou locataires, ou qui ont les titres universitaires (*university graduates*) soient électrices. Ainsi il y aurait un million et quart de femmes qui auraient le droit de suffrage (dont la plupart seraient des ouvrières) contre 7 millions et demi d'hommes qui votent déjà. Nous ne demandons pas le suffrage universel pour les femmes, puisqu'il n'existe pas pour les hommes. La *W. S. P. U.* demande qu'une simple mesure donnant le vote aux femmes dans ces conditions soit adoptée avant qu'on aborde toute autre réforme électorale. »

Dans le même numéro de ce journal hebdomadaire, nous lisons le résumé historique de l'action féministe dont voici la traduction (1) :

**Ce qu'elles ont fait pour l'obtenir.**

Dès 1816, des femmes se sont jointes aux hommes dans leur agitation pour l'extension du vote. Et dans la grande démonstration de Waterloo, en 1821, des femmes ont eu à souffrir avec les hommes les charges des soldats.

Cependant la loi électorale de 1832, qui améliora si sensiblement la position des hommes, ne fit rien pour les femmes qui avaient combattu à leurs côtés. Depuis cette époque jusqu'à nos jours, les femmes ont eu recours à divers moyens constitutionnels pour obtenir le droit de vote. Ce fut, entre autres :

**Par les pétitions.**

D'innombrables pétitions et mémoires ont été signés et ont été présentés à la Chambre des Communes et au Gouvernement. En 1866 et 1879, il y a eu :

**Plus de 9.000 pétitions réunissant 3 millions de signatures**

en faveur du suffrage des femmes. En 1896, un appel aux membres du Parlement a été signé par

**Plus d'un quart de million de femmes.**

Et depuis cette époque, pétitions et mémoires ont afflué de toutes les régions du pays.

**Par des tentatives d'inscriptions sur les listes électorales.**

En 1867, le libellé de la loi accordant le droit de vote aux *householders* (Household Franchise Act) fut considéré par bien des personnes comme permettant l'inscription des femmes sur les listes électorales.

A Manchester, une demande de vote fut faite par les femmes et sur 4.215 qui remplissaient les conditions, 3.924, soit

**92 0/0 furent traduites en justice.**

La Cour d'appel cependant trancha la question contre les femmes et les obligea à adresser leurs revendications au Parlement.

---

(1) Nous en reproduisons, autant que possible, la disposition typographique.

## Cinquante mille meetings.

Des meetings publics sans nombre ont été tenus dans tout le pays, qui ont voté des résolutions en faveur du vote de femmes. La W. S. P. U. seule a organisé plus de 50.000 meetings soit en plein air, soit à couvert, pendant les quatre ans et demi de son existence. Parmi eux, la grande manifestation de Hyde Park, le dimanche 21 juin 1908, qui réunit un demi-million de personnes est considéré comme

## la plus grande manifestation politique dans l'histoire du monde.

D'autres démonstrations en plein air ont eu lieu dans les plus grandes villes du pays. A certaines d'entre elles on estima que plus de 100.000 personnes prirent part. Dans les meetings de l'Albert Hall à Londres, du Free Trade Hall à Manchester, du Sun Hall à Liverpool, du Colston Hall à Bristol, du Town Hall à Birmingham, du Saint-Andrew's Hall à Glasgow, du Synod Hall à Edimbourg, de nombreux auditoires ont à plusieurs reprises applaudi avec enthousiasme les revendications féminines.

## Plus de £ 60.000 pour la campagne.

Les femmes ont fait le sacrifice de bien des milliers de livres sterling pour constituer les fonds de la campagne suffragiste. La *W. S. P. U.* seule a réuni £ 60.000 et bien des milliers de livres sterling ont été encaissées par d'autres sociétés. Une part de ces sommes a été souscrite par des milliers d'ouvrières, qui ressentent vivement la nécessité d'obtenir le suffrage.

## Par les journaux et la littérature.

Le mouvement féministe entretient actuellement trois journaux hebdomadaires florissants, qui soutiennent la réforme électorale et la *Woman's Press* (la presse de la femme), l'office de publicité de la *W. S. P. U.*, a aussi jeté dans la circulation des millions de pamphlets, *leaflets* (feuilles volantes, et autres propagandes littéraires.

## Par le travail politique et municipal.

Les femmes ont travaillé ferme pour les candidats libéraux, conservateurs et socialistes et les agents électoraux les ont trouvées excessivement utiles. Elles ont travaillé aussi dans les conseils de tuteurs des pauvres, conseils pédagogiques, conseils de paroisses, conseils de vestries, etc., et y ont proposé et exécuté beaucoup d'importantes réformes.

## En prenant à partie les candidats au Parlement.

Les femmes ont obtenu de candidats à la Chambre des Communes, comme condition de l'appui qu'elles leur apportaient la promesse de soutenir le suffrage féminin au Parlement.

Dans la dernière Chambre, 420 membres furent ainsi pris à partie.

## PIÈCES 27 ET 28.

*Deux spécimens de la propagande électorale féministe.*

Citons encore deux *leaflets* publiés par la *Women's Freedom League*, à l'occasion des élections générales de janvier 1910.

### I. — *Texte anglais.*

**General Election Leaflet, No 4.**

### To the Electors

For forty years women have pleaded for the Vote.
For four years they have struggled and suffered for it.
For twenty years they built up a favourable majority in the House of Commons.
For twenty years this majority has betrayed them.
No Government has been willing to do women justice.
No Party has carried out its pledges to them.
No private Member has been willing to make any sacrifice for them.
No Cabinet Minister has been prepared to fight for their Cause.
They are fighting now for their own Cause against heavy odds.
They are fighting single-handed without the support of any political party.
They are giving themselves — their liberty, their strength, their lives.
They are paying the price of their liberty.

**Now they ask your help. Will you give it ?**

It is needed to put an end to the struggle.
It is needed to give women the power of **self-government.**
It is needed to teach the politicians that women must not be neglected.
It is needed to prevent the waste of strenght and money and abilities.
It is needed to remove the slur from the name of our country.
YOU can help to end the struggle.
By making the candidates in your constituency pledge themselves to vote for a Votes for a Women Bill.
By making it clear that you want women to be enfranchised by the new parliament.
By refusing to vote for any candidate who will not pledge himself.
By writing to the candidate you vote for telling him that your support is given to him as a women suffragist.

**THIS IS YOUR DUTY TO THE WOMEN AND TO THE COUNTRY.**

**WOMEN'S FREEDOM LEAGUE,**
**1, Robert St., Adelphi, W. C.**

**Buy "The VOTE", 1 d. weekly,**
**From all Newsagents.**

*Traduction.*

## Aux électeurs.

**lections Générales**
**Feuillet n° 4.**

Depuis quarante ans les femmes réclament le droit de vote.

Depuis quatre ans elles combattent et souffrent pour l'obtenir.

Depuis vingt ans elles ont réussi à constituer une majorité favorable à la Ch
ommunes.

Depuis vingt ans, cette majorité les a trahies.

Aucun gouvernement n'a eu la volonté de rendre justice aux femmes.

Aucun Parti n'a exécuté les engagements qu'il avait pris vis-à-vis d'elles.

Aucun membre du Parlement n'a eu la volonté de faire aucun sacrifice pour

Aucun Ministre n'a été disposé à lutter pour leur cause.

Et maintenant, elles combattent pour leur propre cause malgré une énorme

Elles combattent sans secours, sans l'appui d'aucun parti politique.

Elles se donnent tout entières, elles, leur liberté, leur force, leur vie.

Elles payent le prix de leur liberté.

**Maintenant elles vous demandent votre appui. Le donnerez-vou**

Il est nécessaire de mettre fin à la lutte.

Il est nécessaire de donner aux femmes le droit de **self-government**.

Il est nécessaire d'apprendre aux politiciens que les femmes ne doivent
égligées.

Il est nécessaire de prévenir les pertes de forces, d'argent et de talents.

Il est nécessaire d'effacer la tache que porte le nom de votre pays.

VOUS pouvez contribuer à mettre fin à la lutte.

En déterminant les candidats de votre circonscription à s'engager à vote
rojet de suffrage des femmes.

En faisant comprendre que vous voulez que les femmes reçoivent le droit d
ouveau Parlement.

En refusant de voter pour tout candidat qui refusera de s'engager.

What is representative Government? The reply will be : It is the system of Government which establishes the right of the people to rule themselves through their chosen and elected representatives. The Liberals tell us that this right has been **challenge by the Lords**, and will call upon the people to return them again to power in order that the strength of the Lords may be curtailed, **and their encroachments resisted.**

But what about **the encroachments of the Commons** under the dictation of the Liberals? Have they observed and applied the principes of representative **Government?** They have not. They have refused to listen to the demand of women fo t he **franchise.** They have applied the methods of coercion and torture to those women who have claimed their share in representative Government. They have denied to women even the elementary right of petition secured by the old Statutes and Charters. During their term of office **the Liberals themselves have assailed the principles of representative Government** with all their might. They have refused to make the House of Commons a representative Assembly.

The House of Lords is not a representative chamber. But neither is the House of Commons. The first chamber represents the Lords only. It cannot therefore be trusted with the interests of the whole nation. The second chamber **represents the men only**. It cannot be trusted with interest of men and women — the whole nation.

The Liberals and the Lords are equally **unresponsible to the womens's claims** for representation. No Government can be representative until it includes women. No nation can be free untill its women enjoy votes as well as their brothers. Then, or not till then can the Liberals have any moral or legal right to attack the **Lords** for being unrepresentative. Let them first put their own house in order. Let them give Votes to Women and make it really the people's House.

**Give your vote for true representative Government.**

Give a mandate that the House of Commons sha'l be made representative by the enfranchisement of women.

**Give Votes to Women,** and they will help you to deal with **the House of Lords!**

| | |
|---|---|
| WOMEN'S FREEDOM LEAGUE, | Buy " The Vote ", 1 d. weekly, |
| 1, Robert St., Adelphi, W. C. | From all Newsagents. |

## *Traduction.*

**Elections Générales**
**Feuille volante N° 8.**

### Pseudo Gouvernement représentatif.

On nous dit que ces élections générales seront faites sur la question **des droits du peuple.**

La Constitution est remise en question et le Gouvernement représentatif a été attaqué par une Chambre non représentative.

Qu'est-ce qu'un Gouvernement représentatif? C'est le système de Gouvernement qui établit le droit **du peuple à se gouverner soi-même par l'intermédiaire de** ses représentants élus. Les libéraux nous disent que ce droit a été **mis en danger par les lords** et ils demandent à ce peuple de leur conférer à nouveau le Gouvernement, afin de pouvoir restreindre la force des lords et de résister à leurs empiètements.

Mais que faut-il penser **des empiètements de la Chambre des Communes sous la dictature des libéraux?** Ont-ils observé et appliqué les principes du Gouvernement représentatif ? Non pas. Ils ont refusé d'écouter les revendications suffragistes des femmes. Ils ont appliqué les méthodes de contrainte et de torture aux femmes qui ont réclamé leur part dans le Gouvernement représentatif. Ils ont refusé aux femmes même le droit élémentaire de pétition qu'accordaient nos vieilles chartes. Pendant leur ministère, **les libéraux eux-mêmes ont porté atteinte au principe du Gouvernement représentatif** de toutes leurs forces. Ils ont refusé de faire de la Chambre des Communes une Assemblée représentative.

La Chambre des Lords n'est pas une Assemblée représentative, mais la Chambre des Communes ne l'est pas davantage. La première représente les lords seulement. **La seconde représente les hommes seulement.** On ne peut pas avoir confiance en elle pour les intérêts des hommes et ceux des femmes, c'est-à-dire de toute la nation.

Les libéraux et les lords ont fait une égale faillite **en ce qui concerne les revendications suffragistes des femmes.** Aucun Gouvernement ne sera vraiment représentatif tant qu'il ne représentera pas aussi les femmes. Aucune nation ne peut-être libre tant que les femmes n'auront pas le droit de vote, aussi bien que leurs frères. Alors, et seulement alors, les libéraux seront fondés moralement et légalement à attaquer les lords, comme n'étant pas les représentants de la nation. Qu'ils commencent par mettre l'ordre dans leur propre Chambre. Qu'ils donnent le vote aux femmes et fassent de la Chambre des Communes la véritable maison du peuple.

**Votez pour le Gouvernement véritablement représentatif.**

Donnez à vos élus le mandat de faire de la Chambre des Communes une Assemblée vraiment représentative, en donnant le vote aux femmes.

**Donnez le vote aux femmes** et elles vous aideront à agir contre la **Chambre des Lords** !

On lit dans *Jus Suffragii* de janvier 1910, sous la signature de Mme Borrmann Wells :

« La tactique électorale de la Ligue des Femmes pour la Liberté a un intérêt spécial sur les points où elle diffère de celle des autres sociétés suffragistes. Elle n'admet pas que ses forces soient divisées pour favoriser chacun des 1.260 candidats qui se déclarent partisans du suffrage féminin ; et elle ne veut pas non plus adhérer à la lettre de la politique anti-gouvernementale au point d'en violer l'esprit et courir le risque d'être mal compris et de sembler perdre l'indépendance complète des partis. A cette occasion nous protestons contre l'élection d'un gouvernement quelconque sans le consentement des femmes, et nous frappons à la tête. Notre campagne est donc dirigée surtout contre les chefs qui mènent le gouvernement et les futurs ministres, soit libéraux, soit tories, vont être la cible de nos attaques.

« La grande augmentation de nos finances et de nos adhérents met la Ligue en état de devenir de jour en jour plus effective dans le combat pour l'affranchissement des femmes. En conséquence, nos adversaires nous trouvent maintenant bien gênantes. »

---

# PIÈCE 29.

---

**Bibliographie relative au suffrage des femmes dans les États-Unis de l'Ouest, établie sur la demande de M. Jusserand, ambassadeur de France aux États-Unis, par les soins de la Bibliothèque du Congrès américain à Washington.**

Comstock, Sarah. — The woman who votes. (In Collier's, vol. 43, April 17, May 1, 8 1909, pp. 14-15; 13, 31-32.) Colorado, Wyoming, Utah.

Corey, G. — Utah. Woman suffrage and municipal politics. (In American academy of political and social science. Annals, vol. 19, 1902, pp. 145-147.)

Ellard, Virginia G. — Effect of equal suffrage in Colorado. (In Lippincott's magazine, vol. 64, Sept., 1899, pp. 411-417.)

Foxcroft, Frank. — The check to woman suffrage in the United States. (In Nineteenth century and after, vol. 56, Nov. 1904, pp. 833-841.) Results of full suffrage in Colorado, Idaho, Utah and Wyoming, pp. 834-836.

History of woman suffrage. — New-York : Fowler and Wells, 1781-(1902). 4 vol. The rights of women in the states : vol. 4, pp. 450-1011. Colorado : pp. 509-534; Utah : pp. 936-956 ; Idaho : pp. 589-957 ; Wyoming : pp. 994-1011.

Ignota. — How the vote has affected womanhood in Colorado. (In Westminster review, vol. 163, March 1905, pp. 206-271.)

Lafferty, A. V. — Being a woman legislator in Colorado. (In Delineator, vol. 74, Sep. 1909, p. 204).

Leonard, Priscilla. — Woman suffrage in Colorado. (In Outlook, vol. 55, March 20, 1897, pp. 789-792.)

Le Rossignol, J. E. — Colorado. Woman suffrage and municipal politics. (In American academy of political and social science. Annals, vol. 18, 1901, pp. 552-556). References : pp. 555-556.

Lewis, Lawrence. — How woman's suffrage works in Colorado. (In Outlook, vol. 82, Jan. 27, 1906, pp. 167-178.)

Mc Cracken, Elizabeth. — The women of America Fourth paper. — Woman's suffrage in Colorado. (In Outloock, vol. 75. Nov. 28, 1903, pp. 737-744.)

Meredith, Ellis. — What it means to be an enfranchised woman (in Colorado). In Atlantic monthly, vol. 102, Aug. 1908, pp. 196-202).

Raine, W. M. — Colorado woman-suffrage legislation and its results. (In Chautauquan, vol, 34, Feb. 1902, pp. 482-484.) Summary in Canadian magazine, vol. 19, May 1902 pp. 81-82.

Raine, W. M. — The truth about woman suffrage in Colorado. (In Circle, vol. 2, Oct. 1907, pp. 220-222.) Summarized in American monthly review of reviews, vol. 36, Oct. 1907, pp. 479-480.

Roberts, H. H. — Wyoming. Woman's suffrage and municipal politics. (In American academy of political and social science. Annals, vol. 18, 1901, pp. 556-558.)

Runyon, A. D. — The woman boss of Denver : Mrs. Anna Margaret Scott, who garners votes and crops with equal ability. (In Harper's weekly, vol. 42, Dec. 26, 1908, pp. 8-9).

Scolum, Mary G. — Women in Colorado under the suffrage : another point of view. (In Outlook, vol. 75, Dec. 1903, pp. 997-1000.)

Steunenberg, Frank. — Woman suffrage in Idaho. (In Harper's bazaar, vol. 33, May 26, 1900, pp. 220-221.)

Summer, Helen L. — Equal suffrage ; the results of an investigation in Colorado. New York : Harper and brothers, 1909, 281 pp.

Weaver, Ida M. — Idaho. Woman suffrage and municipal politics. (In American academy of political and social science. Annals, vol. 19, 1902, pp. 147-148.)

Whelpley, J. D. — Female suffrage in the United States. (In Harper's weekly, vol. 44, Oct. 6, 1900, pp. 949-950.) Result of woman's suffrage it those states which have adopted it.

Wixson, H. W. — Woman suffrage in Colorado. (In Era, vol. 10, Oct. 1892, pp. 409-419.)

Woman suffrage in Colorado, — (In Outlook, vol 56, June 12, 1897, pp. 405-408.)

Woman suffrage in operation : symposium. — (In Independent, vol. 66, May 20, 1909, pp. 1056-1070.)

Hutton, May A. — A free woman's testimony. (In Critic (Boise, Idaho), vol. 1, April, 1906, pp. 3-6.)

---

# PIÈCE 30.

---

## Législation de l'Etat de New-York se rapportant au vote des Femmes.

Les Corps municipaux de l'Etat de New-York comprennent ceux des Cités, des Villes et des Villages.

### *Lois applicables dans les Villes.*

Chapitre 63 de la législation de l'Etat de New-York. — § 53. — Qualités requises pour être électeur à l'Assemblée municipale.

Un électeur ne pourra voter par bulletin sur aucune proposition tendant à prélever ou à disposer des ressources financières municipales et à engager la responsabilité de la ville, s'il n'est pas, lui ou sa femme, possesseur de biens situés dans la ville et taxés sur le dernier rôle des contributions.

§ 54. — Qualités pour être électeur admis à voter sur la question de l'emplacement de la Mairie.

Un électeur ne pourra voter sur la proposition prévue par l'article 340 de ce chapitre s'il ne possède pas, lui ou sa femme, des biens dans la ville taxés sur le dernier rôle des contributions.

§ 55. — Cas où les femmes peuvent voter.

La femme qui remplira les qualités voulues pour voter pour les fonctionnaires municipaux, en dehors de la condition de sexe, et qui possédera dans la ville des biens taxés sur le dernier rôle des contributions, aura droit de vote sur toute proposition tendant à prélever des ressources financières « par taxes ou impositions ».

*Législation pour les Villages.*

Chapitre 64. — § 12. — Qualités exigées des électeurs.

Tout électeur qualifié pour voter à l'Assemblée municipale qui a résidé dans le territoire de la Ville pendant 30 jours au moins avant l'élection, et qui possède dans ce territoire des biens taxés sur le dernier rôle des contributions, pourra voter à cette élection.

La femme possédant les qualités requises pour voter à une Assemblée municipale, en dehors de la condition de sexe, et qui a résidé dans le territoire depuis les trente derniers jours au moins précédant l'élection et y possède des biens taxés sur le dernier rôle des contributions, pourra voter à cette élection (1).

---

## PIÈCE 31.

---

### Le Premier Congrès féministe italien.

Les *Sozialistische Monatshefte* de Berlin ont publié le 25 juin 1908 un article de Mme Oda Olberg sur ce premier Congrès féministe italien, dont nous extrayons les passages suivants :

« Que pouvait-on attendre d'un Congrès, qui, sans aucun caractère de classe ou de parti, faisait appel à la collaboration de toutes les femmes et se promettait de traiter les problèmes vitaux du pays, organisé par un Comité de dames de l'aristocratie et sous la présidence d'honneur d'une princesse ? J'en avais attendu peu de choses... Et cependant le Congrès a vaincu toutes mes préventions, par le sérieux de ses volontés, la rigueur de sa logique, le courage de ses convictions. Les femmes qui ont voulu discuter au Congrès de Rome sans aucune considération politique ont en réalité discuté sans tenir aucun compte des étiquettes politiques sous lesquelles les résolutions leur étaient proposées. Elles ne se sont en conséquence pas effrayées (peut-être même ne s'en sont-elles pas rendu compte) que leur critique de la société et leurs revendications se confondissent en plus d'un point avec celles du prolétariat organisé !... Ce résultat (obtenu malgré le très petit nombre de socialistes présentes au Congrès) est évidemment bien plus significatif que toute déclaration de principes qui eût été proposée et soutenue par une forte proportion de congressistes socialistes.

« Ce premier Congrès de femmes italiennes, réuni pour discuter les questions féminines a porté ses investigations sur tous les principaux problèmes sociaux et en particulier la protection des ouvrières à l'usine et à domicile, l'assurance pour la vieillesse, la lutte contre le chômage, l'analphabétisme, l'enseignement religieux dans les écoles, l'exposé des questions sexuelles aux enfants, la situation préjudiciable faite à la femme par les Codes civil et pénal, la lutte contre la mortalité infantile, l'alcoolisme, la tuberculose, la question du logement ouvrier et l'émigration. Sur ces questions, réparties entre ses diffé-

---

(1) Nous devons cet intéressant document établi par les soins de M. le Consul Général de France à New-York à l'obligeance de M. l'Ambassadeur Jusserand.

rentes sections, des rapports étaient préparés de longue main. Et le temps des congressistes fut occupé le plus utilement du monde.

« L'enfance a été l'objet principal des travaux. Pour lutter contre la mortalité infantile, on vota l'interdiction du travail des femmes pendant les derniers mois de la grossesse, la recherche de la paternité, l'augmentation des crèches sous la surveillance de l'État, la lutte contre l'emploi des nourrices, que Mme Barsanti stigmatisa comme « un ignoble commerce de lait humain ». Elle demanda que les enfants de mères incapables de les allaiter dussent être nourris au lait de vache stérilisé : la fortune ne devait pas permettre aux riches de priver des enfants étrangers du lait de leur mère. Mlle le docteur Barino proposa de ne tolérer les nourrices dans les familles étrangères que si elles étaient accompagnées de leurs propres nourrissons, car il est bien connu que toute bonne nourrice bien alimentée et pas surmenée est en état de nourrir deux enfants.

« Les soins corporels à donner aux enfants plus grands firent l'objet de discussions relatives à l'organisation de l'inspection médicale, des bains scolaires, des cantines scolaires, de colonies de vacances aux frais des villes pour tous les enfants nécessiteux.

« Sur la direction à donner au développement intellectuel des enfants, le Congrès a marqué nettement l'esprit nouveau dont il était animé. Cette assemblée, dans laquelle les socialistes étaient en infime minorité et qui se composait en majorité de femmes de la bourgeoisie et de la noblesse, que l'on croit toujours entre les mains des prêtres, a d'une manière excellente, et très libre, traite la question sexuelle.

« La motion suivante a été votée, sur la question des rapports de la religion et de l'enseignement.

« Le Congrès des femmes italiennes, respectant toutes les convictions politiques et religieuses chez les adultes, mais respectant également l'indépendance à laquelle a droit la pensée de l'enfant pour mettre à l'avenir sa conduite en rapport avec les libres principes de sa propre connaissance, exprime le désir que l'école élémentaire soit absolument neutre et que soit donné, dans les écoles moyennes et supérieures, un enseignement absolument objectif des religions, de leurs principes, de leurs buts et de leurs conséquences sociales ». Cette résolution de Mme Malnati fut votée par les quatre cinquièmes de l'assemblée.

« Le fondement logique de tous les travaux du Congrès était le droit de suffrage pour les femmes... Les actions du suffrage féminin ne sont pas en baisse en Italie : le président du Conseil n'y est pas personnellement opposé, les cléricaux croient qu'il tournerait à leur avantage et l'extrême gauche devait, pour des raisons de principe, y être très favorable.

« On peut reprocher au Congrès d'avoir d'un cœur léger voté les ordres du jour les plus hardis, parce qu'il ne repose encore sur aucune organisation qui puisse travailler à leur réalisation pratique. Mais le fait qu'une étude, sans aucun caractère de parti, conduise à des propositions aussi radicales sur les principales questions sociales, est en soi important, même si l'on demeure sceptique sur la mise en œuvre de cette nouvelle force de progrès qui entre dans la vie publique de l'Italie. »

---

## PIÈCE 32.

---

### Les élections communales du 12 mars 1909 à Copenhague.

(Extrait du *Journal de statistique* de Paris).

Le 19 avril 1908 fut promulguée, en Danemark, une nouvelle loi sur les élections municipales. Elle augmentait sensiblement les cadres des électeurs communaux et, pour la première fois, accordait le suffrage aux femmes.

A Copenhague, le cens électoral qui, autrefois, était de 1.000 couronnes, fut abaissé à 800 couronnes, quotité correspondant au plus faible revenu imposable. La loi prescrivait en même temps que l'homme marié payant un impôt obtenait par ce fait le suffrage pour sa femme. Sur d'autres points, les conditions de l'électorat furent plus rigoureuses, notamment en ce qui concernait les dispositions relatives à la durée du séjour dans la commune.

Le 12 mars 1909 eurent lieu les premières élections, conformément à la nouvelle loi. Le bureau des statistiques de la ville de Copenhague, qui préside à la confection des listes électorales, a réuni des données statistiques sur les électeurs et a fait de cette élection une étude spéciale qui eut pour objet d'élucider les points suivants :

1° Quels avaient été les effets des conditions prescrites pour l'électorat sur la privation du droit d'électeur;

2° Composition sociale du corps électoral;

3° Étendue de la participation des différentes classes sociales aux élections.

Le vote étant secret, il a, par contre, été impossible d'indiquer les lignes politiques d'après lesquelles les différentes classes d'électeurs ont voté.

Je me bornerai ici à mentionner les résultats du point 3 qui sont d'un intérêt plus général. Peut-être les expériences faites autre part confirmeront-elles les observations faites à Copenhague relativement à la participation des différentes classes sociales aux élections (ainsi qu'au point de vue de l'influence qu'exerce à cet égard le montant des revenus).

Tout d'abord, quelques remarques sur la composition sociale du corps électoral. On comptait comme électeurs 66.461 hommes et 60.622 femmes, soit un total de 127.083 électeurs. Dans ce total, la classe ouvrière représentait les deux cinquièmes (41,9 0/0) des électeurs. Tout près des ouvriers, sous le rapport social, se groupent les « employés subalternes fixes » et les « assimilés à la classe ouvrière » qui comprennent en majeure partie les personnes occupant de petits emplois fixes et dont les revenus correspondent à peu près à ceux des ouvriers. Ces deux groupes représentent ensemble les 11,1 0/0 des électeurs. Par contre, le nombre des domestiques ayant obtenu le suffrage communal est très faible (0,2 0/0). Les autres grands groupes d'électeurs sont ensuite : chefs d'exploitations commerciales (11,6 0/0), chefs d'exploitations industrielles (8,6 0/0), services de l'État et des communes, professions libérales, etc. (8,5 0/0), employés de bureaux et de magasins (6,7 0/0), rentiers et retraités (6,6 0/0). La composition sociale des électeurs ne diffère guère pour les deux sexes si l'on prend les femmes en un seul groupe; ceci s'explique par le fait que les femmes mariées — qui sont comprises dans la classe sociale du mari — forment la grande majorité des femmes électeurs (59.409 sur 60.622). Il en est, au contraire, tout autrement pour les femmes non mariées et les veuves. Dans ce groupe, la majorité est composée de rentiers et retraités; viennent ensuite les « professions libérales » et les « employés de bureau et de magasins », tandis que la classe ouvrière n'est que très faiblement représentée, parce que bien peu d'ouvrières arrivent à un revenu annuel de 800 couronnes, quotité exigée pour obtenir le suffrage communal.

Après ces quelques remarques préliminaires sur la composition sociale du corps électoral, nous passerons à l'examen de l'étendue de la participation aux élections pour chacune des différentes classes sociales. Le tableau A indique cette répartition pour les électeurs hommes.

On a cru utile, pour quelques-unes des classes sociales mentionnées dans ce tableau, de procéder à une subdivision selon le montant des revenus annuels : ainsi pour les chefs d'exploitations industrielles et commerciales, pour les employés de bureau et de magasin, pour la classe ouvrière et pour les rentiers et retraités.

TABLEAU A

| HOMMES. | NOMBRE D'ÉLECTEURS | | | DE CE NOMBRE ONT VOTÉ | | | PROPORTION POUR CENT | | |
|---|---|---|---|---|---|---|---|---|---|
| | mariés dont la femme est électeur. | Autres. | Total. | mariés dont la femme est électeur. | Autres. | Total. | mariés dont la femme est électeur. | Autres. | Total. |
| Service d'État et des communes | 1.485 | 782 | 2.267 | 1.348 | 664 | 2.012 | 90 8 | 84 9 | 88 8 |
| Instituteurs et professeurs | 386 | 198 | 584 | 350 | 162 | 512 | 90 6 | 81 8 | 87 7 |
| Professions libérales | 1.618 | 1.154 | 2.772 | 1.335 | 867 | 2.202 | 82 5 | 75 1 | 83 0 |
| Employés fixes, positions subalternes | 3.358 | 779 | 4.137 | 2.815 | 575 | 3.390 | 83 8 | 73 8 | 81 9 |
| Chefs d'entreprises agricoles et pêche | 188 | 52 | 240 | 158 | 42 | 200 | 84 1 | 80 8 | 83 3 |
| Revenus imposables : | | | | | | | | | |
| Chefs d'entreprises industrielles. 800 à 1.500 cour. | 2.155 | 536 | 2.691 | 1.756 | 406 | 2.162 | 81 5 | 75 7 | 80 3 |
| 1.500 à 3.000 — | 1.599 | 285 | 1.884 | 1.347 | 239 | 1.586 | 84 3 | 83 9 | 84 2 |
| 3.000 à 6.000 — | 585 | 103 | 638 | 513 | 84 | 597 | 87 7 | 81 6 | 86 8 |
| 6.000 cour. et plus | 425 | 87 | 512 | 377 | 75 | 452 | 88 7 | 86 2 | 88 3 |
| Total | 4.764 | 1.011 | 5.775 | 3.993 | 804 | 4.797 | 83 8 | 79 5 | 83 1 |
| Chefs d'entreprises commerciales. 800 à 1.500 cour. | 2.462 | 690 | 3.152 | 1.671 | 473 | 2.144 | 67 9 | 68 6 | 68 0 |
| 1.500 à 3.000 — | 1.773 | 413 | 2.186 | 1.432 | 319 | 1.751 | 80 8 | 77 2 | 80 1 |
| 3.000 à 6.000 — | 854 | 198 | 1 052 | 736 | 146 | 882 | 86 2 | 73 7 | 83 8 |
| 6.000 cour. et plus | 985 | 239 | 1.274 | 848 | 243 | 1.091 | 86 1 | 84 1 | 85 6 |
| Total | 6.074 | 1.590 | 7.664 | 4.687 | 1.181 | 5.868 | 77 2 | 74 3 | 76 6 |
| Employés de bureau et magasin. 800 à 1.500 cour. | 883 | 1.127 | 2.010 | 677 | 900 | 1.577 | 76 7 | 79 9 | 78 5 |
| 1.500 à 3.000 — | 1.239 | 778 | 2.017 | 1.058 | 661 | 1.719 | 85 4 | 85 0 | 85 2 |
| 3.000 à 6.000 — | 339 | 181 | 520 | 287 | 146 | 433 | 84 6 | 80 7 | 83 3 |
| 6.000 cour. et plus | 131 | 51 | 182 | 114 | 46 | 160 | 87 0 | 90 2 | 87 9 |
| Total | 2.592 | 2.137 | 4.729 | 2.136 | 1.753 | 3.889 | 82 4 | 82 0 | 82 2 |
| Surveillants, etc. | 2.285 | 556 | 2.841 | 1.619 | 400 | 2.019 | 70 9 | 71 9 | 71 1 |
| Classe ouvrière. 800 à 1.000 cour. | 2.689 | 1.295 | 3.984 | 1.803 | 796 | 2 599 | 67 1 | 61 5 | 65 2 |
| 1.000 à 1.200 — | 7.881 | 3 033 | 10.914 | 6.346 | 2.310 | 8.656 | 80 5 | 76 2 | 79 3 |
| 1.200 à 1.500 — | 8.882 | 1.412 | 10.294 | 7.953 | 1.108 | 9.061 | 89 5 | 78 5 | 88 0 |
| 1.500 à 2.000 — | 3.025 | 494 | 3.519 | 2.658 | 416 | 3.074 | 87 9 | 84 2 | 87 4 |
| 2.000 cour. et plus | 688 | 96 | 784 | 578 | 76 | 654 | 84 0 | 79 2 | 83 4 |
| Total | 23.165 | 6.330 | 29.495 | 19.338 | 4.706 | 24.044 | 83 5 | 74 3 | 81 5 |
| Assimilés à la classe ouvrière | 2.981 | 641 | 3.622 | 2.362 | 456 | 2.818 | 79 2 | 71 1 | 77 8 |
| Rentiers et retraités. 800 à 1.500 cour. | 662 | 341 | 1.003 | 503 | 220 | 723 | 76 0 | 64 5 | 72 1 |
| 1.500 à 3.000 — | 443 | 195 | 638 | 368 | 143 | 511 | 83 0 | 73 3 | 80 1 |
| 3.000 à 6.000 — | 218 | 142 | 360 | 171 | 110 | 281 | 78 4 | 77 5 | 78 1 |
| 6.000 cour. et plus | 169 | 110 | 279 | 139 | 76 | 215 | 82 2 | 69 1 | 77 1 |
| Total | 1.492 | 788 | 2.280 | 1.181 | 549 | 1.730 | 79 2 | 69 7 | 75 9 |
| Domestiques | 21 | 34 | 55 | 14 | 27 | 41 | 66 7 | 79 4 | 74 5 |
| Total | 50.409 | 16.052 | 66.461 | 41.336 | 12.186 | 53.522 | 82 0 | 75 9 | 80 5 |

En somme, 80,5 0/0 des électeurs hommes ont donné leur voix. Si l'on examine la proportion des votants pour chacune des classes sociales, on voit que la classe des professions immatérielles a fourni proportionnellement le plus grand nombre de votants (de ,0 à 83, 8 0/0) ; viennent ensuite les chefs d'entreprises industrielles (83,1 0/0), les employés de bureaux et magasins, etc. (82,2 0/0), la classe ouvrière et les employés fixes subalternes (entre 81 et 82 0/0), le groupe des assimilés à la classe ouvrière (77,8 0/0). Les chiffres les plus faibles ont été fournis par les chefs d'entreprises commerciales (76,6 0/0), les rentiers et retraités (75,9 0/0), les domestiques (74,5 0/0), et les surveillants, etc. (71,1 0/0). On remarque entre autres que pour la classe ouvrière, la participation aux élections est un peu au-dessus de la moyenne pour tous les électeurs.

On constate ensuite pour toutes les classes que la participation aux élections est plus faible pour les revenus les plus petits. Ce fait se manifeste surtout dans le groupe de la classe ouvrière et dans celui des chefs d'entreprises commerciales. Ainsi, parmi les ouvriers ayant un revenu annuel de 800 à 1.000 couronnes, 65,2 0/0 seulement ont voté, tandis que la proportion pour ceux des votants monte à 79,3 0/0 pour les revenus de 1.000 à 1.200 couronnes et jusqu'à 88,0 0/0 pour les revenus de 1.200 à 1.500 couronnes. Ce dernier groupe égale donc, au point de vue de la participation au vote, la classe sociale qui a fourni relativement le plus grand nombre de votants, c'est-à-dire les professions immatérielles. Il est à supposer que ce sont ces ouvriers ayant les revenus moyens qui forment l'élément principal des syndicats ouvriers qui ont, en Danemark, de fortes tendances socialistes. La proportion des votants diminue ensuite pour les ouvriers ayant des revenus plus élevés. Si l'on considère le groupe des chefs d'entreprises commerciales, on voit que sur le chiffre des électeurs ayant un revenu de 800 à 1.500 couronnes 68,0 0/0 seulement ont pris part aux élections, tandis que cette proportion pour les groupes de revenus de 1.500 à 3.000 de 3.000 à 6.000 et de 6.000 couronnes et plus était respectivement de 80.1, 83,8 et 85,6 0/0. Cette différence provient peut-être de ce qu'une grande partie de petits détaillants sont empêchés d'aller aux urnes parce qu'ils ne peuvent quitter leur boutique ou peut-être de ce que leurs sympathies politiques ne sont pas très prononcées. Pour les chefs d'entreprises industrielles, ainsi que pour les employés de bureau et de magasin, on constate également que la participation a été plus faible pour les groupes des revenus les plus petits, mais, dans ces classes, l'écart entre les différents groupes de revenus n'est pas aussi considérable que pour les classes mentionnées plus haut.

On a, dans le tableau A, divisé les électeurs hommes en deux groupes : 1° ceux qui sont mariés et dont les femmes ont droit au suffrage ; et 2° les « autres », c'est-à-dire notamment les célibataires et les veufs. Le tableau montre, à quelques exceptions près, que la participation a été plus forte pour les hommes dont les femmes ont droit au suffrage. Pour la plupart des classes, la différence est même très sensible ; ainsi, par exemple, pour la classe ouvrière, le premier groupe accuse 83,5 0/0, tandis que le second n'atteint que 74,3 0/0. On constate également une très grande différence, sur ce point, dans les classes assimilées à la classe ouvrière, ainsi que dans celle des professions immatérielles et celle des rentiers et retraités. Cette observation pourrait peut-être trouver son explication dans le fait que les électeurs mariés sont, en général, les plus intéressés au point de vue politique. Il se peut aussi que le fait que les deux époux ont droit au suffrage, incite l'homme à prendre part aux élections ; mais on peut également, en partie du moins, chercher l'explication par d'autres raisons comme, par exemple, les différences d'âges.

La proportion pour cent des femmes électeurs ayant pris part aux élections a été de 69,4 contre celle des hommes, qui a été de 80,5 0/0. Les femmes ont donc voté en moins grand nombre que les hommes, ce qui n'est pas singulier, puisque c'était la première fois qu'elles se rendaient aux urnes. Ce sont les professions immatérielles qui accusent les plus hauts chiffres proportionnels (de 76,2 à 87,1 0/0) ; viennent ensuite les employées de commerce (74,5 0/0), les domestiques (72,2 0/0), la classe ouvrière (70,1 0/0), les chefs d'entreprises industrielles (69,0 0/0), le personnel de surveillance (68,0 0/0), les rentières et retraitées (66,7 0/0), les chefs d'entreprises commerciales (63,7 0/0), les assimilées à la classe ouvrière (63 0/0), classe qui, pour ce qui concerne les femmes, a un caractère social un peu différent de celui des hommes. Dans les grandes lignes, l'ordre dans lequel les classes sociales ont pris part aux élections est à peu près le même que pour les hommes. En tête se trouve la classe des professions immatérielles, qui accuse la plus forte participation. La classe des employés de commerce vient avant la classe ouvrière, dont le chiffre proportionnel, pris dans son ensemble, est tout près de la moyenne totale, tandis qu'en dernier viennent la classe des chefs d'entreprises commerciales et celle des rentiers et retraités.

On a divisé les électeurs femmes en quatre catégories : les femmes dont les maris sont électeurs, les femmes non mariées, les veuves et les femmes dont les maris ne sont pas électeurs. La participation aux élections pour les trois premières catégories est indiquée par les nombres proportionnels 69,1, 78,9 et 60,2. Les femmes non mariées ont fourni le plus grand nombre d'électeurs ; viennent ensuite les femmes mariées et en dernier les veuves. Ce fait se reproduit pour les différentes classes, à condition que les chiffres totaux soient suffisamment élevés. Ainsi on voit que dans la classe des rentiers et retraités, 77,1 0/0 des femmes non mariées ont voté, tandis que la proportion pour les femmes mariées est de 65,9 et pour les veuves seulement de 60,5 0/0. Dans la classe des chefs d'entreprises commerciales, l'ordre est le même, bien que la différence soit moins sensible.

On a également, pour quelques-unes des classes, divisé les femmes électeurs d'après le chiffre des revenus et l'on constate, comme pour les hommes, que la participation aux élections est moins grande pour les petits revenus. Parmi les femmes électeurs appartenant à la classe ouvrière, la grande majorité (23.165 sur 23.699) se compose de femmes ayant obtenu le suffrage en raison du revenu imposable du mari. La participation aux élections de ces femmes d'ouvriers a été dans les groupes de revenus de 800 à 1.000, de 1.000 à 1.200 et de 1.200 à 1.500 couronnes, respectivement de 53,5, 62,1 et 80,3 0/0. Les femmes d'ouvriers dont les maris appartiennent à ce dernier groupe de revenus ont donc fourni un grand contingent d'électeurs. La participation diminue ensuite quelque peu pour les femmes mariées, comme pour les hommes, quand on monte aux revenus les plus élevés de la classe ouvrière.

Le tableau suivant montre, pour les différentes classes sociales, les combinaisons où les époux, possédant tous deux le suffrage ont voté.

**Tableau B.**

| | Les deux époux. | Le mari seul. | La femme seule. | Aucun des époux. |
|---|---|---|---|---|
| | 0/0 | 0/0 | 0/0 | 0/0 |
| Fonctionnaires | 78.3 | 12.5 | 4.0 | 5.2 |
| Instituteurs (publics ou privés) | 78.2 | 12.4 | 5.0 | 4.4 |
| Chefs d'entreprises industrielles | 66.9 | 16.9 | 2.2 | 14.0 |
| — de commerce | 60.7 | 16.5 | 3.2 | 19.6 |
| Employés de bureaux et de magasins | 67.5 | 14.9 | 3.9 | 13.7 |
| Classe ouvrière | 68.3 | 15.2 | 1.9 | 14.6 |
| Rentiers et retraités | 60.5 | 18.7 | 5.4 | 15.4 |
| Pour toutes les classes | 66.1 | 15.9 | 3.0 | 15.0 |

On voit que dans 66,1 0/0 des cas les époux ont voté tous les deux, que l'homme seul n'a voté que dans 15,9 0/0 des cas, la femme seule dans 3,0 0/0 et aucun des époux dans

15 0/0 des cas. Les professions libérales dominent et par le nombre élevé des cas où le mari et la femme ont voté et par la plus faible quantité des cas où aucun des époux n'a été aux urnes. Les plus défavorables dans ces deux cas sont les chiffres fournis par la classe des chefs d'entreprises commerciales et celle des rentiers et retraités, tandis que les autres classes, y compris la classe ouvrière, accusent une moyenne. Dans toutes les classes sociales la proportion pour cent des femmes ayant voté sans leur mari est faible; toutefois cette proportion est la plus élevée dans la classe des professions immatérielles et celles des rentiers et retraités, et la moins élevé dans la classe ouvrière.

Enfin le tableau C donne un aperçu de l'influence de l'âge sur la participation aux élections.

**Tableau C.**

| | PROPORTION POUR CENT DES VOTANTS. | | | | | | | | | | | | | |
|---|---|---|---|---|---|---|---|---|---|---|---|---|---|---|
| | Hommes. | | | | | | | Femmes. | | | | | | |
| | 25 à 30 ans. | 30 à 40 ans. | 40 à 50 ans. | 50 à 60 ans. | 60 à 70 ans. | 70 ans et au-dessus. | Totaux. | 25 à 30 ans. | 30 à 40 ans. | 40 à 50 ans. | 50 à 60 ans. | 60 à 70 ans. | 70 ans et au-dessus. | Totaux. |
| | 0/0 | 0/0 | 0/0 | 0/0 | 0/0 | 0/0 | 0/0 | 0/0 | 0/0 | 0/0 | 0/0 | 0/0 | 0/0 | 0/0 |
| Services de l'État et des communes | 83.1 | 88.5 | 88.4 | 91.0 | 90.9 | 90.4 | 88.8 | 79.6 | 83.4 | 85.9 | 81.1 | 78.4 | 38.1 | 82.7 |
| Instituteurs et professeurs (publics et privés) | 84.8 | 86.8 | 88.0 | 88.1 | 93.3 | 84.2 | 87.7 | 89.8 | 85.2 | 90.1 | 85.9 | 85.4 | 79.3 | 87.1 |
| Professions libérales | 77.6 | 76.8 | 79.6 | 83.5 | 85.9 | 76.7 | 79.4 | 72.0 | 74.7 | 81.5 | 77.9 | 63.7 | 81.8 | 76.2 |
| Employés inférieurs fixes | 78.5 | 83.4 | 81.3 | 83.0 | 81.5 | 80.0 | 81.9 | 64.9 | 69.4 | 70.3 | 62.7 | 58.0 | 40.0 | 67.3 |
| Chefs d'entreprises. Agriculture et pêche | 78.6 | 87.7 | 85.5 | 80.7 | 84.2 | 66.7 | 83.3 | 63.6 | 79.2 | 72.9 | 67.3 | 63.6 | 57.1 | 70.9 |
| Chefs d'entreprises. Industrie | 73.8 | 80.3 | 85.0 | 84.1 | 87.0 | 77.7 | 83.1 | 67.3 | 67.9 | 71.9 | 69.8 | 68.7 | 58.6 | 69.0 |
| Chefs d'entreprises. Commerce | 70.8 | 74.7 | 77.5 | 78.9 | 76.5 | 74.2 | 76.6 | 62.2 | 65.1 | 66.0 | 63.7 | 56.1 | 41.7 | 63.7 |
| Employés, bureaux et magasins | 80.8 | 84.1 | 80.6 | 81.6 | 83.3 | 81.6 | 82.2 | 72.8 | 72.3 | 76.1 | 84.1 | 83.1 | 64.3 | 74.5 |
| Surveillants, etc. | 79.0 | 67.1 | 71.5 | 74.7 | 76.9 | 77.3 | 71.1 | 62.3 | 67.2 | 72.6 | 69.1 | 64.5 | 50.0 | 68.0 |
| Classe ouvrière | 77.1 | 82.1 | 84.0 | 83.0 | 74.4 | 65.7 | 81.5 | 70.0 | 73.9 | 71.3 | 65.3 | 58.4 | 28.8 | 70.1 |
| Assimilés à la classe ouvrière | 70.9 | 80.1 | 78.2 | 78.9 | 75.0 | 72.1 | 77.8 | 61.1 | 68.7 | 64.2 | 56.7 | 47.3 | 13.3 | 63.0 |
| Rentiers et retraités | 12.5 | 69.4 | 73.9 | 81.0 | 81.0 | 69.9 | 75.9 | 69.9 | 69.1 | 67.4 | 73.9 | 70.2 | 53.4 | 66.7 |
| Totaux | 77.0 | 80.7 | 81.9 | 82.1 | 80.4 | 73.1 | 80.5 | 69.0 | 71.9 | 74.6 | 68.3 | 63.4 | 49.7 | 69.4 |

On constate que la participation aux élections est relativement faible pour les hommes de 25 à 30 ans et qu'elle augmente rapidement, à quelques exceptions près, dans le groupe de 30 à 40 ans. Dans les groupes suivants d'âge plus élevé le mouvement diffère suivant les différentes classes sociales. Si l'on considère par exemple la classe ouvrière, on remarque que la proportion des votants augmente encore dans le groupe de 40 à 50 ans, mais accuse ensuite une réduction qui est très accentuée dans les groupes d'âge dépassant 60 ans. Dans quelques autres classes la proportion continue à augmenter jusque dans les groupes d'âges élevés ainsi pour les chefs d'entreprises industrielles et surtout pour les professions immatérielles. Dans les classes des fonctionnaires on voit que plus de 90 0/0 des électeurs ayant 70 ans et au-dessus se rendent aux urnes. Pour tout l'ensemble des électeurs hommes la proportion des votants âgés de 25 à 30 ans est de 77 0/0, cette proportion augmente pour les groupes d'âge suivants : 30 à 40 ans, 40 à 50 ans et 50 à 60 ans respectivement à 80,7, 81,9 et 82,1 0/0. Il se produit alors une réduction de la proportion qui devient surtout bien sensible lorsqu'on arrive au groupe d'âge de 70 ans et plus. Dans ce groupe la participation aux élections est considérablement plus faible (73,1 0/0) que pour le groupe d'âge de 25 à 30 ans.

Tandis que la participation aux élections pour tout l'ensemble des électeurs hommes est encore progressive dans le groupe d'âge de 50 à 60 ans, la culmination pour les femmes se produit déjà entre 30 et 40 ans, et dans l'âge de 50 à 60 ans la participation aux élections accuse même une réduction sensible qui s'accentue considérablement dans les classes d'âge suivantes. Dans la classe d'âge de 60 à 70 ans, on constate que la proportion des votants est de 80,4 0/0 pour les hommes, mais seulement de 63,4 0/0 pour les femmes. Dans la classe d'âge de 70 ans et plus cette proportion pour les deux sexes est de 73,1 contre seulement 49,7. Dans les classes sociales supérieures, il semble que les femmes conservent l'intérêt politique plus longtemps que dans les classes inférieures. On n'a, à cet égard, qu'à comparer les chiffres proportionnels pour les professions immatérielles, la classe des capitalistes et chefs d'entreprises industriels d'un côté et les chiffres pour la classe ouvrière de l'autre côté.

Cordt Trap,
*Directeur du Bureau de Statistique*
*de la ville de Copenhague.*

---

## PIÈCE 33.

---

### Traduction (1) de principaux passages de la loi du 20 avril 1908 étendant aux femmes le droit de vote municipal au Danemark.

#### Article premier.

*Conseils municipaux.*

Ont le droit de suffrage... tous les citoyens danois, hommes ou femmes, de bonne réputation, qui ont atteint l'âge de vingt-cinq ans, qui habitent la commune à l'époque de l'élection et lui payent des contributions, et qui ont habité la commune pen-

(1) Communiqué par M. L. Lange, secrétaire général du bureau interparlementaire, à Bruxelles.

dant l'année dans laquelle se fait l'élection et pendant toute l'année précédente et qui, durant cette période, ont payé leurs contributions directes à la municipalité.

Sont privés de ce droit :

A. — Ceux ou celles qui ont touché des secours de l'Assistance publique et ne les lui ont pas remboursés. Les veuves, les épouses divorcées, séparées ou délaissées sont considérées comme ayant touché elles-mêmes les secours versés à leur mari dans les cinq dernières années et pendant qu'elles cohabitaient avec lui. Toutefois cette règle ne s'applique plus si, au cours d'une année après cessation de la cohabitation, elles n'ont pas reçu de secours de l'Assistance publique.

B. — Ceux ou celles qui n'ont pas la libre disposition de leurs biens.

Ne peuvent être considérées comme jouissant d'une bonne réputation ceux ou celles qui ont été jugés par les tribunaux coupables d'une action déshonorante (définition de ce mot donnée en note) et qui n'ont pas été réhabilités. Ne peut non plus être considéré comme jouissant d'une bonne réputation celui ou celle qui vit de la prostitution ou qui, pendant les cinq dernières années, a été puni pour l'avoir exercée.

L'électeur qui habite plusieurs communes décide lui-même dans laquelle il exercera son droit de suffrage.

Quand un homme marié a, comme chef de famille, payé les contributions directes sur les biens de la communauté matrimoniale et sur les biens particuliers de sa femme, les deux époux sont considérés comme électeurs. Le droit qu'a le mari de disposer des biens de la communauté ne place pas la femme dans la situation du § B ci-dessus.

### Art. 2.

Sont éligibles dans une commune tous ceux ou celles qui ont le droit de suffrage dans cette commune ; ne peuvent être élus membre du Conseil municipal de Copenhague le maire et les échevins, ni le préfet de police, ni son adjoint.

### Art. 24.

*Conseils généraux.*

... Les femmes qui sont propriétaires dans le département ont le droit de prendre part aux élections des Conseils généraux aux mêmes conditions que les hommes. Si une propriété appartient aux époux en commun, le mari seul est électeur...

### Art. 25.

Sont éligibles pour les Conseils généraux... tous ceux qui habitent le département et qui ont droit de suffrage pour les élections municipales d'après l'article premier ci-dessus.

## PIÈCE 34.

**Traduction des principaux passages de la loi du 29 mai 1901 étendant aux femmes le droit de vote municipal, en Norvège.**

Art. 2.

Ont le droit de suffrage :

*a*) Les hommes qui sont citoyens norvégiens, qui ont atteint l'âge de vingt-cinq ans qui ont habité cinq années dans le pays et y demeurent.

*b*) Les femmes âgées de vingt-cinq ans, qui ont habité cinq années dans le pays, qui ont les droits de citoyennes norvégiennes et qui, après le recensement des personnes ayant le droit du suffrage communal, ont elles-mêmes payé des impôts à l'État ou à la commune pendant la dernière année, suivant la taxe des revenus supposés d'au moins 400 couronnes dans les villes et de 300 couronnes dans les campagnes ; ou qui vivent entièrement ou partiellement sous le régime de la communauté avec l'époux qui a payé un tel impôt.

## PIÈCE 35.

**Traduction des textes officiels relatifs au suffrage des femmes pour les assemblées fédérales d'Australie.**

**I. — Loi du 12 juillet 1901 sur l'interprétation des lois du Parlement (Acts interpretation Act, 1901).**

**(Extrait).**

Art. 23.

« Dans toute loi, à moins que l'intention contraire n'apparaisse clairement,

« *a*) Les mots désignant le sexe masculin comprendront aussi le sexe féminin. »

**II. — Loi du 12 juillet 1902 établissant un droit de vote fédéral uniforme (Commonwealth Franchise Act. 1902)**

**(Extrait.)**

Art. 3.

Sous les réserves mentionnées ci-après, toutes les personnes n'ayant pas moins de vingt et un ans, hommes ou femmes, mariés ou célibataires, *a*) Qui ont vécu en Australie six mois de suite,

*b*) Qui sont sujets, de naissance ou par naturalisation, du roi d'Angleterre,

*c*) Dont les noms figurent sur la liste électorale d'une circonscription électorale, auront le droit de voter pour élire les membres de la Chambre des Représentants.

---

## PIÈCE 36.

---

### Traduction du Texte officiel de la loi accordant le suffrage aux femmes de l'État de Victoria (Australie).

#### Article premier.

Cette loi peut être dénommée : loi sur le suffrage des adultes de 1908 (*Adult suffrage act* 1908).

#### Art. 2.

Cette loi sera considérée comme faisant un avec *la loi de* 1890 *modifiant la loi constitutionnelle*. Cette dernière loi ainsi que toute loi l'amendant et la présente loi peuvent être dénommées ensemble : lois amendant la loi constitutionnelle.

#### Art. 3.

1° Dans la section 43 et toutes sections subséquentes de la troisième partie et dans la section 29 de la *loi de* 1890 *amendant la loi constitutionnelle*; et dans la section 128 et toutes sections subséquentes de la quatrième partie de la *loi de* 1890 *amendant la loi constitutionnelle;* et aussi dans la *loi de* 1891 *sur l'épuration des listes électorales* et toute loi la modifiant; et aussi dans la *loi de* 1893 *amendant la loi constitutionnelle;* et aussi dans la *loi de* 1897 *sur les élections parlementaires de Melbourne et Geelong;* et aussi dans la *loi* de 1898 *modifiant la loi constitutionnelle* et toute loi la modifiant; et aussi dans la *loi constitutionnelle de* 1903 :

*a*) Le mot « masculin » partout où il se rencontre au sujet des électeurs ou des formalités pour devenir électeur sera supprimé, et

*b*) le mot « personne » partout où il se rencontre au sujet des électeurs ou des formalités pour devenir électeur sera considéré comme comprenant les femmes, mariées ou célibataires, et

*c*) d'une manière générale tout mot se référant ou s'appliquant au sexe masculin et employé au sujet des électeurs ou des formalités pour devenir électeur, sera considéré comme applicable aussi aux femmes ;

2° Dans tout certificat de la forme indiquée dans la XIX$^{e}$ cédule de la loi mentionnée ci-dessus en premier lieu, le mot *womanhood* sera substitué au mot *manhood* toutes les fois qu'il se rencontre, quand les droits d'électeur seront accordés à une femme, mariée ou célibataire.

#### Art. 4.

Lorsque, dans une loi quelconque, qu'elle soit promulguée avant ou après l'entrée en vigueur de la présente loi, mention est faite de personnes ayant le droit de vote ou ayant le droit de se faire inscrire ou de devenir électeurs (suivant les cas) ou de voter aux élections parlementaires, cette mention sera considérée et prise comme s'étendant aux femmes mariées et célibataires, dans les limites de la présente loi, et aucune électrice ne sera empêchée de voter sous le nom inscrit sur les listes électorales parce que son nom de famille aurait changé par suite de mariage.

Art. 5.

Nulle femme mariée ne sera, par le seul fait de son mariage, privée du droit d'être inscrite sur les listes électorales ou considérée comme incapable d'exercer aucun des droits relatifs au vote, conférés par la présente loi.

---

## PIÈCE 37.

---

### Traduction d'une déclaration (1) de Sir Joseph Ward, Premier Ministre de Nouvelle-Zélande.

Cabinet du Premier Ministre,
Wellington, 17 octobre 1907.

Le suffrage des femmes existe en Nouvelle-Zélande parce qu'il est apparu aux esprits des hommes réfléchis qu'ils gaspillaient chaque jour une proportion considérable de force intellectuelle et morale. Depuis le jour où leurs mains d'enfants avaient trouvé appui et sécurité en tenant les plis de la robe de leur mère, ces hommes avaient placé tout le bonheur de leur vie quotidienne dans le bons sens, dans la pureté et dans l'affection des femmes. N'est-il pas étrange que dans un seul département de la vie, et peut-être le plus important, le département de la politique, ils aient refusé aux femmes le droit de parler et d'exercer une influence directe?

Des hommes de différents pays avaient pendant des siècles prêché et écrit sur des maux qui déformaient leur systèmes de gouvernement et même corrompaient les aspirations des hommes d'État vers des lois justes à l'intérieur et vers des relations équitables à l'extérieur. Et cependant ces hommes négligeaient ou refusaient de profiter du soutien et des conseils des cœurs de femmes et des cervaux de femmes, qu'ils acceptaient sur les autres questions. Bien plus, ils étaient disposés à prêter l'oreille à des arguments sans consistance contre l'idée de voir les femmes entrer dans la vie politique, arguments tels que ceux-ci : les femmes perdraient leur grâce, leur retenue et leur amour de la maison si elles votaient; puisqu'elles ne pouvaient pas être soldats, elles n'avaient aucun droit de discuter les questions de guerre et de paix.

Nous n'avons pas constaté, en Nouvelle-Zélande, que le fait de tracer un nom sur un bulletin de vote une fois tous les trois ans, ait fait perdre aux femmes leur grâce ou leur beauté, ni même l'amour de leurs devoirs domestiques. Au contraire, le vote des femmes a eu un effet nettement épurateur sur l'allure générale des élections. Les mauvais souvenirs que laissaient autrefois les jours d'élection, les excès de boisson, les pugilats, ont fait place à la gravité digne qui convient à un peuple qui exerce son plus haut privilège national.

N'était-il pas, d'ailleurs, invraisemblablement ridicule d'entendre un citoyen quelcon-

---

(1) Cette déclaration se trouve en appendice de la brochure de Mme Sheppard, citée page 26.

que prétendre que les femmes ne pouvaient pas être admises au vote parce qu'elles ne portaient pas les armes, alors que la mère de ce citoyen n'avait pu lui donner le jour et le conduire jusqu'à l'âge adulte qu'au prix de peines et de dangers autrement considérables que ceux que risquent d'ordinaire la moyenne des soldats? D'ailleurs, bien des catégories d'hommes sont dispensés du service militaire (les pasteurs, les fonctionnaires, etc., etc.) et pourtant ce fait n'a jamais été mis en avant pour les priver du droit de voter.

Le principal argument en faveur du vote des femmes qui eut du poids chez nous fut l'argument de droit, de droit abstrait. Si le fondement du gouvernement est le consentement des gouvernés, il apparaît monstrueusement injuste qu'une moitié de la population ne soit pas représentée ou n'ait aucune part dans le gouvernement. Aussi, après un long examen approfondi, nous avons donné à nos femmes un droit égal à celui des hommes.

Nous n'avons aucune raison de regretter notre décision. Les femmes ont vite réfuté par la pratique une calomnie qui leur avait été adressée en montrant qu'après avoir obtenu le droit de vote, elles entendaient s'en servir. Dès que la loi électorale de 1893 étendant le droit de vote au sexe féminin eut été votée, les femmes profitèrent largement des pouvoirs qu'elle leur conférait et de leur mise en pratique.

Aux dernières élections générales, en 1905, sur une population comprenant 403.000 femmes et filles (la majorité étant formée par les enfants), le nombre des femmes qui prirent effectivement part au vote fut de 175.056, représentant plus de 83 0/0 de celles dont les noms figuraient sur les listes électorales. La proportion des votes exprimés par les hommes fut de 84 0/0 des inscrits.

Quand on considère les difficultés qui s'opposent en particulier au vote des femmes (surtout dans les circonscriptions rurales, montagneuses et peu habitées) telles que le mauvais temps, la distance pour atteindre les lieux de vote, la difficulté à trouver des remplaçantes pour s'occuper de la maison et des enfants, etc., cette proportion de votantes prouve que la possession du droit de vote a été appréciée très hautement.

Beaucoup de mes lecteurs voudraient probablement me demander s'il y a eu une différence appréciable dans le niveau des mœurs publiques depuis que les femmes votent. Il y a eu peu de différence jusqu'ici, excepté en ce qui concerne la tempérance et les lois plus strictes sur la vente des boissons. Le type général des élus n'a pas changé, mais notre pays a toujours eu des représentants au Parlement dont il n'a pas lieu d'avoir honte et qu'il n'a apparemment pas envie de changer.

J'ai la conviction que si une grande crise de la conscience nationale venait à se produire, le vote des femmes aurait une influence irrésistible dans le sens d'une législation pure, honnête et efficace. La Nouvelle-Zélande n'a pas regret d'avoir aboli les différences de situation entre ces hommes et ces femmes qui ont solidairement contribué à établir les bases de la nation.

Il y a vingt-cinq ans que j'ai soutenu le droit de vote des femmes, avant même mon entrée au Parlement. Je l'ai toujours défendue au Parlement, et, tout en surveillant de près les résultats, je n'ai jamais rencontré aucune raison sérieuse de douter que cette réforme n'eût largement contribué au bien de notre pays.

---

# PIÈCE 38.

## PROPOSITION DE LOI GALLINI PRISE EN CONSIDÉRATION PAR LA CHAMBRE DES DÉPUTÉS D'ITALIE

(Séance du 19 février 1910.)

Dans sa séance du 19 février 1910, la Chambre des Députés a pris en considération la proposition de loi déposée par un de ses membres, M. Carlo Gallini, à la date du 6 mai 1909.

Cette proposition contient trois parties, dont la première seule se rapporte directement à notre sujet. Elle traite du « vote administratif des femmes ».

L'auteur estime qu'il n'est plus nécessaire et que ce serait presque faire outrage au Parlement que d'entreprendre « de lui démontrer que la femme italienne a tout ensemble droit, capacité et intérêt à concourir par son vote, comme elle concourt, par son existence même, au gouvernement de la nation, de la province et de la commune ».

Il refait rapidement l'historique de la question en citant les autorités françaises, anglaises, allemandes. Il fait un historique complet des précédents parlementaires italiens dont voici le bref résumé chronologique :

29 mai 1863. — Première proposition en faveur du vote administratif des femmes par *Peruzzi* (lors de la refonte de la loi communale et provinciale). La proposition accueillie favorablement par une précédente Commission (rapporteur Marazio) est écartée par une seconde (rapporteur Boncompagni).

1er décembre 1871. — Renouvellement de cette proposition par *Lanza*.

7 décembre 1876. — Renouvellement par *Nicotera*.

24 février et 31 mai 1880. — Renouvellement par *Depretis*, avec un exposé des motifs très pressant, qui faisait remarquer l'appui donné à la proposition dans tous les partis.

25 novembre 1882. — Renouvellement de la proposition.

1883. — Rapport *Zanardelli*, très favorable.

14 juin 1884. — Rapport de Pietro *Lacava*, qui conclut à l'adoption, conformément à l'avis favorable de la Commission et d'accord avec un grand nombre de membres éminents du Parlement.

22 juin 1886. — Renouvellement de la proposition par *Depretis*.

Juillet 1888. — Le ministre *Crispi* la fait écarter malgré les discours très véhéments de plusieurs défenseurs du droit des femmes, notamment *Marcora*, *Lucchini*, *Pantano*, Ettore *Ferrari* et enfin *Peruzzi*.

Décembre 1905. — Proposition *Mirabelli* (voir ci-dessus, p. 126).

22 février 1907. — Séance de pétitions où fut examinée la pétition de Mmes Anna-Maria Mozzoni et plusieurs autres (voir ci-dessus, p. 125).

Après cet exposé, coupé de citations des passages des plus éloquents de ces anciens discours, M. Gallini jette un coup d'œil sur la législation électorale des divers pays, cite les mesures législatives déjà prises chez plusieurs des peuples que nous venons d'énumérer dans le présent rapport, et il conclut en souhaitant à l'Italie l'honneur de donner au monde latin le signal « de cette noble, utile et chevaleresque réforme ».

Dans la séance du 19 février dernier, M. Gallini développa à la tribune sa proposition en rappelant les noms illustres que nous venons d'enregistrer et conclut son discours par un mot de Pelletan : « La civilisation des peuples se mesure à la condition sociale juridique de ses femmes. » Des applaudissements très vifs de l'assemblée saluent sa péroraison.

Le Président du Conseil, M. Sonnino, rappelle les progrès faits depuis trente ans par la législation italienne dans le sens de la reconnaissance du droit des femmes.

Il convient qu'il est à propos « de réadapter les règles du droit et l'état juridique de la femme aux nouvelles conditions de fait où s'accomplit son évolution dans la vie sociale. Il n'est pas possible que la législation moderne de l'Italie soit à cet égard en arrière de ce qu'était celle de plusieurs de ses anciens États ».

Il constate que, d'un autre côté, pour le droit électoral des femmes aux tribunaux de commerce, une solution favorable va très prochainement intervenir. (La Chambre est saisie d'un projet en ce sens qui est en cours de délibération). En conséquence le Président du Conseil reconnaît que, les arguments de M. Gallini méritant le sérieux examen de la Chambre et sauf les réserves d'usage sur des points particuliers, il n'a aucune objection à la prise en considération.

La prise en considération est votée d'acclamation.

---

## PIÈCE 39.

---

A défaut d'une bibliographie méthodique du sujet, que nous nous excusons de n pouvoir dresser ici, qu'il nous soit permis de signaler celle qui se trouve à la fin du petit volume si précieux de M$^{me}$ Avril de Sainte-Croix : *Le Féminisme*, 1907. A l'ouvrage lui-même, qui est un exposé populaire, rapide mais substantiel, nous avons fait de nombreux emprunts.

Consulter aussi le 4$^{e}$ volume de l'*History of Woman suffrage*.

---

# TABLE DES MATIÈRES

## PREMIÈRE PARTIE. — État de la législation en France et a l'Étranger.

DEUXIÈME PARTIE. — La proposition de loi.



TROISIÈME PARTIE. — Annexes.

Paris. — MARTINET, imprimeur de la Chambre des Députés, 7, rue Saint-Benoît

www.ingramcontent.com/pod-product-compliance
Ingram Content Group UK Ltd.
Pitfield, Milton Keynes, MK11 3LW, UK
UKHW020111200726
13856UKWH00002B/496